# GUIDE COMPLET
## DE LA
# COUTURE

# GUIDE COMPLET DE LA COUTURE

# 1100
## PHOTOS
## COULEURS

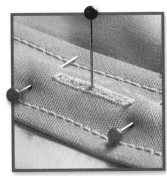

*Traduit de l'américain par Ginette Patenaude*

LES ÉDITIONS DE L'HOMME

**Données de catalogage avant publication (Canada)**

Vedette principale au titre:

Guide complet de la couture

Traduction de: Singer: the complete photo guide to sewing.

1. Couture à la machine.

TT713.S5714 2000    646.2    C00-941220-4

Production de l'ouvrage original: les éditeurs de Creative Publishing international, Inc. en collaboration avec le Sewing Education Department, Singer Sewing Company. Singer est une marque de commerce de The Singer Company Limited utilisée sous licence.

L'ouvrage original américain a été publié
par Creative Publishing international, Inc.
sous le titre *The Complete Photo Guide to Sewing*

Dépôt légal: 4e trimestre 2000
Bibliothèque nationale du Québec

ISBN 2-7619-1570-4

L'Éditeur bénéficie du soutien de la Société de développement des entreprises culturelles du Québec pour son programme d'édition.

Nous remercions le Conseil des Arts du Canada de l'aide accordée à notre programme de publication.

Nous reconnaissons l'aide financière du gouvernement du Canada par l'entremise du Programme d'aide au développement de l'industrie de l'édition (PADIÉ) pour nos activités d'édition.

DISTRIBUTEURS EXCLUSIFS:

• Pour le Canada et les États-Unis:
**MESSAGERIES ADP***
955, rue Amherst
Montréal, Québec
H2L 3K4
Tél.: (514) 523-1182
Télécopieur: (514) 939-0406
* Filiale de Sogides ltée

• Pour la France et les autres pays:
**INTER FORUM**
Immeuble Paryseine, 3, Allée de la Seine
94854 Ivry Cedex
Tél.: 01 49 59 11 89/91
Télécopieur: 01 49 59 11 96
**Commandes:** Tél.: 02 38 32 71 00
Télécopieur: 02 38 32 71 28

• Pour la Suisse:
**DIFFUSION: HAVAS SERVICES SUISSE**
Case postale 69 - 1701 Fribourg - Suisse
Tél.: (41-26) 460-80-60
Télécopieur: (41-26) 460-80-68
Internet: www.havas.ch
Email: office@havas.ch
**DISTRIBUTION: OLF SA**
Z.I. 3, Corminbœuf
Case postale 1061
CH-1701 FRIBOURG
**Commandes:** Tél.: (41-26) 467-53-33
Télécopieur: (41-26) 467-54-66

• Pour la Belgique et le Luxembourg:
**PRESSES DE BELGIQUE S.A.**
Boulevard de l'Europe 117
B-1301 Wavre
Tél.: (010) 42-03-20
Télécopieur: (010) 41-20-24

Pour en savoir davantage sur nos publications,
visitez notre site: **www.edhomme.com**
Autres sites à visiter: www.edjour.com
• www.edtypo.com www.edvlb.com • www.edhexagone.com

# Table des matières

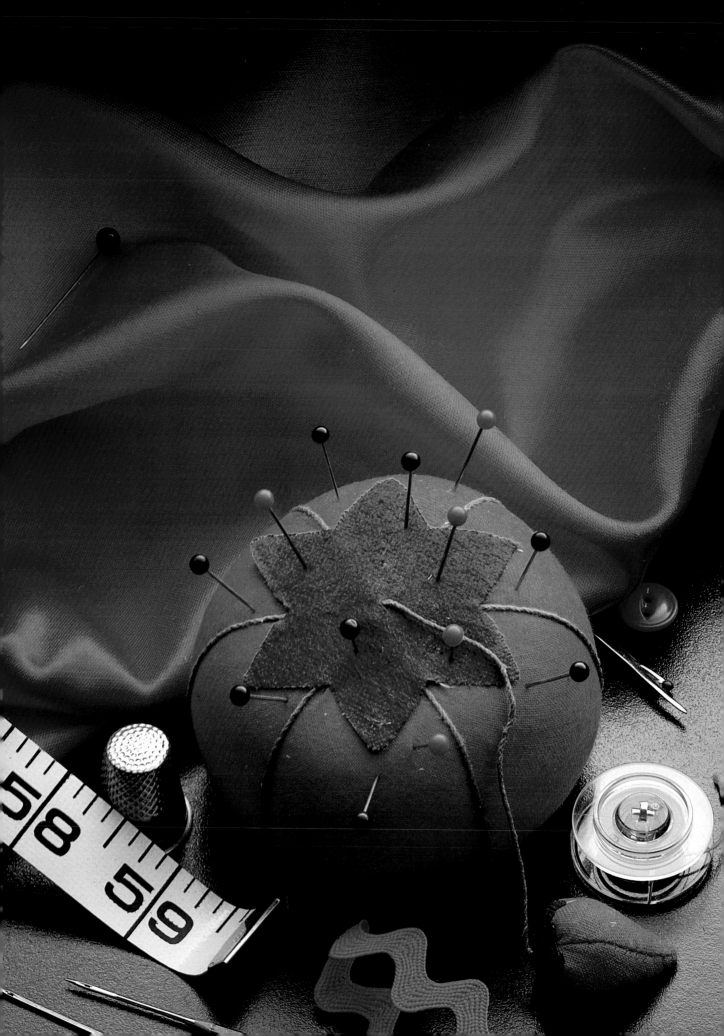

# Comment utiliser ce livre

La couture commence par l'apprentissage des techniques de base. *Le guide complet de la couture* vous aidera à acquérir les notions essentielles pour coudre vêtements et accessoires de maison. Cet ouvrage traite aussi de spécialités, telles que la confection de vêtements, la couture de vêtements de sport et pour enfants.

## Pour commencer

Dans cette partie, vous trouverez de l'information sur la machine à coudre et la surjeteuse. Vous apprendrez comment effectuer un point parfait et vous découvrirez les caractéristiques et accessoires principaux des deux types de machines. Y figurent aussi la description de fournitures et accessoires conçus pour vous faciliter la tâche et vous faire gagner du temps, ainsi que l'explication de notions de base en couture.

La première partie donne également des explications sur le patron. Vous apprendrez comment prendre les mensurations et choisir la taille de patron appropriée. Un guide complet pour la sélection des tissus, ainsi que des trucs pour la coupe et la couture y sont présentés. Vous recevrez des conseils sur le choix et la pose de l'entoilage.

## Les techniques de couture

Au début de cette partie, les techniques de base en couture vous sont données. Ces notions vous aideront à réussir tous vos projets, que ce soient des vêtements ou des éléments pour la décoration de la maison. On y aborde l'ajustement, les coutures, l'assemblage, la confection de la pince, de la manche, du collet, de la ceinture, du poignet, du revers de pantalon, et les fermetures. Chaque sujet fait l'objet d'un survol, suivi d'une description point par point, afin que vous obteniez les meilleurs résultats possibles. Souvent, on présente plusieurs méthodes, précisant à quelle occasion les utiliser.

La deuxième partie porte sur des techniques de couture particulières : vêtements tailleur, vêtements pour enfants et de sport. La section « La couture tailleur » vous initie à l'utilisation d'entoilages thermocollants afin de gagner du temps et d'obtenir des résultats parfaits. Dans la section « La confection de vêtements d'enfants », vous trouverez des projets à réaliser pour les enfants, des idées amusantes pour prolonger la vie de leurs vêtements et prévoir la croissance, ainsi que la façon de poser les appliqués.

## Les projets de décoration intérieure

Pour commencer, vous verrez les notions de base relativement au choix des étoffes et des couleurs et autres trucs pour la planification d'un projet. À l'intérieur des directives pour la réalisation d'un travail, différentes méthodes de coutures et des suggestions pour gagner du temps sont présentées.

La section « Les projets de décoration intérieure » comprend quatre parties : les fenêtres, les coussins, les lits et les tables. Pour la décoration des fenêtres, vous apprendrez comment fabriquer les modèles les plus populaires, tels que les draperies à plis pincés, et plusieurs autres. Vous trouverez divers types de coussins, allant du coussin simple au coussin à grande bordure droite. Vous pourrez fabriquer une douillette pour votre lit et y ajouter des couvre-oreillers, ainsi qu'un volant de lit assortis. Pour vos tables, vous apprendrez à fabriquer des nappes à volant, ainsi que plusieurs modèles de napperons et serviettes.

Dans chaque catégorie, on vous montrera comment prendre les mesures pour la réalisation de vos projets. Dans un rectangle de couleur intitulé « Matériel requis », vous trouverez une liste de la mercerie requise pour la réalisation du projet. Les instructions point par point sont complètes : il n'est donc pas nécessaire d'acheter de patrons. Les photographies vous permettent de voir les résultats visés à chaque étape.

## Les indications point par point

Les photos complètent les instructions et donnent une image précise de chaque étape. Dans certains cas, les points sont réalisés avec un fil plus épais que nécessaire ou de couleur contrastante, afin de les rendre plus visibles. Certaines lignes ont également été exagérées afin de mettre en évidence un point correspondant.

Si vous êtes néophyte en couture ou si vous désirez rafraîchir vos connaissances, il serait préférable d'exercer vos talents avec une tâche facile plutôt que de vous lancer dans un projet élaboré. Si vous désirez apprendre comment faire une certaine finition de bordure, pourquoi ne pas commencer par réaliser de simples napperons et serviettes. Si vous confectionnez votre premier vêtement, choisissez un style simple, facile à ajuster et qui comporte peu de détails.

Ce livre est conçu pour vous aider et vous inspirer quelles que soient votre expérience et votre compétence. Utilisez-le comme un guide point par point vers la réussite de vos projets de couture dans la satisfaction et le plaisir.

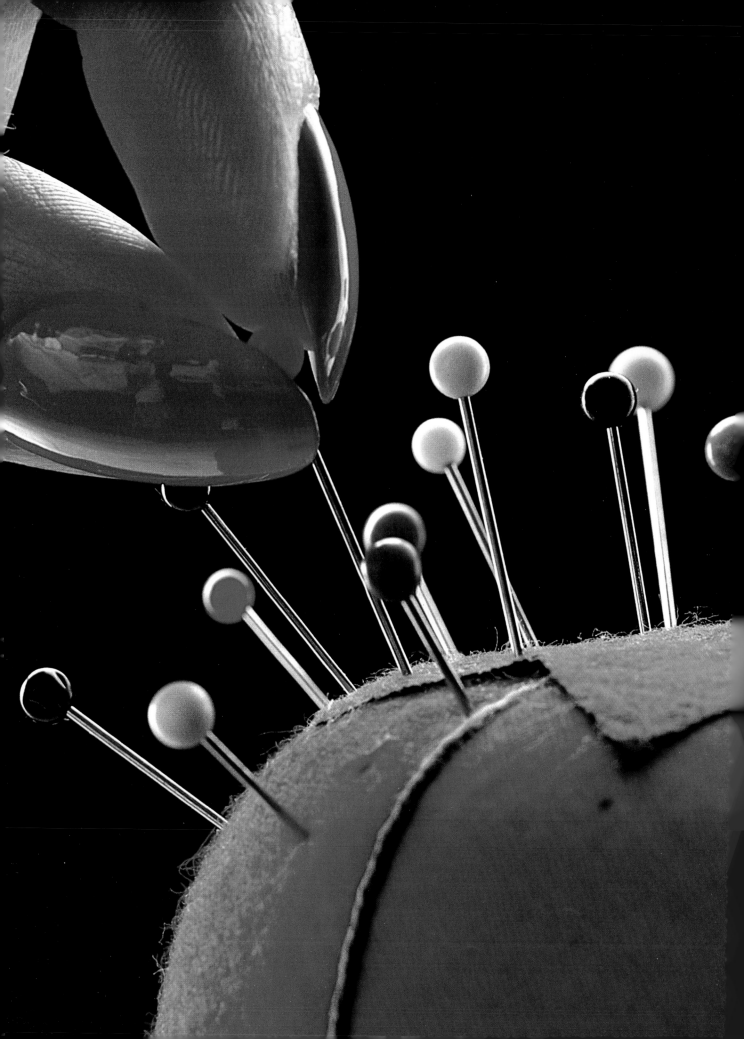

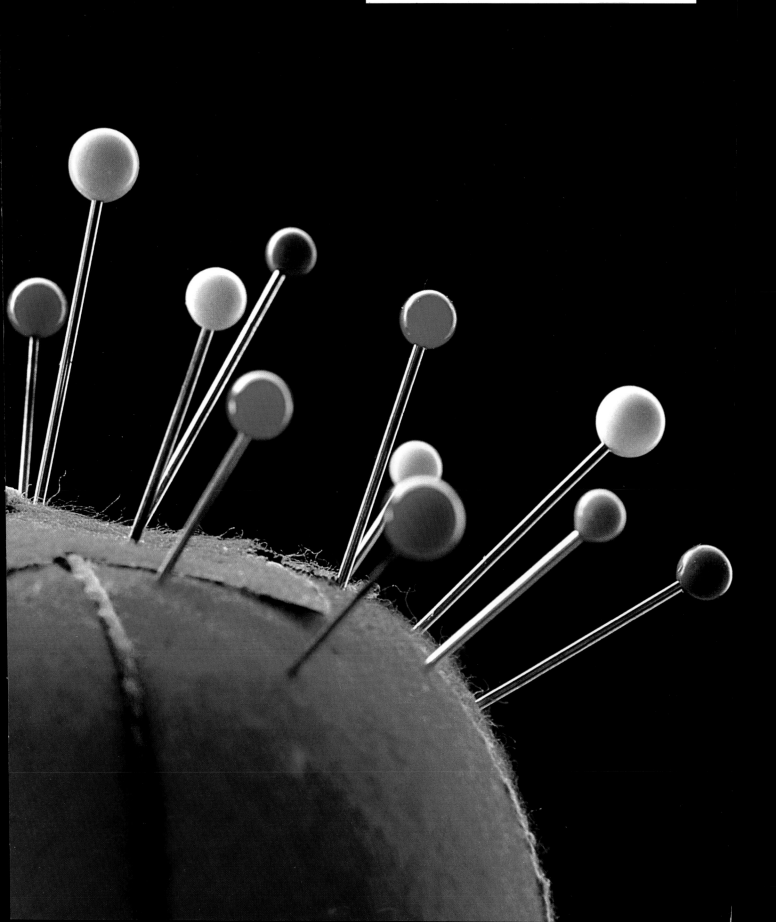

# La machine à coudre

La machine à coudre constitue la principale pièce d'équipement en couture, aussi faut-il la choisir avec grand soin. Une machine robuste et bien construite vous offrira de nombreuses années d'agrément en couture.

Il existe une variété de modèles pouvant convenir à tous les budgets et à tous les besoins. Ils vont de la machine de base qui comporte le point zigzag et quelques points à bâtir, à la machine à coudre électronique qui recourt à l'informatique pour la sélection et l'ajustement des points.

Une machine à coudre peut comporter plusieurs éléments, incluant la machine à boutonnières intégrée, le sélecteur de points par code couleur, la marche arrière instantanée, le pied presseur encliquetable, le bras libre pour faciliter la couture de petites surfaces arrondies (telles les jambes de pantalon), la bobineuse intégrée, l'ajustement automatique de la tension et de la pression et l'ajustement automatique de la longueur du point. Chaque élément ajoute habituellement au coût de la machine ; aussi, il est important de rechercher un appareil qui convient parfaitement à vos projets de couture. Achetez une machine qui répond à vos besoins, mais ne payez pas pour des éléments dont vous ne vous servirez que rarement. Il faut également considérer le degré de difficulté de vos projets et le nombre de personnes pour qui vous cousez. Discutez de votre projet avec le personnel d'un magasin spécialisé et d'autres personnes qui cousent. Demandez que l'on vous fasse des démonstrations et essayez vous-même plusieurs modèles. Vérifiez la qualité de l'exécution et la maniabilité, ainsi que les choix de points.

Le meuble de machine à coudre constitue un autre facteur à considérer lors de l'achat de cet appareil. Les machines portatives vous offrent la possibilité de travailler sur différentes surfaces, mais les machines encastrées dans des meubles spécialement conçus à cet effet sont ergonomiques et vous permettent de coudre confortablement, à la hauteur idéale. De plus, ces meubles facilitent l'organisation du coin couture, offrant un espace de rangement utile.

Bien que les machines à coudre comportent diverses possibilités et accessoires, chacune est dotée des mêmes parties et contrôles de base. Les accessoires dont vous pourrez avoir besoin sont décrits aux pages 14 et 15.

L'appareil qui sert à montrer les principales parties d'une machine à coudre (page suivante) est une machine portative à bras libre. Il est à noter, cependant, que la plupart des modèles offrent les mêmes composantes de base. Consultez votre manuel d'instructions pour savoir où se trouvent les commandes sur votre machine.

## Les compléments essentiels à la machine à coudre

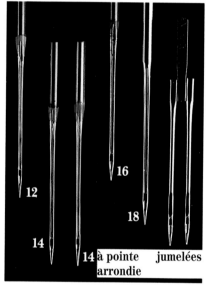

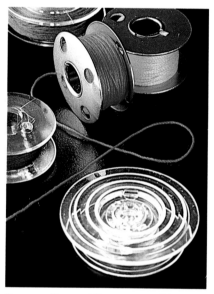

Il existe quatre principaux types d'**aiguilles à machine** : *à usages multiples* pour un large éventail d'étoffes, disponibles en plusieurs grosseurs : de 9/65 à 18/110 ; à *pointe arrondie* pour les tricots et les tissus extensibles (grosseur 9/65 à 16/100) ; *jumelées* pour les points décoratifs ; et, enfin, à *pointe palette* (non illustrées) pour le cuir et le vinyle. Il faut changer d'aiguille après avoir cousu deux ou trois vêtements ou après avoir heurté une épingle. Une aiguille courbée, émoussée ou qui présente des aspérités peut endommager l'étoffe.

Le **fil à coudre** vient en trois épaisseurs : le fil *très fin* pour les étoffes légères et la broderie à la machine, le fil *à usages multiples* pour la couture générale ; le fil à surpiqûre et à boutonnières utilisé en couture ornementale. Le fil doit être du même type que le tissu utilisé et convenir à la grosseur de l'aiguille. Il faut, pour obtenir une tension parfaite, utiliser le même fil dans la canette et dans l'aiguille.

Les **canettes** sont fixes ou amovibles pour remplissage. On bobine les premières dans le porte-canette ; les secondes s'intègrent à une navette amovible. La plupart des navettes sont munies d'une vis pour le réglage de la tension. Le mécanisme de remplissage de la canette se situe habituellement sur le dessus ou le côté de la machine. Il est préférable d'utiliser une canette vide pour que le fil s'enroule uniformément. Éviter de trop remplir la canette, car le fil aura tendance à se casser.

# Les principales parties de la machine à coudre

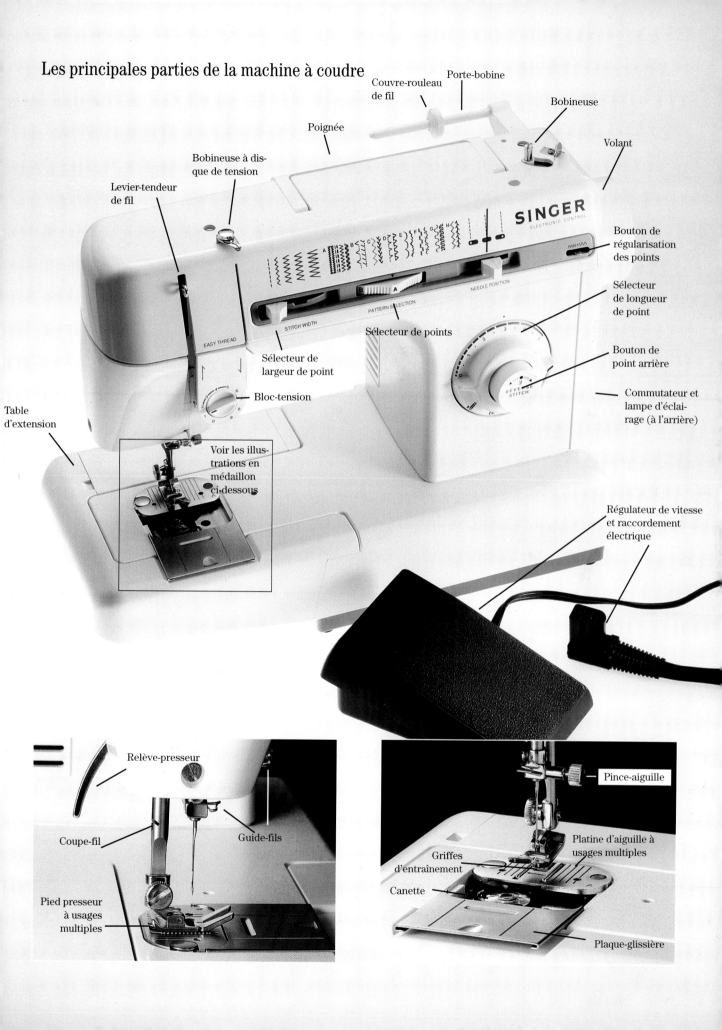

Couvre-rouleau de fil

Porte-bobine

Bobineuse

Poignée

Volant

Bobineuse à disque de tension

Levier-tendeur de fil

SINGER
ELECTRONIC CONTROL

Bouton de régularisation des points

Sélecteur de longueur de point

STITCH WIDTH

PATTERN SELECTION

NEEDLE POSITION

Sélecteur de points

Bouton de point arrière

Sélecteur de largeur de point

Commutateur et lampe d'éclairage (à l'arrière)

Bloc-tension

Table d'extension

Voir les illustrations en médaillon ci-dessous

Régulateur de vitesse et raccordement électrique

Relève-presseur

Pince-aiguille

Coupe-fil

Guide-fils

Platine d'aiguille à usages multiples

Griffes d'entraînement

Pied presseur à usages multiples

Canette

Plaque-glissière

# Le point parfait

Il est facile de réaliser un point parfait lorsque le fil est bien enfilé et que la longueur du point, la tension et la pression sont bien ajustées. Ces ajustements dépendent du tissu utilisé et du point désiré. Consultez le manuel d'instructions pour l'enfilage et l'ajustement de la machine à coudre.

Le *règle-point* utilise une échelle en pouces, graduée de 0 à 20, ou une échelle métrique, de 0 à 4, ou encore numérique, de 0 à 9. Pour la couture normale, réglez-le à 10 à 12 points par pouce, ou à 3 sur l'échelle métrique. Dans le cas de l'échelle numérique, plus le nombre est élevé, plus le point est long. Il faut placer le règle-point environ à 5 pour obtenir un point de longueur moyenne.

L'obtention d'un point parfait dépend de l'équilibre délicat entre la pression exercée sur le tissu, le mouvement des griffes et la tension du fil lors de la formation du point. Pour obtenir un point idéal, le fil supérieur et celui de la canette doivent être soumis à la même tension et se croiser entre les deux couches de tissus.

Le *bloc-tension* détermine la pression exercée sur les fils lorsqu'ils passent dans la machine à coudre. Si elle est trop grande, une quantité insuffisante de fil passera et le tissu plissera. Une pression insuffisante fait passer trop de fil avec, pour résultat, une couture faible et lâche.

Pour les tissus légers, le *régulateur de pression* doit se trouver au minimum; il faut l'augmenter pour les tissus lourds. L'obtention d'une pression adéquate assure l'entraînement égal des couches de tissu. Certaines machines ajustent automatiquement la tension et la pression selon le tissu utilisé.

Vérifiez toujours la tension et la pression sur un bout de tissu avant de commencer à coudre. Lors des essais, utilisez une couleur pour la bobine et une autre pour la canette afin de voir plus facilement le croisement des fils.

## Tension et pression pour le point droit

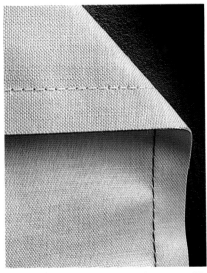

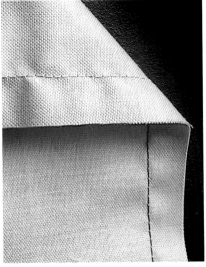

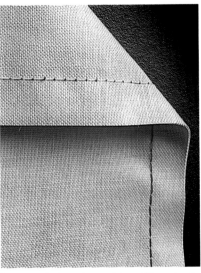

Lorsque la tension et la pression sont **adéquates**, les points se nouent entre les couches de tissu. Les points sont d'égale longueur et d'égale tension des deux côtés. Les deux couches de tissu sont entraînées également, sans plisser.

Lorsque la tension est **trop forte**, le nœud se situe sur le dessus ; le tissu a tendance à plisser et le fil se casse facilement. Diminuer la tension en sélectionnant un chiffre inférieur sur le bloc-tension. Une pression trop forte amène la couche du dessous à retrousser et risque d'endommager le tissu. La longueur et la tension des points peuvent être inégales. Ajuster le régulateur de pression à un chiffre inférieur.

Lorsque la tension est **insuffisante**, le nœud se place sur le dessous et la couture est lâche. On corrige le problème en réglant le bloc-tension à un chiffre supérieur. Une pression insuffisante occasionne des points sautés et inégaux, ce qui risque de coincer le tissu dans les griffes. Sélectionner un chiffre supérieur sur le régulateur de pression.

## Tension et pression pour le point zigzag

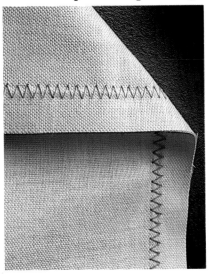

Lorsque la tension et la pression du point zigzag sont **adéquates**, les points se nouent à chaque angle, entre les deux couches de tissu. Les points restent à plat et le tissu ne plisse pas.

Lorsque la tension est **trop forte**, le tissu plisse. Le nœud se place sur le dessus. Diminuer la tension. Une pression inadéquate n'est pas aussi apparente dans le point zigzag que dans le point droit ; toutefois, les points ont tendance à être inégaux.

Lorsque la tension est **insuffisante**, l'épaisseur du dessous a tendance à plisser et le nœud apparaît sur le dessous. Il faut augmenter la tension pour équilibrer le point. Pour une couture décorative, diminuer légèrement la tension, ce qui aura pour effet d'arrondir le point du dessus.

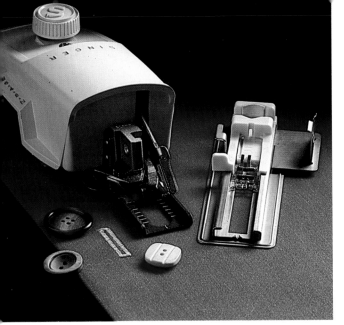

# Les accessoires pour applications spéciales

Chaque machine à coudre est munie d'accessoires permettant la réalisation de tâches variées. Il y a les accessoires universels s'ajustant à toutes les machines, tels le pied à semelle étroite, le pied pour boutonnière et divers pieds ourleurs. D'autres, tel le pied fronceur, économisent temps et efforts lors de la réalisation de projets particuliers.

Avant d'ajouter un accessoire à votre machine, vous devez savoir si elle est munie d'une tige longue, courte ou en oblique. La tige couvre la distance entre le dessous du pied presseur et la vis de fixation. Les accessoires sont conçus pour s'ajuster à l'un des trois types de tige.

La plaque pour zigzag et le pied presseur universel sont habituellement fournis avec la machine. Parmi les accessoires souvent inclus, il y a le pied et la plaque pour point droit, le pied pour boutonnière, le pied à semelle étroite, le guide-droit, divers pieds ourleurs et un pied à godets ou roulant. Le manuel d'instructions explique comment intégrer ces éléments à la machine et obtenir les meilleurs résultats.

Le **pied pour boutonnière** permet de réaliser les boutonnières en une seule étape. Un type de pied coud et ajuste la longueur de la boutonnière en fonction du bouton placé dans un chariot situé derrière le pied. Si la largeur du bouton dépasse 3,8 cm (1 ½ po), s'il a une forme inhabituelle ou qu'il est trop épais, on peut utiliser les lignes repères pour se guider, au lieu du chariot. Un autre type de pied pour machines à point droit fait automatiquement les boutonnières à l'aide de gabarits de divers formats; cet accessoire permet de faire des boutonnières tailleur.

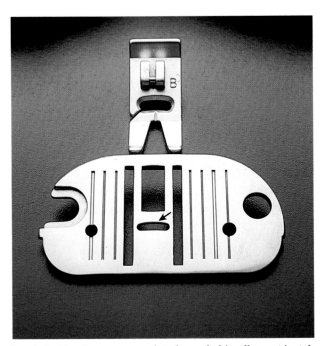

Le **pied et la plaque pour point droit** sont utilisés exclusivement pour les coutures droites. Le trou dans lequel l'aiguille s'engage (flèche) est petit et rond; celle-ci ne peut donc pas effectuer de mouvements latéraux. Utiliser ces accessoires lorsque le tissu ou l'opération effectuée demande un contrôle serré, par exemple, lorsque vous faites une surpiqûre en bordure ou des pointes de col. Ils conviennent aussi pour la couture de tricots extrafins et de tissus délicats, car grâce au petit trou, ces tissus fragiles ne sont pas entraînés dans les griffes.

Le **pied et la plaque pour point zigzag**, habituellement installés sur la machine à l'achat, sont utilisés pour le point zigzag et les travaux à plusieurs aiguilles, de même que pour les coutures droites sur les tissus rigides. Les trous pour l'aiguille, sur le pied et la plaque (flèche), permettent les mouvements latéraux. Cette plaque et ce pied servent pour la couture générale.

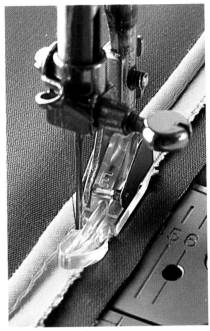

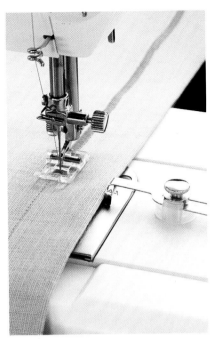

Le **pied à semelle étroite** sert pour les passepoils, l'insertion de fermetures à glissière ou pour toute couture qui comporte plus d'épaisseurs de tissu d'un côté que de l'autre. Il s'ajuste des deux côtés de l'aiguille.

Le **pied pour broderie** comporte une semelle rainurée, permettant d'élaborer des points de broderie. Le guide-droit se fixe à la machine, permettant d'effectuer des réserves de couture et des ourlets égaux.

Le **pied ourleur pour point invisible** aide à guider le tissu en vue de réaliser des ourlets à points presque invisibles à la machine.

Le pied **à galets** entraîne les épaisseurs de tissu également, de sorte que les coutures commencent et se terminent au même endroit. Idéal pour le vinyle, les tissus veloutés et à poils, les gros tricots et tous les tissus ayant tendance à coller, glisser ou s'étirer. Ce pied sert aussi pour les surpiqûres et les tissus à carreaux.

Le **pied pour boutons** maintient le bouton à plat, en position pour la pose sur une machine à point zigzag. Ce pied presseur économise du temps lorsqu'il faut poser plusieurs boutons sur un vêtement.

Le **pied pour point de surjet** régularise la largeur des points et prévient la torsion des bords. Les points sont formés à l'aide d'un crochet situé sur le bord interne du pied.

# La surjeteuse

Une surjeteuse est une machine à coudre spécialisée qui complète la machine conventionnelle. Elle s'apparente à l'équipement haute vitesse utilisé par les confectionneurs de vêtements. La surjeteuse diminue considérablement le temps de couture, car elle rase et enferme les bords vifs à mesure qu'elle effectue la couture. De plus, elle exécute cette triple opération très rapidement. La surjeteuse forme 1 500 points ou plus en une minute – environ le double d'une machine conventionnelle. Autre avantage : tous les tissus sont entraînés uniformément. Ainsi, même les tissus qui se manipulent difficilement, comme les soies glissantes et les tissus diaphanes extrafins, n'exigent pas plus de temps.

En raison de ses capacités uniques, la surjeteuse simplifie l'assemblage d'un vêtement, éliminant les étapes fastidieuses, et encourage les habitudes efficaces comme l'assemblage à plat, la couture continue et sans épingles. Avec la surjeteuse, plus besoin de lever et d'abaisser le pied presseur, de faire des points arrière et de remplir les bobines.

## Les fonctions et les pièces

La surjeteuse est idéale pour des coutures étroites finies, des roulottés, des ourlets invisibles et des finitions de bords de qualité. C'est aussi l'instrument indiqué pour poser un élastique, un bord-côte, du ruban ou de la dentelle. Utilisez la machine conventionnelle pour des points droits ou zigzags, par exemple la surpiqûre, l'insertion d'une fermeture à glissière ou la confection de boutonnières.

Il existe plusieurs modèles de surjeteuses, chacune offrant différents types de points. Les surjeteuses utilisent deux, trois, quatre ou cinq fils. Le nom de chaque machine indique le type de points offerts. Par exemple, une surjeteuse à 3-4 fils peut effectuer un faux surjet à 4 fils ou un point de surjet à 3 fils. Chaque point a un usage spécifique.

Les aiguilles industrielles, à tige longue ou courte, et celles de type standard pour les machines à coudre conventionnelles s'utilisent avec la surjeteuse. Utilisez l'aiguille recommandée pour votre machine. Les aiguilles industrielles sont plus résistantes, mais elles peuvent être plus coûteuses et plus difficiles à trouver. Changez fréquemment les aiguilles conventionnelles. Prenez les plus fines afin de ne pas abîmer le tissu. Les aiguilles de format 80/11 conviennent pour la plupart des tissus.

Les couteaux fonctionnent comme des lames de ciseaux pour raser le tissu selon la largeur de point choisie. L'un est en acier et dure plusieurs années ; l'autre, moins durable, demande à être remplacé trois ou quatre fois l'an. Lorsque les couteaux semblent émoussés, nettoyez-les avec de l'alcool, puis remettez-les en place en serrant bien la vis. Testez-les en cousant lentement. Si le problème persiste, remplacez le couteau moins durable et faites un second test. En dernier recours, changez l'autre couteau.

## L'entretien

La surjeteuse, qui rase le tissu au fur et à mesure, produit beaucoup de peluche et nécessite un nettoyage extérieur et intérieur fréquent. Avec une brosse à peluche ou de l'air comprimé en bouteille, enlevez la peluche autour des boucleurs et de la plaque. Essuyez les disques de tension, les aiguilles, les couteaux et la griffe d'entraînement avec de l'alcool.

Pour un fonctionnement doux et silencieux, huilez souvent la surjeteuse. Du fait de son système de lubrification à la mèche, la surjeteuse peut perdre de l'huile par gravité même au repos.

## Le fil de surjeteuse

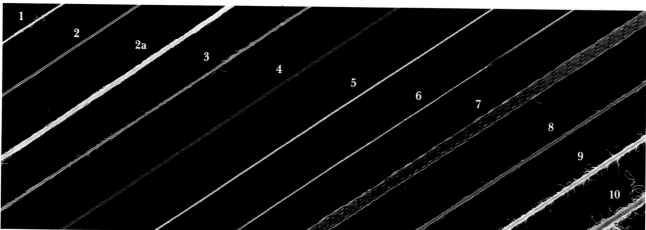

Le fil fin et résistant donne les meilleurs résultats. Le fil à longues fibres de polyester (1) constitue un bon choix pour usages multiples. Le nylon texturé (2 et 2a) a une résistance et une résilience remarquables. Le fil en coton ou coton et polyester (3) donne aussi de bons résultats mais crée plus de peluche et peut casser à tension plus élevée et à plus grande vitesse. Le fil décoratif en rayonne (4), en soie (5) ou métallique (6) s'utilise pour les effets spéciaux, tout comme le fil de ruban étroit (7), le retors simple (8), le coton perlé (9) et le fil léger (10).

# Les pièces principales de la surjeteuse

Il y a plusieurs modèles de surjeteuses, chacune offrant différents types de points. Les surjeteuses utilisent deux, trois, quatre ou cinq fils. Le nom de la machine indique le type de points offerts. Par exemple, une surjeteuse à 3-4 fils peut effectuer un faux surjet à 4 fils ou un point de surjet à 3 fils. Chaque point a un usage spécifique.

Un seul coup d'œil suffit pour identifier le type de surjeteuse, grâce au nombre d'aiguilles et de boucleurs de chacune et à la forme particulière de ces derniers. Voyez aux pages 18 et 19 les surjeteuses disponibles et les points qu'elles exécutent.

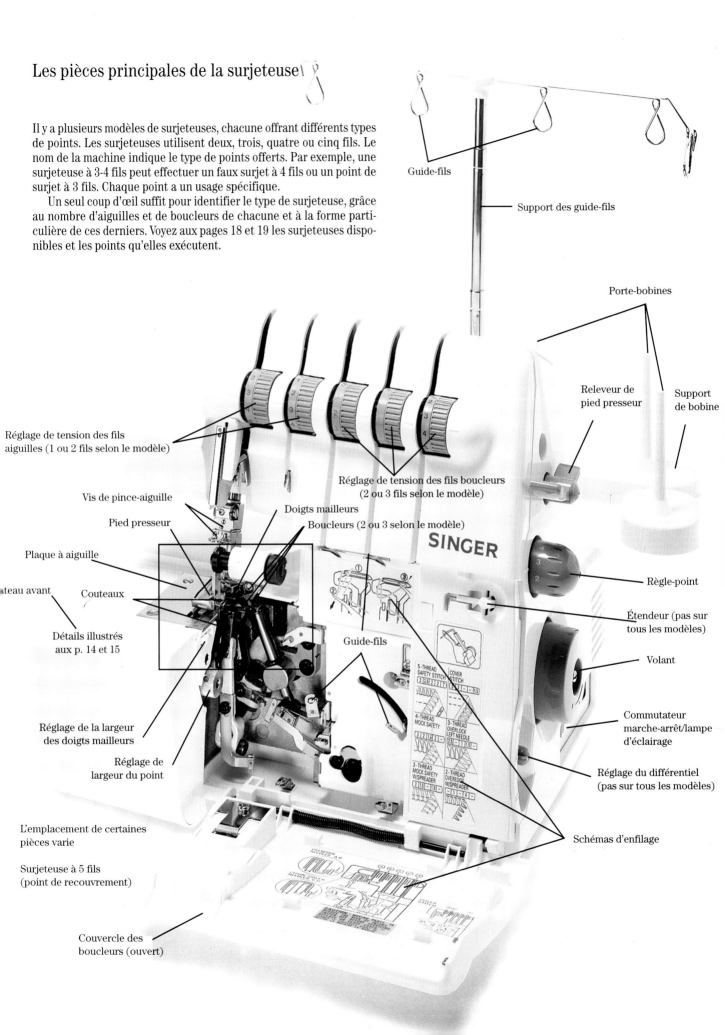

Guide-fils

Support des guide-fils

Porte-bobines

Releveur de pied presseur

Support de bobine

Réglage de tension des fils aiguilles (1 ou 2 fils selon le modèle)

Réglage de tension des fils boucleurs (2 ou 3 fils selon le modèle)

Vis de pince-aiguille

Doigts mailleurs

Boucleurs (2 ou 3 selon le modèle)

Pied presseur

Règle-point

Plaque à aiguille

Couteau avant

Couteaux

Étendeur (pas sur tous les modèles)

Détails illustrés aux p. 14 et 15

Guide-fils

Volant

Réglage de la largeur des doigts mailleurs

Réglage de largeur du point

Commutateur marche-arrêt/lampe d'éclairage

Réglage du différentiel (pas sur tous les modèles)

L'emplacement de certaines pièces varie

Schémas d'enfilage

Surjeteuse à 5 fils (point de recouvrement)

Couvercle des boucleurs (ouvert)

# Les points
## et leurs usages

| Types de surjeteuse | Point de surjet à 2 fils | Point de surjet à 3 fils | Point de chaînette à 2 fils | Point de couture et surjet simultané à 4 fils |
|---|---|---|---|---|
| | • finitions de couture légères<br>• pour tissus | • coutures extensibles<br>• coutures ou finitions de couture résistantes<br>• pour tricots et tissus | • point de faufil stable<br>• surpiqûre décorative<br>• pour tissus essentiellement | • coutures stables avec finitions légères<br>• pour tissus tissés essentiellement |
| **Surjeteuse à 3 fils** | sur certains modèles | | | |
| **Surjeteuse à 4 fils** | | | | |
| **Surjeteuse à 3-4 fils** | sur certains modèles | | | |
| **Surjeteuse à 2-3-4-5 fils** | sur certains modèles | | | sur certains modèles |

| Point de couture et sur-jet simultané à 5 fils | Faux surjet à 3 fils | Faux surjet à 4 fils | Point de couture flatlock | Roulotté | Point couvrant |
|---|---|---|---|---|---|
| • coutures stables avec finitions résistantes<br>• pour tissus essentiel-lement | • coutures très extensi-bles résistantes<br>• pour tricots très exten-sibles, par ex. le lycra® et le spandex | • coutures extensibles résistantes<br>• pour tricots et tissus | • coutures extensibles plates<br>• couture décorative<br>• pour tricots essentiel-lement | • coutures et ourlets étroits<br>• couture décorative<br>• pour tricots et tissus | • coutures et ourlets extensibles<br>• couture décorative, bordures<br>• pour tricots essentielle-ment |
| | | | | | |
| | | | | | |
| |  sur certains modèles | | | | |
| | |  sur certains modèles | | |  sur certains modèles |

# Le point parfait

Sur une surjeteuse, les réglages de tension sont en fait les sélecteurs de points. Chaque fil a son propre réglage de tension. Grâce à ces réglages, vous modifiez le type de point en changeant la façon dont les fils se bouclent ensemble. Ainsi, en ajustant la tension de la surjeteuse, celle-ci peut coudre avec une vaste gamme de fils, de tissus et effectuer de nombreuses coutures, ourlets et points décoratifs.

Une bonne façon de se familiariser avec le réglage de la tension consiste à enfiler chaque boucleur et aiguille avec un fil de couleur contrastante. Copiez le code de couleurs utilisé sur le diagramme d'enfilage de la machine. Effectuez plusieurs exemples de points en augmentant, puis en diminuant, la tension. Vous verrez le résultat de chaque réglage et apprendrez comment ajuster la tension pour produire un point équilibré. La plupart des exemples de points illustrés sur cette page et la suivante ont été réalisés sur une surjeteuse à 3 fils. Les points faits sur les autres modèles sont semblables et s'effectuent de la même manière.

## Une tension bien équilibrée

Le **surjet à 3 fils** est formé par 2 boucleurs et 1 aiguille. Les fils des boucleurs supérieur (orange) et inférieur (jaune) forment une chaînette lisse au bord vif. Le fil de l'aiguille (vert) exécute des points bien plats.

Le **surjet à 3-4 fils** est formé par 2 boucleurs et 2 aiguilles. Les fils supérieur (orange) et inférieur (jaune) des boucleurs forment une chaînette lisse au bord vif. Les 2 fils d'aiguille (bleu, vert) exécutent des points plats s'entrecroisant aux fils des boucleurs.

Le **surjet à 2-4 fils** produit une double rangée de points avec 2 boucleurs et 2 aiguilles. Le fil de l'aiguille gauche (bleu) s'entrecroise au fil du boucleur inférieur (jaune) pour produire un point de chaînette bien lisse. Le fil du boucleur supérieur (orange) et le fil de l'aiguille droite (vert) s'entrecroisent au bord vif.

## Réglages de tension courants

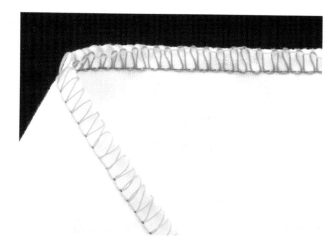

**Boucleur supérieur trop serré.** Le fil du boucleur supérieur (orange) tire celui du boucleur inférieur (jaune) vers le haut du tissu. Diminuer la tension du boucleur supérieur pour que les fils s'entrecroisent au bord vif.

**Boucleur inférieur pas assez serré.** Le fil du boucleur inférieur (jaune) est lâche sur le haut du tissu. Augmenter la tension du boucleur inférieur jusqu'à ce que les points soient lisses et à plat.

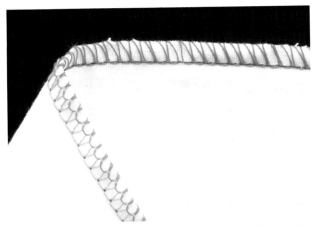

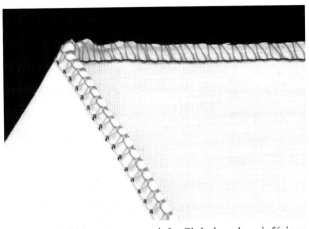

**Boucleur supérieur pas assez serré.** Le fil du boucleur supérieur (orange) s'entrecroise avec celui du boucleur inférieur (jaune) sous le tissu. Augmenter la tension du boucleur supérieur pour que les fils s'entrecroisent au bord vif.

**Boucleur inférieur trop serré.** Le fil du boucleur inférieur (jaune) tire celui du boucleur supérieur (orange), ce qui produit des points sous le tissu. Diminuer la tension du boucleur inférieur pour que les fils s'entrecroisent au bord vif.

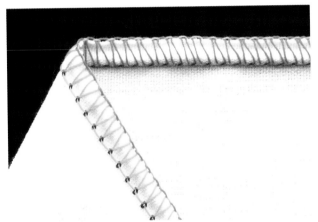

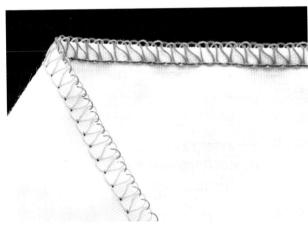

**Boucleurs supérieur et inférieur trop serrés.** Le tissu se tasse et plisse entre les points. Diminuer les tensions des 2 boucleurs jusqu'à ce que le tissu se détende.

**Boucleurs supérieur et inférieur pas assez serrés.** Les fils des boucleurs inférieur (jaune) et supérieur (orange) s'entrecroisent au-dessus du bord vif et forment des boucles lâches. Augmenter les tensions des 2 boucleurs pour que les points reposent sur le bord vif.

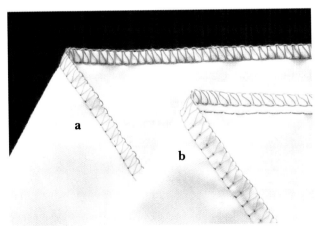

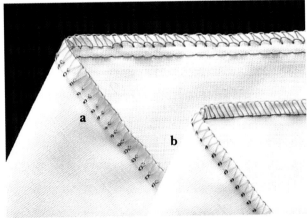

**Aiguille trop serrée.** Le tissu plisse ou tire en longueur si le fil de l'aiguille (vert) est trop serré **(a)**. Diminuer la tension jusqu'à ce que le tissu se détende. Vérifier si le fil casse avec les tricots et diminuer la tension s'il y a lieu. Sur une machine à 3-4 fils **(b)**, ajuster chaque fil d'aiguille (bleu, vert) séparément.

**Aiguille pas assez serrée.** Le fil de l'aiguille (vert) forme des boucles lâches sous le tissu **(a)**. Augmenter la tension du fil de l'aiguille pour obtenir des points lisses et plats. Sur une machine à 3-4 fils **(b)**, ajuster chaque fil d'aiguille (bleu, vert) séparément.

# Les rudiments de la surjeteuse

Pour commencer à coudre, faites fonctionner la surjeteuse sans tissu sous le pied presseur de manière à créer une chaîne de points d'une longueur d'environ 5 cm (2 po). Une chaîne au début et à la fin des coutures consolide les points de surjet. Vous n'endommagerez pas la surjeteuse ni ne casserez les fils en la laissant fonctionner sans tissu, car les points se forment sur les doigts d'enroulement des fils.

Sur la plupart des surjeteuses, la plaque à aiguille est munie de un (1) ou deux (2) doigts d'enroulement. Les points sont formés autour du doigt d'enroulement ; avec la bonne tension, la largeur de celui-ci détermine la largeur du point. La plaque pour ourlet roulotté comportant un doigt d'enroulement étroit (3) sert à exécuter des coutures ou des ourlets roulottés.

Le doigt d'enroulement peut être intégré au pied presseur (4). Les machines dotées de ce type de pied presseur offrent un autre pied presseur pour les coutures et les ourlets roulottés.

## Comment changer le fil

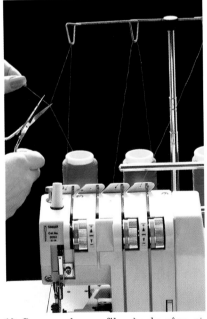

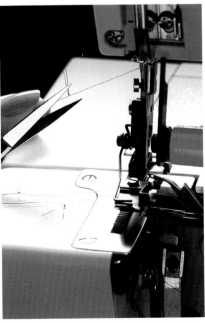

1) **Couper** chaque fil près du cône et enlever ce dernier. Attacher le nouveau fil à chaque fil de la machine, en faisant de petits nœuds d'arrêt. Couper les bouts de fil à 1,3 cm (½ po) du nœud.

2) **Relâcher** les tensions ou les régler à 0. Couper le fil de l'aiguille à l'avant de celle-ci. Tirer sur la chaîne pour séparer les fils.

3) **Tirer** les fils un à la fois à travers les guide-fils, le boucleur supérieur et le boucleur inférieur. Tirer le fil de l'aiguille jusqu'à ce que le nœud arrive au chas. Couper le nœud ; enfiler l'aiguille avec des pinces.

# Comment dégager les doigts d'enroulement

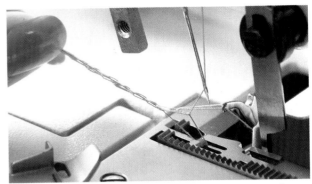

**1) Relever le pied presseur.** Tourner le volant pour relever l'aiguille. Placer la main gauche sur la chaîne à l'arrière du pied presseur. Pour détendre le fil de l'aiguille, le tirer doucement au-dessus du dernier guide-fil avant l'aiguille. (Le pied presseur a été enlevé pour montrer le détail.)

**2) Tirer** sur la chaîne à l'arrière du pied presseur, jusqu'à ce que les fils se séparent et que les doigts d'enroulement de la plaque à aiguille ou du pied presseur soient vides.

# Comment commencer une couture

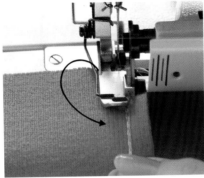

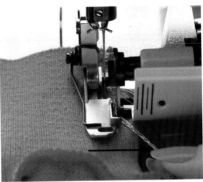

**1) Faire** une chaîne. Commencer la couture en faisant 1 ou 2 points. Relever le pied presseur; tourner le volant pour relever l'aiguille. Dégager les doigts d'enroulement. Passer les doigts sur la chaîne pour la rendre lisse. (Le pied presseur a été enlevé pour montrer le détail.)

**2) Amener** la chaîne vers la gauche, puis autour du pied presseur. La placer entre l'aiguille et le couteau; puis la maintenir en place et abaisser le pied presseur.

**3) Faire** la couture par-dessus la chaîne sur environ 2,5 cm (1 po); puis, amener cette dernière vers la droite pour qu'elle soit rasée lorsque la couture est continuée.

# Comment finir une couture

**1) Faire** un point de plus à la fin de la ligne de couture, puis arrêter. Relever le pied presseur et l'aiguille pour dégager les doigts d'enroulement. (Le pied presseur a été enlevé pour montrer le détail.)

**2) Retourner** la couture et la pivoter pour en aligner le bord avec le bord du couteau. Abaisser le pied presseur. Tourner le volant pour piquer l'aiguille à la fin de la couture et à gauche des points de surjet.

**3) Coudre** par-dessus les points précédents sur environ 2,5 cm (1 po), puis dégager le tissu du pied presseur pour faire une chaîne hors tissu. Avec des ciseaux ou le couteau de la surjeteuse, raser la chaîne près du bord.

# Comment coudre les coins intérieurs et les fentes

 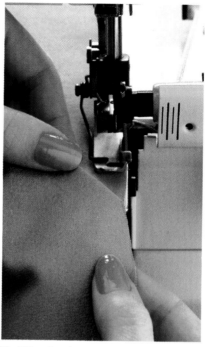 

**1) Finir** les coutures des coins intérieurs en alignant le bord vif du tissu au couteau de la surjeteuse. Coudre et arrêter avant d'arriver au coin.

**2) Plier** le tissu vers la gauche pour redresser le bord. Cela peut créer un petit pli, qui ne sera pas cousu.

**3) Continuer** de coudre en maintenant le tissu en ligne droite. Une fois le coin dépassé, relâcher le tissu.

# Comment coudre les bords arrondis

 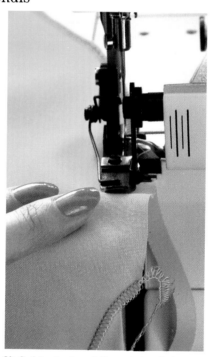 

**1) Commencer** en biais, jusqu'à ce que la ligne de coupe ou de couture désirée soit obtenue.

**2) Guider** le tissu à l'avant du pied presseur pour que le couteau rase le bord vif selon la courbe. Pendant la couture, surveiller le couteau et non l'aiguille.

**3) Arrêter** quand les points recouvrent les points précédents. Relever le pied presseur. Déplacer le tissu pour qu'il se retrouve derrière l'aiguille. Coudre en dégageant le bord du tissu pour éviter un surjet progressif. (Le pied presseur a été enlevé pour montrer le détail.)

# Comment coudre les coins extérieurs

**1) Raser** la réserve de couture qui dépasse le coin d'environ 5 cm (2 po). Si vous confectionnez des serviettes, des napperons ou autres choses semblables, tailler le tissu à la longueur finale et omettre cette étape.

**2) Faire** un point de plus au-delà du coin, puis arrêter. Relever le pied presseur et l'aiguille afin de dégager les doigts d'enroulement et relâcher légèrement le fil de l'aiguille. (Le pied presseur a été enlevé pour montrer la position de l'aiguille.)

**3) Pivoter** le tissu, alignant le bord vif de la réserve de couture rasée avec le couteau. Insérer l'aiguille sur le bord surfilé. Abaisser le pied presseur et continuer la piqûre.

# Comment découdre

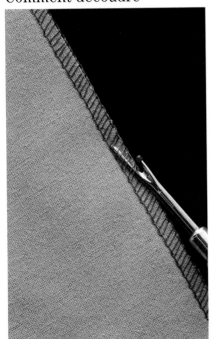

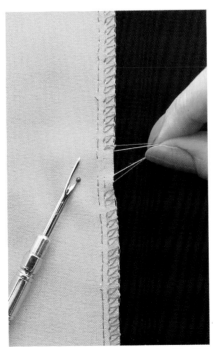

**Surjet à 2 fils.** Couper les fils en faisant glisser le découvit ou la lame des ciseaux sous les points. Enlever les fils coupés.

**Surjet à 3 ou 4 fils.** Couper les fils d'aiguille à tous les trois ou quatre points en travaillant sur le dessus. Tirer les deux fils de boucleur vers le bord. Enlever les fils coupés.

**Surjet à 2 ou 4 fils.** En se plaçant en dessous, tirer sur le fil de boucleur afin d'enlever le point de chaînette. Enlever les fils sur la bordure tel que décrit pour le surjet à 2 fils, à gauche.

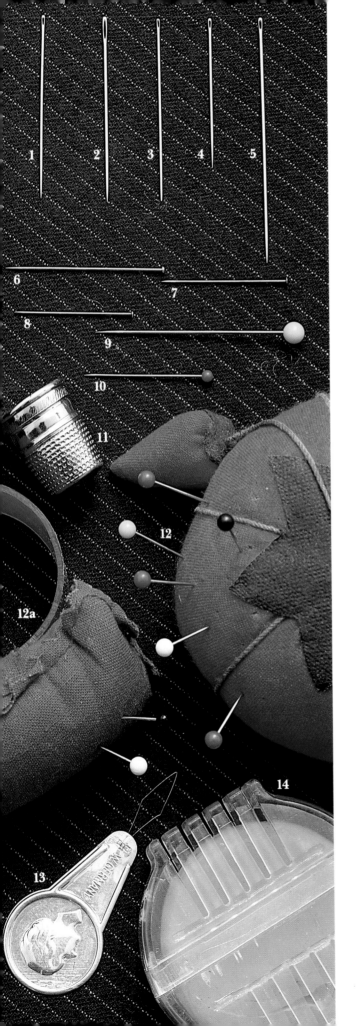

# Les outils et accessoires de base

La couture se divise en cinq étapes essentielles : les mesures, la coupe, le marquage, la couture à la main ou à la machine et le pressage. Pour chacune de ces tâches, il existe des outils essentiels qui en facilitent l'exécution et favorisent des résultats supérieurs. Au fur et à mesure que vous vous perfectionnerez en couture, enrichissez votre matériel de base de nouveaux accessoires.

## Les accessoires pour la couture à la main

Les **aiguilles et les épingles**, de grosseurs et de modèles variés, servent à divers usages. Recherchez des aiguilles et des épingles antirouille en laiton, en acier nickelé ou inoxydable. Les épingles à tête ronde colorée sont plus faciles à repérer sur le tissu que les épingles plates.

**1.** Les **aiguilles de couturière**, de longueur moyenne, servent pour divers travaux de couture.

**2.** Les **aiguilles à broder** sont fines et de longueur moyenne.

**3.** Les **aiguilles à pointe arrondie** sont utilisées pour les tricots. La pointe arrondie permet le passage entre les mailles d'un tricot.

**4.** Les **aiguilles de tailleur mi-longues** ont un chas arrondi. Utiles pour effectuer de petits points dans des tissus lourds et pour le matelassage.

**5.** Les **aiguilles de modiste**, longues avec un chas arrondi, sont utiles pour le faufilage et les fronces.

**6.** Les **épingles à soie** conviennent aux tissus légers et moyens et viennent en plusieurs longueurs : l'épingle n° 17 mesure 2,6 cm (1 $\frac{1}{16}$ po) et la 20 mesure 3,2 cm (1 $\frac{1}{4}$ po). Les deux sont disponibles avec des têtes en plastique ou en verre. Les épingles à soie extrafines de 4,5 cm (1 $\frac{3}{4}$ po) se repèrent plus facilement sur le tissu en raison de leur longueur.

**7.** Les **épingles droites**, en laiton, en acier et en acier inoxydable, servent pour la couture générale. Elles mesurent habituellement 2,6 cm (1 $\frac{1}{16}$ po).

**8.** Les **épingles à plis** mesurent 2,5 cm (1 po) et servent à l'épinglage des tissus délicats dans la réserve de couture.

**9.** Les **épingles à matelasser** mesurent 3,2 cm (1 $\frac{1}{4}$ po) et conviennent aux tissus lourds vu leur longueur.

**10)** Les **épingles à pointe arrondie** sont idéales pour les tricots.

**11)** Le **dé à coudre** protège le majeur lors de la couture à la main. Il vient en différentes grandeurs, de 6 à 12, afin de s'adapter parfaitement au doigt.

**12)** La **pelote à épingles** permet de ranger les épingles de façon sécuritaire. Certaines pelotes ont un coussinet d'émeri pour le nettoyage des épingles et des aiguilles. La pelote montée sur un bracelet **(12a)** permet d'avoir ses épingles à portée de la main.

**13)** L'**enfile-aiguille** facilite l'enfilage des aiguilles à main ou à machine.

**14)** La **cire d'abeille**, qui vient avec un contenant spécial, renforce le fil et prévient l'emmêlement.

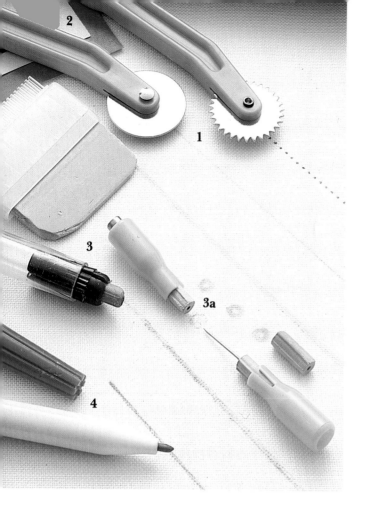

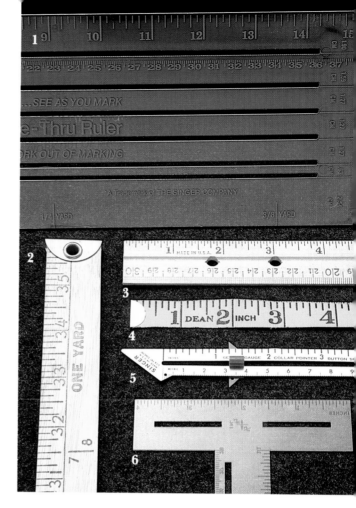

# Les instruments de marquage

Les symboles apparaissant sur un patron constituent des guides pour l'assemblage du vêtement. Le transfert de ces symboles sur le tissu s'avère une étape essentielle pour l'ajustement et la couture. Comme vous utiliserez différents types de tissus, il vous faudra divers accessoires de marquage.

**1.** Les **roulettes à tracer** se présentent sous deux formes : dentelées ou lisses. La roulette dentelée trace une ligne pointillée. Elle convient à presque tous les tissus, mais risque d'endommager les plus délicats. La roulette lisse, qui convient aux étoffes délicates et souples, telle la soie ou la mousseline, trace une ligne continue.

**2.** Le **papier-calque de couturière** est un papier carbone ciré qui reproduit la ligne effectuée par la roulette à tracer sur le tissu. La couleur doit se rapprocher de celle du tissu, mais demeurer bien visible.

**3.** La **craie de tailleur** ou **crayon marqueur** permet un marquage rapide et facile directement sur le tissu. La craie s'efface rapidement, aussi il ne faut l'utiliser que lorsqu'on s'apprête à coudre. Le marque-repère de tailleur **(3a)** comporte deux parties et permet le marquage sur les deux côtés du tissu.

**4.** Le **crayon à encre délébile** permet de marquer rapidement des plis, des pinces et des poches. Certains font des marques qui disparaissent en 48 heures ; d'autres produisent un marquage qui part à l'eau. Il ne faut pas utiliser ces derniers sur les tissus qui marquent à l'eau. Le pressage peut rendre ces marques indélébiles, aussi il faut les effacer avant de presser.

# Les instruments de mesure

Les instruments de mesure servent à prendre les mesures du corps et du patron. Des mesures prises fréquemment avec des instruments précis et de qualité assurent des vêtements parfaitement ajustés.

**1.** La **règle transparente** permet de voir ce qu'on mesure ou marque. Elle sert à vérifier le droit fil du tissu et à marquer les boutonnières, les nervures, les plis, etc.

**2.** Le **mètre** sert au marquage général et permet de vérifier le droit fil au moment d'établir le plan de coupe. Il devrait être en bois verni ou en métal.

**3.** La **règle** sert au marquage général. Les règles de 30,5 cm (12 po) ou 46 cm (18 po) sont les plus utiles.

**4.** Le **ruban à mesurer** permet de prendre les mesures du corps. Choisir un ruban de 152,5 cm (60 po), qui ne s'étire pas, muni d'un bout en métal et portant des chiffres des deux côtés.

**5.** La **règle à curseur** permet de prendre avec rapidité et précision la mesure des ourlets, des boutonnières, des festons et des plis. Elle est petite – 15 cm (6 po) –, en métal ou en plastique et elle a un curseur mobile.

**6.** Le **té transparent** sert à localiser la chaîne et la trame, à modifier les patrons et à égaliser les bords droits.

# Les instruments de coupe

Procurez-vous des instruments de coupe de qualité et faites-les aiguiser régulièrement par un professionnel qualifié, afin qu'ils offrent toujours un rendement optimal. Certains ciseaux ont des anneaux d'égale grosseur ; d'autres ont un anneau plus gros que l'autre. Les ciseaux forgés en acier de première qualité et très affûtés sont les meilleurs. Les lames devraient être réunies par une vis réglable (non un rivet) afin d'assurer une pression égale. Des ciseaux bien aiguisés permettent d'obtenir des bords et des crans nets et n'endommagent pas l'étoffe. Des ciseaux émoussés ralentissent la coupe et fatiguent rapidement la main et le poignet. Les ciseaux pour la couture ne devraient servir à aucun autre usage, par exemple, couper du papier ou de la ficelle. Ils durent plus longtemps si on dépose de temps à autre une goutte d'huile sur la vis, si on les essuie avec un linge propre et doux après usage et si on les range dans une boîte ou un étui.

**1.** Les **ciseaux de coupe à manche recourbé** conviennent parfaitement à la coupe de patrons, car l'angle de la lame inférieure permet au tissu de reposer à plat sur la surface de coupe. Les lames de 18 ou 20,5 cm (7 ou 8 po) sont les plus courantes, mais il en existe mesurant jusqu'à 30,5 cm (12 po). Choisissez une longueur convenant bien à votre main – des lames courtes pour de petites mains et des lames plus longues pour des mains plus grosses. Il existe des modèles pour personnes gauchères. Si vous cousez beaucoup, investissez dans une paire en acier chromé (**1a**) pour couper les tissus épais. Les modèles plus légers, avec lames en acier inoxydable et anneaux en plastique (**1b**), conviennent si vous cousez moins fréquemment ou si vous utilisez des tissus légers. Pour les tissus synthétiques et les tricots glissants, les ciseaux crantés (**1c**) offrent un maximum de contrôle.

**2.** Les **ciseaux de couturière (2a)**, avec une lame effilée et une autre arrondie, servent à raser et à cranter les coutures et les parementures. Ceux à lame de 15 cm (6 po) sont les plus pratiques. Les ciseaux à broder (**2b**) ont des lames très effilées de 10 ou 12,5 cm (4 ou 5 po). Les bouts pointus servent aux travaux manuels et à la coupe de précision.

**3.** Le **découvit** défait les points et les coutures et ouvre les boutonnières rapidement. À utiliser avec précaution afin d'éviter de déchirer l'étoffe.

**4.** La **coupeuse rotative** est une adaptation des grandes coupeuses que l'on trouve dans l'industrie du vêtement. Elle fonctionne de la même manière que le couteau à pizza et convient tant aux personnes gauchères que droitières. Cet instrument s'utilise avec un tapis en plastique spécial offert en différentes grandeurs. Le tapis protège à la fois la surface sur laquelle on coupe et la lame. Pour plus de sécurité, un mécanisme permet à la lame de se rétracter.

**5.** Le **coupe-fil** avec lames à ressort est plus pratique que les ciseaux et plus sécuritaire que le découvit.

**6.** Les **ciseaux à denteler ou à cranter** forment un bord en zigzag qui ne s'effiloche pas. On s'en sert pour finir les coutures et les bords vifs de plusieurs types d'étoffe.

# Les accessoires de pressage

En couture, le pressage s'avère une étape importante, mais souvent négligée. Il peut sembler inutile et fastidieux de s'interrompre, mais il faut prendre la peine de presser à chaque étape de l'assemblage d'un vêtement pour obtenir un résultat parfait.

Pour prendre cette bonne habitude, c'est une bonne idée de placer les accessoires de pressage à proximité du coin couture et de presser plusieurs morceaux à la fois. Effectuez toutes les coutures possibles à la machine et, ensuite, procédez au pressage.

Pressage et repassage ne signifient pas la même chose. Pendant le repassage, le fer glisse sur le tissu. Pendant le pressage, le fer ne bouge presque pas et reste en contact avec le tissu. Il faut exercer le moins de pression possible sur le fer, suivre le sens du tissu et soulever le fer pour l'amener à une nouvelle section.

Le feuillet d'instructions inclus dans le patron indique précisément à quel moment presser, mais voici la règle générale : pressez chaque couture avant d'exécuter les autres qui la croisent. Pressez sur l'envers du tissu afin d'éviter de lustrer l'endroit et protégez la semelle de votre fer en enlevant les épingles avant le pressage.

**1.** Le **fer à vapeur** doit offrir un large éventail de températures afin de convenir à toutes les étoffes. Acheter un fer de qualité d'une marque reconnue. Un fer qui vaporise de la vapeur et des gouttelettes d'eau à tous les réglages et non seulement à haute température est utile pour les tissus synthétiques.

**2.** Le **coussin de tailleur ou coussin-moufle** sert à repasser les sections formées, telles les coutures incurvées, les pinces du corsage, les cols et les têtes de manches. Le coussin de tailleur (**2a**) est un coussin arrondi, rembourré et assez ferme, recouvert de coton sur un côté et de laine sur l'autre pour mieux retenir la vapeur. Le coussin-moufle (**2b**), semblable au coussin de tailleur, sert au pressage de petits éléments difficiles à atteindre. On peut l'enfiler sur la main ou la jeannette.

**3.** La **pattemouille** permet d'éviter les reflets et on l'utilise toujours pour appliquer un entoilage thermocollant. Le modèle transparent permet de voir si le tissu est bien lisse et l'entoilage correctement aligné.

**4.** La **jeannette** ressemble à deux petites planches à repasser placées l'une par-dessus l'autre. On l'utilise pour presser les coutures et les détails des parties étroites du vêtement, tels les emmanchures et les décolletés.

**5.** Le **passe-carreau/bloc à marteler**, constitué de bois dur, sert à ouvrir les coutures dans les coins et les pointes. Le bloc à marteler écrase les coutures en gardant la vapeur et la chaleur dans le tissu. Cet instrument est utilisé dans la confection de vêtements tailleur ; il permet de réaliser des plis prononcés sur des tissus rigides.

**6.** Le **rouleau** est un coussin cylindrique bien rembourré qui sert à presser les coutures. La plus grande partie du tissu tombe de chaque côté du rouleau, évitant que la marque de la couture se voie sur l'endroit du tissu.

# Les outils et accessoires spéciaux

Il existe plusieurs types d'outils et instruments conçus pour économiser du temps lors du marquage, de l'assemblage et du pressage. Plus vous cousez, plus ces aides deviennent des nécessités. Tout comme vous investissez dans l'achat d'ustensiles pour la cuisine ou d'appareils ménagers, n'hésitez pas à acheter des outils pour vous faciliter la tâche et réaliser plus rapidement des vêtements et des projets de décoration de la maison.

Avant d'utiliser un nouvel outil, lisez attentivement toutes les instructions. Il faut connaître quels traitements et quels soins il requiert et à quels tissus ou techniques de couture il convient. Voici un aperçu de quelques-uns de ces accessoires.

La **planche à repasser de table** permet d'économiser de l'espace. Comme elle est portative, il est facile de la poser à proximité de la machine à coudre. Les grandes pièces de tissus peuvent reposer sur la table pendant le pressage, évitant ainsi qu'elles ne s'étirent ou ne traînent par terre. Cet outil favorise la bonne habitude de presser pendant la couture.

La **pince à aiguille** se bloque fermement sur l'aiguille et favorise son passage à travers un tissu épais.

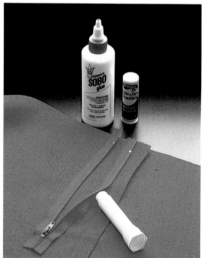

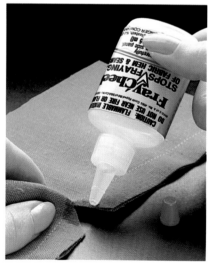

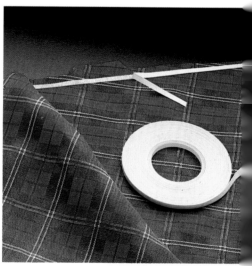

La **colle** remplace l'épinglage ou le faufilage en maintenant en place les épaisseurs de tissu, de cuir, de vinyle, de feutre, ainsi que les bordures, les poches et les fermetures à glissière. Elle sert aussi pour les travaux d'artisanat. Le bâton de colle hydrosoluble n'offre qu'une solution temporaire. La colle liquide peut être appliquée en pointillé dans la réserve de couture afin de maintenir ensemble les épaisseurs de tissu.

Le **liquide pour empêcher l'effilochage** est un plastique liquide incolore qui renforce légèrement le tissu. Il s'avère utile si on a trop coupé dans la réserve de couture ou pour renforcer une poche ou une boutonnière. Il a pour effet de foncer légèrement les tissus pâles, aussi faut-il l'appliquer avec précaution. De plus, il ne s'enlève pas, résistant aux lavages et aux nettoyages à sec.

Le **ruban à faufiler**, adhésif des deux côtés, élimine l'épinglage et le faufilage. À utiliser sur le cuir, le vinyle, ainsi que sur le tissu. Ce ruban permet de faire coïncider les lignes et les carreaux, de poser les fermetures à glissière et de mettre en place poches et bordures. Éviter de coudre sur le ruban afin de ne pas endommager l'aiguille de la machine à coudre.

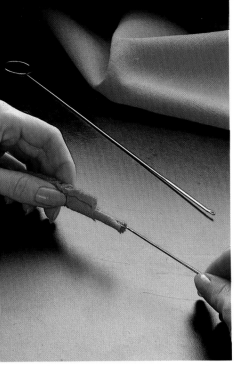

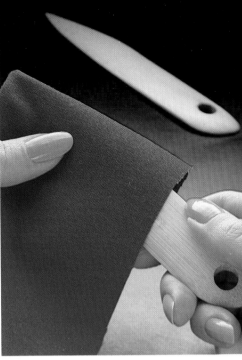

Le **tourne-ganse** est conçu pour agripper le bout d'un passepoil ou d'une coulisse pour les retourner à l'endroit grâce à un crochet à clenche situé à une de ses extrémités. Cette opération est beaucoup plus rapide et facile que celle qui consiste à attacher la traditionnelle épingle de sûreté à un bout et à l'acheminer petit à petit. La tige fine permet de passer dans des coulisses très étroites et dans des brides de boutonnage.

Le **passe-lacet** permet d'enfiler un ruban, un élastique ou une corde dans une coulisse sans les tordre. Certains passe-lacets comportent un chas dans lequel le ruban ou l'élastique est enfilé ; d'autres se ferment à l'aide d'une pince ou d'une épingle de sûreté à laquelle on accroche l'élastique. Le passe-lacet illustré comporte un anneau coulissant, resserrant les branches du crochet.

Le **tourneur** ou safran permet de ressortir sans les déchirer les coins des collets, des revers et des poches. En bois ou en plastique, sa pointe s'insère parfaitement dans les coins. Utiliser la pointe pour enlever le fil à faufiler et le bout rond pour maintenir les coutures ouvertes pendant le pressage.

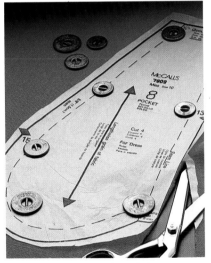

La **planche à tailler pliante** protège la surface de coupe des égratignures causées par les ciseaux et les épingles. Elle empêche le tissu de glisser pendant la coupe et permet de le maintenir en place. On peut épingler le tissu sur la planche, le couper droit en suivant les lignes imprimées et utiliser les carrés de 2,5 cm (1 po) pour une mesure instantanée.

Les **poids** aident à maintenir le patron en place lors de la coupe. Ils éliminent l'épinglage du patron et protègent les tissus délicats susceptibles de garder les marques des épingles. Les poids sont surtout utiles pour les petites pièces du patron. Certaines personnes utilisent des objets comme des boîtes de conserve au lieu des poids.

La **pelote** et la **plaque à épingles magnétiques** permettent de garder les épingles en acier à leur place. La plaque adhère au plateau de la machine et attrape les épingles au fur et à mesure qu'on les enlève pendant la couture. La pelote à épingles aimantée est plus pratique que celle en tissu, surtout pour ramasser des épingles répandues sur le sol.

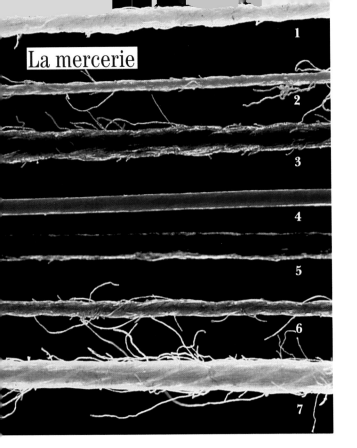

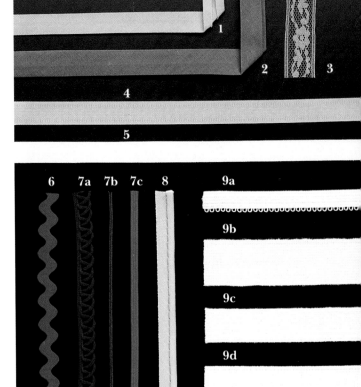

## Le fil

Il faut choisir un fil de bonne qualité en fonction de la fibre et du poids du tissu, ainsi que du projet de couture. De façon générale, on doit utiliser un fil de fibre naturelle pour un tissu de fibre naturelle et un fil synthétique pour un tissu synthétique. La photo ci-dessus a été grossie 20 fois afin d'illustrer les détails.

**1.** Le **fil de polyester enrobé de coton** s'emploie à divers usages et convient pour la couture à la main ou à la machine sur toutes les étoffes : fibres naturelles et synthétiques, tissus et tricots.

**2.** Le **fil de polyester enrobé de coton extrafin** réduit le plissage sur les tissus légers et il ne s'accumule ni ne se casse durant la broderie machine.

**3.** Le **fil retors simple** est conçu pour la surpiqûre, la couture ornementale programmée et la confection de boutonnières à la machine ou à la main.

**4.** Le **fil à matelasser** de coton ou de polyester et coton est résistant. Il ne s'emmêle pas, ne fait pas de nœuds, ne se défait pas pendant la couture à la main à travers plusieurs épaisseurs de tissus.

**5.** Le **fil à bouton et à tapis** convient bien aux coutures à la main qui demandent beaucoup de solidité.

**6.** Le **fil de polyester à longues fibres** est lisse et convient bien pour la couture à la main ou à la machine.

**7.** Le **fil coton mercerisé à 100 %**, utilisé pour les tissus de fibres naturelles, tels le coton, le lin et la laine, n'est pas suffisamment solide pour les tricots.

## Les garnitures et rubans

Les garnitures et rubans doivent convenir au tissu et au fil. La plupart peuvent être cousus à la machine, mais certains doivent être posés à la main. Les garnitures prérétrécies servent pour les vêtements lavables.

**1.** Le **biais simple** mesure 1,3 cm (¹/₂ po) ou 2,2 cm (⁷/₈ po) de largeur et est disponible en plusieurs couleurs et imprimés. Utilisé pour les coulisses, les bordures et les parementures.

**2.** Le **biais double**, que l'on replie sur le bord vif, vient en deux largeurs : 6 mm (¹/₄ po) et 1,3 cm (¹/₂ po), lorsque plié.

**3.** La **dentelle à ourlets** permet d'obtenir un ourlet décoratif.

**4.** Le **ruban à ourlet régulier**, 100 % rayonne ou polyester, mesure 1 cm (³/₈ po) de largeur. Utilisé pour stabiliser les coutures, les ourlets et pour renforcer les coins coupés.

**5.** Le **biais croisé** est utilisé pour stabiliser les coutures ou les lignes de pliure.

**6.** Le **croquet**, communément appelé ric rac, est disponible en trois grandeurs : 6 mm (¹/₄ po), 1,3 cm (¹/₂ po) et 1,5 cm (⁵/₈ po) pour accentuer les bordures.

**7.** Les **galons** se présentent en différents modèles : avec boucles (**7a**), soustaches (**7b**) et bolduc (**7c**) et sont utilisés comme garnitures pour faire un motif en oblique, des lacets de serrage, des cravates ou des brides de boutonnage.

**8.** Le **biais gansé** s'insère dans la couture afin de définir et décorer les bordures.

**9.** L'**élastique** est inséré dans les coulisses afin de froncer ceintures, poignets et encolures. Tricotés (**9a**) ou tissés (**9b**), ils sont plus lisses que les élastiques tressés (**9c**), s'enroulent moins facilement et peuvent être cousus directement sur le tissu. **L'élastique pour ceinture (9d)** comporte des côtes latérales l'empêchant de se tordre ou de s'enrouler.

# Les boutons et fermetures

Les boutons et fermetures s'agencent au vêtement ou contrastent pour obtenir un effet mode. Les fermetures peuvent être décoratives autant que fonctionnelles.

**1.** Les **boutons à deux** ou **à quatre trous** sont utilisés couramment et servent à de multiples usages.

**2.** Les **boutons à tige** sont munis d'une tige à la face inférieure.

**3.** Les **boutons à recouvrir** peuvent être recouverts du même tissu que le vêtement pour un assortiment parfait.

**4.** Les **boutons en bâtonnet** sont des attaches à boucle et à bâtonnet munies de garnitures de cuir ou d'imitation de cuir que l'on utilise sur des surfaces qui se chevauchent.

**5.** Les **brandebourgs** sont des attaches à boucle et à bouton qui donnent une allure chic à un vêtement.

**6.** Les **rubans à boutons pression et bandes velcro** sont utilisés comme système de fermeture sur des surfaces qui se chevauchent.

**7.** Les **crochets à ceinture** sont très résistants. Ils servent à fermer les ceintures de jupes et de pantalons.

**8.** Les **agrafes et portes**, placées à l'intérieur des fermetures, sont disponibles dans différentes grosseurs pour plusieurs types de tissus de poids léger à lourd.

**9.** Les **boutons pression** se placent à l'intérieur, à des endroits qui ne sont pas soumis à une grande tension, par exemple, les poignets.

**10)** Les **boutons pression géants à rivet** sont appliqués à l'aide d'une pince spéciale sur l'extérieur d'un vêtement pour créer un effet décoratif.

# Les fermetures à glissière

Les fermetures à glissière sont faites de dents en métal ou plastique ou d'un rouleau synthétique en polyester ou nylon fixés sur un ruban tissé. On peut se procurer les deux types dans toutes les grandeurs et toutes les grosseurs. Les rouleaux, plus légers et plus flexibles, résistent à la chaleur et ne rouillent pas. Les fermetures en métal, plus lourdes, conviennent à des tissus lourds et des vêtements de sport. Bien que les fermetures à glissière se fondent habituellement dans le vêtement, il en existe de grosses et colorées, faites pour être remarquées.

**1.** La **fermeture à glissière tout usage en polyester** convient pour tous les tissus. Idéale pour les jupes, les pantalons, les robes et les articles de décoration intérieure.

**2.** La **fermeture à glissière tout usage en métal**, résistante et durable, est destinée aux vêtements de sport, ainsi qu'aux pantalons, jupes, robes et articles pour la décoration intérieure.

**3.** La **fermeture à glissière en laiton pour jean** à base fixe convient pour les jeans, les vêtements de travail et tout-aller, sur des tissus de poids moyen à lourd.

**4.** La **fermeture à glissière séparable en métal**, de format moyen à gros, est utilisée sur les vestes, vêtements de sport et articles pour la décoration de la maison. La fermeture réversible est munie d'une tirette des deux côtés.

**5.** La **fermeture à glissière séparable moulée en plastique**, généralement plus légère, quoique résistante et durable, est plus large afin de produire un fini lisse. Décorative, elle convient très bien aux vêtements d'extérieur et aux vêtements de ski.

**6.** La **fermeture à glissière ouverte aux deux bouts** comprend deux curseurs lui permettant de s'ouvrir dans les deux sens.

# Le patron

Consulter un catalogue s'avère un acte beaucoup plus créatif lorsqu'il s'agit d'y choisir un patron et non un vêtement prêt-à-porter. Dans un catalogue de patrons, il n'y a pas de contrainte de tissu, de couleur, de longueur et de mercerie. Vous devenez votre propre styliste. Vous pouvez choisir les éléments qui vous avantagent et qui correspondent à votre personnalité.

Jamais le choix de patrons n'a été aussi vaste. Les modèles couturiers sont disponibles la même saison qu'ils apparaissent dans les magasins. Il existe des patrons faciles à réaliser pour les personnes qui disposent de peu de temps, des patrons pour confectionner des accessoires, pour la décoration intérieure, pour les tenues de soirée, les vêtements pour hommes et garçons et la plupart des vêtements pour femmes et enfants.

Pour une consultation facile, le catalogue de patrons se divise en catégories, séparées par des onglets, selon la taille et le style. Les modes les plus récentes apparaissent habituellement aux premières pages de chaque catégorie. Des renseignements sur les tissus recommandés et le métrage requis apparaissent près des illustrations. À la fin du catalogue, un index donne la liste des patrons par ordre numérique, avec leur numéro de page. Vous y trouverez également un tableau des tailles pour chaque type de silhouette: homme, femme, enfant et bébé.

Si vous choisissez le niveau de difficulté d'un patron en fonction de votre expérience en couture, vous aurez de bonnes chances de mener à bien votre projet. Si vous manquez de temps ou de patience, choisissez des modèles simples.

Le nombre de pièces énumérées à l'endos de la pochette constitue un bon indice de la complexité du patron. En général, moins il en compte, plus il est facile à réaliser. Certains éléments, tels les poignets de chemise, les cols, les pinces et les plis augmentent le niveau de difficulté. Un patron étiqueté «Facile à faire» comporte peu de détails de ce type.

Toutes les compagnies de patrons utilisent un système de tailles universel basé sur des mesures du corps standard. Les tailles ne correspondent pas exactement à celles du prêt-à-porter. Afin de choisir un patron de la bonne taille, prenez vos mesures. Enfilez vos sous-vêtements habituels et utilisez un ruban à mesurer qui ne s'étire pas. Pour plus de précision, il est préférable que les mesures soient prises par une autre personne. Notez vos mesures et comparez-les à celles du tableau de la page 37.

# Comment prendre vos mesures

**1) Taille.** Attacher une corde (ou un élastique) au tour de taille et la laisser prendre sa place naturelle ; mesurer exactement à cet endroit avec un ruban à mesurer. Laisser la corde en place afin de faciliter la mesure des hanches et de la longueur du dos.

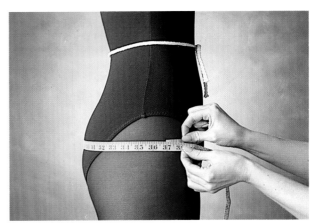

**2) Hanches.** Mesurer autour de la partie la plus large, habituellement de 18 à 23 cm (7 à 9 po) sous la taille, selon votre grandeur.

**3) Buste.** Placer le ruban à mesurer sous les bras, le faire passer sur la partie la plus large du dos et au-dessus de la poitrine. Le tableau des tailles sur la pochette du patron n'indique pas cette mesure, mais elle devrait se comparer au tour de poitrine.

**4) Poitrine.** Placer le ruban à mesurer sous les bras, passer sur la partie la plus large du dos et de la poitrine. Note : S'il y a une différence de 5 cm (2 po) ou plus entre le tour de poitrine et le tour de buste, choisir le patron en se basant sur la mesure du tour de buste.

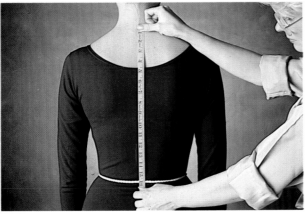

**5) Dos.** Mesurer à partir de l'os proéminent à la base du cou jusqu'à la corde à la taille.

**6) Hauteur.** Enlever les souliers. Appuyer le dos au mur et placer sur la tête une règle perpendiculaire au mur ; faire une marque à cet endroit sur le mur. Prendre la mesure de la marque jusqu'au plancher.

# Les types de silhouettes féminines

**Jeune adolescente**
Environ 1,55 m à
1,60 m (5 pi 1 po à
5 pi 3 po). Adoles-
cente en pleine
croissance ou pré-
adolescente avec
un petit buste. Le
tour de taille est
trop large propor-
tionnellement à la
poitrine.

**Petite jeune fille**
Environ 1,53 m à
1,55 m (5 pi à 5 pi
1 po). Petite sil-
houette bien déve-
loppée, avec une
constitution moins
forte et un dos plus
court que la jeune
fille.

**Jeune fille**
Environ 1,63 m à
1,65 m (5 pi 4 po
à 5 pi 5 po). Sil-
houette bien
développée, avec
hauteur et dos
plus courts que la
jeune femme.

**Petite jeune
femme**
Environ 1,57 m à
1,63 m (5 pi 2 po
à 5 pi 4 po). Sil-
houette bien
développée et
bien proportion-
née, avec hauteur
et dos plus courts
et taille un peu
plus large que la
jeune femme.

**Jeune femme**
Environ 1,65 m à
1,68 m (5 pi 5 po à
5 pi 6 po). Sil-
houette bien pro-
portionnée dont la
croissance est ter-
minée, considérée
comme la
moyenne.

**Demi-taille**
Environ 1,57 m à
1,60 m (5 pi 2 po à
5 pi 3 po). Sil-
houette complète-
ment développée
mais plus petite que
la jeune femme.
Épaules plus étroi-
tes que la petite
jeune femme. Tour
de taille plus large
proportionnelle-
ment à la poitrine
que la femme.

**Femme**
Environ 1,65 m à
1,68 m (5 pi 5 pi à
5 pi 6 po). Même
hauteur que la
jeune femme,
mais silhouette
plus large et plus
développée.

**Maternité**
Correspond aux
tailles de jeune
femme. Les me-
sures sont basées
sur la silhouette à
cinq mois de gros-
sesse, mais les
patrons sont
conçus pour offrir
de l'aisance jus-
qu'au neuvième
mois.

# Tableau des tailles des silhouettes féminines

Pour choisir un patron de la bonne taille, prenez vos mesures (voir page 35) et déterminez votre type de silhouette à l'aide de la description de la page précédente. Puis consultez le tableau suivant et choisissez la colonne se rapprochant le plus de vos mesures. Pour les patrons de robes, de chemisiers et de vestons, basez votre choix sur la mesure du tour de poitrine; pour les pantalons et les jupes, basez-vous sur la largeur des hanches.

## Centimètres

**Jeune adolescente**

| Taille | 5/6 | 7/8 | 9/10 | 11/12 | 13/14 | 15/16 |
|---|---|---|---|---|---|---|
| Poitrine | 71 | 74 | 78 | 81 | 85 | 89 |
| Taille | 56 | 58 | 61 | 64 | 66 | 69 |
| Hanches | 79 | 81 | 85 | 89 | 93 | 97 |
| Dos | 34,5 | 35,5 | 37 | 38 | 39 | 40 |

**Petite jeune fille**

| Taille | 3 | 5 | 7 | 9 | 11 | 13 |
|---|---|---|---|---|---|---|
| Poitrine | 76 | 79 | 81 | 84 | 87 | 89 |
| Taille | 56 | 58 | 61 | 64 | 66 | 69 |
| Hanches | 79 | 81 | 84 | 87 | 89 | 92 |
| Dos | 35,5 | 36 | 37 | 37,5 | 38 | 39 |

**Jeune fille**

| Taille | 5 | 7 | 9 | 11 | 13 | 15 |
|---|---|---|---|---|---|---|
| Poitrine | 76 | 79 | 81 | 85 | 89 | 94 |
| Taille | 57 | 60 | 62 | 65 | 69 | 74 |
| Hanches | 81 | 84 | 87 | 90 | 94 | 99 |
| Dos | 38 | 39 | 39,5 | 40 | 40,5 | 41,5 |

**Petite jeune femme**

| Taille | 6 | 8 | 10 | 12 | 14 | 16 |
|---|---|---|---|---|---|---|
| Poitrine | 78 | 80 | 83 | 87 | 92 | 97 |
| Taille | 60 | 62 | 65 | 69 | 73 | 78 |
| Hanches | 83 | 85 | 88 | 92 | 97 | 102 |
| Dos | 37 | 37,5 | 38 | 39 | 39,5 | 40 |

**Jeune femme**

| Taille | 6 | 8 | 10 | 12 | 14 | 16 | 18 | 20 |
|---|---|---|---|---|---|---|---|---|
| Poitrine | 78 | 80 | 83 | 87 | 92 | 97 | 102 | 107 |
| Taille | 58 | 61 | 64 | 67 | 71 | 76 | 81 | 87 |
| Hanches | 83 | 85 | 88 | 92 | 97 | 102 | 107 | 112 |
| Dos | 39,5 | 40 | 40,5 | 41,5 | 42 | 42,5 | 43 | 44 |

**Demi-taille**

| Taille | 10 ½ | 12 ½ | 14 ½ | 16 ½ | 18 ½ | 20 ½ | 22 ½ | 24 ½ |
|---|---|---|---|---|---|---|---|---|
| Poitrine | 84 | 89 | 94 | 99 | 104 | 109 | 114 | 119 |
| Taille | 69 | 74 | 79 | 84 | 89 | 96 | 102 | 108 |
| Hanches | 89 | 94 | 99 | 104 | 109 | 116 | 122 | 128 |
| Dos | 38 | 39 | 39,5 | 40 | 40,5 | 40,5 | 41 | 41,5 |

**Femme**

| Taille | 38 | 40 | 42 | 44 | 46 | 48 | 50 | 52 |
|---|---|---|---|---|---|---|---|---|
| Poitrine | 107 | 112 | 117 | 122 | 127 | 132 | 137 | 142 |
| Taille | 89 | 94 | 99 | 105 | 112 | 118 | 124 | 131 |
| Hanches | 112 | 117 | 122 | 127 | 132 | 137 | 142 | 147 |
| Dos | 44 | 44 | 44,5 | 45 | 45 | 45,5 | 46 | 46 |

**Maternité**

| Taille | 6 | 8 | 10 | 12 | 14 | 16 |
|---|---|---|---|---|---|---|
| Poitrine | 87 | 89 | 92 | 95 | 100 | 105 |
| Taille | 72 | 75 | 77,5 | 81 | 85 | 90 |
| Hanches | 90 | 93 | 95 | 99 | 104 | 109 |
| Dos | 39,5 | 40 | 40,5 | 41,5 | 42 | 42,5 |

## Pouces

**Jeune adolescente**

| Taille | 5/6 | 7/8 | 9/10 | 11/12 | 13/14 | 15/16 |
|---|---|---|---|---|---|---|
| Poitrine | 28 | 29 | 30 ½ | 32 | 33 ½ | 35 |
| Taille | 22 | 23 | 24 | 25 | 26 | 27 |
| Hanches | 31 | 32 | 33 ½ | 35 | 36 ½ | 38 |
| Dos | 13 ½ | 14 | 14 ½ | 15 | 15 ³/₈ | 15 ³/₄ |

**Petite jeune fille**

| Taille | 3 | 5 | 7 | 9 | 11 | 13 |
|---|---|---|---|---|---|---|
| Poitrine | 30 | 31 | 32 | 33 | 34 | 35 |
| Taille | 22 | 23 | 24 | 25 | 26 | 27 |
| Hanches | 31 | 32 | 33 | 34 | 35 | 36 |
| Dos | 14 | 14 ¼ | 14 ½ | 14 ³/₄ | 15 | 15 ¼ |

**Jeune fille**

| Taille | 5 | 7 | 9 | 11 | 13 | 15 |
|---|---|---|---|---|---|---|
| Poitrine | 30 | 31 | 32 | 33 ½ | 35 | 37 |
| Taille | 22 ½ | 23 ½ | 24 ½ | 25 ½ | 27 | 29 |
| Hanches | 32 | 33 | 34 | 35 ½ | 37 | 39 |
| Dos | 15 | 15 ¼ | 15 ½ | 15 ³/₄ | 16 | 16 ¼ |

**Petite jeune femme**

| Taille | 6 | 8 | 10 | 12 | 14 | 16 |
|---|---|---|---|---|---|---|
| Poitrine | 30 ½ | 31 ½ | 32 ½ | 34 | 36 | 38 |
| Taille | 23 ½ | 24 ½ | 25 ½ | 27 | 28 ½ | 30 ½ |
| Hanches | 32 ½ | 33 ½ | 34 ½ | 36 | 38 | 40 |
| Dos | 14 ½ | 14 ³/₄ | 15 | 15 ¼ | 15 ½ | 15 ³/₄ |

**Jeune femme**

| Taille | 6 | 8 | 10 | 12 | 14 | 16 | 18 | 20 |
|---|---|---|---|---|---|---|---|---|
| Poitrine | 30 ½ | 31 ½ | 32 ½ | 34 | 36 | 38 | 40 | 42 |
| Taille | 23 | 24 | 25 | 26 ½ | 28 | 30 | 32 | 34 |
| Hanches | 32 ½ | 33 ½ | 34 ½ | 36 | 38 | 40 | 42 | 44 |
| Dos | 15 ½ | 15 ³/₄ | 16 | 16 ¼ | 16 ½ | 16 ³/₄ | 17 | 17 ¼ |

**Demi-taille**

| Taille | 10 ½ | 12 ½ | 14 ½ | 16 ½ | 18 ½ | 20 ½ | 22 ½ | 24 ½ |
|---|---|---|---|---|---|---|---|---|
| Poitrine | 33 | 35 | 37 | 39 | 41 | 43 | 45 | 47 |
| Taille | 27 | 29 | 31 | 33 | 35 | 37 ½ | 40 | 42 ½ |
| Hanches | 35 | 37 | 39 | 41 | 43 | 45 ½ | 48 | 50 ½ |
| Dos | 15 | 15 ¼ | 15 ½ | 15 ³/₄ | 15 ⁷/₈ | 16 | 16 ⅛ | 16 ¼ |

**Femme**

| Taille | 38 | 40 | 42 | 44 | 46 | 48 | 50 | 52 |
|---|---|---|---|---|---|---|---|---|
| Poitrine | 42 | 44 | 46 | 48 | 50 | 52 | 54 | 56 |
| Taille | 35 | 37 | 39 | 41 ½ | 44 | 46 ½ | 49 | 51 ½ |
| Hanches | 44 | 46 | 48 | 50 | 52 | 54 | 56 | 58 |
| Dos | 17 ¼ | 17 ³/₈ | 17 ½ | 17 ⁵/₈ | 17 ³/₄ | 17 ⁷/₈ | 18 | 18 ⅛ |

**Maternité**

| Taille | 6 | 8 | 10 | 12 | 14 | 16 |
|---|---|---|---|---|---|---|
| Poitrine | 34 | 35 | 36 | 37 ½ | 39 ½ | 41 ½ |
| Taille | 28 ½ | 29 ½ | 30 ½ | 32 | 33 ½ | 35 ½ |
| Hanches | 35 ½ | 36 ½ | 37 ½ | 39 | 41 | 43 |
| Dos | 15 ½ | 15 ³/₄ | 16 | 16 ¼ | 16 ½ | 16 ³/₄ |

# La pochette du patron

La pochette du patron contient une foule de renseignements, allant de la description du vêtement au métrage requis. Vous y trouverez des suggestions pour le choix du tissu et de la couleur. La pochette vous permet aussi d'évaluer le degré de difficulté puisqu'elle spécifie s'il s'agit d'un modèle couturier, facile, ou uniquement convenable pour certains types d'étoffes. Toute l'information concernant le choix du tissu et de la mercerie est également précisée.

## Le recto de la pochette

On voit, au recto de la pochette, les **illustrations** de chacun des modèles et leurs variantes. Elles montrent, s'il y a lieu, les différentes garnitures, longueurs, combinaisons de tissu ou détails afin d'attirer la couturière débutante ou poser un défi à la couturière expérimentée.

Le **nom de la compagnie** et le **numéro du modèle** apparaissent en évidence.

Les **photographies** ou illustrations montrent le modèle principal du patron. Ces images suggèrent des types de tissus et des motifs particuliers, par exemple, l'imprimé ou les carreaux. Si vous hésitez, servez-vous de l'illustration comme guide, car c'est l'interprétation du créateur du vêtement.

Les **patrons originaux de couturiers** comprennent souvent des détails difficiles à réaliser tels que plis et pinces, surpiqûres et doublures. Les personnes talentueuses qui disposent de temps apprécieront ces patrons semblables au prêt-à-porter.

Une note peut indiquer si le patron privilégie des méthodes d'assemblage, s'il se réalise rapidement, s'il comporte un ajustement particulier, ou comment utiliser les tissus à carreaux, les tricots ou la dentelle. Chaque compagnie a des catégories et des noms spécifiques pour de telles informations.

La **taille** et le **type de silhouette** sont indiqués au haut ou sur le côté de la pochette. Un patron à tailles multiples, par exemple 8-10-12, comportera plusieurs lignes de coupe pour toutes les tailles indiquées.

# Le verso de la pochette

Le **tableau des tailles et des mesures** permet de déterminer si vous devez effectuer des modifications au patron. Pour un patron à tailles multiples, comparez vos mesures à celles du tableau de façon à choisir la bonne ligne de coupe.

La **description des vêtements** informe sur le style, l'ajustement et l'assemblage.

Le **numéro du modèle** est répété au verso de la pochette.

Le **métrage** indique la quantité de tissu à acheter en fonction de la taille et du vêtement choisi. Le métrage requis pour la doublure, l'entoilage et les garnitures est aussi indiqué. Pour déterminer le métrage, reliez le modèle choisi et la largeur de tissu indiqués à gauche à votre taille (mentionnée au haut du tableau). Le nombre situé à l'intersection des deux colonnes représente la quantité de tissu à acheter. Les largeurs de tissu les plus courantes sont données. Si la lar-geur de votre tissu ne figure pas sur le tableau, consultez la table de conversion qui se trouve à la fin du catalogue de patrons. Certains patrons indiquent le métrage supplémentaire requis pour les tissus avec sens ou à carreaux inégaux.

Les quantités de tissu sont données dans les systèmes **impérial et métrique**.

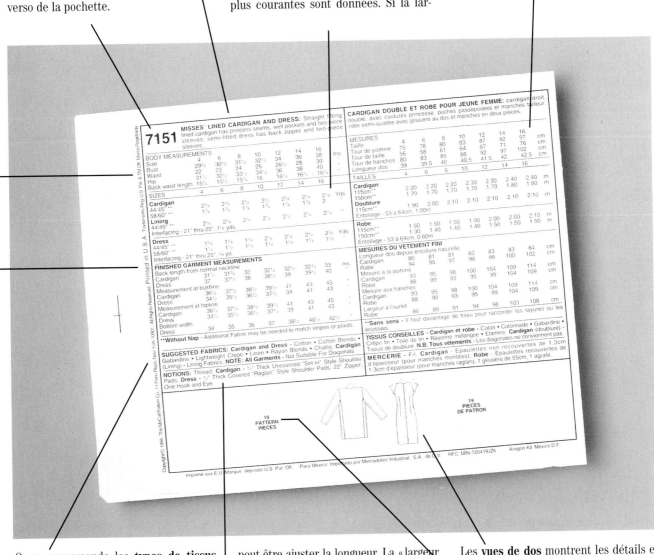

On y recommande les **types de tissus** appropriés pour un vêtement. Utilisez ces indications comme guide pour choisir votre tissu. Les recommandations spéciales, telles que « ne convient pas aux rayures », vous indiquent les tissus à éviter.

Les **mesures du vêtement fini** indiquent sa longueur et sa largeur. Vous devrez peut-être ajuster la longueur. La « largeur du bas » correspond à la mesure de l'our-let, indiquant l'ampleur du vêtement.

La **mercerie** requise, telle que le fil, les fermetures à glissière, les boutons et les rubans à ourlets, est énumérée. Achetez-la en même temps que le tissu afin que les couleurs de tous les éléments soient bien assorties.

Les **vues de dos** montrent les détails et le style du vêtement vu de dos.

Le **nombre de pièces du patron** constitue un indice du niveau de difficulté du modèle à réaliser.

# Le contenu de la pochette

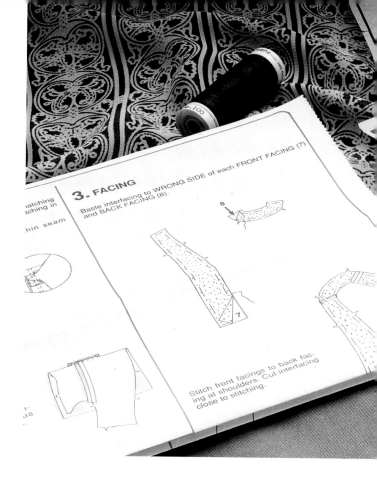

Dans la pochette du patron on trouve les pièces imprimées du patron et le feuillet d'instructions, qui constitue un guide étape par étape pour la construction du vêtement. Lisez tout le feuillet d'instructions *avant* d'entreprendre la coupe et la couture. Utilisez-le pour planifier et organiser votre projet de couture et connaître les techniques à maîtriser pour la réalisation du vêtement.

Les schémas d'un vêtement sont désignés par un nombre ou une lettre. Les patrons qui comprennent plusieurs vêtements, par exemple, une jupe, une veste et un pantalon (appelés **patrons de garde-robe**), ne présentent qu'une version de chacun. Dans ce cas, les vêtements sont identifiés par leur nom seulement. Toutes les pièces du patron sont identifiées à l'aide d'un numéro et d'un nom, par exemple, *Jupe devant*.

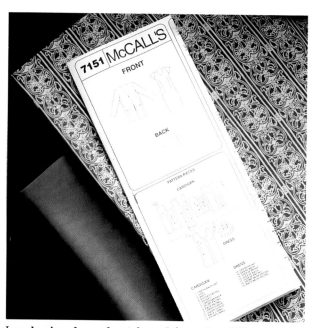

Les **dessins de mode** et les **schémas** des différentes vues apparaissent bien en évidence sur le feuillet d'instructions, sous forme de dessins au trait ou tels qu'ils sont présentés au recto de la pochette. Certains patrons présentent une illustration de chaque vêtement séparément, avec les pièces nécessaires à son assemblage, mais la plupart illustrent toutes les pièces avec un code servant à les distinguer les unes des autres.

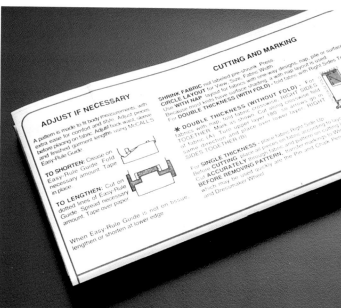

Les **instructions générales** présentent un bref rappel des techniques utiles. Ces instructions, qui portent différents noms selon les compagnies de patrons, contiennent généralement des conseils sur la façon d'utiliser le patron. Vous y trouverez aussi des renseignements sur la préparation du patron et du tissu, l'explication des symboles, des trucs pour le plan de coupe, la coupe, le montage et le marquage, ainsi qu'un glossaire des termes de couture. Le patron « Facile à faire » inclut souvent ces conseils à chacune des étapes.

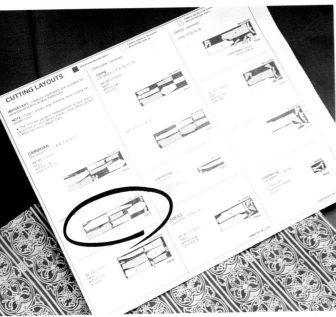

Les **plans de coupe**, donnés pour chaque vêtement, diffèrent en fonction de la largeur du tissu, de la taille et selon que le tissu est avec ou sans sens. Les plans de coupe des entoilages et doublures sont aussi fournis. Une pièce qui doit être coupée dans une seule épaisseur ou dans le sens de la trame est indiquée aux moyens de symboles expliqués dans les instructions générales. Une pièce devant être coupée endroit vers le haut est illustrée sans ombrage ; quand c'est l'envers qui doit être sur le dessus, elle est ombrée ou rayée. Entourez le plan de coupe qui correspond à votre taille, à la largeur de votre tissu et au modèle choisi.

Les **explications de couture**, présentées avec des croquis, vous guident pas à pas dans la confection du vêtement. À chaque étape, un croquis illustre la technique de couture appropriée. L'endroit du tissu est habituellement ombré ; l'envers est blanc. L'entoilage est indiqué par un pointillé. Les croquis et les explications vous donnent la marche à suivre. N'oubliez pas, toutefois, que ce ne sont que des indications d'ordre général et qu'il peut être plus efficace d'avoir recours à une autre technique de couture en fonction du tissu utilisé.

# Quelques notions de base sur le tissu

Tous les tissus sont constitués de fibres *naturelles* ou *synthétiques*. Les fibres naturelles, telles que le coton, la laine, la soie et le lin, sont d'origine végétale ou animale. Les fibres synthétiques, incluant le polyester, le nylon, l'acétate, le spandex et plusieurs autres, sont le résultat de processus chimiques.

Les *fibres mélangées* combinent les fibres naturelles et synthétiques, mettant en valeur les qualités de chacune. Par exemple, le nylon ajouté à la laine allie la résistance de l'un à la chaleur de l'autre. De même, l'ajout de polyester au coton rend ce dernier facile d'entretien sans rien enlever à son confort.

Il existe une grande variété de mélanges et chacun présente des caractéristiques particulières. Il faut lire l'étiquette à l'extrémité du rouleau de tissu afin de connaître le type et la quantité de fibres qui le composent et les recommandations pour l'entretien. Examinez la *main* du tissu – la sensation au toucher, la tombée, s'il froisse, s'effiloche facilement et s'étire. Enroulez le tissu autour de votre main ou de votre bras afin de déterminer s'il est aussi souple ou rigide, lourd ou léger que vous le désirez.

Les tissus sont également classés selon leur *facture*, c'est-à-dire leur mode de fabrication. Tous les tissus sont *tissés*, *tricotés* ou *non tissés*. L'armure toile constitue le tissage le plus commun ; la mousseline, la popeline et le taffetas en sont des exemples. Le denim et la gabardine ont une armure sergée. La satinette est une variante de l'armure satin. Les tricots comportent également plusieurs classifications. Le jersey est un tricot uni. Les tricots peuvent être à mailles retournées, à motif, ou fabriqués sur un métier rachel. Le feutre est un exemple de tissu non tissé.

Il faut un minimum d'expérience pour choisir un tissu qui convient à l'usage qu'on veut en faire. À cet égard, le verso de la pochette du patron offre des suggestions utiles, mais il faut aussi apprendre à sentir la main d'un tissu. Un tissu de qualité ne coûte pas nécessairement cher. Choisissez des tissus qui tombent bien et qui gardent une belle apparence.

## Tissus faciles à coudre

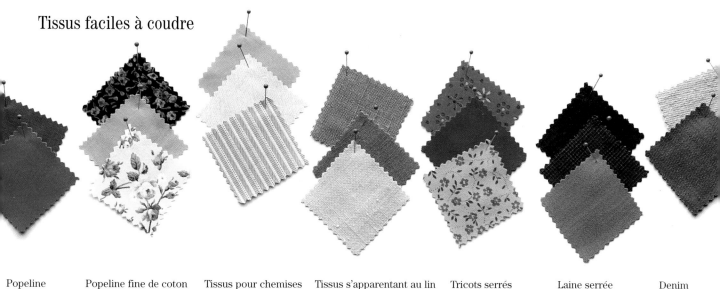

Popeline          Popeline fine de coton          Tissus pour chemises          Tissus s'apparentant au lin          Tricots serrés          Laine serrée          Denim

Plusieurs étoffes se cousent facilement et rapidement. En général, il s'agit des armures toiles et des tricots serrés de poids moyen. La plupart ne requièrent pas de finitions de couture compliquées ni de manipulations particulières, car ils s'effilochent très peu ou pas du tout.

Les imprimés à petits motifs, les motifs recouvrant tout le tissu et les tissus à rayures étroites sont faciles à coudre parce qu'ils n'ont pas à être raccordés aux coutures. De plus, les imprimés, surtout s'ils sont foncés, peuvent cacher les imperfections de couture.

Les armures toiles telles la popeline et la popeline fine de coton constituent des choix judicieux. Les tricots stables ou modérément extensibles ne requièrent pas de finition de couture et leur extensibilité facilite l'ajustement. Les fibres naturelles, tels les cotons et les lainages légers, sont faciles à coudre parce que les points s'y fondent facilement.

Le verso des patrons étiquetés « Facile à faire » offre des suggestions de tissus faciles à coudre.

# La manipulation des tissus spéciaux

Certaines étoffes, en raison de leur motif ou de leur procédé de fabrication, nécessitent une attention particulière lors de la coupe et de l'assemblage. Certains tissus faciles à coudre entrent dans cette catégorie. Mais ces manipulations particulières sont habituellement simples. Il suffit souvent d'ajouter une étape, par exemple une finition de couture, ou de travailler plus minutieusement.

1) Les **tissus grattés et à poils**, comme le velours, la velvétine, le velours de laine, la flanelle et le velours côtelé, requièrent des précautions particulières au moment de la coupe. Par exemple, lorsque brossés dans un sens, ces tissus semblent plus pâles, alors qu'ils paraissent plus brillants quand on les brosse dans l'autre sens. Suivez alors le plan de coupe « avec sens » sur le feuillet d'instructions du patron afin d'éviter que le vêtement présente deux tons. À vous de décider dans quel sens vous préférez votre vêtement. Le bord supérieur de toutes les pièces doit donc être placé dans le même sens pour la coupe.

Le satin et le taffetas ne sont pas des tissus grattés ni à poils, mais leur surface lustrée reflète différemment la lumière selon le sens. Là encore, choisissez l'effet désiré et taillez dans un seul sens.

2) Les **tissus diaphanes** paraissent mieux avec des coutures spéciales et bien finies. Une réserve de couture non finie gâche l'apparence de tissus transparents et fragiles tels que le voilage, la batiste, la broderie anglaise ou la mousseline. La couture anglaise constitue dans ces cas un choix classique, mais d'autres types de finitions peuvent convenir.

3) Les **tissus à armure sergée**, tels que le denim et la gabardine, présentent des côtes diagonales. Si ces dernières sont très apparentes, utilisez le plan de coupe « avec sens » et évitez les patrons qui ne conviennent pas à un tissu avec diagonales apparentes. Comme le denim s'effiloche facilement, il est préférable d'effectuer des coutures rabattues.

4) Les **tissus à carreaux et à rayures** nécessitent une attention toute particulière au moment de la coupe (voir pages 72 à 74). Il faut un surplus de tissu pour le raccord des carreaux et des rayures larges. Achetez de 0,25 à 0,50 m ($\frac{1}{4}$ à $\frac{1}{2}$ vg) de plus que le métrage recommandé, selon le format du motif.

5) Les **tricots** exigent une manipulation délicate durant l'assemblage pour éviter qu'ils ne s'étirent. Il faut exécuter des finitions et des points spéciaux (voir page 102) pour conserver la bonne extensibilité.

6) Les tissus à **motifs unidirectionnels**, par exemple certains imprimés à fleurs et à motifs cachemire, nécessitent un plan de coupe « avec sens » de façon que les motifs ne soient pas dirigés vers le haut d'un côté du vêtement et vers le bas de l'autre. Les bordures imprimées sont coupées dans le sens de la largeur plutôt que sur le droit fil. Il faut habituellement du métrage supplémentaire. Choisissez un patron avec une illustration de la bordure imprimée et qui précise le métrage approprié.

# Guide des tissus et des techniques de couture

| Type | Tissu | Coutures spéciales | Grosseur de l'aiguille de machine | Fil |
|---|---|---|---|---|
| Diaphane | Rigides: organdi, organza, voilage Souples: batiste, linon, soie de Chine, crêpe georgette, gaze | Anglaise, fausse couture anglaise, ourlée, double | 8 (60), 9 (65), ou 11 (75) | Extrafin: coton mercerisé, polyester enrobé de coton ou polyester à longues fibres |
| Léger | Soie pour chemises, popeline fine, calicot, coton oxford, cambrai, lins légers, challis, tissu gaufré, broderie anglaise, charmeuse | Anglaise, fausse couture anglaise, ourlée, piquée et dentelée ou multi-zigzag, double | 8 (60) 9 (65) ou 11 (75) | Extrafin: coton mercerisé, polyester enrobé de coton ou polyester à longues fibres |
| Tricot léger ou de poids moyen | Tricot jeté, interlocks, jerseys, tricots légers, maille bouclée élastique, velours de laine extensible | Double, droite et zigzag, zigzag étroit | 11 (75) 14 (90) à pointe arrondie | À usages multiples: coton/polyester, polyester à longues fibres |
| De poids moyen | Flanelle de laine, tissu s'apparentant au lin, crêpe, gabardine, chino, popeline, chintz, velours côtelé, velours, velvétine, velours de laine, taffetas, tricot double, tissu pour sweatshirts, denim, tissu piqué | Passepoilée, double rabattue, rabattue, fausse couture rabattue, de même que couture simple avec finition de bord appropriée | 11 (75) 14 (90) à pointe arrondie pour tricots | À usages multiples: coton/polyester, polyester à longues fibres |
| De poids moyen à lourd | Flanelle de laine épaisse, fleece, fausse fourrure, toile, denim épais, toile de coton épaisse, étoffe pour habits | Passepoilée, double rabattue, rabattue, fausse couture rabattue, piquée et dentelée | 16 (100) 18 (100) | Résistant: polyester enrobé de coton, polyester à longues fibres, fil retors simple |
| Non tissé | Cuir, suède (naturel et synthétique), daim, box-calf, reptile, plastique, feutre | Passepoilée, double rabattue, fausse couture rabattue, surpiqûre, simple | 11 (75) 14 (90) 16 (100) | À usages multiples: polyester enrobé de coton, polyester à longues fibres Cuir: éviter le coton enrobé de polyester |

# Les tissus classiques : textures et motifs

Que vous ayez ou non de l'expérience en couture, les tissus classiques vous sembleront probablement familiers, car ils sont toujours à la mode. Certains exigent des techniques de couture spéciales et d'autres demandent une manipulation particulière, à cause de leur texture unique. Il y en a aussi qui requièrent plus d'attention au moment de la coupe à cause de leurs motifs, qu'ils soient tissés, tricotés ou imprimés.

**1)** Les **tissus lâches**, de texture grossière ou irrégulière, ont tendance à s'effilocher et le principal défi avec eux consiste justement à les empêcher de s'effiler.

**2)** Les **tissus à carreaux** nécessitent un plan de coupe méticuleux. Examinez attentivement le tissu pour trouver les lignes dominantes et décider comment les placer sur les pièces du patron ; vérifiez si le tissu est unidirectionnel. Disposez les pièces afin que les motifs principaux se raccordent aux coutures principales. Pour obtenir les meilleurs résultats, épinglez ou faufilez soigneusement avant de tailler.

**3)** Les tissus **à rayures** exigent un traitement similaire à celui des tissus à carreaux. Disposez soigneusement le plan de coupe, épinglez et faufilez si nécessaire, afin que les rayures se rencontrent de façon attrayante aux coutures.

**4)** Les **imprimés à grands motifs** comptent parmi les tissus les plus spectaculaires. Les motifs peuvent se répéter sur une distance aussi grande que 61 cm (24 po). Il faut planifier la position de si gros motifs pour obtenir un résultat intéressant.

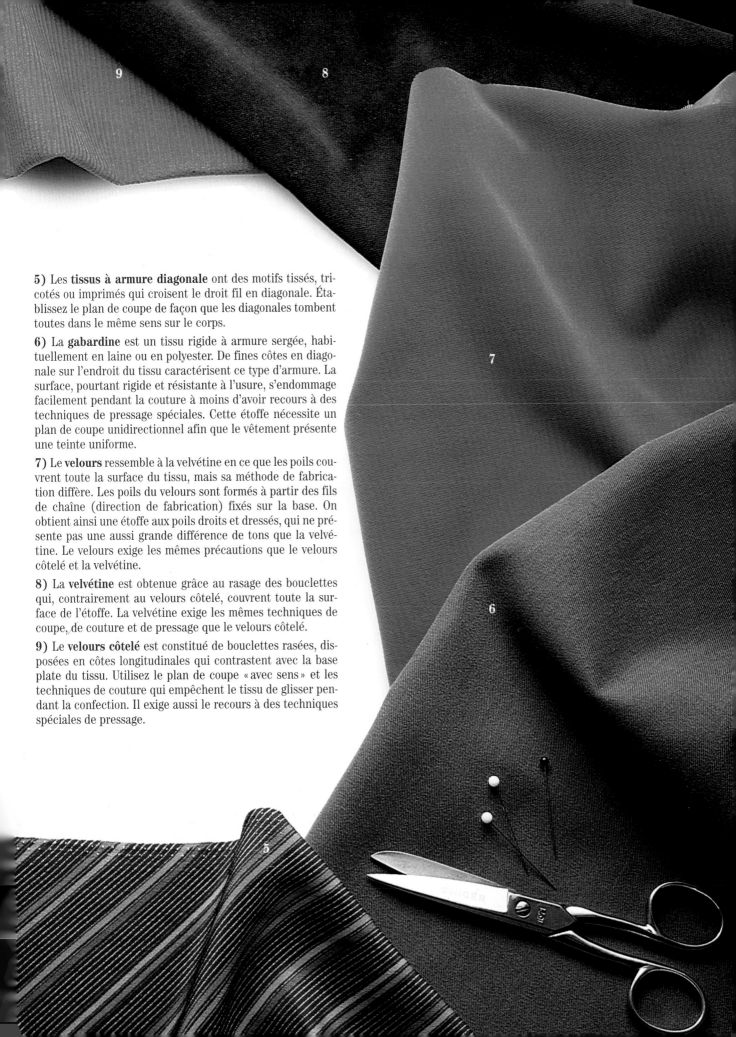

**5)** Les **tissus à armure diagonale** ont des motifs tissés, tricotés ou imprimés qui croisent le droit fil en diagonale. Établissez le plan de coupe de façon que les diagonales tombent toutes dans le même sens sur le corps.

**6)** La **gabardine** est un tissu rigide à armure sergée, habituellement en laine ou en polyester. De fines côtes en diagonale sur l'endroit du tissu caractérisent ce type d'armure. La surface, pourtant rigide et résistante à l'usure, s'endommage facilement pendant la couture à moins d'avoir recours à des techniques de pressage spéciales. Cette étoffe nécessite un plan de coupe unidirectionnel afin que le vêtement présente une teinte uniforme.

**7)** Le **velours** ressemble à la velvétine en ce que les poils couvrent toute la surface du tissu, mais sa méthode de fabrication diffère. Les poils du velours sont formés à partir des fils de chaîne (direction de fabrication) fixés sur la base. On obtient ainsi une étoffe aux poils droits et dressés, qui ne présente pas une aussi grande différence de tons que la velvétine. Le velours exige les mêmes précautions que le velours côtelé et la velvétine.

**8)** La **velvétine** est obtenue grâce au rasage des bouclettes qui, contrairement au velours côtelé, couvrent toute la surface de l'étoffe. La velvétine exige les mêmes techniques de coupe, de couture et de pressage que le velours côtelé.

**9)** Le **velours côtelé** est constitué de bouclettes rasées, disposées en côtes longitudinales qui contrastent avec la base plate du tissu. Utilisez le plan de coupe « avec sens » et les techniques de couture qui empêchent le tissu de glisser pendant la confection. Il exige aussi le recours à des techniques spéciales de pressage.

# Les tissus lâches

Les tissus lâches sont souvent fabriqués à partir de fils inusités, épais et légèrement filés, afin d'en préserver les irrégularités naturelles qui créent un effet artisanal. Ces tissus exigent deux précautions: il faut empêcher l'effilochage et conserver leur souplesse.

Les tissus nattés (1) comportent deux fils ou plus tissés ensemble créant un effet « panier d'osier ». La soie brute lourde (2) tend à s'effilocher à cause des fils de trame minces et épais. Le tissu de gaze (3), léger et ondulé, exige les mêmes précautions de manipulation que les tissus diaphanes. L'aspect toile artisanale (4) est obtenu grâce à un filé léger qui s'effiloche facilement. Une étoffe avec l'apparence de fils tirés à intervalles réguliers donne un tissu à carreaux-fenêtre.

## Le choix du patron

Choisissez de préférence un patron sans doublures, parementures ou entoilages, et évitez les boutons et les fermetures à glissière. Plusieurs patrons de vestes, de chemises et de jupes, particulièrement ceux de style pull et portefeuille, peuvent être modifiés pour convenir à ce type de tissu. Moins le tissu est stable, plus le patron devra être ample. Dans tous les cas, il est préférable de choisir des styles simples. La stabilité des tissus lâches varie. Testez la stabilité en drapant le tissu sur votre main et en le laissant pendre librement. Il est ainsi possible de constater son extensibilité et d'en apprécier le drapé. Tirez légèrement sur le plein biais afin d'évaluer l'extensibilité du tissu dans cette direction.

## La préparation du tissu

Il faut prérétrécir tous les tissus lâches. Procédez comme avec le vêtement terminé. Pour éviter l'effilochage excessif, faites une couture au point zigzag le long des extrémités coupées ou fixez-les à l'aide d'un biais avant le lavage. Lavez de la même façon que les tissus légers. Séchez le tissu à l'air libre afin d'éviter le rétrécissement dû à l'air chaud du sèche-linge. Enroulez-le dans des serviettes pour extraire l'excès d'humidité, étendez-le à plat pour le séchage et redressez le droit fil.

## Le plan de coupe, la coupe et le marquage

Chaque fil du tissage étant apparent, il importe que le tissu soit bien droit et aligné sur le droit fil au moment de tailler. Toute ondulation de fils paraîtra sur le vêtement terminé. Lorsque la texture de l'étoffe provient de fils granulés et irréguliers, utilisez un plan de coupe « avec sens » pour uniformiser la texture de toutes les sections du vêtement. Utilisez beaucoup d'épingles afin de stabiliser les pièces du patron sur le tissu.

Si le tissu s'effiloche facilement, laissez une réserve de couture de 2,5 cm (1 po). Une réserve large facilite l'exécution de coutures et de bordures spéciales et permet de raser les bords vifs. Reportez les marques du patron avec un marqueur ou un faufil.

# Les coutures spéciales

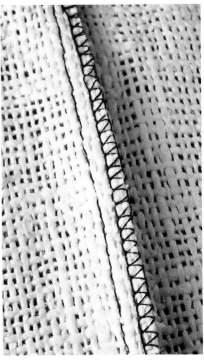

La **couture simple** avec bords vifs bordée de ruban de tulle est rapide et nette. Utiliser le point zigzag, le zigzag trois temps, ou un long point droit de 10 à 12 pts/2,5 cm (1 po).

La **couture rabattue**, formée sur l'endroit du vêtement, produit une couture réversible. Idéale pour les manches retroussables ou autres parties qui montrent les deux côtés des coutures.

La **couture surjetée**, effectuée par une surjeteuse à 4 fils, ou à 3 fils avec une rangée de points droits, recouvre les bords vifs de fil.

# Les ourlets spéciaux

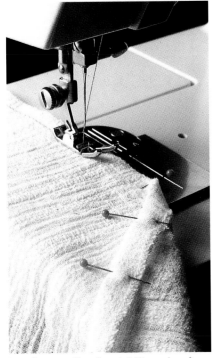

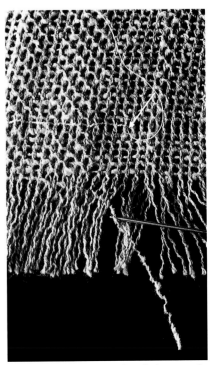

**Surpiquer** afin de stabiliser les bordures. Cette méthode rapide donne des résultats attrayants. Finir le bord vif avant d'ourler; utiliser un point zigzag ou un point de surjet à 2 ou 3 fils.

**Fixer** la bordure à l'aide d'un ruban de tulle. Coudre l'ourlet à la main au point de flanelle invisible ou faire un ourlet invisible à grands points lâches entre le vêtement et l'ourlet.

**Bord frangé.** Tirer un fil à la largeur de frange désirée. Passer une couture dans l'espace laissé par le fil enlevé (flèche); puis retirer un par un les fils se trouvant sous la couture.

# Les tricots

Le tricot résulte de l'entrecroisement de boucles. Il ne froisse pas facilement, est confortable et facile à coudre parce qu'il ne s'effiloche pas. Il existe une grande variété de tricots et la plupart de ceux qui servent à la couture peuvent être regroupés en cinq grandes catégories.

Les **tricots serrés et stables** ne s'étirent pas beaucoup et se manipulent comme les tissus tissés. Dans ce groupe, on trouve les tricots doubles (**1**) qui présentent de fines côtes dans le sens de la longueur sur les deux côtés, ce qui explique pourquoi on peut difficilement distinguer l'envers de l'endroit, à moins que ce dernier ne présente des motifs. Le tricot rachel (**2**) a une texture ajourée non extensible parce que les fils dans le sens de la chaîne sont bloqués dans certaines boucles de maille. Certains tricots rachel, faits à partir de fils gonflants, ressemblent à du tissu bouclé ou à des tricots à la main. D'autres, faits à partir de fils plus fins, ressemblent à du crochet.

Les **tricots légers à mailles simples** présentent de fines côtes dans le sens de la longueur sur l'endroit, et des boucles dans le sens de la largeur sur l'envers. Lorsqu'on étire un jersey simple dans le sens de la largeur, le bord s'enroule sur l'endroit. Les tricots simples tels le jersey (**3**), le tricot jeté (**4**) et l'interlock (**5**) ne s'étirent pas en longueur, mais ont un certain jeu en largeur.

Les **tricots texturés** peuvent être simples ou doubles. Cette catégorie se distingue par une surface texturée qui se trouve habituellement sur l'endroit. Le tissu-éponge (**6**) et le velours de laine (**7**) sont des tricots à fils relevés qui ressemblent à leurs homologues tissés ; cependant, ils s'étirent beaucoup en largeur. Dans cette catégorie, on trouve également les tricots pour chandails (**8**). Ceux à motifs comportent des fils flottants sur l'envers, car les fils colorés sont transportés d'un motif à l'autre, ce qui limite leur extensibilité en largeur. L'étoffe pour sweatshirt (**9**) est confortable et ressemble à un tricot simple sur l'endroit ; elle présente une surface grattée douce sur l'envers.

Les **tricots avec élasticité chaîne et trame** s'étirent à la fois dans le sens de la longueur et de la largeur et comportent un fort pourcentage de fibres spandex souples. Les tricots absorbants faits de coton, spandex et coton, polyester et spandex (**10**) sont les favoris pour les vêtements de sport, par exemple, le léotard, l'ensemble pour exercice d'aérobie et le corsage-culotte. Les tricots solides de nylon et spandex (**11**) reprennent bien leur forme même lorsqu'ils sont mouillés et servent habituellement à la confection de maillots de bain.

Le **bord-côte** est un tricot très extensible qui peut servir pour les hauts et pour la finition des vêtements aux poignets, aux chevilles, au cou et à la taille. Le bord-côte tubulaire (**12**), vendu au pouce (2,5 cm), doit être coupé le long d'une côte avant d'être cousu. La bordure côtelée (**13**) d'une couleur coordonnée aux tricots pour chandails a une extrémité finie et une autre qui se coud au vêtement.

# Les techniques de couture pour les tricots

Les patrons pour tricots sont conçus en fonction de l'extensibilité et du poids du tricot. La liste des tissus suggérés au verso de la pochette du patron inclut habituellement une combinaison de tricots et de tissés. Un tricot souple et léger, tel le jersey, convient aux patrons avec fronces, drapés et autres éléments semblables. S'il est rigide, comme le tricot double, un patron façon tailleur ou ajusté convient bien. S'il est volumineux ou texturé comme le tricot pour chandails, un patron avec peu de coutures et de détails mettra davantage en valeur sa texture.

Certains patrons sont conçus spécifiquement pour des tricots extensibles. Il s'agit de patrons pour vêtements très ajustés, comme les maillots de bain et les léotards, qu'il serait impossible d'enfiler s'ils étaient confectionnés dans un tissu non extensible, ou encore les hauts et pantalons qui collent au corps et qui seraient inconfortables dans un autre type de tissu. Sur la plupart des patrons conçus pour les tricots, il y a une règle pour mesurer l'extensibilité imprimée au verso de la pochette. Lorsque le patron précise « tricot extensible dans les deux sens », testez l'extensibilité du tricot dans le sens de la longueur et de la largeur.

Les patrons conçus pour les tricots comportent souvent une réserve de couture de 6 mm (¼ po). Si le patron choisi a des réserves de couture de 1,5 cm (⅝ po), réduisez-les à 6 mm (¼ po) pour les tricots.

## La préparation du tissu

Il est préférable de prérétrécir les tricots. Si le lavage et le séchage feront partie de l'entretien courant du vêtement, lavez et séchez l'étoffe avant de la tailler. Ayez recours au nettoyage à sec s'il y a lieu. Il n'est pas nécessaire de prérétrécir les bords-côtes, à moins qu'il ne s'agisse d'un bord-côte foncé sur un vêtement pâle.

Si le coupon montre encore la marque du pli après le lavage, pressez-le. Si la marque ne disparaît pas au pressage, on peut considérer qu'elle est permanente ; tenez-en compte alors dans le plan de coupe afin qu'elle n'apparaisse pas sur le vêtement terminé.

Pour redresser les extrémités du tricot, tracez une ligne à la craie le long des bords vifs, dans le sens des fils de trame, à angle droit avec les côtes. Coupez le tissu le long de la marque.

## Comment se servir de la règle pour mesurer l'extensibilité d'un tricot

Un tricot qui **convient bien** à un patron s'étire facilement jusqu'au côté droit de la règle imprimée sur la pochette. Pour effectuer le test, plier le bord de trame de 7,5 à 10 cm (3 ou 4 po) et le placer contre la règle en l'étirant. Si le tricot s'étire encore plus que la mesure recommandée, on peut quand même l'utiliser.

Un tricot qui doit être étiré au-delà de ses capacités pour atteindre l'extension suggérée sur la règle du patron **ne convient pas**. Les côtes sont déformées et les bords roulent sur eux-mêmes, en raison d'une tension trop grande. Le tricot choisi n'est donc pas suffisamment extensible pour le type de patron sélectionné.

## Le pressage

Pressez les tricots en suivant le sens des côtes, en soulevant et en abaissant le fer. Sélectionnez une température basse et augmentez-la au besoin. Évitez de presser à contresens des côtes ou de manipuler le tricot avant qu'il ne soit complètement refroidi, afin qu'il ne s'étire ni ne se déforme.

Il faut bloquer les tricots pour chandails au lieu de les presser. Pour ce faire, disposez soigneusement le tricot ou le vêtement à plat et passez le défroisseur ou le fer à vapeur au-dessus. Laissez le tissu sécher et refroidir complètement avant de le manipuler.

## Le plan de coupe

Avec les tricots, utilisez toujours le plan de coupe « avec sens ». En raison de leur méthode de fabrication, les tricots sont unidirectionnels, ce qui peut occasionner une différence de ton sur le vêtement fini.

Avant de tailler un tricot, étirez les deux extrémités dans le sens de la largeur afin de voir si les mailles filent. Si tel est le cas, les mailles auront tendance à filer plus d'un côté que de l'autre. Placez la bordure la plus susceptible de se défaire sur l'ourlet au moment de la coupe. L'ourlet subit moins de tension, le tricot aura donc moins tendance à filer une fois le vêtement cousu.

Au moment d'établir le plan de coupe et de tailler un tricot, ne le laissez pas pendre en dehors de la surface de travail : le poids du tissu pourrait déformer la partie qui se trouve sur le plan de travail.

Avec des gros tricots ou des tricots texturés, il est plus facile d'établir le plan de coupe pour une seule épaisseur de tissu à la fois. Placez le côté texturé en dessous ; épinglez et marquez sur l'envers, plus lisse, du tricot. Utilisez des poids au lieu des épingles sur les tricots ajourés.

## Les entoilages

Posez de l'entoilage sur les tricots pour stabiliser certains détails comme les boutonnières, les pattes et les poches appliquées et donner du corps aux parties formées, par exemple, le col. Choisissez un entoilage souple qui ne changera pas les caractéristiques du tricot. Deux types conviennent particulièrement bien aux tricots : le jersey thermocollant et le non-tissé extensible.

## Trucs pour l'entoilage des tricots

Le **jersey thermocollant** stabilise les tricots mode et leur donne du corps, tout en gardant leur souplesse. Il permet une certaine extensibilité dans le sens de la largeur. Se servir de cet entoilage pour stabiliser les poignets, les poches et les pattes.

L'**entoilage non tissé extensible** stabilise le tricot dans le sens de la longueur, mais préserve l'extensibilité dans le sens de la largeur. L'utiliser pour donner du corps aux parties entoilées tout en préservant leur souplesse.

# Les tissus diaphanes
# et soyeux

Les tissus diaphanes peuvent être souples ou rigides au toucher ; les plus rigides sont plus faciles à tailler et à coudre. Parmi les tissus souples, on trouve la batiste (1), la mousseline (2), la soie de Chine (3) et le crêpe georgette (4). Parmi les tissus rigides, il y a l'organza (5), le voilage (6) et l'organdi (7).

La transparence constitue la principale caractéristique de ces tissus. Les points sur l'envers d'un vêtement diaphane paraissent sur l'endroit. Qu'ils soient révélés clairement ou qu'ils se fondent dans le tissu, les détails tels que les coutures, les parementures et les ourlets doivent être nets et étroits pour que le vêtement ait une facture de qualité.

Les tissus soyeux sont faits de fibres de soie naturelles ou synthétiques, comme le polyester, le nylon, la rayonne et l'acétate. Le polyester connaît une grande popularité parce qu'il

est moins cher que la soie. La plupart des tissus synthétiques soyeux ne rétrécissent ni ne se décolorent et ils peuvent être lavés et séchés à la machine. Dans ce groupe de tissus, on trouve la charmeuse (8), le crêpe de Chine (9), le Jacquard léger (10), le crêpe-satin léger (11) et la faille (12).

Même si la soie et les tissus synthétiques semblables ne possèdent pas les qualités de transparence des tissus diaphanes, ils ont la même finesse et le même type d'armure. Les détails de construction intérieure peuvent paraître à l'extérieur. Voilà pourquoi plusieurs des techniques et accessoires de coutures suggérés sont semblables pour les deux types de tissus. Compte tenu de leur texture lisse et souple, il faut prendre des précautions spéciales lors de la coupe afin de les empêcher de glisser.

## Guide pour la couture de tissus diaphanes et soyeux

| Fournitures et techniques | Diaphanes souples<br>Batiste, mousseline, soie de Chine, crêpe georgette<br>Diaphanes rigides<br>Organdi, organza, voilage | Soyeux légers<br>Charmeuse, crêpe de Chine, jacquard, crêpe-satin, faille |
|---|---|---|
| Aiguille de machine | Format 8 (60), 9 (65) ou 11 (75) | Format 8 (60), 9 (65) ou 11 (75) |
| Longueur du point | 12 à 16 par 2,5 cm (1 po) | 12 à 16 par 2,5 cm (1 po) |
| Réglage du point en millimètres | 2,5 à 2 | 2,5 à 2 |
| Fil | Fil de polyester extrafin à longues fibres; soie ou coton mercerisé. Ces fils sont souvent destinés à la lingerie, à la broderie machine ou au piquage. Choisir le fil le plus fin possible. | |
| Aiguille à main | De tailleur mi longue, format 8 à 12 | De tailleur mi longue, format 8 à 12 |
| Entoilages | Diaphane non tissé thermocollant ou à coudre, tissu du vêtement, organza | Jersey thermocollant, entoilage diaphane non tissé (thermocollant ou à coudre), batiste, tissu du vêtement, tissu pour doublure, organza, organdi |
| Coutures spéciales | Anglaise, surjetée, double, fini filiforme | Anglaise, surjetée, double |
| Ourlets spéciaux | Surjeté, roulotté à la surjeteuse ou à la main, avec biais diaphane fini filiforme étroit et surpiqué | |

# Les techniques de couture pour les tissus diaphanes et soyeux

Lors du choix du patron, gardez à l'esprit que les tissus diaphanes et soyeux sont fragiles. Les vêtements amples aux lignes gracieuses et fluides conviennent le mieux. Recherchez les détails comme les fronces, les volants, les bouillonnés ou les drapés. Les tissus diaphanes rigides peuvent convenir à un patron avec détails tailleur, comme une chemise. Les pièces de patron en soie naturelle ou en tissu soyeux synthétique taillées sur le biais sont difficiles à manipuler, ayant tendance à s'étirer et à glisser.

Les vêtements en tissu diaphane ont avantage à être les plus simples possibles, car moins le patron comporte de coutures, pinces et entoilage, moins la construction intérieure paraîtra sur l'endroit et moins de temps sera consacré aux finitions spéciales pour la camoufler. Évitez les patrons avec fermetures à glissière et poches montées dans la couture, car ces détails ajoutent du volume et sont inesthétiques sur le vêtement fini.

## La préparation du tissu

Pour de meilleurs résultats, lavez et séchez les tissus diaphanes et soyeux avant d'entreprendre la confection, si ce type d'entretien est prévu. Cette opération les rétrécira et enlèvera la résine qui peut occasionner des points sautés et rendre difficile la couture de tissus synthétiques. Suivez les instructions du fabricant pour l'entretien des tissus. En général, on conseille de les laver à la machine au cycle délicat et de les sécher par culbutage à basse température. Avant le lavage, passez une couture le long des bords vifs afin de prévenir l'effilochage.

La soie naturelle et synthétique requiert des soins spéciaux. Elle peut être nettoyée à sec ou lavée à la main. L'eau tiède libère une substance naturelle présente dans la soie qui a pour effet d'en rafraîchir l'apparence. Et le fait de laver le tissu préalablement élimine la crainte des taches d'eau. Il s'avère toutefois impossible d'obtenir une teinture grand-teint avec de la soie qui, par conséquent, finit par se décolorer au lavage. Le lavage à la main, non recommandé pour les couleurs foncées, les imprimés et les tissus chatoyants, convient pour les couleurs pâles et unies. Faites un essai sur un échantillon afin d'évaluer la réaction du tissu au lavage à la main; puis traitez le reste de l'étoffe en conséquence.

Prenez soin de prérétrécir les autres tissus, tels les entoilages et les doublures, car un rétrécissement, même minime, provoquera l'apparition de godets ou de faux plis, surtout si le tissu est mince et léger.

Si vous optez pour le nettoyage à sec, préparez les tissus en les pressant à la vapeur sur l'envers avec une pattemouille. Réglez le fer à la plus basse température avec vapeur.

## Le pressage

La façon la plus sécuritaire de presser un tissu délicat et soyeux consiste à effectuer un essai sur une retaille de tissu. Déterminez la température optimale du fer en le réglant d'abord à basse température et en l'augmentant au besoin.

## Comment laver la soie à la main

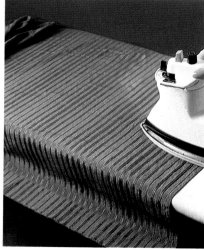

**1) Fouler** doucement le tissu dans de l'eau tiède. Utiliser un détergent, un savon doux ou un shampooing naturel tel le savon de Castille. Rincer à l'eau froide.

**2) Enrouler** le tissu dans une serviette afin d'enlever l'excès d'humidité. Ne pas essorer ni tordre, pour éviter des faux plis difficiles à enlever.

**3) Presser** sur l'envers du tissu encore humide. Utiliser un fer sec à basse température, réglé, par exemple, sur « Fibres synthétiques ». Suivre le sens du tissu.

Les tissus composés de rayonne et de polyester roussissent facilement et exigent une basse température. Utilisez une pattemouille ou un couvre-fer afin de protéger les tissus et les fibres fragiles. Évitez d'utiliser une housse de planche à repasser avec revêtement métallique, car elle transmet trop de chaleur au tissu.

La plupart des tissus de soie pure peuvent être pressés à la vapeur à basse température, mais faites un essai pour vous assurer que la vapeur ne laisse aucune tache. Ce risque est plus grand sur de la soie pure qui n'a pas été lavée avant la coupe et sur les tissus lustrés, telle la charmeuse.

Évitez de trop presser avec le fer. La chaleur pénètre rapidement les tissus minces et légers. Une légère pression suffit. Utilisez une brosse à défroisser à vapeur pour repasser les vêtements finis.

## Le plan de coupe et la coupe

De façon générale, les tissus légers sont plus faciles à manipuler lorsque la surface de coupe est recouverte d'un drap, d'un tissu à surface mate ou du dessous en flanelle d'une nappe de vinyle. Une planche à tailler en carton ou une surface de travail rembourrée ou couverte de liège contribuent également à tenir en place les tissus glissants.

Pour épingler le patron, utilisez des épingles extrafines (0,5 mm de diamètre) qui pénètrent dans le tissu sans l'endommager. Essuyez les aiguilles neuves avant de vous en servir afin d'enlever le revêtement huileux, évitant ainsi les risques de taches, ou utilisez d'abord les épingles sur un tissu foncé. Malgré leur nom, les épingles à soie sont trop grosses pour ce tissu et devraient être utilisées avec des tissus plus lourds, comme la soie brute.

La coupeuse rotative coupe rapidement les tissus fins. La lame taille nettement, évitant les glissements pendant la coupe. L'utilisation de ciseaux de coupe à manche recourbé constitue aussi une bonne solution, car la forme de l'anneau permet à la lame inférieure de rester sur la surface de coupe, sans déplacer les couches de tissu. Les ciseaux à denteler peuvent également s'avérer utiles; les lames spéciales agrippent fermement le tissu mince et glissant, ce qui facilite la coupe et permet de finir les bords vifs du tissu. Quel que soit l'instrument utilisé, il doit être bien affûté; les lames de ciseaux doivent être parfaitement alignées. Essuyez avec un linge doux la poussière qui se forme sur les lames lors de la coupe des tissus synthétiques.

Choisissez un plan de coupe « avec sens » pour toutes les étoffes lustrées. Cela garantit un vêtement d'une teinte uniforme. Certains tissus semblent plus pâles ou plus brillants dans un sens que dans l'autre. Examinez attentivement le tissu avant d'établir le plan de coupe et décidez quel effet vous préférez.

## Le plan de coupe pour les tissus glissants

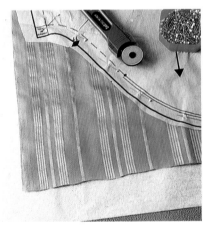

**Plier** le tissu l'endroit sur le dessus afin que les deux épaisseurs de tissu moins luisantes se retrouvent l'une contre l'autre. Tenir le tissu le long du bord replié et le laisser retomber naturellement pour ne pas tirer sur le droit fil.

**Piquer** les épingles dans la réserve de couture et dans la surface de travail coussinée ou recouverte de liège pour immobiliser les épaisseurs du tissu glissant. Avec une planche à tailler en carton, ne pas utiliser des épingles extrafines, car le carton les émousse.

**Intercaler** les tissus extrêmement glissants ou très minces entre deux feuilles de papier de soie pour les assujettir. Placer le papier de soie sur la planche à tailler; mettre le tissu et le patron par-dessus, puis épingler à travers toutes les couches à l'intérieur des lignes de coupe.

# Les tissus lustrés

La surface lustrée des tissus pour les grandes occasions peut provenir du tissage, comme c'est le cas pour le satin, ou de fibres chatoyantes comme pour la soie et l'acétate. Certains finis spéciaux créent un effet lustré ; l'ajout de fibres métalliques et de paillettes donne un éclat prestigieux à un tissu ordinaire.

**1)** Le **satin** a une armure qui produit une surface lustrée à partir de fils flottants. La combinaison de fibres telles que la soie, la rayonne ou le polyester et de l'armure spéciale font que le satin tache facilement à l'eau ; protéger le tissu avec une pattemouille et utiliser un fer sec lors du pressage. Utiliser des épingles extrafines afin d'éviter de tirer des fils.

**2)** Le **crêpe-satin** est également nommé crêpe à envers satin, parce qu'il est réversible ; d'un côté, il a la surface mate et granitée du crêpe et de l'autre, il a la texture lisse et lustrée du satin. L'un des deux côtés peut servir pour faire des bordures et des garnitures.

**3)** Le **satin peau de soie** est un tissu rigide à armure sergée sur l'endroit. Il y en a à double face avec de fines côtes dans la trame des deux côtés. Comme les épingles et les coutures peuvent marquer, épingler dans la réserve de couture et faire les rectifications avant de piquer pour éviter d'avoir à défaire des points.

**4)** Le **taffetas** est rigide et ne tombe pas en souplesse. Faire l'essai de techniques de couture sur des retailles de tissu, car les épingles et les points défaits peuvent laisser des marques. Lorsque la fibre contient de l'acétate, la vapeur est susceptible d'y laisser des taches.

**5)** Le **taffetas moiré** est passé entre des rouleaux chauffants, ce qui lui donne une texture filigranée.

**6)** Le **brocart**, disponible dans tous les poids, de léger à lourd, présente des motifs semblables à de la tapisserie. Les motifs doivent être équilibrés sur les principales sections du vêtement et se raccorder le long des coutures visibles. La plupart des brocarts sont tissés, mais il en existe qui sont tricotés. Un pressage soigneux sur une surface coussinée préserve la texture du tissu. Si le brocart comporte des fils métalliques brillants, régler le fer à basse température. Doubler avec de la batiste afin d'améliorer le confort.

**7)** Les **tissus métalliques** comprennent des fibres métalliques tissées ou tricotées. La plupart s'altèrent à la chaleur et se décolorent sous l'effet de la vapeur. Presser les coutures avec un dé à coudre ou l'extrémité d'un tourneur ; ou utiliser un fer sec et froid.

**8)** Le **lamé** est un tissu métallique doux et brillant, tissé ou tricoté. Le lamé tricoté tombe mieux et se travaille plus facilement que le lamé tissé. Outre les tons or, argent et cuivré traditionnels, le lamé est disponible dans des couleurs chatoyantes.

**9)** Les **tissus à paillettes** ont une base tricotée ou tissée transparente. Ces tissus nécessitent des patrons simples. Sinon, ne les utiliser que pour une partie du vêtement, par exemple, le corsage.

# Les techniques de couture pour les tissus lustrés

Plusieurs tissus entrent dans la catégorie des tissus lustrés ; certains exigent des précautions tout à fait particulières pendant la confection. Tous se ressemblent cependant sur deux points : il faut choisir un plan de coupe « avec sens » afin d'obtenir un vêtement d'une teinte uniforme, et il faut les manipuler le moins possible. Choisissez des patrons simples, avec peu de coutures et de pinces. Évitez les boutons et les détails tels que les cols façonnés et les poches passepoilées. Finissez les coutures simples en les dentelant, ou en appliquant du liquide pour empêcher l'effilochage sur les bords vifs au lieu de recourir à des techniques élaborées. Prenez des précautions spéciales lors du pressage : exercez une légère pression et couvrez la surface avec une retaille du même tissu, face duveteuse contre face duveteuse. Pour prévenir les marques lors du pressage des coutures, utilisez un coussin de tailleur ou placez des bandes de papier épais entre la réserve de couture et le vêtement.

## Guide pour la couture de tissus lustrés

| Fournitures et techniques | Poids moyen<br>Crêpe-satin, lamé, satin, satin peau de soie, soie, taffetas, moire | Fortement texturés<br>Brocart, tissus à paillettes |
|---|---|---|
| Aiguille de machine | Format 11 (75) | Format 14 (90) ou 16 (100) |
| Longueur du point | 8 à 12 par 2,5 cm (1 po) | 8 à 12 par 2,5 cm (1 po) |
| Réglage du point en millimètres | 3,5 à 2,5 | 3,5 à 2,5 |
| Fil | Tout usage en coton ou coton/polyester, en soie pour tissus en soie | |
| Aiguille à main | De tailleur mi-longue, format 7 ou 8 | De tailleur mi-longue, format 7 ou 8 |
| Entoilages | Cousus, tissés ou non tissés | |
| Coutures spéciales | Simple, dentelée, au point de surfil, zigzag trois temps | Simple ou bordée avec un biais |
| Ourlets spéciaux | Points de chausson, surpiqûre, ruban de crin, avec parementure | Avec parementure |

## Conseils pour la manipulation des tissus lustrés

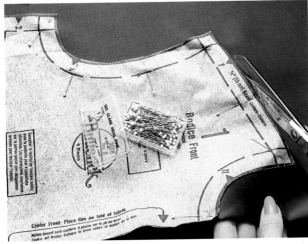

**Coupe.** Épingler dans la réserve de couture afin de prévenir les marques laissées par les épingles. Utiliser des épingles extrafines pour les tissus fins tels le satin et le taffetas. Les ciseaux doivent être bien aiguisés, sinon les lames endommageront les bords vifs. Couper en conservant la même direction pour obtenir des bords bien lisses. Toujours utiliser le plan de coupe « avec sens ».

**Coutures.** Faire des coutures et des finitions simples. Les bords vifs peuvent être dentelés, surjetés ou finis au zigzag trois temps. Si le tissu s'effiloche facilement, appliquer une fine couche de liquide pour empêcher l'effilochage sur les bords. Glisser un papier entre la réserve de couture et le vêtement pour le protéger des gouttes inopportunes.

# Les dentelles et les broderies

La dentelle semble fragile et délicate, mais elle se coud facilement. Les véritables dentelles ont un fond de filet ou de tulle sans droit fil et ne s'effilochent pas. Vous pouvez tailler librement et créer vos propres motifs, car les coutures n'exigent pas de finition particulière; pour ourler, vous n'avez qu'à raser près des bords des motifs dominants.

Les motifs ajourés de la dentelle ont une longue et riche histoire. Certains portent encore le nom des villes européennes où elles ont été créées à la main à partir de la soie, du coton ou du lin. Aujourd'hui, plusieurs dentelles sont fabriquées à la machine à partir de mélanges de coton, de polyester, d'acrylique ou de nylon, et elles sont faciles d'entretien.

1) La **dentelle d'Alençon** comporte des motifs soulignés par une fine corde de satin sur un fond de filet diaphane. Une ou plusieurs des bordures sont finies.

2) La **dentelle de Chantilly** présente des motifs floraux sur un fond de filet délicat, soulignés par des fils soyeux. Prisée pour les vêtements de mariées, cette dentelle comporte habituellement un motif continu.

3) La broderie **anglaise** ou **Madère** consiste en un tissu de coton (ou de polyester et coton) finement tissé, garni d'une broderie plumetis ajourée. Même si la broderie anglaise ne constitue pas une véritable dentelle, elle requiert les mêmes précautions pour la coupe et le pressage.

4) La **peau d'ange**, une variante de la dentelle de Chantilly, est fabriquée avec du fil soyeux afin de lui donner une texture douce.

5) La **dentelle de Venise** est faite de fils lourds et de points particuliers qui lui confèrent une texture tridimensionnelle. Des picots relient les motifs. La dentelle de Venise n'a pas le fond en filet typique de la plupart des dentelles.

6) Le **point d'esprit** est constitué d'un filet ou d'un fond délicat ajouré de tulle fine avec un motif de points brodés.

7) La **dentelle de Cluny**, obtenue à partir de fils lourds s'apparentant au coton, ressemble au crochet à la main. Elle comporte habituellement des motifs en roue et parfois des nœuds en relief.

8) La **broderie Shiffli** consiste en un tissu transparent ou semi-transparent décoré à l'aide d'une machine à broder qui imite la broderie à la main.

## Guide pour la couture des dentelles

| Fournitures et techniques | Délicate<br>Chantilly, peau d'ange, point d'esprit | Brodée<br>Broderie anglaise, Schiffli | Texturée<br>Alençon, Cluny, Venise |
|---|---|---|---|
| **Aiguille de machine** | Format 8 (60) ou 9 (65) | Format 9 (65) ou 11 (75) | Format 11 (75) |
| **Longueur du point** | 12 à 16 par 2,5 cm (1 po) | 10 à 12 par 2,5 cm (1 po) | 10 à 12 par 2,5 cm (1 po) |
| **Réglage du point en millimètres** | 2,5 à 2 | 3 à 2,5 | 3 à 2,5 |
| **Fil** | Extrafin | Tout usage | Tout usage |
| **Aiguille à main** | De tailleur mi-longue, format 7 ou 8 | De tailleur mi-longue, format 7 ou 8 | De tailleur mi-longue, format 7 ou 8 |
| **Entoilages** | Omettre | Omettre | Omettre |
| **Coutures spéciales** | Double rabattue, surjetée, double | Surjetée, double | Double rabattue, double |
| **Ourlets spéciaux** | Bordure à même, appliquée | Bordure à même | Bordure à même, appliquée, ruban de crin |

# Les techniques de couture pour les dentelles et les broderies

Choisissez un patron convenant à la texture et au poids de la dentelle. Une dentelle lourde, telle la dentelle d'Alençon ou de Cluny, convient pour un patron à silhouette simple et ajustée. Une dentelle légère, telle la dentelle de Chantilly, est adéquate pour un patron avec jupe et manches longues et détails comme des volants.

Les patrons pour robes de mariées et de gala illustrées dans des tissus de dentelle peuvent nécessiter un type particulier de dentelle, par exemple, des bordures d'une largeur spécifique ou une dentelle large avec motifs continus. Vérifiez au verso de la pochette du patron afin de vous assurer que la dentelle choisie fera l'affaire.

Si les modèles illustrés sur un patron ne montrent pas de dentelle, choisissez-en un dont les sections correspondent à la largeur du tissu. Si vous prévoyez utiliser une bordure en dentelle sur les manches, et que la dentelle n'est pas suffisamment large pour des manches longues, prenez un patron avec manches courtes ou placez la dentelle sur le bord inférieur d'une manche en organza. Comme on doit habituellement éliminer les parementures, les ourlets et les poches, vous pourriez avoir besoin de moins de tissu qu'indiqué sur le patron. La dentelle n'ayant pas de droit fil, il est possible de tourner les pièces du patron pour utiliser un côté de la dentelle comme bord fini.

## La préparation du tissu

Les dentelles nécessitent rarement une préparation particulière avant la couture. La plupart doivent être nettoyées à sec. Il est rare qu'une dentelle rétrécisse, mais si l'étiquette d'entretien indique qu'elle est lavable et que vous la combinez avec d'autres tissus et garnitures sur un vêtement lavable, il est recommandé de la prérétrécir. Ajoutez-la aux autres composantes du vêtement lors de cette étape.

## Les parementures, les entoilages et les triplures

Les parementures, les entoilages et les triplures ne s'emploient pas sur les vêtements en dentelle. Finissez les bords extérieurs avec une garniture de dentelle, du biais en tricot diaphane ou un bordé double. Coupez les cols et les revers dans une simple épaisseur de tissu et finissez les bords extérieurs avec une garniture ou un appliqué en dentelle. Effectuez des coutures étroites pour les assembler au vêtement.

Si vous devez ajouter du corps ou du soutien à la dentelle, doublez-la avec un filet de tulle. Par exemple, vous pouvez doubler un corsage ajusté ou des manches en dentelle. Le filet de tulle, invisible, renforce la dentelle sans changer son aspect. Vous pouvez aussi utiliser une doublure de couleur contrastante. La dentelle devient opaque; le motif ressort; les coutures, pinces et autres détails de la construction intérieure sont dissimulés.

## Le plan de coupe et la taille

Le plan de coupe du patron constitue une étape importante. Étudiez d'abord le motif en détail : étalez complètement le tissu sur la surface de travail, en plaçant, si nécessaire, un tissu contrastant en dessous afin de voir le motif plus clairement.

Remarquez l'emplacement des motifs dominants, l'espacement du rapport d'armure et la profondeur des bordures. Ces éléments entrent en ligne de compte pour le plan de coupe parce que les motifs les plus apparents doivent être raccordés aux coutures et centrés ou équilibrés sur les principales sections du vêtement, avec les imprimés. Si le motif a un sens, utilisez le plan de coupe « avec sens ».

Cherchez à utiliser les motifs de façon créative. Certaines dentelles ont de grands motifs principaux et de plus petits secondaires, d'autres présentent des bordures qui peuvent être coupées et servir comme appliqués. Si vous prévoyez utiliser les bordures comme ourlets préfinis, déterminez la longueur de la jupe ou des manches avant d'étaler les pièces du patron sur le tissu. Si vous voulez couper une bordure de dentelle et la coudre au vêtement comme liséré décoratif, il n'est pas aussi important de déterminer la longueur avec précision.

Avant de tailler, décidez quel type de couture vous effectuerez. Toutes les dentelles avec motifs continus se cousent de la même manière que les tissus diaphanes, avec des coutures étroites. Si vous travaillez avec une dentelle d'Alençon à grands motifs, des coutures doubles rabattues peuvent toutefois être préférables. Ainsi, le motif autour du vêtement ne sera pas interrompu parce que la couture est pratiquement invisible. Avec cette méthode, vous devez épingler et couper les sections du patron une par une, en ordre. Vous pouvez recourir à différents types de couture sur un même vêtement, par exemple une couture double rabattue aux épaules et sur les côtés et un zigzag étroit pour les manches montées.

Une fois la dentelle taillée, la marge de manœuvre pour les ajustements est très faible. Ajustez le patron avant la coupe pour éviter de devoir défaire des points. Coupez le patron dans du tissu de doublure ou de triplure pour l'essayage, ainsi que pour l'intérieur du vêtement terminé. La confection d'une toile d'essayage pour l'ajustement constitue une autre solution. Vous pouvez aussi faire un patron complet avec de la toile à patrons et faufiler les sections pour ensuite tailler la dentelle à partir de ce patron.

## Le pressage

Évitez de trop manipuler la dentelle lors du pressage. Si une légère touche est requise, pressez sur l'envers, sur une surface bien coussinée, pour ne pas aplatir la texture. Utilisez une pattemouille afin d'éviter que le bout du fer ne déchire le filet. Si la dentelle est faite à partir de fibres synthétiques, comme le polyester et le nylon, réglez le fer à basse température. Pressez les coutures, les pinces et les autres détails de la construction à l'aide d'un dé, en appuyant fermement. S'il faut presser davantage, envoyez un peu de vapeur, puis pressez avec les doigts.

# Les appliqués en dentelle

Les appliqués en dentelle, que ce soient des médaillons achetés à l'unité ou taillés à même un tissu de dentelle, font des garnitures élégantes sur des vêtements pour occasions spéciales. On les trouve souvent sur les robes de mariées et les corsages des robes du soir lorsque la jupe est en dentelle. Elles peuvent aussi ajouter une touche féminine sur les articles de lingerie fine, les robes ou chemisiers soyeux.

Il existe trois méthodes pour poser des motifs en dentelle sur un vêtement. Vous pouvez coudre l'appliqué à la main ou à la machine ou encore utiliser un voile thermocollant. Cette méthode convient aux dentelles et filets qui ne sont pas sensibles à la chaleur et à la vapeur.

## Comment poser un appliqué en dentelle

**Avec du tissu de dentelle.** Couper autour du motif; laisser un ou deux rangs de filet pour une meilleure définition du motif et pour empêcher la fine corde de la dentelle de s'effiler. Ou, acheter un appliqué en dentelle.

**A la main.** Faire de petits points devant à 6 mm (¼ po) des bords de l'appliqué. Faire des points lâches pour que le tissu de fond reste lisse et que l'appliqué ne s'aplatisse pas. (Le fil de couleur est utilisé dans le but de montrer les détails.)

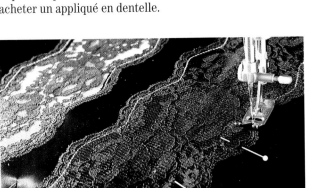

**A la machine.** Utiliser un zigzag étroit ou un point droit court à 6 mm (¼ po) des bords. Raser le tissu sous le motif, près des points, pour créer un effet de transparence. (Le fil de couleur est utilisé dans le but de montrer les détails.)

**Voile thermocollant.** Placer le vêtement endroit vers le haut, sur une surface recouverte. Mettre l'appliqué sur le vêtement, glisser des cercles de voile thermocollant sous l'appliqué. Couvrir avec des serviettes en papier ou une pattemouille, coller selon les instructions du fabricant.

# La simili-fourrure, le suède et le cuir synthétiques

La **simili-fourrure** est faite de poils serrés sur l'endroit, imitant la couleur et la texture des pelleteries naturelles telles que le vison (**1**), le phoque (**2**), le renard (**3**) ou la peau de mouton (**4**). La simili-fourrure peut également avoir une texture fantaisie (**5**), artificielle de toute évidence. Les fourrures synthétiques, habituellement fabriquées à partir de fibres de modacrylique ou de polyester, peuvent être lavées et séchées à la machine. La plupart sont munies d'un envers en tricot.

Le **suède synthétique**, en polyester et polyuréthane non tissé, est légèrement brossé et ressemble beaucoup au suède véritable. Contrairement à ce dernier, cependant, il est facile d'entretien et peut être lavé et séché à la machine. Le poids constitue la principale différence entre les différents types de suèdes synthétiques. Celui de poids léger (**6**) tombe en plis souples et convient à tous les patrons. Le suède synthétique de poids moyen (**7**) ressemble davantage au suède véritable. Si vous utilisez des méthodes de couture conventionnelles, vous devrez ajouter des étapes à la finition, par exemple, coller la réserve de couture et surpiquer les bords, parce que ce tissu est difficile à presser selon les techniques habituelles. Vous pouvez également recourir aux techniques d'assemblage à plat telles que la couture double rabattue et l'ourlet avec paramenture. En plus d'afficher des couleurs unies, le suède synthétique peut être gaufré (**8**) ou imprimé (**9**), ce qui constitue un ajout intéressant au niveau de la texture.

Les tissus en **cuir synthétique** ou **vinyle** peuvent être lisses (**10**) ou granulés (**11**) et de poids différents. Les vinyles légers et souples ont un envers en tricot ou tissé. La manipulation du vinyle nécessite en général les mêmes méthodes que pour le suède synthétique. Par contre, puisque le vinyle s'endommage au contact de la chaleur et de la vapeur, on ne peut le presser.

## Guide pour la couture de la simili-fourrure, du suède et du cuir synthétiques

| Fournitures et techniques | Simili-fourrure | Suède synthétique | Cuir synthétique/vinyle |
|---|---|---|---|
| Aiguille de machine | Format 14 (90) ou 16 (100) | Format 11 (75) ; 16 (100) pour surpiqûre et fil retors simple | Format 11 (75) |
| Longueur du point | 10 à 12 par 2,5 cm (1 po) | 8 à 10 par 2,5 cm (1 po) | 8 à 10 par 2,5 cm (1 po) |
| Réglage du point en millimètres | 3 à 2,5 | 3,5 à 3 | 3,5 à 3 |
| Fil | Tout usage en polyester ou polyester et coton, à surpiqûre et fil retors simple ou deux brins de fil tout usage à surpiqûre | | |
| Entoilages | Omettre | Thermocollant | Cousu |
| Coutures spéciales | Bout à bout | Double rabattue, surpiquée, passepoilée | Surpiquée, passepoilée |
| Ourlets spéciaux | Avec paramenture ou doublé jusqu'au bord | Surpiqué, avec paramenture, collé | Surpiqué |

# L'entoilage

L'entoilage est une couche de tissu à l'intérieur du vêtement qui sert à former et à renforcer certains éléments tels les cols, les poignets, les ceintures montées, les poches, les revers de veston et les boutonnières. Il fait partie de presque tous les vêtements, même les plus simples. Il leur donne du corps et les aide à garder leur forme même après de nombreux lavages et malgré l'usure.

L'entoilage, de léger à lourd, est fait à partir de différentes fibres. Un patron peut en exiger plus d'un type. Choisissez-le en fonction du poids du tissu mode, du type de mise en forme requise et de la méthode de nettoyage. De façon générale, l'entoilage devrait être de même poids ou plus léger que le tissu. Drapez ensemble le tissu et l'entoilage afin de vous assurer qu'ils tombent bien. Les sections comme le col et les poignets nécessitent habituellement un entoilage plus rigide. Avec un tissu diaphane, le tissu lui-même constitue souvent le meilleur entoilage possible.

Il existe des entoilages *tissés* et *non tissés*. L'entoilage tissé a une chaîne et une trame et doit être coupé dans le même sens que la partie du vêtement où il sera appliqué. L'entoilage non tissé, fait de fibres agglomérées, n'a ni chaîne ni trame. Stable, il peut être coupé dans toutes les directions et il ne s'effiloche pas. Extensible, il s'étire en largeur et est très utile pour les tricots.

Les entoilages tissés et non tissés se présentent sous deux formes : *à coudre* et *thermocollants*. L'entoilage à coudre doit être épinglé ou faufilé avant la pose. L'entoilage thermocollant a un enduit sur une de ses faces qui, lorsque pressé à la vapeur, fond et colle l'entoilage à l'envers du tissu. Prenez connaissance des instructions inscrites sur l'emballage, car chaque entoilage est différent. Lors de l'application, utilisez une pattemouille humide pour protéger la semelle du fer à repasser et fournir un surplus de vapeur.

Le choix entre un entoilage à coudre ou thermocollant dépend de vous. Les premiers exigent davantage de travail à la main. Les seconds se posent rapidement et facilement et donnent davantage de corps. Certains tissus délicats ne peuvent pas subir l'exposition à la chaleur nécessaire pour poser l'entoilage. Des tissus texturés, tel le coton gaufré, ne peuvent être thermocollés, car ils perdraient leur texture.

Le poids des entoilages varie d'extraléger à lourd. En général, ils sont blancs, gris, beiges ou noirs. Des entoilages spéciaux pour ceintures montées, poignets et revers, permettent d'économiser du temps ; ils portent des lignes de couture pour faire des bords droits.

Le voile thermocollant double-face est disponible en bandes de différentes largeurs. Il lie deux couches de tissu ensemble, par exemple l'entoilage cousu et le tissu du vêtement. Le voile thermocollant peut également être utilisé pour maintenir en place avant la couture les ourlets, les appliqués et les pièces rapportées.

# Guide des entoilages

L'entoilage **thermocollant tissé** existe en une grande variété de poids, de moyen à lourd, et en divers degrés de rigidité. Le couper dans le même sens que la pièce de tissu à laquelle il est destiné, ou sur le biais pour une mise en forme plus souple.

L'entoilage **thermocollant non tissé** existe dans tous les poids, d'extraléger à lourd. Les entoilages stables non tissés s'étirent très peu dans toutes les directions et, par conséquent, ils peuvent être coupés dans tous les sens.

L'entoilage **thermocollant** en **tricot** se compose d'un tricot de nylon; il est stable sur la longueur et s'étire en largeur. Il convient bien aux tricots légers et aux tissus tissés.

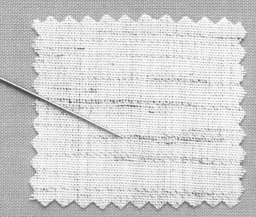

L'entoilage **à coudre tissé** permet au tissu de conserver sa forme et ses caractéristiques. À utiliser pour une mise en forme naturelle avec les tissus tissés. Il existe en différents poids, de l'organza et la batiste diaphanes à la grosse toile.

L'entoilage **à coudre non tissé** offre une variété de poids, de couleurs et d'extensibilités. Il peut être plus ou moins stable et en biais. Il convient aux tricots et aux tissus extensibles, ainsi qu'aux tissus tissés. Prérétrécir tous les entoilages non tissés.

Le **voile thermocollant** est un agent liant qui sert à réunir deux couches de tissu sans les coudre. Ce n'est pas à proprement parler un entoilage; il ajoute du corps au tissu, mais ne prévient pas l'étirement.

**La ceinture ou perfobande thermocollante non tissée** est une bande prétaillée de largeur variable. Elle sert pour les ceintures montées, les revers, les pattes et les parementures droites. Des lignes de couture ou de pliure y apparaissent.

**La ceinture ou perfobande non tissée à coudre** est une bande épaisse et ferme pour les ceintures rigides. Disponible en plusieurs largeurs, elle peut être cousue sur l'envers ou la parementure d'une ceinture montée, mais non pas dans la couture d'assemblage vu sa rigidité.

# Comment poser un entoilage thermocollant

**1) Placer** la résine de l'entoilage contre l'envers du tissu ; lisser. Humecter légèrement l'entoilage avec de l'eau ou de la vapeur. Placer une pattemouille généreusement humectée sur l'entoilage, même avec le fer à vapeur.

**2) Commencer** au centre d'une grande ou longue pièce d'entoilage et se déplacer vers les extrémités. Ne pas glisser le fer d'une position à l'autre. Pour s'assurer que toute la surface est couverte, chevaucher les surfaces déjà thermocollées.

**3) Utiliser** les deux mains pour appuyer sur le fer durant la période de temps recommandée, de 10 à 15 secondes dans le cas de la plupart des entoilages. Autrement, le collage ne sera pas permanent et l'entoilage finira par se séparer du tissu.

**4) Presser** la région thermocollée sur l'endroit du tissu pour un meilleur résultat. Utiliser une pattemouille ou un protège-fer afin de protéger le tissu. Laisser refroidir et sécher les tissus thermocollés avant de les déplacer ; l'entoilage se déforme facilement lorsqu'il est chaud.

# Le plan de coupe, la coupe et le marquage

Lorsque vous avez choisi votre patron et votre tissu, et que vous avez rassemblé l'équipement approprié, c'est le temps de commencer à créer votre vêtement. Avant de tailler, assurez-vous que le tissu a subi une préparation adéquate et que patron est correctement disposé.

La plupart du temps, la préparation et le plan de coupe ont beaucoup à voir avec le sens du tissu. Le *sens du tissu* est la direction du fil qui compose l'étoffe.

Les **tissus tissés** sont composés de fils dans la direction de la longueur qui croisent des fils dans la direction de la largeur. Lorsque ces fils se rencontrent à angle droit, le tissu est alors sur le *droit fil*. Lorsque l'intersection des fils de chaîne et des fils de trame ne forme pas un angle droit, le tissu est alors sur le *biais*. Il faut couper le tissu sur le droit fil, sinon, jamais il ne tombera bien et ne sera correctement ajusté.

La direction des fils dans le sens de la longueur est appelé *droit fil de chaîne*. Le droit fil de chaîne est parallèle à la *lisière*, une bande étroite, tissée serrée, qui borde les deux côtés d'une pièce de tissu sur la longueur. Les fils de chaîne sont plus forts et plus stables que les fils de trame, voilà pourquoi la plupart des vêtements sont coupés dans le sens du droit fil de chaîne. Les fils dans le sens de la largeur forment le *droit fil de trame*, ou travers qui coupe la lisière à angle droit. La plupart des tissus ont une certaine souplesse dans ce sens. Souvent, on coupe un tissu avec une bordure imprimée dans le droit fil de trame afin que la bordure traverse le vêtement horizontalement.

Toute ligne diagonale à l'intersection du droit fil de chaîne et du droit fil de trame s'appelle *biais*. Le tissu coupé sur le biais est plus extensible que celui coupé sur le droit fil. Le *plein biais* est la ligne diagonale qui croise les fils de chaîne et les fils de trame à un angle de $45°$ : l'angle qui donne au tissu le plus d'extensibilité. Les bandes coupées sur le plein biais servent souvent à la finition des bords incurvés tels que les encolures et les emmanchures. Les tissus à carreaux et rayés peuvent être coupés sur le biais pour créer un effet intéressant. Les vêtements coupés sur le plein biais sont plus souples.

Les **tricots** sont formés par l'entrecroisement de boucles appelées *côtes*. Les côtes, qui sont parallèles à la direction de fabrication, peuvent se comparer au droit fil de chaîne des tissus tissés. Les rangées de boucles à angle droit avec les côtes s'appellent rangs et sont comparables au doit fil de trame des tissus tissés. Les tricots n'ont ni biais ni lisières. Certains ont des bords perforés comparables à la lisière, mais on ne peut s'y fier pour déterminer le droit fil. Les tricots s'étirent davantage dans le sens de la largeur et sont coupés de façon que les rangs tombent à l'horizontale autour du corps afin de fournir un maximum de confort.

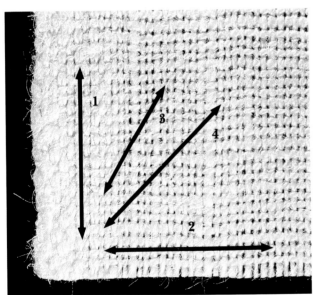

Les **tissus** ont des fils sur la longueur (**1**) et sur la largeur (**2**). Les fils sur la longueur sont plus forts, car ils doivent subir une plus grande tension durant le tissage. Le biais (**3**) se définit comme toute direction en diagonale. Le plein biais forme un angle de $45°$ et constitue la partie la plus extensible du tissu.

Les **tricots** ont des côtes parallèles sur la longueur (**1**). Les rangs, sur la largeur (**2**), se trouvent à angle droit par rapport aux côtes. Certains tricots sont plats et d'autres, tubulaires. On peut ouvrir ces derniers le long d'une côte si une seule épaisseur est requise pour la coupe.

# La préparation du tissu

Préparez le tissu avant de le tailler. L'étiquette sur les rouleaux de tissu indique si celui-ci est lavable ou s'il doit être nettoyé à sec ; elle donne aussi le pourcentage de rétrécissement, s'il y a lieu. Si l'étoffe n'a subi aucun traitement pour la rendre irrétrécissable ou si l'étiquette indique qu'elle rétrécira de plus de 1 %, vous devez la prérétrécir avant la coupe. Il est bon de prérétrécir les tricots, car cela enlève l'apprêt qui cause parfois des points sautés. Les fermetures à glissière et les garnitures peuvent aussi avoir besoin d'être prérétrécies. Les tissus nécessitant un nettoyage à sec doivent être prérétrécis à la vapeur ou chez un nettoyeur, surtout si vous avez l'intention d'utiliser de l'entoilage thermocollant, car il requiert beaucoup

de vapeur et peut faire rétrécir les tissus. Pour vous assurer que le tissu est sur le droit fil, redressez d'abord les extrémités de la trame. Vous pouvez tirer un fil de trame ou couper le long d'un motif tissé ou du rang d'un tricot. Ensuite, pliez le tissu dans le sens de la longueur, en amenant à égalité les lisières et les extrémités de la trame. Si le tissu gaufre, il n'est pas sur le droit fil. Un tissu quelque peu biaisé peut être redressé à la vapeur. Épinglez-le le long des lisières et des deux extrémités, en faisant correspondre les bords. Pressez, des lisières vers le pli. Pour redresser un tissu très biaisé, il faut l'étirer dans la direction opposée. Les tissus traités avec un apprêt permanent ne peuvent être redressés.

## Comment prérétrécir un tissu

**Laver et sécher** le tissu lavable selon la même méthode qu'avec le vêtement terminé. On peut également l'immerger dans l'eau chaude. Après une période de 30 minutes à une heure, essorer délicatement et faire sécher le tissu comme dans le cas du vêtement terminé.

Passer à la vapeur un tissu qui doit être nettoyé à sec. Procéder uniformément, en déplaçant le fer à l'horizontale ou à la verticale par rapport au sens du tissu (pas en diagonale). Laisser sécher complètement le tissu sur une surface plane (de quatre à six heures).

## Comment redresser les extrémités de trame du tissu

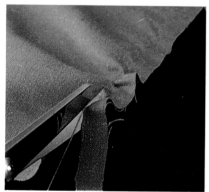

**Tirer des fils** d'un tissu tissé. Couper la lisière et tirer doucement un ou deux fils de la trame. Pousser le tissu le long des fils avec l'autre main, jusqu'à ce que la lisière opposée soit atteinte. Couper le tissu le long du fil tiré.

**Couper** dans le sens de la largeur le long d'une ligne dominante dans le cas d'un tissu à carreaux, rayé, ou à motif *tissé*. Ne pas utiliser cette méthode pour les *imprimés*, parce qu'ils ne sont pas toujours imprimés sur le droit fil.

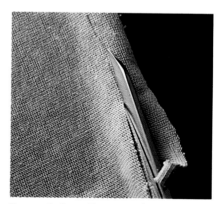

**Couper le long d'un rang** (côte horizontale) afin de redresser les extrémités d'un tricot. Il sera plus facile de suivre un rang en le marquant avec un fil contrastant, un crayon ou une craie tailleur.

# Le plan de coupe

Avant d'établir le plan de coupe, libérez une grande surface de travail, comme une table avec une planche à tailler. Rassemblez toutes les pièces du modèle choisi et pressez-les au fer sec et tiède afin de les défroisser.

Sur le feuillet d'instructions du patron, repérez le plan de coupe qui correspond au modèle, à la largeur du tissu et à la taille sélectionnés. Les plans de coupe constituent des guides fiables pour disposer les pièces du patron rapidement et efficacement. Dans le cas d'une étoffe duveteuse ou de tout autre tissu ayant un sens (voir page 75), choisissez le plan de coupe « avec sens ». Entourez le plan de coupe choisi au crayon de couleur pour vous assurer de toujours consulter le même.

Pliez le tissu tel qu'indiqué sur le plan de coupe. La plupart des tissus sont pliés endroit contre endroit pour la coupe, ce qui facilite le marquage et la couture, certaines pièces se trouvant dans la bonne position, prêtes à être cousues. On plie habituellement le coton et le lin envers contre envers sur le rouleau ; on fait le contraire avec les laines. L'endroit de l'étoffe peut présenter une apparence plus lustrée ou plus mate ; le tissage peut y être plus prononcé ; les lisières semblent mieux finies. Mais si vous n'arrivez pas à distinguer l'endroit, choisissez le côté que vous préférez et faites-en l'endroit. Une légère différence de ton, indécelable lors de la coupe, pourrait être apparente sur le vêtement terminé si les deux côtés ont été utilisés indistinctement.

Le plan de coupe indique comment placer les lisières et le pli. On coupe la plupart des tissus sur le droit fil de chaîne. Si on doit couper le tissu plié le long du fil de trame, l'indication « plié sur la largeur » apparaît sur le patron. N'ayez pas recours au pli sur la largeur avec les tissus duveteux ou ayant un sens.

Placez les pièces du patron tel qu'indiqué sur le plan de coupe. Les principales compagnies de patrons utilisent les mêmes symboles et marques. Une pièce blanche indique qu'elle doit être coupée endroit vers le haut. Une pièce ombrée ou rayée doit être coupée endroit vers le bas. Une ligne pointillée signifie que cette pièce doit être taillée une deuxième fois.

Lorsqu'une pièce de patron est à moitié blanche et à moitié ombrée, elle doit être coupée sur du tissu plié. Coupez d'abord les autres pièces, puis repliez le tissu pour couper cette pièce. Une pièce qui s'étend au-delà du pli se taille en une seule épaisseur. Après avoir taillé les autres pièces, dépliez le tissu endroit vers le haut et alignez la flèche du droit fil sur le droit fil du tissu.

Après avoir placé toutes les pièces, épinglez-les au tissu selon les directives données ci-dessous. Ne commencez à couper que lorsque toutes les pièces sont en place.

## Comment épingler les pièces du patron

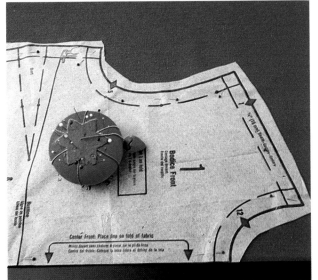

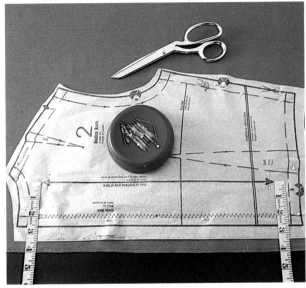

1) **Placer** les pièces devant être coupées sur le pli en premier, directement sur le bord plié. Épingler les coins du patron en diagonale, puis dans la réserve de couture, en plaçant les épingles parallèlement à la ligne de coupe. Placer les épingles à environ 7,5 cm (3 po) d'intervalle et les rapprocher dans les courbes ou si le tissu est glissant.

2) **Placer** la flèche du droit fil sur le droit fil du tissu, parallèlement à la lisière, dans le cas des tissus tissés, et à une côte, dans le cas des tricots. Mesurer la distance entre chaque tête de flèche et la lisière ou la côte, en déplaçant le patron jusqu'à ce que la flèche soit parallèle. Épingler les deux têtes de flèche afin que le patron ne se déplace pas. Continuer l'épinglage tel qu'indiqué à la première étape.

# Le plan de coupe des tissus à carreaux et rayés

Choisissez des styles simples pour les tissus à carreaux et rayés. Des modèles compliqués peuvent déformer les motifs ou en atténuer l'effet. Évitez les pinces de poitrine diagonales, les longues pinces horizontales et les patrons qui indiquent « Ne convient ni aux carreaux ni aux rayures ». Il faut du métrage en surplus pour les tissus à carreaux à cause des raccords aux coutures. La quantité supplémentaire requise dépend du format du *rapport d'armure* (section à quatre côtés qui contient le motif complet), ainsi que du nombre et de la longueur des principales pièces du patron. Habituellement, un surplus de 0,25 à 0,50 m ($\frac{1}{4}$ à $\frac{1}{2}$ vg) suffit.

Il est plus facile de travailler avec des carreaux égaux et des rayures régulières qu'avec des carreaux inégaux et des rayures irrégulières. Les *carreaux égaux* ont des couleurs et des lignes qui correspondent dans les deux directions. Le motif complet forme un carré. Dans le cas des *carreaux inégaux*, la couleur et les lignes forment un arrangement différent dans le sens de la longueur, de la largeur ou dans les deux sens. Les *rayures régulières* se répètent dans le même ordre dans les deux sens, contrairement aux *rayures irrégulières*. Pour éviter les raccords, coupez chaque pièce dans une seule épaisseur de tissu.

# Trucs pour la disposition du patron

Avant d'établir le plan de coupe et de tailler, décidez de la disposition des motifs sur le vêtement et voyez où ils tomberont sur le corps. Si possible, évitez de placer une ligne horizontale dominante ou un groupe de lignes à la hauteur de la poitrine et à la taille. Avant de vous décider, drapez le tissu sur vous des épaules à l'ourlet. Certains vêtements à carreaux semblent mieux équilibrés si l'ourlet arrive sous une ligne horizontale dominante. Lors de la coupe de tissus à carreaux et à rayures, faites correspondre les coutures et non les lignes de coupe.

Pour les raccords aux coutures, disposez chaque pièce sur une épaisseur simple, en commençant par le devant du vêtement. Placez les lignes verticales dominantes au milieu du devant et du dos ou disposez le patron de façon que le milieu du devant se situe exactement entre deux lignes verticales dominantes. Placez les manches de la même manière, en vous servant du point à l'épaule sur la pièce de patron comme guide pour centrer la manche sur les lignes verticales dominantes ou entre celles-ci.

Même s'il n'est pas toujours possible de raccorder les motifs aux coutures, essayez de raccorder les barres horizontales aux coutures verticales au milieu du devant et du dos et aux coutures latérales; les manches montées au devant du corsage aux crans de l'emmanchure; les rayures verticales lorsque c'est possible, de même que les poches, les rabats et autres détails, à la partie du vêtement qu'ils couvrent. Les carreaux ne correspondront peut-être pas aux épaules ou au cran arrière d'une manche montée.

**Reconnaître un carreau égal.** Le carreau égal a des bandes de couleurs dans le sens de la longueur et de la largeur qui correspondent lorsque le motif est plié au centre, en diagonale (**1**). Le carreau inégal peut avoir des bandes de couleurs différentes dans une ou plusieurs directions (**2**) ou encore des bandes de couleurs qui correspondent, mais qui ne forment pas une image symétrique lorsque plié en diagonale, parce que le motif n'est pas carré (**3**). C'est le plus difficile à reconnaître.

## Conseils pour la coupe des tissus à carreaux

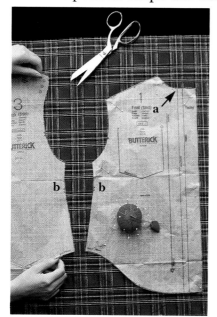

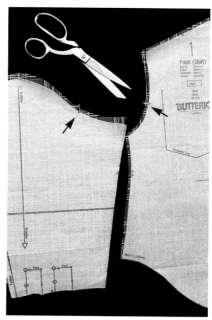

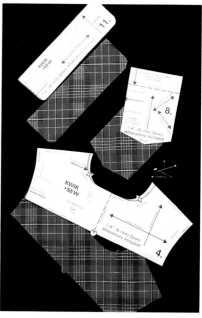

**Disposer** chaque pièce sur une seule épaisseur de tissu en commençant par le devant. Placer la dominante du motif **(a)** au milieu du devant et du dos. Raccorder les crans aux coutures latérales **(b)** du devant et du dos.

**Centrer** la manche par rapport à la dominante du motif choisie pour le milieu du devant. Le motif devrait se raccorder aux crans (flèches) sur le devant de la manche et de l'emmanchure ; les crans du dos peuvent ne pas se raccorder.

**Placer** les poches, les revers, les empiècements et les bandes du devant sur le plein biais afin d'éviter la tâche fastidieuse de les raccorder. Centrer un motif dominant sur chaque pièce de patron.

## Comment couper les tissus à carreaux inégaux

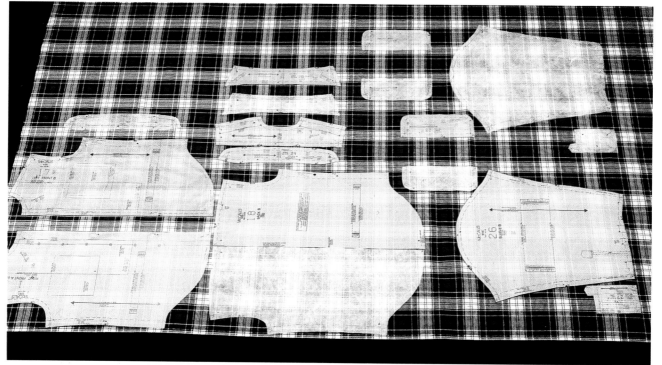

**Placer** le patron sur une seule épaisseur de tissu, en faisant pivoter les pièces pour couper les pièces de droite et de gauche. Placer les bandes de couleur dominantes au milieu du devant et du dos ou disposer le patron de façon que le milieu du devant se trouve entre deux lignes verticales dominantes. Placer les pièces dans le même sens, à l'aide du plan de coupe « avec sens ». Les carreaux se répéteront autour du vêtement plutôt que de former un motif symétrique de chaque côté des coutures du milieu du devant et du dos.

# La disposition des tissus avec sens

Les tissus ayant un sens comprennent les *tissus à fils relevés* (velours côtelé, velvétine, flanelle), les *jerseys bouclettes* (simili-fourrure), les tissus *luisants* (taffetas, satin) et les tissus *imprimés* à motifs unidirectionnels. D'autres tissus peuvent entrer dans cette catégorie, par exemple, certains tissages *sergés* comme le denim et la gabardine, et des tricots qui semblent plus clairs ou plus foncés selon le sens du droit fil.

Disposez toutes les pièces le haut dans le même sens, afin d'éviter que le vêtement semble avoir deux tons ou que ses motifs se dirigent dans les deux sens. Vous pouvez disposer les tissus à fils relevés poils vers le haut ou vers le bas. Les poils vers le haut font paraître le vêtement plus foncé, plus riche ; les poils vers le bas le font paraître plus pâle et il se portera mieux. Les jerseys bouclettes ont meilleure apparence avec les poils vers le bas. Les tissus luisants peuvent être taillés dans n'importe quel sens. Les imprimés à motifs unidirectionnels doivent être taillés de façon à se trouver à l'endroit une fois le vêtement fini.

## Comment disposer un tissu avec sens

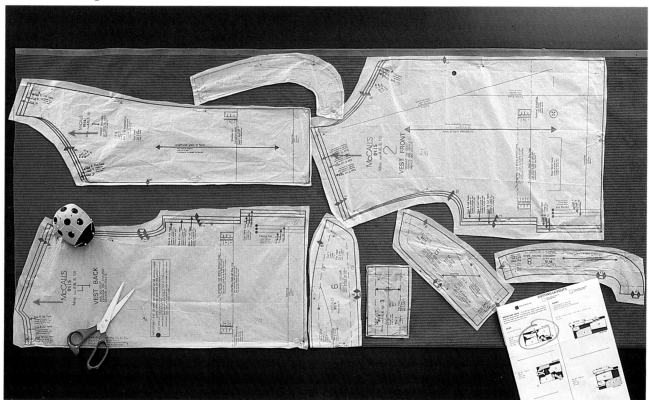

**Choisir** le sens du tissu, puis disposer les pièces du patron selon le plan de coupe « avec sens » sur le feuillet d'instruction du patron. Pour se guider, marquer chaque pièce d'une flèche qui pointe vers le haut. Le patron exige parfois un pli dans le sens de la trame. Dans ce cas, plier le tissu tel qu'indiqué, puis couper le long de la pliure. Tourner la pièce de tissu du dessus afin qu'elle aille dans la même direction que l'épaisseur du dessous et couper les deux épaisseurs en même temps.

# Conseils pour la coupe

Disposez votre table de coupe afin de pouvoir circuler autour de façon à avoir accès au patron sous tous les angles. Si c'est impossible, séparez les sections du patron afin de pouvoir les tourner pour les tailler.

La précision est de rigueur, car les erreurs ne sont pas toujours réparables. Avant de tailler, revérifiez l'emplacement des pièces et les ajustements. Avec les tissus à carreaux exigeant un plan avec sens, assurez-vous que le tissu est plié correctement et que le plan de coupe est adéquat. Le ruban à faufiler (voir page 30) peut s'avérer utile pour empêcher le tissu de glisser. Coupez les tissus lourds ou volumineux une épaisseur à la fois. Lorsque vous coupez des tissus glissants, recouvrez la table de coupe d'un matériel non glissant.

Utilisez des ciseaux de coupe à manche recourbé, bien aiguisés, unis ou dentelés, de 18 ou 20,5 cm (7 ou 8 po). Coupez à longs coups réguliers directement sur la ligne de coupe. Donnez de plus petits coups dans les parties arrondies. Posez une main sur le patron près de la ligne de coupe pour empêcher le patron de se déplacer.

La coupeuse rotative (voir page 28) est particulièrement utile pour couper le cuir, les tissus glissants ou plusieurs couches de tissu à la fois. Elle s'utilise, tant par les personnes droitières que gauchères, conjointement avec une planche à découpage afin de protéger la surface de coupe.

Les crans peuvent être coupés vers l'extérieur des marques ou indiqués à l'aide de *petites* entailles dans la réserve de couture (voir page 79). Ne coupez pas au-delà de la ligne de couture. Les entailles servent à marquer les lignes de pliure et de couture des pinces et des plis, ainsi que les lignes du milieu du devant et du dos. Faites une entaille pour marquer la tête de manche, juste au-dessus du gros point sur le patron. Les entailles ne se voient pas bien dans les tissus volumineux ou lâches; coupez alors les crans vers l'extérieur. Ne coupez pas séparément les crans doubles ou triples, mais en une seule unité.

Après la coupe, gardez les retailles de tissu pour vos essais de couture, de pressage, de boutonnières ou pour couvrir des boutons. Afin de faciliter le marquage et l'identification, laissez la pièce de patron en place jusqu'à ce que vous soyez prête à la coudre.

Un patron peut comporter des bandes *coupées en biais* pour enfermer les bords vifs, par exemple à l'encolure et aux emmanchures. Idéalement, coupez ces pièces dans une pièce de tissu assez longue pour la partie à couvrir. Les bandes peuvent également être cousues ensemble pour obtenir la bonne longueur.

## Comment couper et coudre ensemble des bandes en biais

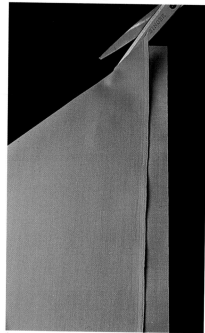

**1)** **Plier** le tissu en diagonale pour qu'un bord droit de la trame soit parallèle à la lisière ou au fil de chaîne. Le plein biais se trouve sur la ligne de pliure. Couper le tissu le long du pli afin de marquer la première ligne de biais.

**2)** **Marquer** des lignes successives à l'aide d'un marqueur ou d'une craie de tailleur et d'une règle transparente. Couper le long des lignes. Lorsqu'un bordé doit être effectué, le patron indique la longueur et la largeur de la bande requise.

**3)** **Joindre** les bandes de biais si nécessaire. Placer les deux extrémités endroit contre endroit, en alignant les bords les plus courts. Les bandes formeront alors un « V ». Passer une couture à 6 mm (¹/₄ po). Raser les pointes à égalité du bord de la bande.

# Conseils pour le marquage

Lors du marquage, les principaux symboles du patron sont reportés sur l'envers du tissu, après la coupe mais avant d'enlever le patron. Ces marques constituent des points de référence qui vous aideront à toutes les étapes de la construction du vêtement. Le marquage à effectuer inclut les symboles de construction et les marques pour l'emplacement des détails.

Habituellement, le marquage se fait sur l'envers du tissu. Certains symboles, comme l'emplacement des poches et des boutonnières, doivent être *reportés* sur l'endroit (et non *marqués* sur l'endroit). Pour ce faire, faufilez à la main ou à la machine sur la marque de l'envers. Le fil devient la marque sur l'endroit. Vous pouvez marquer les lignes de pliures en les pressant.

Il existe plusieurs façons de reporter les marques, chacune convenant à différents tissus. Choisissez celle qui permet un marquage rapide et précis.

Les **épingles** constituent une façon rapide de reporter les marques. Ne vous en servez pas avec les tissus délicats ou ceux qui pourraient garder des marques permanentes, comme la soie et les cuirs synthétiques. N'utilisez ce moyen que si vous avez l'intention de coudre immédiatement, car elles peuvent ne pas tenir, particulièrement dans les tissus lâches et les tricots.

La **craie de tailleur**, utilisée avec des épingles, convient à la plupart des tissus.

La **roulette à tracer** et le **papier-calque** permettent de marquer de façon rapide et précise. La roulette, qui convient mieux aux tissus unis non texturés, peut endommager certains tissus ; faites toujours un essai sur une retaille. Placez d'abord un morceau de carton sous le tissu afin de protéger la table. Les deux couches de la plupart des tissus peuvent être marquées en une seule opération.

Le **crayon à encre délébile** est conçu expressément pour les tissus. L'encre traverse le papier de soie du patron et marque le tissu. Comme l'encre est délébile, on peut l'utiliser sur l'endroit de la plupart des étoffes.

Le **faufilage** reporte sur l'endroit les marques faites sur l'envers du tissu. Il peut également servir à marquer les points de raccord compliqués ou points de rotation. Après le marquage sur l'envers du tissu, faufilez à la machine aux marques. Augmentez la longueur du point ou réglez la machine au point de faufil rapide ; utilisez du fil contrastant dans la canette. Le fil de canette marque l'endroit du tissu. Pour marquer un point de rotation, piquez sur la ligne de couture avec un point régulier et du fil de assorti. Laissez ces points en place comme renfort.

On peut faire de **petites entailles** sur presque tous les tissus, sauf les tweeds très lâches et certaines laines volumineuses. Avec la pointe des ciseaux, faites une incision à environ 3 à 6 mm ($\frac{1}{8}$ à $\frac{1}{4}$ po) dans la réserve de couture.

Le **pressage** peut servir à marquer les lignes de pliure et les plis. Cette méthode convient pour les tissus qui gardent les plis.

## Comment marquer à la craie de tailleur ou au crayon délébile

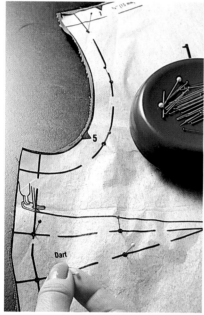

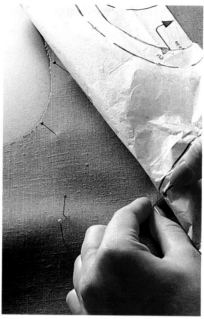

**1) Piquer** les épingles à la verticale sur les symboles du patron, à travers les deux couches de tissu.

**2) Retirer** soigneusement le patron en le faisant passer par-dessus la tête d'épingle. Marquer le tissu du dessus sur l'envers avec la craie ou le crayon, à l'emplacement des épingles.

**3) Retourner** le tissu et marquer celui du dessous à l'emplacement des épingles. Enlever les épingles et séparer les épaisseurs de tissu.

## Comment marquer en faufilant ou en repassant

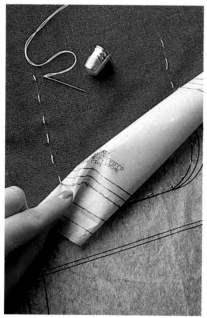

**Faufiler** une épaisseur de tissu en cousant à travers le patron en suivant une ligne continue. Faire des points longs sur le tissu et de points courts sur le patron. Retirer soigneusement le patron.

**Effectuer un faufil à la machine** afin de reporter de l'envers à l'endroit les marques effectuées à la craie ou au papier calque. Utiliser du fil contrastant dans la canette et sélectionner un point long. Éviter cette méthode avec les tissus qui s'endommagent facilement. Ne pas presser le faufilage.

**Presser le tissu** pour marquer les lignes de pliure, les plis et les nervures. Épingler le patron à une seule épaisseur de tissu. Plier le patron et le tissu le long de la ligne de marquage. Presser le long du pli au fer sec.

## Comment marquer à la roulette et au papier-calque

**1) Placer** le papier-calque sous le patron, le carbone sur l'envers de chaque épaisseur de tissu.

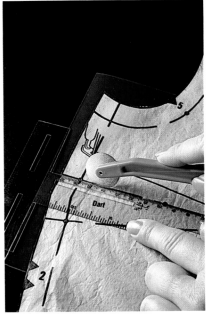

**2) Passer** la roulette sur les lignes à marquer en incluant les lignes de pliure centrales des pinces. Utiliser une règle pour faire des lignes bien droites.

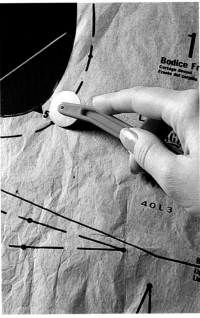

**3) Marquer** les points et les autres gros symboles d'un « X » ou avec de courtes lignes perpendiculaires à la ligne de couture. Faire des lignes courtes pour marquer le bout des plis et des pinces.

## Techniques de marquage rapides

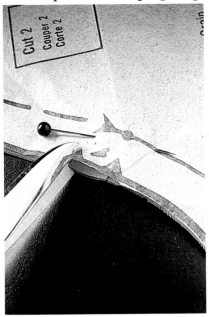

**Faire** des entailles pour marquer les crans, le bout des pinces, les lignes de pliure ou le milieu du devant et du dos. Avec la pointe des ciseaux, faire de petites entailles de 3 mm ($^1/_8$ po) dans la réserve de couture du patron et des deux épaisseurs de tissu.

Les **épingles** peuvent marquer les pinces, les points et les lignes de pliure. Les insérer dans le patron et le tissu. Retirer soigneusement le patron en le faisant passer par-dessus les têtes d'épingle. Marquer l'épaisseur du dessous avec un deuxième ensemble d'épingles. Replacer la première série d'épingles.

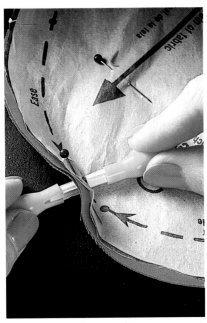

**Le marque-repère de tailleur** est constitué d'une craie insérée dans deux supports. D'un côté, une épingle s'insère dans le patron et rencontre la craie de l'autre côté. Tourner les deux côtés du marque-repère afin que les craies marquent les deux épaisseurs de tissu en même temps.

Les techniques de couture

# Directives générales pour les rectifications du patron

Les rectifications du patron permettent de modifier les mesures et la forme des pièces standard pour qu'elles correspondent à votre silhouette. Effectuez toutes les modifications possibles avant la coupe du tissu, afin de simplifier le processus d'ajustement. Vous trouverez dans les pages qui suivent des directives étape par étape pour effectuer des ajustements spécifiques. Les directives de base suivantes s'appliquent à la plupart des changements que vous ferez.

**Commencez** par presser les pièces du patron au fer sec et tiède. Il est impossible d'obtenir la précision requise avec un patron froissé.

**Épinglez** le patron sur vous afin d'évaluer si le style convient bien à votre silhouette. Ajustez le patron sur vous ou déterminez les ajustements nécessaires. Si les ajustements sont majeurs, vous songerez peut-être à choisir un autre type de patron. Épinglez de nouveau le patron sur vous après avoir fait les modifications afin de vérifier la précision.

**Procédez** avec logique. Commencez par rallonger ou raccourcir les pièces. Ensuite, faites les modifications de haut en bas sur le patron pour l'ajuster à la largeur et aux contours du corps.

**Surveillez bien** les réactions en chaîne. Les modifications sur une pièce du patron entraînent habituellement des changements sur les pièces adjacentes. Par exemple, si vous rectifiez la couture du col, il faudra changer la parementure en conséquence. Parfois, il s'agit plutôt de compenser. Par exemple, si vous abaissez les coutures des épaules pour accommoder des épaules tombantes, il faudra peut-être abaisser la couture pour garder l'emmanchure de la même dimension.

**Préservez** le droit fil original, tel qu'indiqué sur les pièces du patron, afin que le vêtement terminé tombe bien. Tracez le droit fil d'un bord à l'autre de la pièce avant de couper le patron. Cette précaution permet de préserver le sens du tissu pendant les ajustements.

**Raccordez** les lignes de couture et de coupe aux lignes originales pour préserver la coupe originale.

Pour raccorder une couture après la modification du patron, tracez une ligne continue à partir de l'endroit où elle a été interrompue. Pour une ligne droite, utilisez une règle et reliez le début et la fin de la nouvelle ligne. Pour une courbe, utilisez une règle incurvée afin de rétablir la ligne originale du patron ; partez d'un point situé à mi-chemin entre les deux extrémités de la ligne de couture.

Raccordez d'abord la ligne de couture et, ensuite, la ligne de coupe. Sur les patrons multi-tailles, qui n'ont pas de lignes de coutures, ne raccordez que la ligne de coupe et piquez à la ligne de couture habituelle, c'est-à-dire à 1,5 cm ($^5/_8$ po) du bord.

Lorsqu'il y a une pince dans la ligne de couture, pliez vers l'intérieur avant de rétablir la ligne. Assurez-vous que tous les points, les crans et les pinces sont bien marqués sur la nouvelle ligne de couture.

## Le choix d'une méthode d'ajustement

Quand c'est possible, deux méthodes sont proposées pour effectuer les modifications les plus courantes : la méthode dans les coutures pour les ajustements mineurs et la méthode par les lignes de modification pour les ajustements majeurs. Choisissez l'une ou l'autre méthode, en fonction de l'ampleur des ajustements à apporter au patron.

Les rectifications **mineures** se font rapidement et facilement, car il suffit de les indiquer directement sur le patron dans la réserve de couture ou dans la marge. Cette méthode ne vous permet toutefois de rajouter ou d'enlever que 1 à 1,3 cm ($^3/_8$ à $^1/_2$ po).

Dans les photos explicatives des pages suivantes, nous avons placé du papier de couleur contrastante sous le patron pour marquer les additions, étant donné que la marge a été coupée. Il n'est pas nécessaire de procéder de cette manière sur des patrons neufs, puisque leurs marges sont assez larges pour y inscrire les modifications.

Les rectifications **majeures** permettent d'ajouter ou d'enlever des mesures plus grandes, c'est-à-dire jusqu'à 5 cm (2 po), exactement là où elles sont nécessaires. Respectez cette mesure, car vous pourriez déformer les pièces du patron et le vêtement ne suivrait pas le droit fil. Il deviendrait aussi plus difficile de faire le raccord ou la compensation sur les pièces adjacentes.

Si les ajustements nécessaires sont plus importants que ne le permet la méthode des lignes de modification, il est préférable de vous procurer un patron d'une autre taille. Vous pouvez également distribuer les ajustements sur les réserves coutures et autres détails plutôt que de les concentrer au même endroit.

# La longueur : rectifications de base

Vous devez ajuster la longueur des pièces avant d'effectuer toute autre modification au patron. Si votre silhouette se rapproche de la moyenne, ce type d'ajustement sera peut-être le seul requis sur la plupart des pièces.

Les rectifications en longueur se font à deux endroits : au-dessus et au-dessous de la taille. Reportez-vous à la longueur de votre dos pour déterminer la bonne longueur de patron au-dessus de la taille. Pour déterminer la bonne longueur sous la taille, prenez la mesure à partir de la taille, dans le dos, jusqu'à l'ourlet suggéré. Procédez à ces rectifications de la longueur en vous guidant sur les lignes de modification imprimées sur les pièces du patron.

## L'ajustement pour les silhouettes particulières

La plupart des gens peuvent effectuer les ajustements en longueur en utilisant les lignes pour rallonger ou raccourcir prévues à cet effet sur le patron. Si la pointe de votre poitrine ne correspond pas à celle du patron, vous devrez peut-être modifier la longueur des pinces pour qu'elles arrivent au bon endroit. Si vous avez une poitrine forte, ajustez la longueur du devant du patron au-dessus de la taille, tel qu'indiqué aux pages 86 et 87.

Si votre silhouette exige une demi-taille ou un patron petite jeune femme, réduisez la longueur du patron proportionnellement, en divisant l'ajustement total en quatre mesures plus petites. Raccourcissez le patron au thorax, à la tête de manche et à la ligne des hanches, en plus d'utiliser les lignes de modification imprimées au-dessus et en dessous de la taille. La longueur peut également être ajustée au niveau de l'ourlet.

Normalement, pour raccourcir un patron à une taille petite jeune femme, vous devez enlever 6 mm ($^1/_4$ po) à la poitrine, 2 cm ($^3/_4$ po) au-dessus de la taille, 2,5 cm (1 po) aux hanches et 2,5 cm (1 po) à l'ourlet, ce qui raccourcit de patron de 7,5 cm (3 po). Les ajustements pour les patrons demi-taille sont les mêmes, mais en omettant les modifications à la poitrine, parce que l'emmanchure n'a pas besoin d'être réduite. Adaptez les ajustements standard selon vos proportions.

## Comment déterminer les rectifications en longueur

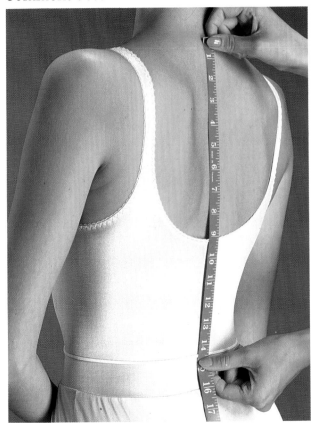

**Au-dessus de la taille.** Mesurer la longueur du dos à partir de l'os proéminent à la base du cou jusqu'à la ligne naturelle de la taille. Comparer cette mesure avec celle qui se trouve sur la pochette du patron afin de déterminer les modifications à apporter aux pièces du devant et du dos.

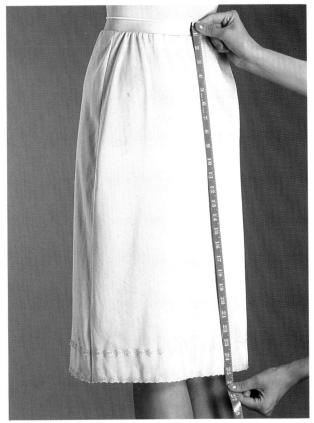

**Au-dessous de la taille.** A partir du milieu du dos, mesurer la taille à l'ourlet ou se fier à un vêtement de la bonne longueur. Comparer avec la mesure suggérée au verso de la pochette du patron pour déterminer la rectification à faire sur les pièces du devant et du dos de la jupe.

# Comment raccourcir

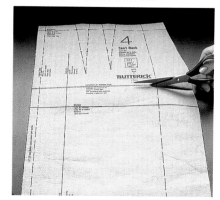

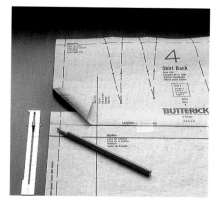

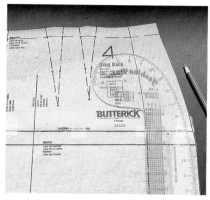

**1) Couper** le patron sur les lignes de modification imprimées sur le patron. Si ces lignes sont absentes sur un patron de jupe, raccourcir au niveau de l'ourlet.

**2) Chevaucher** les sections coupées. Le chevauchement correspond à la mesure qui doit être enlevée. Coller les sections avec du ruban adhésif en prenant soin de préserver le droit fil.

**3) Raccorder** les lignes de couture et de coupe. Effectuer les mêmes rectifications sur les pièces du devant et du dos.

# Comment allonger

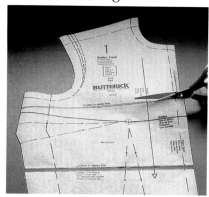

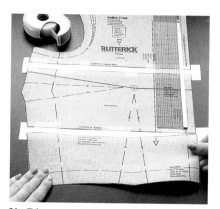

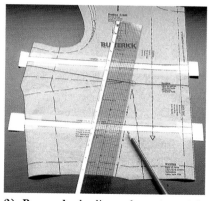

**1) Couper** le patron le long des lignes de modification.

**2) Distancer** les sections selon la longueur voulue. Placer du papier sous le patron pour combler le vide. Coller les sections avec du ruban adhésif en prenant soin de préserver le droit fil.

**3) Raccorder** les lignes de couture et de coupe. Effectuer les mêmes rectifications sur les pièces du devant et du dos.

# Comment raccourcir les patrons pour demi-taille et petite

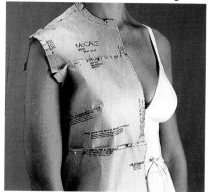

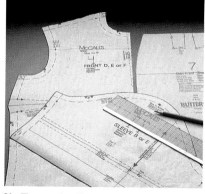

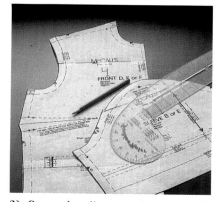

**1) Épingler** ou mesurer le patron afin de connaître la mesure à enlever au niveau de la poitrine au-dessus des crans de l'emmanchure, à la ligne de modification au-dessus et au-dessous de la taille, et à la ligne des hanches.

**2) Tracer** des lignes de modification sur les pièces du devant et du dos, à mi-chemin entre les crans de l'emmanchure et de l'épaule, ainsi qu'à la tête de manche. Tracer une autre ligne aux hanches, à 12,5 cm (5 po) sous la taille, sur le devant et le dos de la jupe.

**3) Couper** les pièces sur chaque ligne de modification; pour raccourcir, chevaucher les deux parties coupées du patron. Raccourcir d'une mesure égale le devant et le dos. Raccourcir la tête de manche d'une mesure égale à celle ayant été enlevée à la poitrine.

# L'ajustement au niveau de la poitrine

Le corsage d'un vêtement bien ajusté ne comporte pas de faux plis sur la poitrine ; les coutures latérales ne tirent pas vers l'avant et la ligne de taille ne remonte pas. Ajustez la longueur du dos du corsage selon la mesure de votre dos. Effectuez les mêmes modifications sur le devant du corsage. De plus, les coutures ou les pinces du devant du corsage nécessiteront peut-être un ajustement afin de s'adapter à la taille et à la forme de votre poitrine.

Si votre poitrine est plus grosse que la moyenne, vous devrez peut-être rallonger et élargir le patron du devant du corsage. N'oubliez pas que les coutures latérales du devant et du dos doivent se raccorder. Si le patron que vous avez choisi est de style ample ou non ajusté, vous pouvez utiliser une certaine partie de l'aisance pour accommoder une poitrine forte et ainsi réduire les modifications.

Si votre poitrine est moyenne ou petite, épinglez le patron sur vous, comme à la troisième étape ci-dessous, pour déterminer s'il est nécessaire d'élever ou d'abaisser les pinces. Il suffira peut-être de replacer les pinces pour améliorer l'ajustement.

S'il ne suffit pas de changer la hauteur de pinces, il serait préférable de coudre une toile d'essayage à partir du patron ajusté. Bien des solutions d'ajustement se visualisent mieux dans du tissu et cette étape supplémentaire pourrait vous faire gagner du temps en fin de compte.

La marge d'aisance est essentielle au confort au niveau de la poitrine. Reportez-vous au tableau ci-dessous et ajoutez la quantité minimale d'aisance à la mesure de votre poitrine, avant de la comparer au patron pour décider si vous devez modifier ce dernier.

Les mesures du tableau ne constituent que des indications générales. À certains moments, vous désirerez plus ou moins d'aisance. Par exemple, les tissus épais nécessitent plus d'aisance que les tissus légers ; les tricots en nécessitent moins que les tissus tissés ; les tricots très extensibles forment des vêtements ajustés sans aucune aisance.

## Aisance minimum

| Vêtement | Aisance minimale à la poitrine |
|---|---|
| Chemisier, robe combinaison | 6,5 à 7,5 cm (2 ½ à 3 po) |
| Veste non doublée | 7,5 à 10 cm (3 à 4 po) |
| Veste doublée | 9 à 11,5 cm (3 ½ à 4 ½ po) |
| Manteau | 10 à 12,5 cm (4 à 5 po) |

## Comment déterminer les rectifications du patron

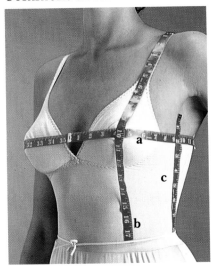

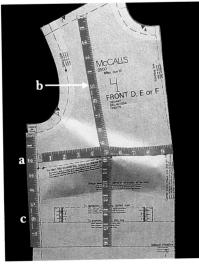

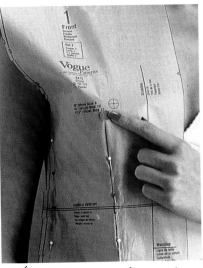

**1) Mesurer** la poitrine (**a**) à la partie la plus forte, en gardant le ruban à mesurer parallèle au sol. Ajouter l'aisance minimale. Mesurer la longueur du devant (**b**), du milieu de l'épaule en passant sur la pointe du sein, jusqu'à la taille. Mesurer la couture latérale (**c**) à partir de 2,5 cm (1 po) sous le bras jusqu'à la taille. Mettre deux doigts sous le bras pour figurer 2,5 cm (1 po).

**2) Mesurer** le devant et le dos du patron à la ligne de la poitrine (**a**). Mesurer le devant du corsage, du milieu de l'épaule, en passant par la pointe du sein, jusqu'à la taille (**b**). Voir si le patron doit être ajusté au-dessus de la taille ou au niveau de la poitrine (voir page 84). Mesurer la couture latérale du devant du corsage, du dessous du bras à la taille (**c**). Voir si la longueur du patron doit être modifiée.

**3) Épingler** le patron sur le corps et marquer la pointe du sein. Voir s'il faut modifier la forme de la poitrine en élevant ou en abaissant les pinces du patron. Comparer la mesure du patron à celle du corps, en incluant une aisance minimale pour déterminer de combien il faut augmenter ou diminuer le tour de poitrine.

## Poitrine haute

## Poitrine basse

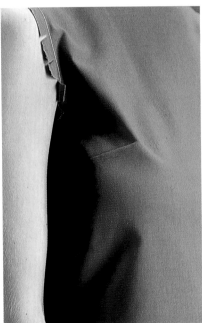

## Élever ou abaisser les pinces

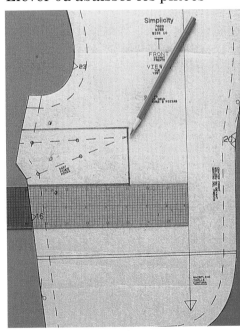

**Mauvais ajustement.** Lorsque la poitrine est plus haute que la moyenne, de faux plis se forment à la partie la plus forte, de même qu'au-dessous. La pince n'arrive pas au bon endroit. La pince du dessous du bras doit être élevée ; la pince partant de la ligne de la taille doit être allongée.

**Mauvais ajustement.** Lorsque la poitrine est plus basse que la moyenne, de faux plis se forment à la partie la plus forte, de même qu'au-dessus. Les pinces sont trop hautes et doivent être abaissées et raccourcies.

**1) Tracer** des lignes horizontales sur le patron à 1,3 cm (½ po) au-dessus et au-dessous de la pince du dessous du bras, à angle droit par rapport au droit fil. Relier ces deux lignes par une verticale qui passe par la pointe de la pince. Couper sur ces lignes.

## Comment accommoder une poitrine forte sans pinces

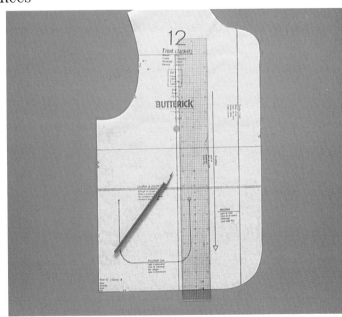

Pour accommoder une poitrine forte, **modifier** un patron de style non ajusté sans créer de pinces. Cette méthode peut être utilisée pour agrandir le patron jusqu'à un certain point. Au-delà de l'ajustement maximal suggéré, le droit fil se déformera au bas du vêtement. Ce type d'ajustement ne convient pas aux tissus à carreaux et rayés.

**1) Tracer** une ligne à travers le devant du corsage, à mi-chemin entre le cran de l'emmanchure et la couture de l'épaule, à angle droit par rapport au droit fil. Tracer une deuxième ligne à 5 à 10 cm (2 à 4 po) sous l'emmanchure, à angle droit par rapport au droit fil. Tracer une troisième ligne passant à la pointe des seins, parallèle au droit fil, afin de relier les deux premières lignes ; prolonger la ligne au bas du vêtement.

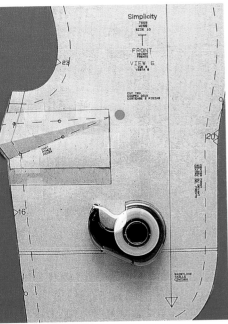

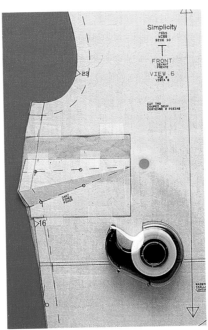

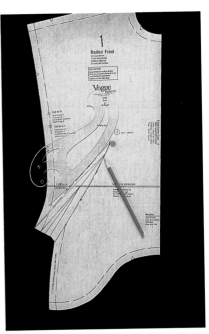

**2) Elever** la pince autant que nécessaire pour une poitrine haute. Placer la pince de façon qu'elle se dirige vers la pointe du sein (point rouge) ou la partie la plus forte de la poitrine. Placer du papier sous le patron et fixer avec du ruban adhésif en maintenant les bords droits. Retracer la couture latérale.

**2a) Abaisser** la pince autant que nécessaire pour une poitrine basse. Placer la pince de façon qu'elle se dirige vers la pointe du sein (point rouge) ou la partie la plus forte de la poitrine. Placer du papier sous le patron et fixer avec du ruban adhésif en maintenant les bords droits. Retracer la couture latérale.

**Pour changer le sens d'une pince diagonale** afin qu'elle se dirige vers la pointe du sein, marquer la nouvelle pointe de pince sur le patron. Rectifier la pince, en reliant les extrémités de la pince sur la couture latérale à la nouvelle pointe.

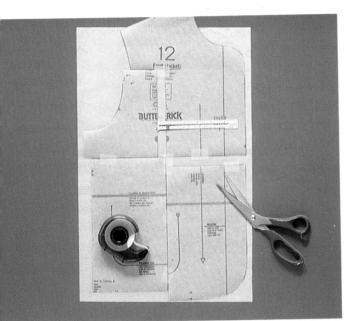

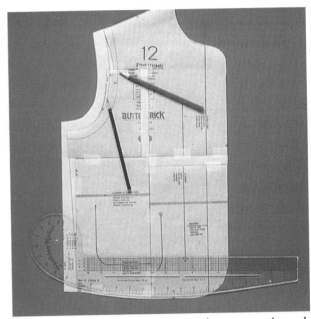

**2) Couper** le patron sur les nouvelles lignes. Glisser la portion de l'emmanchure vers l'*extérieur*, jusqu'à un maximum de 2 cm (³/₄ po) pour ajouter au total 3,8 cm (1 ½ po) à la largeur du corsage. Glisser la section de la taille du devant jusqu'à un maximum de 5 cm (2 po) vers le *bas* pour allonger le corsage. Fixer avec du ruban adhésif.

**3) Raccorder** les lignes de couture et de coupe au niveau de l'emmanchure et de la couture de côté. Utiliser une règle courbée pour amener les lignes du milieu du devant à rejoindre la couture de côté originale.

# L'ajustement au niveau de la taille et du ventre

Même si une ceinture montée et une ligne de taille exigent un ajustement serré, elles doivent mesurer un peu plus que votre tour de taille afin de bien tomber. Pour être confortable, une ceinture montée doit mesurer 1,3 à 2,5 cm (½ à 1 po) de plus que le tour de taille. De plus, allouez une aisance de 1,3 cm (½ po) à partir de la mesure des hanches du patron jusqu'à la ceinture montée. Appliquez les mêmes principes d'ajustement aux vêtements comportant une paramenture à la ligne de taille. Si le vêtement a une couture mais pas de ceinture à la taille, accordez un total de 2,5 à 3,8 cm (1 à 1 ½ po) d'aisance.

La façon dont les coutures latérales tombent permet de voir si un vêtement est bien ajusté à la taille. Les coutures devraient être droites, divisant le corps en deux, sans tirer vers l'avant ni vers l'arrière. La silhouette et la posture peuvent occasionner une distorsion des coutures latérales, ce qui justifie un ajustement différent pour l'avant et l'arrière de la jupe. Ainsi, il faudra élargir et allonger le devant de la jupe avec un ventre proéminent. Dans le cas d'une posture cambrée vers l'arrière, le corps est plus court que la moyenne au milieu du dos; la mesure de la ligne de taille au dos est donc inférieure. Ces ajustements devront être faits en même temps que ceux du tour de taille.

## Comment déterminer les ajustements du patron

**1) Mesurer** le tour de taille et le comparer à la mesure de la taille indiquée sur le patron. L'aisance minimale est incluse dans la mesure du patron; en tenir compte dans les ajustements.

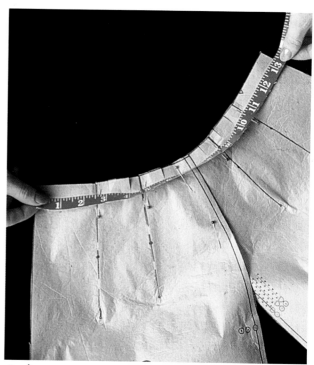

**2) Épingler** les pinces, les nervures et les plis de la taille pour mesurer le patron afin de le comparer à la mesure de votre corps, en incluant l'aisance. Mesurer à la ligne de couture; s'il n'y en a pas, mesurer à la marque de la ligne de la taille, à l'endroit le plus étroit. Doubler la mesure du patron afin de comparer avec votre tour de taille.

# Taille fine

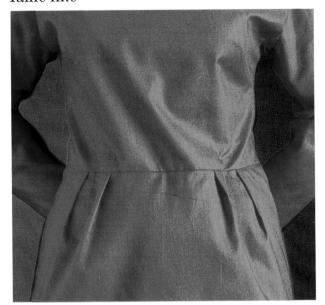

Un **mauvais ajustement** se voit par une ligne de taille ou une ceinture montée trop grande malgré un bon ajustement aux hanches et à la poitrine. Une robe avec une couture à la ligne de taille est trop ample et présente des plis verticaux lâches à la taille. Dans le cas d'une jupe ou d'un pantalon, la ceinture ne colle pas au corps et elle a tendance à tomber sur les hanches.

## Ajustement mineur

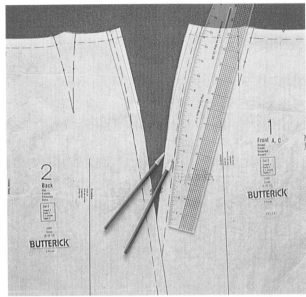

**Enlever** un quart de la mesure requise à chaque couture. On peut enlever au maximum 1 cm ($^3/_8$ po) par réserve de couture pour les tailles de patron inférieures à 16. À partir de la taille 16, enlever un maximum de 1,5 cm ($^5/_8$ po). À l'aide d'une règle incurvée, retracer les lignes de couture et de coupe. Pour les jupes et les pantalons avec pinces, ne pas approfondir ces dernières pour raccourcir le tour de taille à moins qu'il soit nécessaire d'agrandir au niveau des hanches et des fesses. Ajuster les pièces de patron adjacentes.

## Ajustement majeur

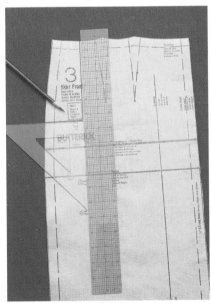
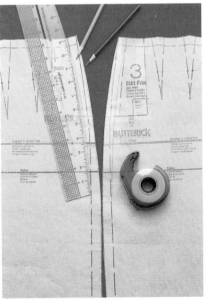
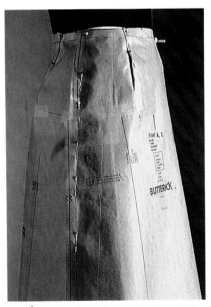

**1) Tracer** une ligne parallèle au droit fil de chaîne de 12,5 cm (5 po), entre la couture latérale et la pince. Tracer une deuxième ligne à partir du bas de la première ligne jusqu'à la couture latérale, à angle droit par rapport au droit fil.

**2) Glisser** la section vers l'*intérieur* pour enlever jusqu'à 2,5 cm (1 po) à la ligne de taille. Coller du papier sous le patron. Raccorder les lignes de couture et de coupe. Faire les mêmes ajustements au dos, enlevant un total de 5 cm (2 po) à chaque couture, pour une réduction totale de 10 cm (4 po).

**3) Épingler** le patron afin de vérifier l'emplacement des pinces à la taille. Il sera peut-être nécessaire de reformer les pinces ou de les rapprocher plus près du milieu du devant et du dos afin d'obtenir un meilleur ajustement. Reporter ces ajustements sur les bandes, les entoilages ou sur le corsage.

## Taille large

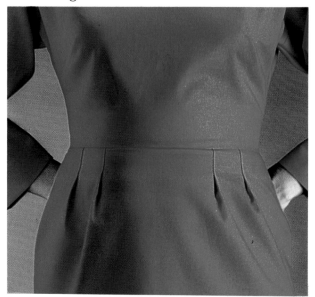

Un **mauvais ajustement** se traduit par des plis horizontaux qui font remonter la ligne de taille de la robe. La ceinture montée plisse à cause de la tension. Des faux plis en éventail partent de la taille ou des plis horizontaux se voient sous la ceinture.

## Ajustement mineur

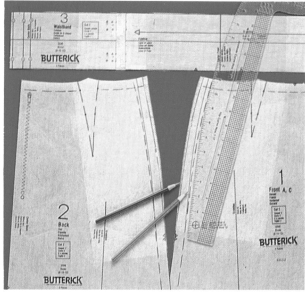

**Ajouter** un quart de la mesure requise à chaque couture, jusqu'à 1 cm ($^3/_8$ po) par réserve de couture pour un total de 2 cm ($^3/_4$ po) par couture. Pour des jupes avec pinces, on peut diminuer chacune de 6 mm ($^1/_4$ po) afin d'agrandir le tour de taille. À l'aide d'une règle incurvée, retracer les lignes de couture et de coupe. Reporter les rectifications sur la ceinture montée, l'entoilage ou le corsage.

## Ajustement majeur

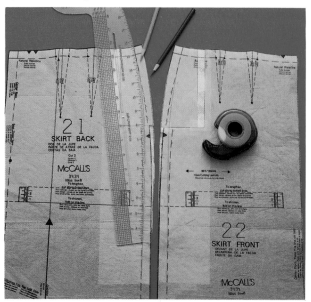

**1) Tracer** les lignes d'ajustement et couper le patron comme l'étape 1 de la page 89. Glisser la section jusqu'à 2,5 cm (1 po) vers l'*extérieur*. Coller du papier sous le patron. Retracer les lignes de couture et de coupe vers la taille, à l'aide d'une règle incurvée et vers l'ourlet à l'aide d'une règle droite. Faire les mêmes ajustements au dos du patron, en ajoutant jusqu'à 5 cm (2 po) par couture, pour un total de 10 cm (4 po).

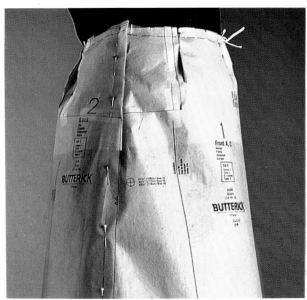

**2) Épingler** le patron afin de vérifier l'emplacement des pinces à la taille. Il sera peut-être nécessaire de reformer les pinces ou de les rapprocher vers les coutures latérales afin d'obtenir un meilleur ajustement. Reporter les rectifications sur la ceinture montée, l'entoilage ou le corsage.

## Ventre proéminent

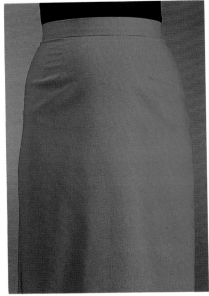

Un **mauvais ajustement** se traduit par des faux plis horizontaux sous la ligne de taille. Des plis en diagonale partent du ventre et tirent les coutures latérales vers l'avant. Souvent, la ligne de taille et la ligne d'ourlet remontent. Le milieu du devant nécessite un surplus en longueur et en largeur.

### Ajustement mineur

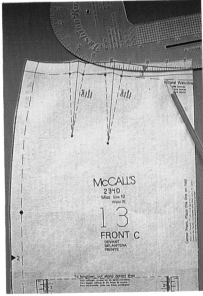

**1) Remonter** la ligne de la taille sur le devant de la jupe ou du pantalon jusqu'à 1 cm (³/₈ po) au milieu du devant afin d'augmenter la longueur. Former les pinces et retracer les lignes de couture et de coupe à l'aide d'une règle incurvée.

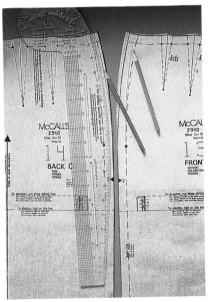

**2) Ajouter** jusqu'à 1,3 cm (¹/₂ po) à la couture latérale de la pièce du devant. Enlever la même mesure sur la pièce du dos afin de préserver la circonférence de la taille. Pour améliorer davantage l'ajustement, transformer les pinces du devant en fronces ou en plis non pressés.

### Ajustement majeur

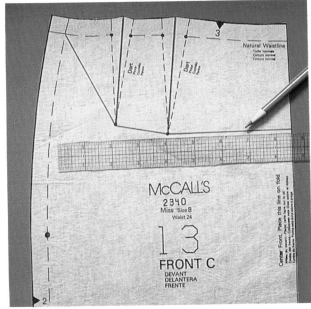

**1) Tracer** des lignes d'ajustement diagonales à partir de l'intersection des coutures latérales et de la ligne de taille, en passant par l'extrémité des pinces, et en continuant à l'horizontale jusqu'au milieu du devant. Couper sur cette ligne. Couper sur les lignes de pliure des pinces, sans toutefois en dépasser l'extrémité.

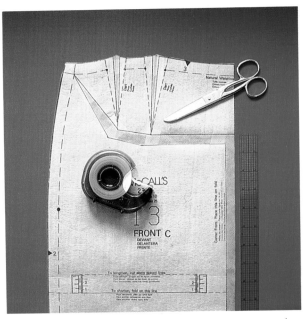

**2) Glisser** la section du centre vers le *haut* autant que nécessaire et vers l'*extérieur* selon la moitié de la mesure nécessaire ; ouvrir les pinces et la coupure diagonale. Extrapoler la ligne du milieu du devant, de la nouvelle position jusqu'à l'ourlet. Les pinces peuvent également être transformées en fronces ou en plis non pressés. Retracer les lignes de couture et de coupe à la ligne de taille.

## Ventre plat

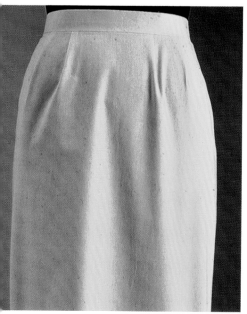

Un **mauvais ajustement** se traduit par des plis verticaux et un excédent de tissu au milieu du devant. Les os des hanches peuvent être apparents. Les pinces sont mal placées et trop profondes.

### Ajustement en fonction d'un ventre plat

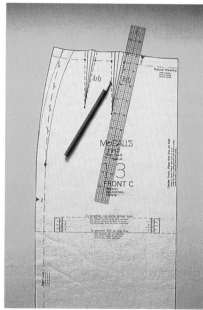

**Retracer** des pinces moins profondes en en enlevant la même mesure de chaque côté de la ligne de pliure. Pour préserver la mesure originale, enlever la même mesure à la couture latérale en la retraçant à l'aide d'une règle incurvée, en partant d'un point sur la couture de la taille jusqu'à la ligne de hanches.

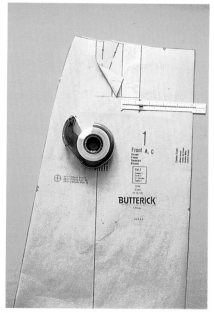

**Rapprocher** les pinces de la couture latérale si les os des hanches sont saillants. Couper la pince comme pour élever ou abaisser les pinces de la poitrine (voir pages 86-87), et la glisser au bon endroit après avoir épinglé le patron sur vous. Former la pince et retracer les lignes de couture et de coupe de la ligne de taille à l'aide d'une règle incurvée.

## Dos cambré

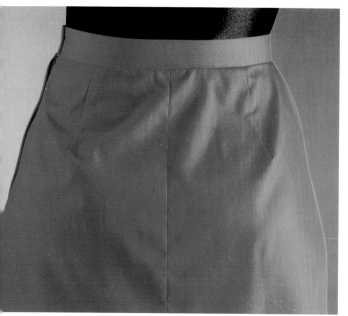

Le **mauvais ajustement** est occasionné par un défaut de posture. La partie du dos située immédiatement sous la taille n'est pas bien ajustée ou la jupe fait des poches à la hauteur des fesses, trahissant un surplus de tissu au milieu du dos. Des plis se forment en diagonale, indiquant que la largeur ou la longueur de la pince ne convient pas à la forme du corps. Épingler le surplus de tissu afin de déterminer la mesure à enlever au milieu du dos.

### Ajustement en fonction d'un dos cambré

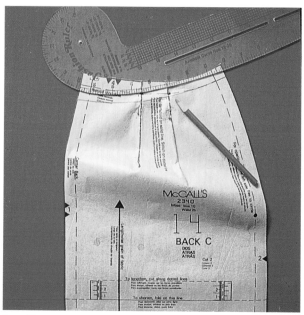

**Rectifier** les pinces si nécessaire, afin d'adapter le patron au siège proéminent. Si la largeur de la pince est changée, faire le même ajustement à la couture latérale afin de garder la taille originale. Abaisser la ligne de couture de la taille au dos autant que nécessaire. Former les pinces vers le centre et retracer les lignes de couture et de coupe à l'aide d'une règle incurvée.

# L'ajustement au niveau des hanches

Un vêtement bien ajusté au niveau des hanches est confortable, que ce soit en position debout ou assise. De plus, il est souple, ne plisse pas et ne fait pas de poches.

Avant de modifier la largeur, faites toutes les rectifications en longueur sous la ligne de taille. Ces ajustements peuvent éliminer la nécessité d'ajuster le tour des hanches du patron. Si vous avez une hanche plus haute que l'autre, vous devrez peut-être recopier le patron et ajuster séparément les deux côtés du corps. Si vos hanches sont plus étroites ou plus fortes

que la moyenne, rectifiez le patron de manière à inclure l'aisance minimale de 5 cm (2 po) à la ligne de hanches pour un patron d'une taille moindre que 16. Pour les tailles 16 et plus, allouez une aisance minimale de 6,5 cm (2 ½ po). Il se peut que l'aisance minimale ne soit pas suffisante, par exemple, si vous avez des hanches fortes ou si vous utilisez un tissu épais. Si vous travaillez avec un tricot, vous devrez peut-être la réduire.

## Comment déterminer les rectifications du patron

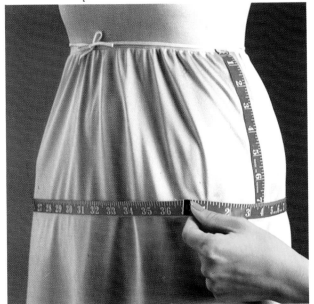

**1) Déterminer** l'endroit où tombe la ligne de hanches en mesurant de la taille à la partie la plus forte des hanches, sur la couture latérale. Mesurer le tour des hanches en maintenant le ruban à mesurer parallèle au sol. Ajouter une aisance minimale de 5 à 6,5 cm (2 à 2 ½ po) à cette mesure.

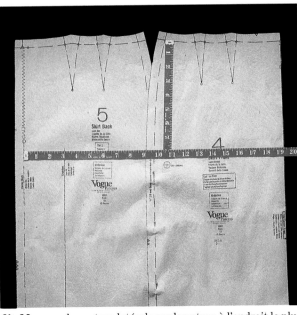

**2) Marquer** la couture latérale sur le patron à l'endroit le plus large. Chevaucher le devant et le dos du patron à cet endroit. Mesurer de la ligne de hanches à partir du milieu du devant jusqu'au milieu du dos. Doubler cette mesure afin d'obtenir la circonférence du vêtement fini. Comparer cette mesure avec celle du tour des hanches, incluant l'aisance, afin de déterminer si un ajustement est nécessaire.

## Hanches fortes

### Ajustement mineur

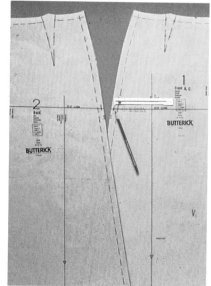

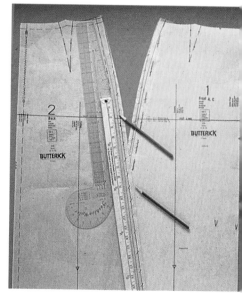

Un **mauvais ajustement** occasionne des plis horizontaux au niveau des hanches. La jupe gaufre sous le siège et tend à remonter parce que la largeur est insuffisante au niveau des hanches. Le patron doit être agrandi à la ligne de hanches.

**1) Marquer** la ligne de hanches sur la couture latérale des patrons du devant et du dos. Ajouter un quart de la mesure requise à chaque couture latérale, près de la marque. Ajouter un maximum de 1 cm ($^{3}/_{8}$ po) à chaque réserve de couture pour un total de 2 cm ($^{3}/_{4}$ po) par couture.

**2) Retracer** les lignes de couture et de coupe de la hanche à la taille à l'aide d'une règle incurvée. Marquer les nouvelles lignes de couture et de coupe, de la hanche à l'ourlet, avec une règle droite.

## Hanches étroites

### Ajustement mineur

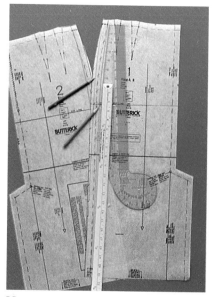

### Ajustement majeur

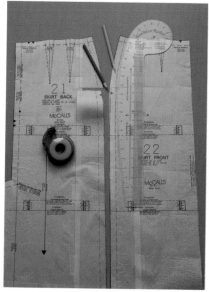

Un **mauvais ajustement** se trahit par un excédent de tissu qui plisse et semble bouffant. La ligne de hanches est trop large. Le patron devra être diminué à la ligne de hanches et les pinces devront peut-être aussi être réduites. Dans ce dernier cas, les coutures latérales devront être diminuées d'autant (voir page 89).

**Marquer** la ligne de hanches sur la couture latérale du devant et du dos. Enlever un quart de la mesure requise à chaque couture latérale, près de la marque. Enlever un maximum de 1 cm ($^{3}/_{8}$ po) dans chaque réserve de couture pour un total de 2 cm ($^{3}/_{4}$ po) par couture. Retracer les nouvelles lignes de couture et de coupe comme à l'étape 2, ci-dessus.

**Diminuer** les pinces selon les besoins. Faire les ajustements à la ligne de taille (voir page 89). Tracer la nouvelle ligne et couper comme à l'étape 1 de l'ajustement majeur des hanches fortes (voir page 95). Glisser la section vers l'intérieur, en enlevant un quart de la largeur en trop à la ligne de hanches. Retracer les lignes de couture et de coupe, de la taille à la hanche, à l'aide d'une règle incurvée, et de la hanche à l'ourlet à l'aide d'une règle droite.

## Ajustement majeur

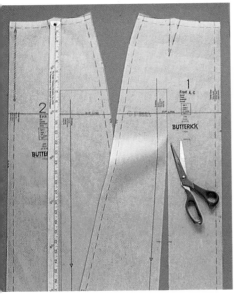

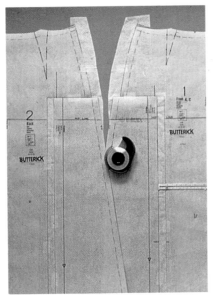

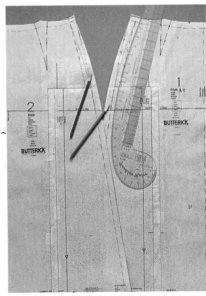

**1) Tracer** une ligne parallèle à la ligne de hanches, à environ 12,5 cm (5 po) sous la ligne de taille. Tracer une deuxième ligne parallèle au droit fil de chaîne, partant de la fin de la première ligne jusqu'à l'ourlet. Couper sur les lignes.

**2) Glisser** la section vers l'*extérieur*, en ajoutant un quart de la mesure requise. Ajouter au maximum 2,5 cm (1 po) pour les tailles 16 et moins, pour un total de 5 cm (2 po) par couture, et 3,8 cm (1 ½ po) pour les tailles 16 et plus, pour un total de 7,5 cm (3 po) par couture.

**3) Retracer** les lignes de couture et de coupe, de la hanche à la taille, à l'aide d'une règle incurvée. Tracer une nouvelle ligne de la hanche à l'ourlet à l'aide d'une règle droite.

## Hanches inégales

### Comment ajuster en fonction d'une hanche plus haute

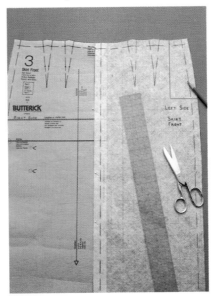

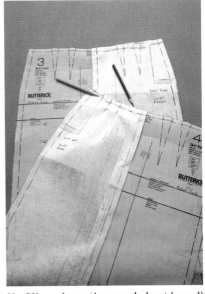

Un **mauvais ajustement** occasionne des plis diagonaux sur un des côtés de la jupe. Le tissu n'est plus sur le fil droit. Une hanche peut être plus forte, plus étroite ou plus haute que l'autre. Ajuster la largeur des pinces et des coutures latérales.

**1) Copier** le devant et le dos du patron de la jupe. Identifier les côtés droit et gauche. Tracer une ligne de modification parallèle au droit fil de 12,5 cm (5 po) sur le côté qui nécessite un ajustement, en partant à mi-chemin entre la couture latérale et la pince. Tracer une deuxième ligne à angle droit à partir du bas de la première jusqu'à la couture latérale.

**2) Glisser** la section vers le haut jusqu'à ce que la longueur convienne à la hanche haute. Coller du papier sous le patron. Modifier le devant et le dos de la jupe afin qu'ils concordent. Plier les pinces ou les nervures dans le sens du pressage. Retracer les lignes de couture et de coupe aux coutures de taille et latérales.

# L'ajustement en cours d'assemblage

Effectuez toutes les rectifications de base en longueur avant de tailler les pièces de tissu. Plusieurs ajustements peuvent aussi être effectués en cours d'assemblage du vêtement. Essayez le vêtement lorsque les principales coutures du devant, du dos, des côtés et des épaules ont été faites. Épinglez les épaulettes. Évaluez l'effet du vêtement en portant les sous-vêtements et accessoires prévus, tels la ceinture et les chaussures. À cette étape, il est facile de reprendre une couture.

Pendant l'assemblage, essayez le vêtement aussi souvent que nécessaire afin d'en vérifier l'ajustement. Par exemple, essayez une manche après l'avoir cousue. Assurez-vous que l'aisance à la tête de manche est bien distribuée en fonction de votre silhouette et vérifiez la longueur de la manche. Vous pouvez ensuite coudre l'autre manche en toute confiance.

## Conseils pour ajuster en cours d'assemblage

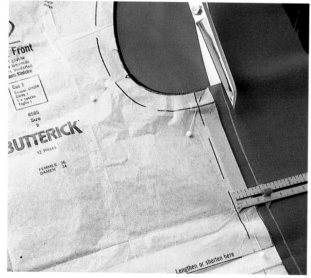

**Laisser** une réserve de couture de 2,5 cm (1 po) sur les côtés au cas où il faudrait effectuer des changements. Ainsi, on peut élargir un vêtement jusqu'à 5 cm (2 po), mais si cela ne s'avère pas nécessaire, il suffit par la suite de couper la réserve de couture à la largeur standard.

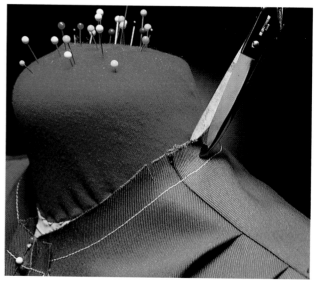

Effectuer une **couture de soutien** à l'encolure et aux emmanchures sur la ligne de couture. Essayer le vêtement à l'envers. Couper à 6 mm (¼ po) de la couture de soutien, jusqu'à ce que la ligne de couture de l'encolure tombe bien.

**Marquer** les ajustements à l'extérieur du vêtement avec des épingles ou faufiler les tissus fragiles.

**Utiliser** une craie ou un marqueur pour reporter les changements à l'intérieur du vêtement à la pliure de l'épinglage ou du faufilage. La ligne ainsi tracée constitue la nouvelle ligne de couture.

# Les coutures

La couture, qui se définit comme l'assemblage de deux morceaux d'étoffe par une suite de points, habituellement à 1,5 cm (⁵/₈ po) du bord vif, se trouve à la base de la confection de tout vêtement. Des coutures parfaites constituent la signature d'un vêtement de qualité. Des coutures lâches, tordues ou inégales en gâchent l'ajustement autant que l'apparence.

En plus de tenir les sections d'un vêtement ensemble, les coutures peuvent servir d'élément décoratif. Une couture située à un endroit inhabituel ou surpiquée avec du fil contrastant ajoute une touche spéciale à un vêtement.

La plupart des coutures simples doivent être *finies* afin de prévenir l'effilochage. La finition des coutures constitue une façon de traiter ou d'enfermer le bord vif de la réserve de couture.

Il existe plusieurs variantes de la couture simple : bordée, enfermée, surpiquée et soutenue. Certaines, telle la couture rabattue, sont plus résistantes et forment le vêtement. D'autres, telle la couture anglaise ou la couture bordée, améliorent l'apparence et la durabilité d'un vêtement.

## Techniques pour les coutures à la machine

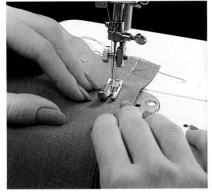

**Placer** la plus grande partie du tissu à gauche de l'aiguille et les bords vifs à droite. Soutenir et guider délicatement le tissu avec les deux mains pendant la couture.

**Utiliser** les guides sur la plaque à aiguille de la machine à coudre pour faire des coutures droites. Le guide-droit ou une bande de ruban adhésif collé à la distance désirée sont également utiles.

**Utiliser** le coupe-fil à l'arrière de la barre du pied presseur ou un coupe-fil distinct pour couper les fils.

## Comment effectuer une couture simple

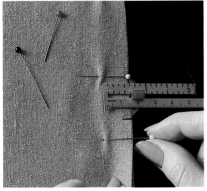

**1) Épingler** la couture à intervalles réguliers, endroit contre endroit, en réunissant avec précision les crans et autres marques. Placer les épingles à angle droit sur la couture, habituellement à 1,5 cm (⁵/₈ po) du bord, les pointes dépassant légèrement la ligne de couture et les têtes vers le bord vif afin de pouvoir les enlever facilement.

**2) Bloquer** la couture en faisant quelques points arrière. Piquer ensuite vers l'avant sur la ligne de couture, en enlevant les épingles à mesure. Terminer par des points arrière sur une distance de 1,3 cm (¹/₂ po) afin de bloquer la couture. Couper les fils.

**3) Presser** la couture sur l'envers du tissu afin de l'aplatir. Cette opération fond le fil dans le tissu. Ouvrir la couture et presser. La maintenir ouverte avec vos doigts ou le bout rond d'un tourneur. Si la couture est incurvée, comme au niveau des hanches pour les jupes et les pantalons, la presser avec un coussin de tailleur.

# Comment faire une couture incurvée

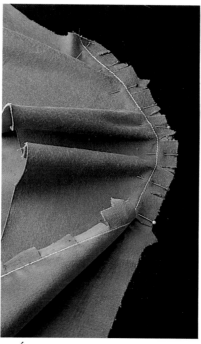

**1)** **Piquer** une couture de soutien juste à l'intérieur de la ligne de couture au milieu de la courbe. Faire des entailles jusqu'à la ligne de couture à intervalles réguliers dans la réserve de couture incurvée.

**2)** **Épingler** les deux morceaux de tissus courbés endroit contre endroit, le bord entaillé sur le dessus, en ayant bien soin de raccorder toutes les marques.

**3)** **Piquer** sur la ligne de couture, avec les entailles sur le dessus, en utilisant un point plus petit que la normale et en s'assurant que l'épaisseur du dessous reste bien à plat.

**4)** **Faire** des crans dans la réserve de couture de la courbe extérieure en coupant de petits plis en V. Attention pour ne pas couper dans la ligne de couture.

**5)** **Presser** la couture afin d'incruster et de lisser les points. Retourner et presser de l'autre côté.

**6)** **Ouvrir** la couture au fer sur un coussin de tailleur, en utilisant seulement la pointe du fer. Ne pas presser le vêtement. Si le contour des coutures n'est pas pressé, les lignes de couture se déformeront.

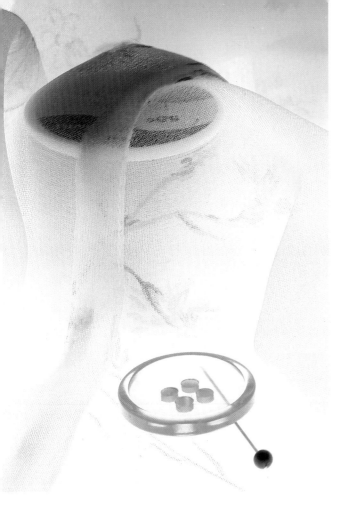

# Les coutures enfermées

Les coutures enfermées diffèrent des coutures bordées, car elles ne nécessitent aucun tissu ou bordé supplémentaire. Les bords vifs des réserves de couture sont enfermés à même la couture. Ce type de couture convient parfaitement aux tissus légers, puisque vous n'avez pas à vous soucier du surplus de volume. Ces coutures sont particulièrement appropriées pour les tissus diaphanes, car aucun bord vif ou contrastant n'est apparent sur l'endroit. Utilisez le pied et la plaque pour point droit (voir page 14) afin d'éviter que le tissu ne se coince dans les griffes.

Utilisez les coutures enfermées pour les chemisiers, les vestes non doublées, la lingerie et les rideaux transparents. Elles constituent également un excellent choix pour les vêtements d'enfants, car elles résistent aux durs traitements et aux lavages répétés.

La **couture ourlée** est une couture simple dont une réserve de couture est pliée par-dessus l'autre et cousue ainsi.

La **couture anglaise** ressemble à la couture simple sur l'endroit et à une nervure étroite sur l'envers. Il s'agit d'abord de coudre les envers de tissu ensemble. Cette couture est difficile à réaliser dans les courbes; aussi, il est préférable de la réserver pour les coutures droites.

La **fausse couture anglaise** est une couture simple dont les réserves sont rasées, pliées vers l'intérieur et cousues le long de la pliure. La couture ourlée et la fausse couture anglaise peuvent être utilisées dans les endroits courbes ou dans les parties rectilignes.

## Comment faire une couture ourlée

**1) Effectuer** une couture simple et ne pas l'ouvrir au fer. Raser une réserve de couture à 3 mm ($^1/_8$ po).

**2) Replier** la réserve de couture non rasée de 3 mm ($^1/_8$ po). La plier en enfermant le bord étroit rasé et en amenant le bord plié à la ligne de couture.

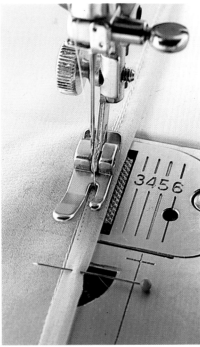

**3) Piquer** sur le bord plié, aussi près que possible de la première ligne de couture. Presser à la vapeur sur un côté.

# Comment faire une couture anglaise

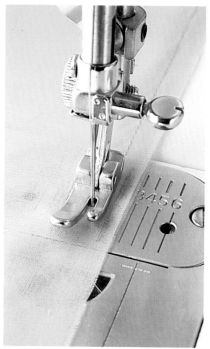

**1) Épingler** les deux épaisseurs de tissu *envers contre envers*. Piquer à 1 cm (³/₈ po) du bord sur l'endroit du tissu.

**2) Raser** la réserve de couture à 3 mm (¹/₈ po). Replier *endroit contre endroit* en faisant arriver la ligne de couture exactement sur la pliure. Presser à plat.

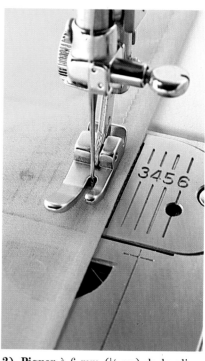

**3) Piquer** à 6 mm (¹/₄ po) de la pliure pour enfermer les bords vifs. S'assurer qu'aucun effilochage ne paraît sur l'endroit. Presser à la vapeur et coucher les bords sur un des côtés.

# Comment faire une fausse couture anglaise

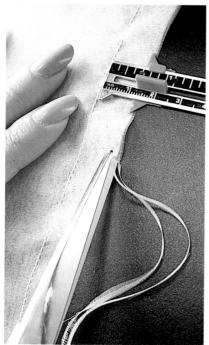

**1) Effectuer** une couture simple. Raser les deux réserves de couture à 1,3 cm (¹/₂ po). Ouvrir la couture au fer.

**2) Repasser** les bords vifs à 6 mm (¹/₄ po) du bord et faire un rentré de façon qu'ils se rejoignent à la ligne de couture.

**3) Piquer** les bords ensemble aussi près que possible de la pliure. Presser pour coucher la couture d'un côté.

# Comment faire une couture rabattue piquée

**1) Épingler** le tissu envers contre envers à la ligne de couture, les têtes d'épingles vers les bords vifs. Piquer à 1,5 cm (⅝ po).

**2) Coucher** les deux réserves de couture vers le même côté. Raser la réserve de couture du dessous à 3 mm (⅛ po).

**3) Replier** la réserve de couture du dessus de 6 mm (¼ po) et presser.

**4) Épingler** la réserve de couture pliée au vêtement, en prenant soin de cacher le bord inférieur rasé.

**5) Surpiquer** en bordure du pli, en enlevant les épingles à mesure.

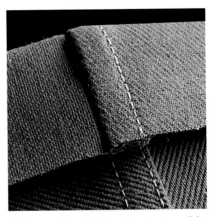

**6) La couture finie**, plate et réversible, montre deux rangées visibles de points de chaque côté.

# Comment faire une fausse couture rabattue

**1) Effectuer** une couture simple. Coucher les réserves vers le même côté. Raser la réserve de couture du dessous à 6 mm (¼ po).

**2) Surpiquer** sur l'endroit du vêtement, à une distance de 6 mm à 1,3 cm (¼ à ½ po) de la ligne de couture. Surpiquer en bordure de la ligne de couture.

**3) La couture finie** ressemble à la couture rabattue sur l'endroit, mais comporte une réserve de couture exposée sur l'envers.

# Les coutures extensibles

Plusieurs tissus extensibles servent à la confection de vêtements de sport : le jersey, le tricot à maille bouclée élastique, le velours extensible et autres tricots. Parmi les tissus tissés, mentionnons le denim, la popeline et le velours côtelé extensibles. Pour les maillots de bain et les léotards, on trouve les tricots de Lycra. Avec ces tissus, les coutures doivent être extensibles et épouser les mouvements. Certaines machines à coudre offrent des points spéciaux extensibles.

Cousez d'abord sur une retaille afin de vérifier si la couture convient au poids et à l'extensibilité du tissu. Certains points spéciaux extensibles sont plus difficiles à défaire que les points simples; aussi, assurez-vous que le vêtement est bien ajusté avant de coudre. Comme les tricots ne s'effilochent pas, il n'est pas nécessaire de finir les coutures.

La **couture double** constitue un renfort avec son deuxième rang de points. Utilisez cette méthode si votre machine n'effectue pas le point zigzag.

La **couture au point droit et zigzag** combine la couture droite à l'extensibilité du point zigzag. Cette solution est appropriée avec les tricots qui ont tendance à s'enrouler le long des bords vifs.

La **couture étroite au point zigzag** est utilisée pour les tricots qui ne s'enroulent pas le long des bords. Cette couture extensible s'effectue rapidement et facilement.

Le **point droit extensible** est formé par le mouvement arrière-avant sur machine avec marche arrière. Cette couture, résistante et extensible, convient bien aux endroits qui subissent beaucoup de tension, par exemple, les emmanchures.

Le **point droit combiné au point de surjet** allie le point droit à une couture en diagonale. Cette méthode réunit les deux épaisseurs de tissu et finit la couture en une opération.

Le **point zigzag extensible** constitue un excellent choix pour les maillots de bain et les léotards. Le point combine le zigzag étroit et le zigzag large.

La **couture bordée avec un biais** est utilisée dans les endroits qui ne doivent pas s'étirer, par exemple les coutures d'épaules.

## Comment effectuer une couture avec biais

**1) Placer** les tissus endroit contre endroit et épingler le ruban sergé ou à ourlet sur la ligne de couture. Faire en sorte que le ruban chevauche de 1 cm (³/₈ po) la réserve de couture.

**2) Faire** une couture double, un point droit et zigzag, un surjet ou zigzag étroit. Ouvrir la couture ou la coucher d'un côté, selon le type choisi.

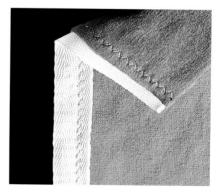

**3) Raser** la réserve de couture près de la couture, en prenant soin de ne pas couper le ruban à ourlet.

# Les finitions de couture

La finition donne un aspect soigné et améliore ainsi l'apparence d'un vêtement. Elle empêche les tissus tissés de s'effilocher et les tricots de rouler. De plus, cette opération renforce les coutures et aide les vêtements à résister à l'usure et aux nombreux lavages, ainsi qu'à garder leur aspect neuf.

Vous devez finir les coutures à mesure que vous les effectuez, avant qu'elles se croisent. La finition ne devrait pas ajouter de volume ni laisser de marque sur l'endroit du vêtement après le pressage. Pour choisir le type de finition, essayez-en plusieurs sur une retaille de tissu.

Toutes les finitions de couture expliquées ci-dessous commencent par une couture simple. Toutes peuvent être utilisées pour les bords des parementures et d'ourlets.

La **lisière** ne requiert aucune finition. Elle est appropriée pour les coutures droites sur les tissus tissés. Vous n'avez qu'à ajuster le plan de coupe de façon que la couture arrive le long de la lisière.

La **réserve de couture coupée et crantée** convient aux étoffes aux tissages serrés. Cette finition, rapide et facile, prévient l'effilochage et le roulage.

La **réserve de couture repliée et piquée** (également appelée *à bords rentrés*) convient pour les tissus légers ou de poids moyen.

Les **finitions au point zigzag** ne s'effilochent pas et conviennent bien aux tricots, parce que le point zigzag est plus extensible que le point droit. Ce type de finition se fait à l'aide des points intégrés aux machines à points zigzag.

## Les finitions de couture de base

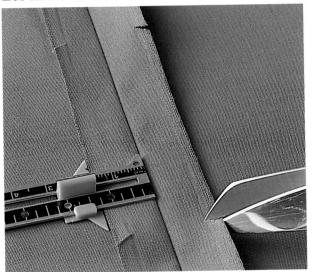

La **lisière.** Ajuster le plan de coupe du patron de façon que la couture se fasse le long de la lisière. Entailler les deux lisières tous les 7,5 à 10 cm (3 ou 4 po), une fois la couture finie, afin de prévenir le rétrécissement et les faux plis.

La **réserve de couture piquée et dentelée.** Piquer à 6 mm (¼ po) du bord de chaque réserve de couture. Ouvrir la couture au fer. Raser près de la couture avec des ciseaux à denteler.

# Comment finir une couture en repliant et en piquant la réserve

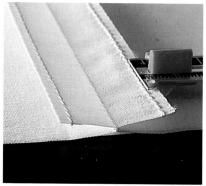

**1) Piquer** à environ 3 à 6 mm (¼ à ⅛ po) du bord de chaque réserve de couture. Cette étape n'est pas toujours nécessaire avec les bords droits.

**2) Plier** la réserve de couture sur la ligne de points. La couture aide le bord à plier, surtout dans les courbes.

**3) Piquer** au bord du pli, uniquement dans la réserve de couture. Ouvrir la couture au fer.

# Comment finir une couture au point zigzag

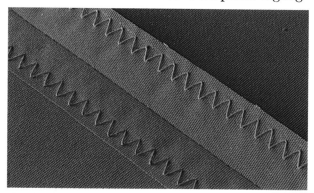

**1) Sélectionner** la largeur maximale pour le point zigzag. Piquer près du bord de chaque réserve de couture.

**2) Raser** près de la couture, en veillant à ne pas la couper.

# Autres finitions au point zigzag

**Zigzag.** Si nécessaire, égaliser les bords des coutures. Ajuster la longueur et la largeur du point en fonction du tissu. Piquer près du bord de chaque réserve de couture de façon que les points la recouvrent. Si le tissu plisse, diminuer la tension.

**Zigzag en trois temps.** Régler la machine pour obtenir trois petits points droits couvrant la largeur d'un point zigzag. Ajuster la largeur et la longueur du point en fonction du tissu. Piquer près du bord de chaque réserve de couture, en prenant bien soin de ne pas étirer le tissu. Il existe, sur certaines machines, un point *serpentin* qui donne les mêmes résultats. Raser près de la ligne de couture.

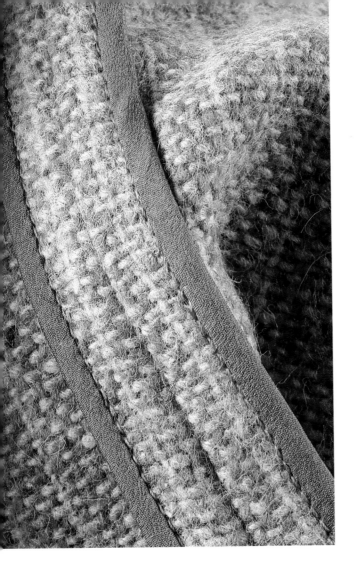

# Les coutures bordées

Les bordés enferment complètement le bord vif de la réserve de couture et empêchent ainsi l'effilochage. Ils améliorent aussi l'apparence d'un vêtement à l'intérieur. Les coutures bordées constituent un bon choix pour les vestes non doublées, surtout si le tissu est lourd ou s'effile facilement.

Les coutures bordées sont le plus souvent bordées avec du biais, du tricot ou selon la finition Hong Kong. Les tissus de poids moyen, tels la serge, le denim, le lin, la gabardine et la flanelle, de même que les tissus lourds tels la laine, le velours, la velvétine et le velours côtelé se prêtent bien aux trois types de finitions. Dans tous les cas, commencez par faire une couture simple. Les bordés peuvent également être utilisés pour les ourlets et les parementures.

Les bordures bordées avec un biais sont les plus faciles à poser. Acheter un biais double en coton, en rayonne ou en polyester, afin de l'assortir à votre tissu.

Les bordés en tricot constituent une finition presque invisible pour les tissus diaphanes et délicats ou volumineux et à poils. Procurez-vous des bandes de biais en tricot transparent ou coupez des bandes de filet de nylon ou de tricot léger de 1,5 cm (⁵⁄₈ po) de large. Le filet de nylon doit être coupé sur le biais et le tricot, sur le droit fil de trame pour plus d'extensibilité.

## Le bordé en biais

**Plier** le ruban en biais autour du bord vif de la couture, en plaçant le côté le plus large en dessous. Coudre près du bord de la pliure intérieure, en piquant le bord le plus large du biais placé sous le tissu.

## Le bordé en tricot

**Plier** la bande en tricot diaphane en deux dans le sens de la longueur et enfermer le bord vif de la réserve de couture. Étirer légèrement la bande en piquant et elle se repliera d'elle-même autour du bord vif. Utiliser un point droit ou un zigzag moyen.

# Les coutures et leurs finitions à la surjeteuse

Les coutures à la surjeteuse s'utilisent pour de nombreux vêtements. Votre livret d'instructions peut suggérer certains usages. Plusieurs facteurs entrent en ligne de compte lorsque vient le moment de choisir la couture appropriée : le style du vêtement, le tissu et les préférences personnelles. La couture surjetée utilisée seule ne convient pas toujours pour l'assemblage d'un vêtement. Souvent, la surjeteuse s'utilise conjointement avec la machine à coudre conventionnelle. Par exemple, les pantalons, les vestes et les autres vêtements ajustables, de même que les coutures soumises à beaucoup de tension doivent être cousus à la machine conventionnelle avec des réserves de couture ouvertes au fer et surjetées.

## Les types de coutures et de finitions

Les **coutures surjetées** (voir pages 18-19) conviennent tant pour les tissus tissés que pour les tricots. Choisissez le point de surjet à 3 fils pour des coutures non ajustées ou subissant peu de tension. Les points à 4 et à 5 fils, plus solides, sont utilisés principalement avec les tissus tissés, pour empêcher le point de chaînette de se défaire à l'étirement. Le point de surjet à 3 fils et simili-point composé à 4 fils produit des coutures extensibles durables et peut également servir avec les tissus tissés.

Le **point de surfil** (voir page 108), utilisé pour les coutures conventionnelles, garde la réserve de couture intacte à 1,5 cm ($5/8$ po). C'est le meilleur choix pour les vêtements tailleur en laine, en lin et en soie. Ce point est également recommandé lorsque l'ajustement est incertain afin de pouvoir reprendre les coutures, éventuellement.

La **couture renforcée** (voir page 108) est recommandée pour les points qui subissent beaucoup de tension.

La **couture anglaise** (voir page 108) est idéale pour les tissus légers et les tissages lâches. Ce type de couture ajoute du volume ; aussi, il est préférable de l'utiliser sur des articles amples et froncés comme les jupes et les tentures.

La **couture roulottée** (voir page 108) peut remplacer la couture anglaise avec les tissus diaphanes tissés serrés et les dentelles.

La **fausse couture double rabattue** (voir page 108) est utilisée pour le denim et les autres tissus tissés lourds.

La **couture double rabattue réversible** (voir page 109) convient pour les vêtements réversibles ou les tissus épais tissés lâchement, car elle est résistante.

La **couture froncée** (voir page 109) se finit en une seule étape facile à l'aide d'un entraînement différentiel et d'un pied fronceur. Une autre méthode consiste à utiliser la machine à coudre conventionnelle et la surjeteuse.

La **fausse couture flatlock** (voir page 110) produit un effet ornemental lorsqu'un fil décoratif est utilisé dans le boucleur supérieur.

La **couture flatlock sur un pli** (voir page 110) est utilisée pour son effet ornemental sur un tissu qui a été plié et piqué.

## Les types de coutures stabilisées

Il existe plusieurs méthodes pour stabiliser les coutures lors de l'assemblage d'un vêtement à la surjeteuse. Le type de tissu choisi et l'effet désiré déterminent la méthode à utiliser.

La **couture peut être stabilisée** (voir page 111) avec des bandes d'**entoilage thermocollant**. L'entoilage peut aussi servir de base stable pour la finition d'une bordure décorative sur des tricots extensibles ou des tissus coupés sur le biais.

La **couture stabilisée extensible** (voir page 111) se réalise avec un élastique transparent afin de permettre le maximum d'extensibilité et de récupération, tout en empêchant le tissu de se déformer.

La **couture stabilisée inextensible** (voir page 111) s'effectue avec du ruban sergé ou du galon de soutien afin de prévenir l'étirement du tissu à la couture.

La **couture stabilisée légèrement extensible** (voir page 111) se fait avec du biais en tricot afin de renforcer et stabiliser une couture là où une légère extensibilité est souhaitable. À utiliser pour les chandails et les T-shirts en tricots qui nécessitent un soutien sans toutefois perdre toute leur extensibilité.

# Les coutures et les finitions de base

**Finition au point de surfil pour couture conventionnelle.** Piquer à 1,5 cm (⅝ po), endroit contre endroit, à la machine à coudre conventionnelle. Piquer la réserve de couture au point de surjet ou de surfil en rasant légèrement le bord vif.

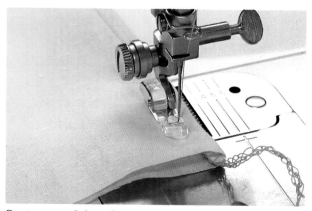

**Couture anglaise.** Surjeter une couture, envers contre envers, l'aiguille de gauche placée à 6 mm (¼ po) à l'intérieur de la réserve de couture. Plier le tissu, endroit contre endroit, de façon à enfermer la couture surjetée; presser. Sur une machine conventionnelle, piquer au point droit près des points de surjet enfermés à l'aide du pied à semelle étroite.

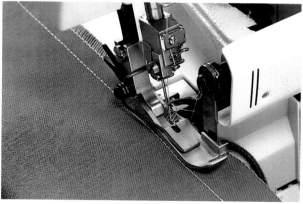

**Fausse couture double rabattue piquée – 1)** Placer le tissu endroit contre endroit. Piquer à la machine conventionnelle. Surjeter ensemble les réserves de couture en les rasant légèrement.

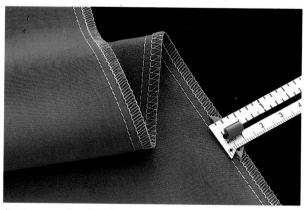

**Couture renforcée.** Piquer à 1,5 cm (⅝ po), endroit contre endroit, à la machine à coudre conventionnelle; utiliser un zigzag étroit pour les tricots moyennement extensibles. Surjeter les réserves de couture ensemble à 3 mm (⅛ po) de la ligne de couture.

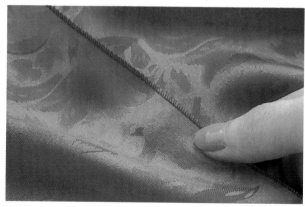

**Couture roulottée.** Placer le tissu endroit contre endroit. Coudre au point d'ourlet roulotté, l'aiguille placée sur la ligne de couture; raser la réserve de couture. Presser. Utiliser, si désiré, un biais en tricot afin de stabiliser une bordure en dentelle, tel qu'illustré à la page 111.

**2) Coucher** les réserves de couture sur un côté au fer; surpiquer sur l'endroit près de la ligne de couture à la machine conventionnelle. Surpiquer à nouveau, à 6 mm (¼ po), à travers toutes les épaisseurs.

# Comment faire une couture double rabattue réversible

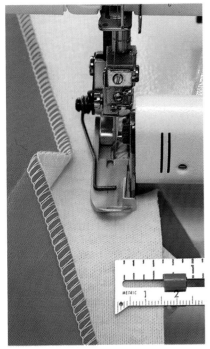

**1) Piquer** chaque réserve de couture simple au point de surjet ou de surfil en alignant l'aiguille sur la ligne de couture.

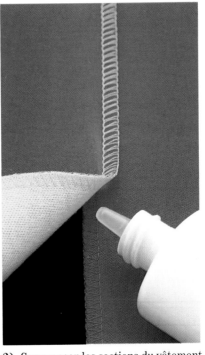

**2) Superposer** les sections du vêtement de façon que les lignes de couture se rencontrent; appliquer de la colle pour les maintenir ensemble.

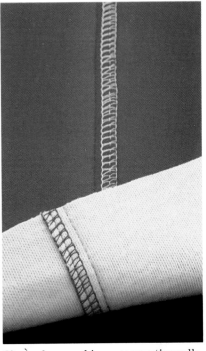

**3)** À la machine conventionnelle, **piquer** au point droit à travers toutes les épaisseurs, à 3 mm (¹/₈ po) des points de surjet, des deux côtés du vêtement.

# Comment faire une couture froncée

**1) Installer** le pied ourleur; régler l'entraînement différentiel à un chiffre plus élevé. Aligner les bords des deux tissus; placer les épaisseurs de façon que le tissu à froncer se trouve en dessous. Piquer au point de surjet, l'aiguille sur la ligne de couture.

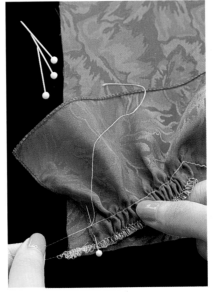

**Autre méthode – 1)** Bâtir dans la réserve de couture près de la ligne de couture, à la machine conventionnelle. Faire un point de surfil dans la réserve de couture en rasant légèrement le bord vif. Aligner le tissu surfilé à la section correspondante, endroit contre endroit, en raccordant au besoin; épingler. Tirer le fil de la canette et le fil d'aiguille de la surjeteuse pour froncer le tissu jusqu'à ce qu'il soit ajusté.

**2) Piquer** la couture à la machine conventionnelle. Surjeter les réserves de couture ou faire un point de surjet en plaçant l'aiguille gauche sur la ligne de couture; raser la réserve de couture; enlever les épingles à mesure qu'elles approchent des couteaux.

# Comment faire une fausse couture flatlock

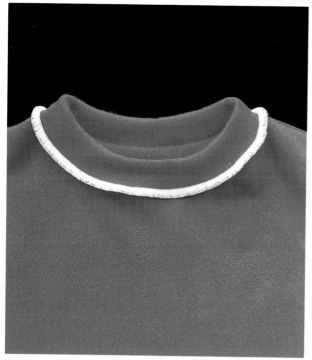

**1) Utiliser** du fil décoratif (voir page 16) dans le boucleur supérieur. Surjeter le tissu envers contre envers; coucher d'un côté en laissant le fil décoratif sur le dessus.

**2) Surpiquer** la couture décorative surjetée à travers toutes les épaisseurs, à la machine conventionnelle.

# Comment faire une couture flatlock sur un pli

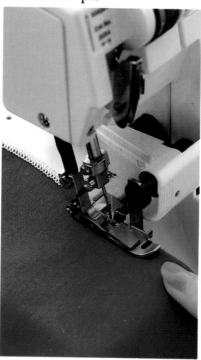

**1) Marquer** la ligne de couture sur l'endroit du tissu. Plier *envers contre envers* sur la ligne marquée. Ajuster la surjeteuse au point flatlock et placer le tissu légèrement à gauche des couteaux.

**2) Surjeter** la couture sans raser le pli de tissu. Placer les points à moitié sur le tissu et à moitié en dehors.

**3) Ouvrir** le tissu et tirer sur les points afin de les aplatir.

# Les coutures stabilisées

**Couture stabilisée avec entoilage thermocollant.** Couper une bande de 2 cm (¾ po) d'entoilage thermocollant, de la longueur de la couture. Coller sur l'envers du tissu. Piquer la couture.

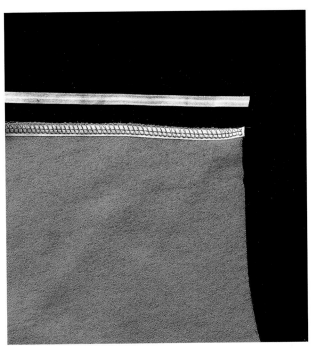

**Couture stabilisée extensible.** Utiliser un pied pour élastique; ajuster la tension du pied de façon à glisser contre l'élastique. Surjeter en piquant à travers l'élastique sans froncer la couture. Avec un pied presseur ordinaire, placer l'élastique par-dessus la ligne de couture et faire un point de surjet sans raser l'élastique; augmenter l'entraînement différentiel pour donner de l'aisance si désiré.

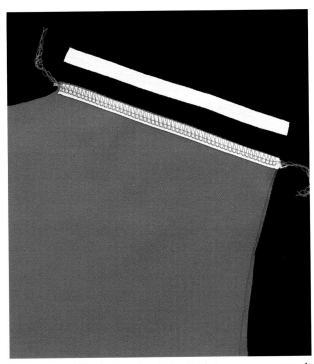

**Couture stabilisée inextensible.** Surjeter comme pour la couture extensible; utiliser un ruban sergé ou du galon de soutien. Ajuster la tension du pied afin qu'il n'entraîne pas le stabilisant. Diminuer l'entraînement différentiel, si désiré, afin de prévenir les faux plis.

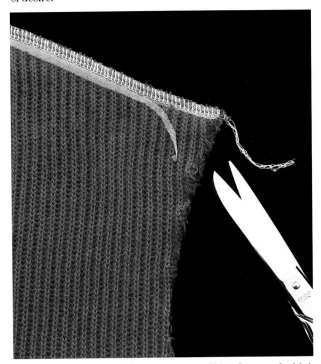

**Couture stabilisée légèrement extensible.** Couper du biais en tricot de 2 cm (¾ po), de la longueur de la couture. Surjeter à travers la bande sans l'étirer; raser le surplus de biais près des points. Si désiré, augmenter légèrement l'entraînement différentiel afin d'empêcher la couture de trop s'étirer.

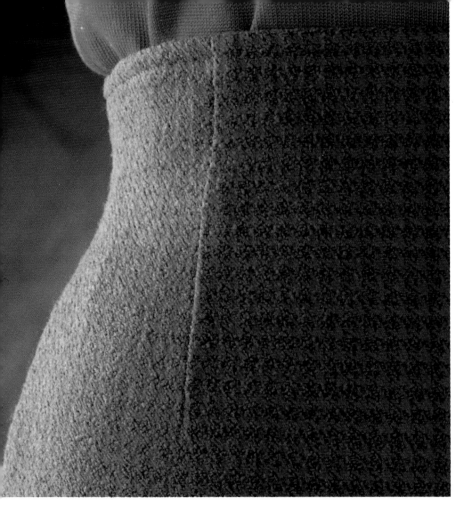

# Les pinces

La pince sert à façonner une pièce de tissu plate de manière qu'elle s'ajuste à la poitrine, à la taille, aux hanches ou au coude. Il existe deux types de pinces: la *pince simple*, large à une extrémité et en pointe à l'autre, et la *pince fuseau*, avec des pointes à chaque extrémité. Elle est habituellement utilisée à la ligne de taille, les pointes dirigées vers la poitrine et les hanches. Les pinces, en plus de fournir un ajustement plus près du corps, permettent de créer des effets couturiers spéciaux et des styles originaux.

Les pinces parfaites sont droites et lisses. Elles ne plissent pas aux extrémités. Les pinces à gauche et à droite d'un vêtement devraient être de la même longueur et situées à la même hauteur.

## Comment coudre une pince

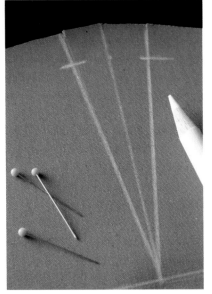

**1) Marquer** la pince selon une méthode qui convient au tissu. Tracer une ligne horizontale à la pointe de la pince.

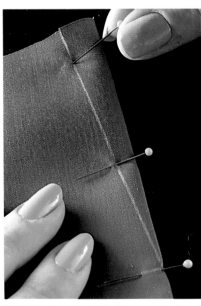

**2) Plier** la pince à la ligne centrale, en réunissant les lignes de couture et les marques à l'extrémité large, à la pointe et entre les deux. Épingler en plaçant les têtes vers le bord plié afin de pouvoir les enlever facilement lors de la couture.

**3) Piquer** à partir de l'extrémité large jusqu'à la pointe. Bloquer le fil avec des points arrière au début, puis continuer la piqûre jusqu'à la pointe, en enlevant les épingles à mesure.

# Techniques pour les pinces

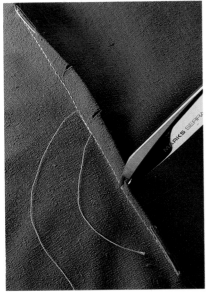

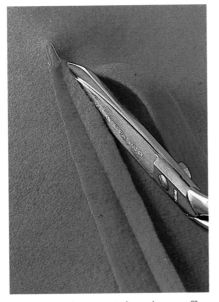

Les **pinces fuseaux** se font en deux étapes, de la ligne de taille vers chaque pointe. Chevaucher les points à la taille, sur environ 2,5 cm (1 po). Faire de petites entailles dans le pli de la pince à environ 3 à 6 mm (⅛ à ¼ po) de la couture pour permettre à la pince de courber aisément.

Les **pinces larges** et les pinces effectuées dans des tissus volumineux doivent être ouvertes sur la ligne de pliure et rasées à 1,5 cm (⅝ po) ou moins. Couper jusqu'à 1,3 cm (½ po) de la pointe. Ouvrir la pince au fer et aplatir la pointe.

**Presser** les pinces sur un coussin de tailleur afin de préserver la courbe. Les pinces verticales sont habituellement pressées vers le milieu du devant ou du dos. Les pinces horizontales sont habituellement pressées vers le bas.

**4) Effiler** jusqu'à la pointe de la pince. À 1,3 cm (½ po) de la pointe, raccourcir le point pour obtenir 12 à 16 points par 2,5 cm (1 po). Effectuer les deux ou trois derniers points directement sur le pli. Ne pas bloquer le fil à cet endroit afin d'éviter les faux plis. Continuer la couture au-delà du tissu.

**5) Relever** le pied presseur et amener la pince vers l'avant. À environ 1 po (2,5 cm) de la pointe, abaisser le pied presseur et arrêter le fil en piquant plusieurs fois dans le pli de la pince, la longueur du point réglée à 0. Couper les fils près du nœud.

**6) Presser** à plat le bord plié de la pince en prenant bien soin de ne pas faire de faux plis au-delà de la pointe. Placer ensuite la pince sur le coussin de tailleur et presser dans la bonne direction (ci-dessus). Pour une finition impeccable, presser les pinces avant de les prendre dans la couture.

# Les fronces

La ligne souple et gracieuse d'un vêtement provient souvent des fronces. Celles-ci se trouvent à la ligne de taille, aux poignets, aux empiècements, aux encolures ou aux têtes de manches. Les tissus légers produisent un drapé souple et les tissus rigides créent un effet de vague.

À la base, les fronces sont constituées de deux coutures parallèles sur une longue pièce de tissu. Les fils sont ensuite tirés à chaque extrémité afin de resserrer le tissu. Finalement, la pièce de tissu froncée est assemblée avec une autre pièce de tissu moins longue.

Augmentez la longueur du point pour froncer. Un tissu moyen exige de 6 à 8 points par 2,5 cm (1 po) et les tissus légers ou transparents, de 8 à 10 points. Faites un essai afin de déterminer la longueur de point appropriée. Un long point facilite le fronçage, mais un point plus court permet un meilleur contrôle lors de l'ajustement des fronces.

Avant de piquer, diminuez la tension du fil supérieur. C'est le fil de la canette que l'on tire pour former les fronces et une tension plus lâche facilite cette opération.

Pour les tissus lourds ou rigides, utilisez du fil très résistant dans la canette et même de couleur contrastante, car cela permet de le distinguer plus facilement du fil supérieur.

## Comment faire des fronces simples

**1) Exécuter** une rangée de points à 1,5 cm (⅝ po) du bord vif sur l'endroit du tissu, en commençant et en finissant à la ligne de couture. Diminuer la tension du fil supérieur et allonger la longueur du point en fonction du tissu utilisé. Effectuer une deuxième rangée de points dans la réserve de couture, à 6 mm (¼ po) de la première. Cette double rangée de points permet d'exercer un meilleur contrôle pour froncer.

**2) Épingler** le bord cousu à la section correspondante du vêtement, endroit contre endroit, en raccordant les coutures, les crans, les milieux et autres marques. Le tissu retombera entre les parties épinglées. Si vous ne pouvez vous guider sur aucun repère, plier le bord droit et le bord froncé en quatre parties égales. Marquer les lignes de pliure avec des épingles. Épingler les bords ensemble, en faisant correspondre les épingles.

  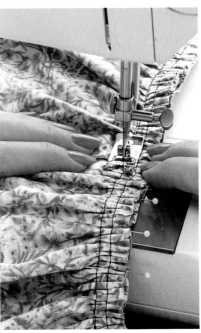

**3) Tirer** les deux fils de canette à une extrémité, en faisant coulisser le tissu. Lorsque la moitié de la section froncée s'ajuste au bord droit, bloquer le fil de canette en l'enroulant en huit autour d'une épingle fixée à l'extrémité. Tirer les fils de canette à l'autre extrémité afin de froncer l'autre moitié.

**4) Épingler** les fronces à intervalles rapprochés. Distribuer les fronces également entre les épingles. Régler la longueur de point et la tension pour la couture normale.

**5) Coudre** juste à l'extérieur des lignes de fronces, le côté froncé sur le dessus. Ajuster les fronces tout en cousant. Étirer les fronces avec les doigts de chaque côté de l'aiguille afin d'éviter la formation de plis indésirables.

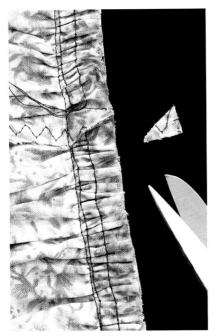 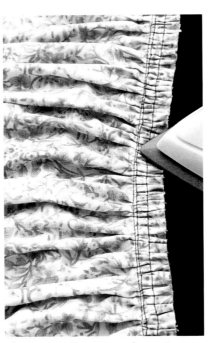 

**6) Raser** les réserves ayant été prises dans la couture des fronces en coupant les coins en diagonale.

**7) Presser** la réserve de couture sur l'envers avec la pointe du fer. Ouvrir le vêtement et presser la couture dans son sens définitif. Presser la couture vers les fronces pour un effet bouffant et vers le vêtement pour une allure plus sobre.

**8) Presser** l'intérieur des fronces avec la pointe du fer sur l'endroit du vêtement. Soulever le fer à la couture. Ne pas presser les fronces, afin ne de pas les aplatir.

# Les fronces avec élastique

Les fronces formées avec un élastique produisent un ajustement confortable sur les tricots et les vêtements de sport. Cette technique crée des fronces uniformes et donne une forme s'éloignant davantage du corps que les autres méthodes de mise en forme.

L'élastique peut être cousu directement sur le vêtement ou inséré dans une coulisse. Celle-ci peut être faite à partir d'un bord replié ou avec du ruban en biais cousu sur du tissu. Choisir un élastique qui convient à la technique de couture utilisée et à l'endroit où il doit être posé (voir page 32).

L'**élastique dans une coulisse** peut être de n'importe quelle largeur. Utiliser un élastique tressé ou ferme comportant des côtes longitudinales qui rétrécit en largeur lorsque étiré.

L'**élastique cousu** au vêtement doit être tissé ou tricoté afin d'allier souplesse, solidité et confort. Sur les endroits restreints, tels que les manches ou les bords de pantalon, il est préférable de poser l'élastique lorsque la pièce de tissu est à plat, c'est-à-dire avant de coudre les coutures latérales. Lorsque l'élastique doit être cousu à la ligne de taille, superposez les extrémités et cousez-les avant de l'épingler au vêtement.

Coupez l'élastique selon la longueur recommandée sur le patron. Cette longueur inclut la réserve de couture. Si le patron ne prévoit pas d'élastique, coupez-le légèrement plus court que la mesure du corps, en ajoutant la réserve de couture. Allouez 2,5 cm (1 po) de plus pour un élastique cousu au vêtement et 1,3 cm (½ po) pour un élastique dans une coulisse superposé aux extrémités.

## Comment poser un élastique dans une coulisse (à la ligne de taille)

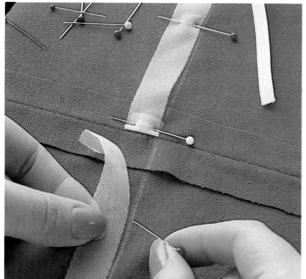

**1) Épingler** du galon de tricot ou du ruban en biais de 6 mm (¼ po) plus large que l'élastique, à l'intérieur du vêtement, le long des lignes de marquage, en commençant et en finissant à une couture latérale. Replier le ruban de 6 mm (¼ po) vers l'intérieur à chaque extrémité et épingler à la ligne de couture. Pour faciliter la pose, s'installer sur une planche à repasser, le vêtement à l'envers.

**2) Piquer** le ruban, près des bords, en laissant une ouverture afin d'insérer l'élastique. Ne pas bloquer le fil aux extrémités, car cette couture paraît sur l'endroit du vêtement. Tirer plutôt les quatre bouts de fil à l'intérieur et les nouer.

# Comment coudre un élastique au vêtement

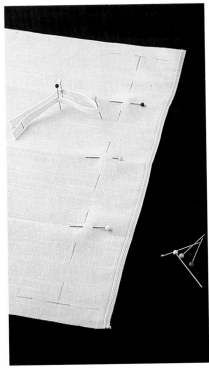

**1)** **Plier** l'élastique et la pièce de tissu en quatre parties égales. Marquer les lignes de pliure à l'aide d'épingles.

**2)** **Épingler** l'élastique sur l'envers du vêtement en faisant correspondre les épingles. Laisser 1,3 cm (½ po) de réserve de couture à chaque extrémité de l'élastique.

**3)** **Piquer** l'élastique au tissu, en le plaçant sur le dessus et en l'étirant entre les épingles, une main derrière l'aiguille et l'autre à l'épingle suivante. Utiliser un zigzag, un surfilage spécial, ou deux rangs de points droits, un de chaque bord de l'élastique.

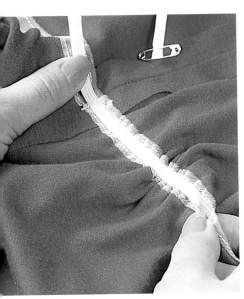

**3)** **Insérer** l'élastique dans la coulisse à l'aide d'un passe-lacet ou d'une épingle de sûreté en prenant soin de ne pas le tordre. Attacher une grosse épingle de sûreté à l'extrémité libre de l'élastique, afin qu'il ne soit pas attiré dans la coulisse.

**4)** **Superposer** les extrémités de l'élastique sur 1,3 cm (½ po) et effectuer un point droit ou zigzag, coudre vers l'avant, vers l'arrière, puis à nouveau vers l'avant. Couper les bouts de fil et replacer l'élastique dans la coulisse.

**5)** **Effectuer** un point coulé pour fermer les extrémités de la coulisse. Distribuer les fronces également le long de l'élastique.

# Les manches

Lorsque deux pièces d'un vêtement qui ne sont pas de la même longueur doivent être réunies, il faut résorber l'*ampleur* de la plus longue pour qu'elle s'ajuste à la plus courte. Les coutures visant à donner de l'ampleur se font le plus souvent aux épaules, aux empiècements, aux coudes, à la ligne de taille ou aux manches. Ces coutures assurent la liberté de mouvement sans ajouter de volume, comme les fronces. L'absence de faux plis ou de fronces dans la ligne de couture constitue la marque d'une parfaite couture visant à résorber l'ampleur. Ce type de couture est surtout utilisé pour la manche montée. Il s'agit d'une technique de base qui, avec la pratique, peut être exécutée d'une manière experte.

## Comment coudre une manche montée

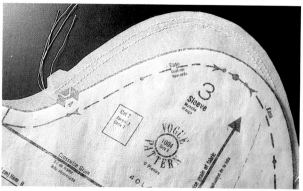

**1)** **Effectuer** un rang de fronces sur la tête de manche (entre les crans) sur l'endroit, légèrement à l'intérieur de la ligne de couture. Faire un autre rang de fronces à 1 cm (³⁄₈ po) du bord.

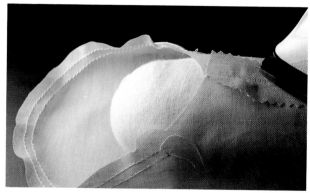

**2)** **Piquer** la couture de la manche sous le bras, endroit contre endroit. Presser la couture, puis l'ouvrir au fer. Utiliser la jeannette ou le rouleau pour ouvrir les coutures afin de prévenir l'impression de la couture sur l'endroit de manche.

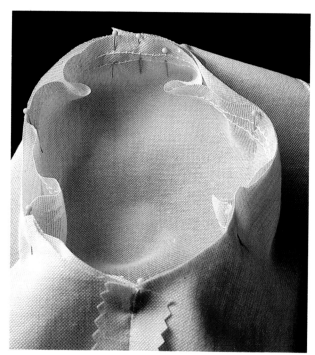

**3)** **Retourner** la manche à l'endroit et le vêtement à l'envers. Insérer la manche dans l'emmanchure, endroit contre endroit, en raccordant les crans, les points, la couture du dessous de bras et la ligne d'épaule. Piquer des épingles sur la ligne de couture pour un meilleur contrôle de l'ampleur.

**4)** **Tirer** les fils de la canette des deux piqûres d'aisance jusqu'à ce que la tête de manche s'ajuste à l'emmanchure. Distribuer l'ampleur également, en laissant 2,5 cm (1 po) sans fronces sur la tête de manche, à la couture d'épaule.

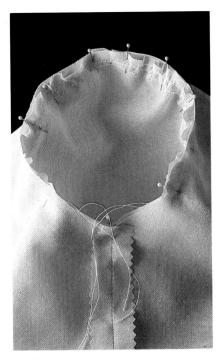

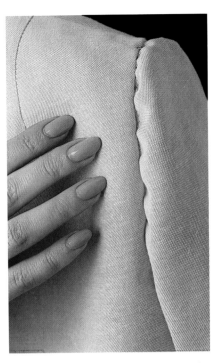

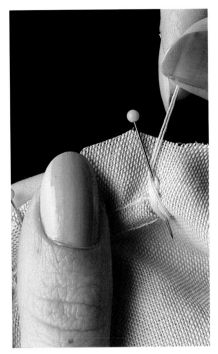

**5) Épingler** la manche à l'emmanchure à intervalles rapprochés, en utilisant plus d'épingles avant et après le gros de l'aisance.

**6) Vérifier** l'ajustement de la manche en retournant le vêtement à l'endroit afin de lisser et de corriger le tombant. Ajuster si nécessaire. Il peut se former de petits plis ou inégalités dans la réserve de couture, mais non sur la ligne de couture.

**7) Bloquer** les fils de la piqûre d'aisance en les enroulant en huit autour d'une épingle au niveau des crans.

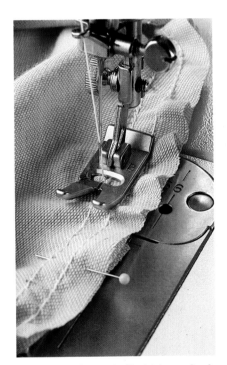

**8) Piquer** juste à l'extérieur de la piqûre d'aisance, la manche sur le dessus, en commençant à un cran. Piquer autour de la manche jusqu'à l'autre cran. Renforcer le dessous du bras en effectuant deux rangs de points. Enlever les épingles à mesure.

**9) Raser** la réserve de couture à 6 mm (¼ po) entre les crans seulement en dessous du bras. Ne pas raser la réserve de couture de la tête de manche. Piquer ensemble les réserves de couture au point zigzag.

**10) Presser** uniquement la réserve de couture de la tête de manche à l'aide du coussin-moufle ou avec le bout de la jeannette. Ne pas presser l'intérieur de la manche.

# Les cols

Le col constitue un détail important qui mérite un grand soin lors de la confection. Un col bien fait entoure le cou sans bâiller et sans tirer et garde son apparence soignée malgré les nettoyages fréquents. Les pointes doivent toujours être identiques et les bords, lisses et plats.

L'entoilage, habituellement taillé dans la même pièce du patron, forme, soutient et stabilise le col. Presque tous les types de cols profitent de la légère rigidité que procurent les entoilages thermocollants. Si vous utilisez le coton oxford ou la popeline, choisissez l'entoilage thermocollant rigide, conçu pour les chemisiers d'hommes. Si le tissu est souple et délicat, comme le challis ou le crêpe de Chine, choisissez un entoilage thermocollant léger qui colle à faible température.

Le **col transformable** ressemble au col tailleur à revers d'un blazer. Les parementures du devant se replient afin de former les revers. Ce col peut être porté ouvert ou fermé. Le bouton du haut est habituellement omis sur les vêtements de sport.

Le **col chemisier avec pied de col** tire son origine des vêtements masculins traditionnels. Il est fait de deux sections séparées: le col et le *pied de col*, qui se situe entre le col et l'encolure. Sur certains patrons, le pied de col est une extension de la section du col, ce qui élimine une couture. Toutefois, la technique de couture reste la même dans les deux cas. Pour une finition professionnelle, surpiquez les bords des cols et piquez les coutures du pied de col près des bords.

Le **col montant** peut être coupé en double largeur et plié dans le sens de la longueur pour faire une parementure à même.

## Conseils pour la confection des cols

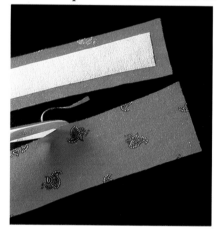

**Raser** les bords extérieurs du dessous de col de 3 mm (⅛ po) afin que la couture roule vers le dessous du col une fois cousue et retournée. Épingler le col et le dessous de col endroit contre endroit, les bords extérieurs à égalité.

**Ouvrir** les coutures au fer sur un passe-carreau ; retourner le col à l'endroit. Ressortir délicatement les pointes à l'aide d'un tourneur. Presser le col en laissant la couture s'enrouler légèrement vers le dessous du col.

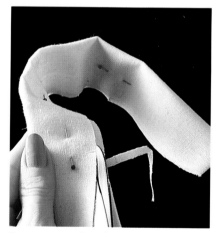

**Donner** au col sa forme finale et épingler. Raser, si nécessaire, le bord vif du dessous de col afin qu'il soit à égalité du bord du dessus. Cette opération permet au col de prendre sa forme au moment d'être cousu.

# Comment confectionner un col chemisier (avec entoilage cousu)

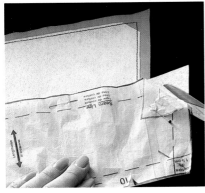

**1) Raser** les coins de l'entoilage en diagonale, juste à l'intérieur de la ligne de couture. À la machine, bâtir l'entoilage sur l'envers du dessus de col, à 1,3 cm (1/2 po) du bord. Raser l'entoilage près de la couture.

**2) Raser** 3 mm (1/8 po) des bords extérieurs du dessous de col, afin de l'empêcher de s'enrouler sur l'endroit une fois le col cousu à l'encolure. Épingler le col et le dessous de col endroit contre endroit, les bords extérieurs à égalité.

**3) Piquer** sur la ligne de couture, en effectuant un ou deux points courts en diagonale à chaque coin, plutôt que de pivoter en angle, afin d'obtenir des pointes plus nettes.

**4) Raser** les coins, d'abord en travers de la pointe près de la couture, puis en angle avec les coutures de chaque côté de la pointe.

**5) Dégrader** les réserves de couture en rasant celle du dessous de col à 3 mm (1/8 po) et celle du col à 6 mm (1/4 po).

**6) Ouvrir** les coutures au fer sur le passe-carreau. Tourner le col à l'endroit.

**7) Ressortir** délicatement les pointes à l'aide d'un tourneur.

**8) Presser** le col à plat, en faisant légèrement rouler la couture vers le dessous, afin qu'elle soit invisible sur le col fini.

# Comment confectionner un col rond (avec un entoilage thermocollant)

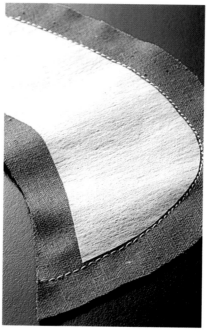

**1) Raser** la réserve de couture de l'entoilage et le coller sur l'envers du dessus de col, en suivant les directives sur l'emballage.

**2) Raser** 3 mm (⅛ po) des bords extérieurs du dessous de col, comme pour le col chemisier (voir page 121). Coudre le col et l'entoilage, endroit contre endroit, en utilisant des points plus courts dans les courbes.

**3) Raser** la réserve de couture près de la ligne de couture à l'aide de ciseaux à denteler **(1)** ou dégrader et entailler les réserves de couture **(2)**. Ouvrir la couture au fer, même si elle est enfermée. Cette opération permet d'aplatir la ligne de couture et de tourner le col plus facilement.

# Comment doubler une paramenture avec un entoilage

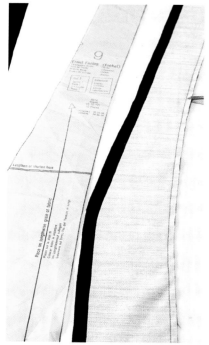

**1) Coudre** l'entoilage thermocollant à la paramenture, endroit contre endroit, en laissant une réserve de couture de 6 mm (¼ po); le côté non collant de l'entoilage est l'endroit. Inciser dans les courbes.

**2) Presser** la couture en s'éloignant de la paramenture. Afin d'éviter que l'entoilage ne colle à la planche à repasser, s'assurer que le fer ne va pas au-delà de la réserve de couture.

**3) Plier** l'entoilage sur la ligne de couture. Presser le pli avec les doigts et placer l'entoilage sur l'envers de la paramenture. Coller l'entoilage à la paramenture, puis l'assembler au vêtement.

# Comment poser un col transformable

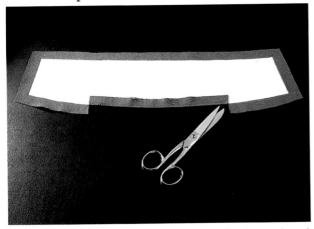

1) **Effectuer** une couture de soutien sur le dessus de col avant de l'assembler au dessous. Entailler la réserve jusqu'à la couture de soutien du col aux marques d'épaules. Presser la réserve de couture sur l'envers entre les entailles.

2) **Entoiler** les parementures du devant jusqu'à la ligne de pliure, en finissant les bords d'une façon convenant au tissu. Tourner les réserves de couture de la parementure vers le dessous aux coutures d'épaules; presser.

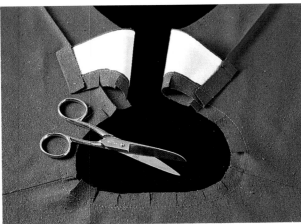

3) **Piquer** les coutures d'épaules. Faire une couture de soutien sur l'encolure, à la ligne de couture. Entailler la réserve jusqu'à la couture de soutien, à intervalles rapprochés. Coudre le dessus et le dessous de col. Tourner à l'endroit et presser.

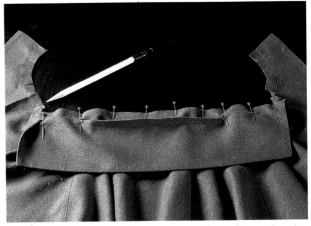

4) **Épingler** seulement le dessous de col au vêtement, entre les coutures d'épaules. Laisser libre le bord de l'encolure. Épingler le dessus et le dessous de col à l'encolure avant en faisant correspondre les marques.

5) **Plier** les parementures du devant sur le col. Épingler toutes les épaisseurs. Piquer la couture d'encolure, l'endroit du vêtement vers le haut; prendre soin de ne pas prendre le bord plié du col dans la couture. Couper les coins et dégrader les coutures. Tourner les parementures à l'endroit.

6) **Amener** le bord plié du dessus de col sur la couture d'encolure et fixer à points coulés ou surpiquer. Fixer également à points coulés les parementures aux réserves de couture des épaules.

# La ceinture montée et le poignet

La ceinture montée qui borde et soutient le vêtement se doit d'être solide. La ceinture de base de la jupe ou du pantalon est taillée sur le droit fil, là où le tissu est le moins extensible, et stabilisée par l'ajout d'entoilage appliqué et cousu au bord de la ceinture, incluant la réserve de couture.

En général, la ceinture est repliée à l'intérieur et le bord sert de finition. Pour gagner du temps, placez le patron de la ceinture le long de la lisière qui ne s'effiloche pas. Ainsi, inutile de plier le bord vif, ce qui réduit l'épaisseur à la ceinture. De plus, cette méthode permet de confectionner la ceinture entièrement à la machine. Pour enlever encore plus d'épaisseur, doublez les ceintures en tissu lourd avec du tissu léger ou du ruban de gros-grain.

Au moment de la coupe, calculez l'aisance et la valeur des croisures aux extrémités. La longueur de la ceinture devrait égaler le tour de taille plus 7 cm (2 ¾ po). Ce surplus comprend 1,3 cm (½ po) pour l'aisance, 3,2 cm (1 ¼ po) pour les réserves de couture et 2,5 cm (1 po) pour les croisures. La largeur devrait être du double de la largeur désirée, plus 3,2 cm (1 ¼ po) pour les réserves de couture.

## Comment confectionner une ceinture (taillée sur la lisière)

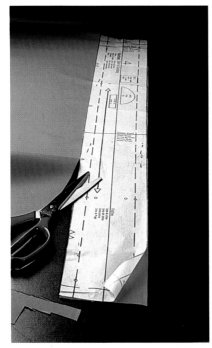

**1) Couper** la ceinture sur le droit fil, la ligne de coupe longeant la lisière.

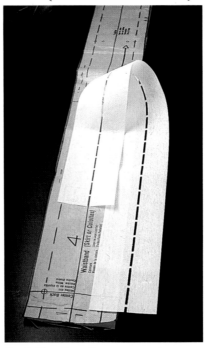

**2) Tailler** l'entoilage pour ceinture ou perfobande selon le patron, en coupant les extrémités aux lignes de couture afin que l'entoilage n'empiète pas sur les réserves de couture.

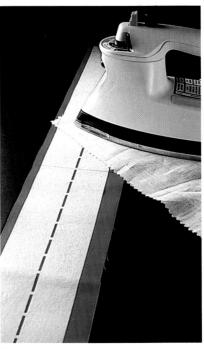

**3) Coller** la partie la plus large de l'entoilage du côté de la lisière de façon à laisser une réserve de couture de 1,5 cm (⅝ po) du côté cranté (réserve de couture de la lisière plus étroite).

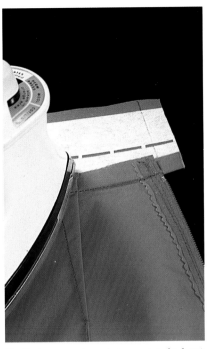

**4) Épingler,** endroit contre endroit, le bord cranté de la ceinture sur le vêtement, en raccordant les marques. Piquer à 1,5 cm (⁵/₈ po).

**5) Retourner** la ceinture vers le haut. Presser la réserve de couture en direction de la ceinture.

**6) Dégrader** les réserves de couture à 6 mm (¹/₄ po) sur la ceinture et à 3 mm (¹/₈ po) sur le vêtement afin de réduire l'épaisseur.

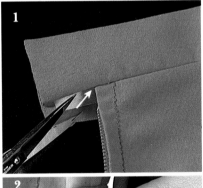

**7) Plier** la ceinture à la ligne de pliure centrale de la perfobande de façon que la ceinture soit à l'*envers*. Coudre à 1,5 cm (⁵/₈ po) à chaque extrémité. Raser les réserves de couture à 6 mm (¹/₄ po) et les coins en diagonale.

**8) Retourner** la ceinture à l'endroit. **(1)** Sur la croisure du dessus, entailler en diagonale, de la lisière jusqu'au coin (flèche). **(2)** Rentrer la réserve de couture à l'intérieur de la ceinture, du pli jusqu'au bout de l'entaille. Rentrer le coin coupé en angle.

**9) Épingler** la lisière. Piquer sur l'endroit du vêtement dans le sillon de la couture de la ceinture ou surpiquer à 6 mm (¹/₄ po) au-dessus de la couture en prenant la lisière dans la couture. Surpiquer le bord inférieur de la croisure du dessous (flèche) si vous piquez dans le sillon de la couture.

# Comment confectionner une ceinture avec du ruban à ceinture tissé qui ne s'enroule pas

1) **Tailler** le ruban à ceinture raidissant de la même longueur que la ceinture, moins les réserves de couture aux extrémités. Tailler la ceinture en laissant une réserve de couture de 1 cm (³/₈ po) sur un des longs côtés.

2) **Finir** un des longs côtés de la ceinture au point zigzag. Coudre la ceinture au vêtement, endroit contre endroit.

3) **Placer** le ruban à ceinture sur les réserves de couture de la ceinture; surpiquer en alignant le bord du ruban avec la ligne de la taille. Aux extrémités de la ceinture, le ruban arrive vis-à-vis les lignes de couture et non des bords vifs.

4) **Dégrader** la couture de la ceinture. Raser la réserve de couture du vêtement près de la surpiqûre en bordure. Raser la réserve de couture de la ceinture à 6 mm (¹/₄ po). Presser la ceinture vers le haut.

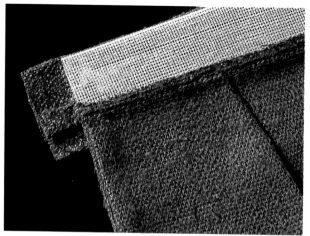

5) **Plier** la ceinture dans le sens de la longueur, endroit contre endroit. Le dessus de la ceinture devrait dépasser légèrement le ruban. Coudre les extrémités et raser les coutures.

6) **Retourner** la ceinture à l'endroit. Presser la ceinture sur le côté du ruban. Épingler, faufiler ou encoller. En se plaçant sur l'endroit, piquer dans le sillon de la couture en prenant le bord fini.

# Comment assembler un poignet

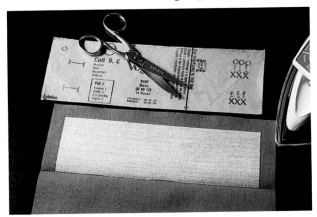

**1) Plier** le patron du poignet en deux et tailler l'entoilage thermocollant en éliminant les réserves de couture. Coller l'entoilage sur le haut du poignet.

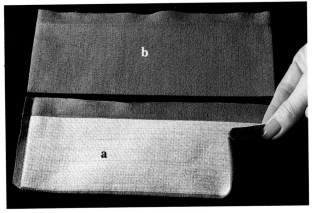

**2) Plier et presser** la réserve de couture contre le côté entoilé. Plier le poignet en deux dans le sens de la longueur, endroit contre endroit; piquer les extrémités et ouvrir la réserve de couture pressée. Raser et dégrader les coutures. Ouvrir les coutures au fer **(a)**. Retourner le poignet à l'endroit **(b)**.

**3) Épingler** et assembler à la manche, l'envers contre le côté du poignet non entoilé; raccorder les crans. S'assurer que l'extrémité du poignet arrive à égalité avec les bords de la patte. Ne pas raser les réserves de couture.

**4) Enrouler** la partie libre du poignet autour de l'ouverture à patte sur le devant de la manche, aussi loin que possible, l'endroit du poignet contre l'endroit de la manche. Épingler à 2,5 cm (1 po) de l'ouverture à patte.

**5) Coudre** la section épinglée à chaque extrémité du poignet, exactement sur la première couture, afin que le premier rang de points soit invisible sur l'endroit. Raser la couture près des points afin de réduire l'épaisseur.

**6) Retourner** le poignet à l'endroit; presser. Coudre la bordure du poignet à la manche; celle-ci doit dépasser d'environ 2,5 cm (1 po) l'ouverture à patte.

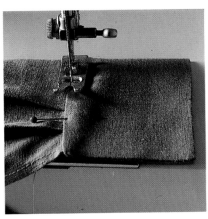

**7) Coudre** en bordure du poignet sur la couture. Surpiquer à 6 mm (¼ po) du bord du poignet. Sinon, fixer sur l'endroit de la manche, retourner vers l'intérieur et effectuer un point coulé.

# Les ourlets

Un ourlet devrait être pratiquement invisible sur l'endroit, à moins d'être décoratif. Utilisez donc du fil de la même teinte ou un peu plus foncé que le tissu.

Si vous faites un ourlet à la main, ne prenez que un ou deux fils à chaque point sur l'épaisseur extérieure. Ne tirez pas trop sur le fil, ce qui occasionnerait des plis. Pressez soigneusement en évitant que la ligne de l'ourlet ne s'imprime sur le vêtement.

L'ourlet peut atteindre 7,5 cm (3 po) de largeur sur un vêtement droit et de 3,8 à 5 cm (1 ½ à 2 po) sur un vêtement ample. Les tissus diaphanes, quel que soit leur style, nécessitent un ourlet étroit, roulotté. Un ourlet étroit sur les tricots mous permet d'éviter que le bord pende. Les bords ourlés et surpiqués à la machine sont durables et permettent de gagner du temps.

Il est préférable de laisser le vêtement suspendu pendant 24 heures avant de faire l'ourlet, surtout s'il est circulaire ou taillé dans le biais. Essayez-le avec les mêmes sous-vêtements que vous porterez. Assurez-vous qu'il est de la bonne longueur et qu'il tombe bien. Portez des souliers et une ceinture, s'il y a lieu.

Le marquage de l'ourlet se fait habituellement avec l'aide d'une deuxième personne qui, avec le marqueur à épingles ou le mètre, se déplace autour de vous. Prenez une posture normale et utilisez des épingles ou une craie pour marquer, en vous assurant que la distance entre sol et l'ourlet reste constante. Épinglez l'ourlet et faites un essayage en face d'un miroir pleine longueur afin de s'assurer qu'il est parallèle au sol.

Les ourlets de pantalons ne peuvent être tracés à partir du sol comme ceux des jupes et des robes. Le bas du pantalon doit normalement reposer sur la chaussure sur le devant et descendre légèrement en arrière. Épingler l'ourlet aux deux jambes et essayer le pantalon en face d'un miroir afin de s'assurer qu'il est de la bonne longueur.

Avant de coudre l'ourlet, finir les bords vifs afin de prévenir l'effilochage. Choisir un type de finition (page suivante) et un point approprié au tissu et au vêtement.

Rapide et durable, le point invisible, intégré dans plusieurs machines à coudre, convient bien aux tissus et aux tricots. L'ajout d'un pied spécial ou d'un guide-droit en facilite l'exécution.

Le ruban (ci-dessus) ou dentelle à ourlet offre un fini convenable pour les tissus qui s'effilochent, tels que la laine, le tweed ou le lin. Chevaucher de 6 mm (¼ po) le ruban à ourlet sur l'endroit de l'ourlet. Piquer le bord en croisant les bouts à la ligne de couture. Utiliser un ruban à ourlet tissé pour les ourlets droits et un ruban en dentelle extensible pour les ourlets arrondis et les tricots. Ourler les tissus de poids léger à lourd au point de chausson et les tissus duveteux au point invisible.

# Ourlets : finitions et points

L'**ourlet surpiqué** finit le bord vif et l'ourlet en une étape. Plier l'ourlet à 3,8 cm (1 ½ po) du bord et épingler. Si le tissu s'effiloche, cranter ou replier le bord vif. Sur l'endroit, surpiquer à 2,5 cm (1 po) du bord plié. Pour une finition décorative, surpiquer un deuxième rang de points.

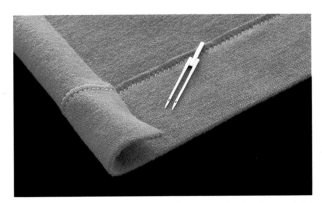

L'**ourlet à l'aiguille double** convient aux tricots et aux styles tout-aller. L'aiguille double produit deux lignes de points parallèles sur l'endroit et un point zigzag sur l'envers. Plier l'ourlet à la largeur désirée et coudre à l'aide d'un guide-droit en se plaçant sur l'endroit. Raser le surplus de la réserve de couture.

La **finition au zigzag** convient aux tricots et aux tissus qui s'effilochent parce que ce point s'étire. Piquer près du bord vif en sélectionnant un point zigzag de largeur et de longueur moyennes. Raser près de la couture. Fixer l'ourlet au point d'ourlet ou de chausson invisible, à la main ou à la machine.

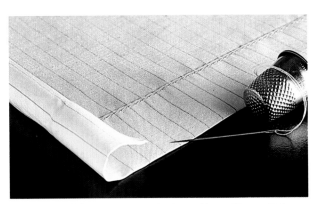

L'**ourlet replié et cousu** convient aux tissus légers. Faire un rentré de 6 mm (¼ po) et piquer au bord de la pliure. Finir l'ourlet au point coulé ou invisible.

L'**ourlet bordé** est approprié pour les lainages lourds et les tissus qui s'effilochent. Finir le bord vif avec un biais double ou faire une finition Hong Kong (voir page 105). Ourler au point d'ourlet ou de chausson invisible. Ne pas trop tirer sur le fil, car le tissu risque de plisser.

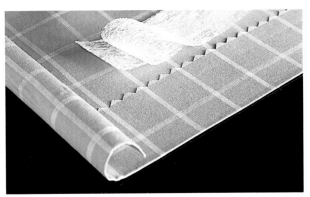

Les **ourlets dentelés et thermocollés** permettent de finir rapidement et facilement les tissus légers. Appliquer une bande de voile thermocollant entre l'ourlet et le tissu. La plupart collent après environ 15 secondes, aussi, s'assurer que chaque section de l'ourlet est bien collée.

# Comment tracer un ourlet

**1) Marquer** la ligne d'ourlet partout à la même distance du sol avec des épingles ou une craie, et un mètre ou un arrondisseur, et laisser l'assistant se déplacer autour de vous. Faire une marque tous les 5 cm (2 po).

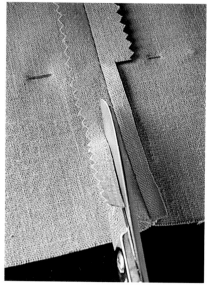

**2) Raser** les réserves de couture à l'intérieur de l'ourlet afin de réduire l'épaisseur. Raser les coutures, du bord vif au pli de l'ourlet.

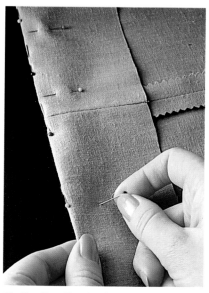

**3) Replier** l'ourlet le long du tracé, en insérant les épingles à angle droit avec le pli à intervalles réguliers. Faire un essayage.

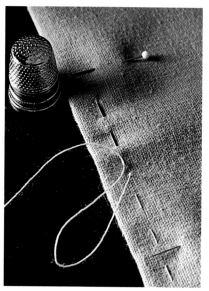

**4) Faufiler à la main** à 6 mm (¼ po) du bord plié. Presser légèrement le bord, afin que l'ourlet s'ajuste au vêtement.

**5) Mesurer et marquer** l'ourlet à la largeur désirée avec une règle à curseur; ajouter 6 mm (¼ po) pour la finition du bord vif. S'installer sur une planche à repasser pour marquer.

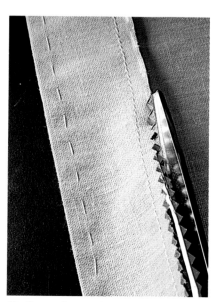

**6) Raser** le surplus le long du tracé. Finir le bord vif (voir page 129). Épingler le bord au vêtement; aligner les coutures.

# Comment faire un ourlet arrondi

**1) Préparer** l'ourlet comme précédemment, mais sans finir le bord vif. Diminuer la tension du fil de machine et faire une couture lâche à 6 mm (¼ po) du bord ; commencer et finir le long d'une couture.

**2) Tirer** sur une boucle du fil de canette avec une épingle à intervalles réguliers et résorber l'ampleur. Ne pas trop tirer. Presser le bord sur un coussin-moufle afin de résorber quelque peu l'ampleur.

**3) Finir** le bord vif avec un point zigzag, un biais, un ruban à bord ou passer les ciseaux à denteler. Épingler ; aligner les coutures et les milieux du devant et du dos. Ourler à la machine ou à la main au point invisible.

# Comment faire un point d'ourlet invisible à la machine

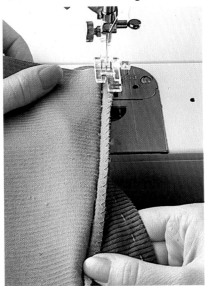

**1) Préparer** l'ourlet comme précédemment et le faufiler au vêtement à 6 mm (¼ po) du bord. Régler la machine au point invisible et poser le pied pour couture invisible. Régler la longueur et la largeur du point zigzag selon le tissu. Le point peut s'ajuster de 1,5 à 3 mm (¹⁄₁₆ à ⅛ po).

**2) Placer** l'envers de la réserve de couture contre l'entraînement. Replier le vêtement derrière la ligne de bâti. Le pli devrait toucher la partie de droite du pied (flèche). Le même effet peut être obtenu avec un pied de biche zigzag et un guide-droit.

**3) Coudre** le long de l'ourlet, près du pli, en prenant soin de piquer seulement sur le vêtement. Guider l'ourlet en ligne droite pendant le piquage et appuyer le pli contre le pied presseur ou le guide-droit. Déplier l'ourlet et le presser à plat.

# Trois ourlets effectués à l'aide de la surjeteuse et de la machine conventionnelle

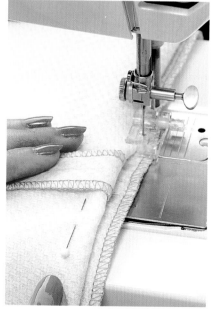

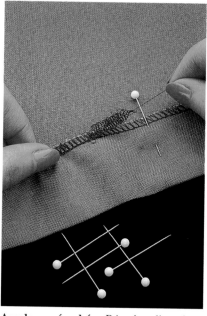

**Ourlet surjeté et cousu au point invisible.** Marquer la hauteur de l'ourlet et dégrader les coutures à l'intérieur de l'ourlet. Finir le bord au point de surjet. Plier l'ourlet comme à l'étape 2, ci-dessous. Épingler l'ourlet et coudre au point d'ourlet invisible, à la machine ou à la main.

**Ourlet surjeté et surpiqué.** Piquer le bord vif au point de surjet. Plier l'ourlet et presser. Surpiquer sur l'endroit du vêtement à la machine à coudre conventionnelle avec, si désiré, une aiguille double.

**Ampleur résorbée.** Résorber l'ampleur de l'ourlet en tirant sur le fil du dessus, ou utiliser l'entraînement différentiel de façon à froncer légèrement. Épingler l'ourlet et le coudre au point d'ourlet invisible, à la machine ou à la main.

# Comment effectuer un ourlet surjeté invisible

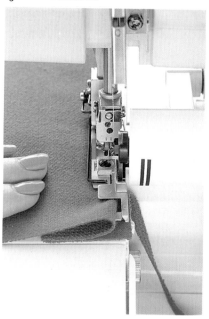

**1) Ajuster** la surjeteuse au point flat-lock; poser, si possible, un pied presseur pour point invisible. Régler la longueur du point à 4 mm. Replier l'ourlet. Épingler sur l'envers en dirigeant les têtes d'épingles vers le vêtement.

**2) Plier** l'ourlet sur la réserve d'ourlet en laissant dépasser le bord de 6 mm (¼ po). Piquer sur le bord, l'aiguille piquant *à peine* sur la pliure; enlever les épingles à mesure.

**3) Déplier** l'ourlet et aplatir le tissu. Sur les tissus légers, un rang de points est visible sur l'endroit, mais non sur les tissus plus lourds et texturés.

# Comment faire un ourlet à points couvrants

**Ourlet séparé.** Ajuster la machine au point couvrant. Presser l'ourlet. Placer le tissu sous le pied presseur relevé, l'endroit sur le dessus, le pli vis-à-vis la ligne guide appropriée sur la plaque à aiguille. En tenant les fils, tourner le volant jusqu'à ce que les aiguilles commencent à ourler. Coudre jusqu'au bord du tissu à la fin de l'ourlet; relever les aiguilles et le pied presseur. Tirer délicatement les fils vers l'arrière tout en maintenant fermement les points. Couper les fils en les laissant dépasser un peu; nouer. Fixer les queues à l'aide d'un tourne-ganse ou d'une aiguille.

**Ourlet circulaire.** Ajuster la machine comme pour l'ourlet séparé; commencer à la couture du dos ou du côté et repasser sur les premiers points sur environ 2,5 cm (1 po). Relever les aiguilles et le pied presseur. Tenir fermement les fils derrière le pied; tirer délicatement le tissu, un peu vers l'arrière, et ensuite vers la gauche. Couper les fils. Tirer les fils lâches et les nouer. Enlever le surplus de fil sur la plaque.

# Comment faire un ourlet au point flatlock sur un vêtement de sport

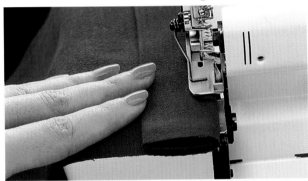

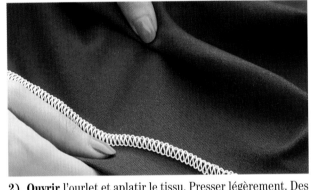

**1) Ajuster** la machine au point flatlock. Plier l'ourlet et presser. Replier et presser à nouveau, en emprisonnant le bord vif; piquer au point flatlock sur le pli en prenant soin de prendre l'ourlet dans la couture.

**2) Ouvrir** l'ourlet et aplatir le tissu. Presser légèrement. Des boucles décoratives ornent l'endroit du vêtement.

# Comment faire une frange à l'aide du point flatlock

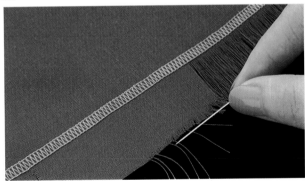

**1) Marquer** la largeur de la frange en tirant un fil ou en traçant une ligne. Presser un pli le long de cette ligne. Ajuster la surjeteuse au point flatlock et piquer sur la pliure.

**2) Couper** le tissu sur le droit fil jusqu'à la couture tous les 7,5 cm (3 po). Enlever les fils de trame afin de créer la frange. Enlever les points coincés dans la frange à l'aide d'un découvit et appliquer du liquide anti-effilochage à ces endroits.

# Les fermetures

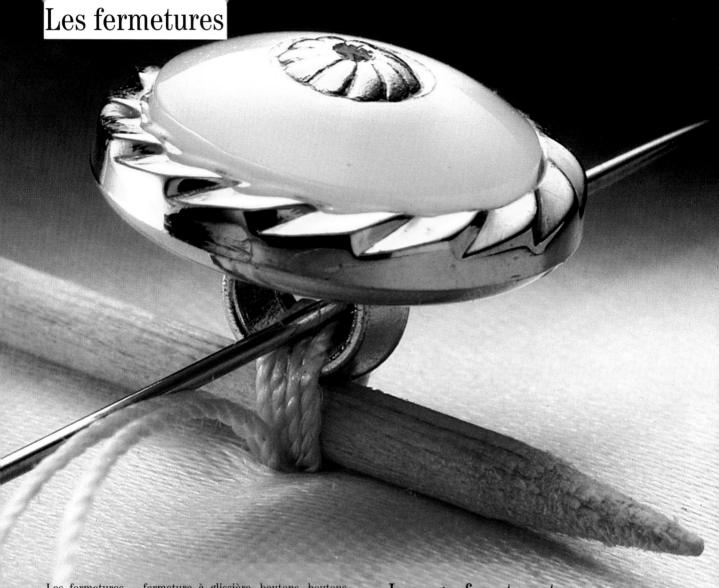

Les fermetures – fermeture à glissière, boutons, boutons pression, agrafes et portes – sont habituellement destinés à être les plus discrets possible, mais on s'en sert parfois pour créer un effet décoratif. Un bouton chic, une fermeture à glissière colorée ou un bouton pression nacré peuvent assurément créer un effet intéressant.

Il faut choisir l'attache en fonction du style du vêtement et de la tension exercée sur l'ouverture. Par exemple, le solide crochet à jupe (page suivante) est plus approprié sur une ceinture de pantalon que l'agrafe et porte ordinaire. Vous trouverez au verso de la pochette de votre patron le type de fermeture approprié.

Les attaches subissent de la tension, aussi, il s'avère important de renforcer la partie du vêtement où elles se trouvent. Les réserves de couture ou les parementures offrent un léger soutien, mais certaines attaches doivent être renforcées avec de l'entoilage.

Utilisez du fil tout usage et des aiguilles longues ou à broder pour fixer les boutons, les boutons pression et les agrafes et portes. Pour les tissus lourds ou pour les attaches qui subissent beaucoup de tension, utilisez du fil très résistant, ou du fil à matelasser et à boutonnière.

## Les agrafes et portes

Les agrafes et portes sont très résistantes et il en existe plusieurs types. Les agrafes et portes régulières, noires ou nickelées, sont offertes en plusieurs tailles, de 0 (fin) à 3 (gros). Les agrafes se vendent avec des portes droites (bords croisés ou croisures) ou des portes à boucle (bords qui se rencontrent). Les brides de fil (page suivante) peuvent remplacer les portes à boucle en métal sur les tissus délicats ou aux endroits trop apparents. La même technique sert à la confection des brides de boutonnage et des passants à anneau. Il faut commencer par faire de longs points de base.

Les crochets à ceinture sont plus solides que les agrafes et portes. Noirs ou nickelés, on les utilise seulement sur les croisures. On peut se procurer de grandes agrafes et portes, unies ou recouvertes, pour les manteaux et les blousons. Celles-ci sont assez jolies pour être visibles et assez résistantes pour un tissu lourd.

# Comment fixer les crochets à ceinture

**1) Placer** le crochet à ceinture à l'intérieur de la patte à environ 3 mm (¹/8 po) du bord. Fixer l'agrafe avec trois ou quatre points dans chacun des trous. Ne pas piquer sur l'endroit du vêtement.

**2) Superposer** la patte et la sous-patte afin de déterminer l'emplacement de la porte ; le marquer en plantant une épingle dans chaque trou et fixer à l'aide de trois points dans chaque trou.

Les **agrafes et portes à boucle** servent à fermer les bords qui se rencontrent sans se chevaucher. Placer l'agrafe comme le crochet à ceinture et la fixer au niveau des deux trous et de la tête. Placer la porte de façon que l'anneau dépasse légèrement le bord du tissu. Fixer.

# Comment confectionner des brides de fil

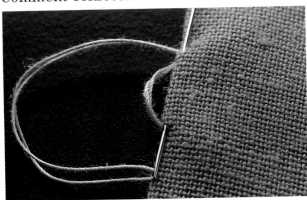

**1) Glisser** l'aiguille enfilée en double sous la bordure du tissu. Faire deux boucles de la longueur appropriée, créant ainsi la base du point de bourdon.

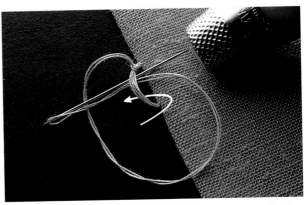

**2) Effectuer** un point de bourdon en faisant passer le chas de l'aiguille sous les points de base et à travers la bride.

**3) Amener** l'aiguille à travers la boucle, et tendre le fil sur les points de base. Couvrir la base avec des points de bourdon très rapprochés.

**4) Arrêter** le fil en faisant deux petits points d'arrêt. Raser les fils.

# Les boutonnières

Une boutonnière de qualité répond aux normes suivantes :
1) Sa largeur est proportionnelle au poids du tissu et à la longueur de la boutonnière.
2) Les extrémités sont finies avec une bride afin d'empêcher la boutonnière de se déchirer sous l'effet de la tension.
3) Les points sont de la même largeur des deux côtés.
4) La boutonnière est plus longue que le bouton de 3 mm (¹/₈ po).
5) Les coutures de chaque côté sont assez éloignées l'une de l'autre pour permettre d'ouvrir la boutonnière sans couper de fils.
6) Les extrémités n'ont pas été coupées accidentellement.
7) L'entoilage de la boutonnière est assorti au tissu et n'est pas apparent sur le bord vif.
8) La boutonnière se trouve sur le droit-fil ; les boutonnières verticales sont parallèles au bord du vêtement et les boutonnières horizontales, à angle droit avec le bord.

Les boutonnières horizontales absorbent la tension exercée sur le vêtement sans le déformer et sont plus sécuritaires, car le bouton a moins tendance à se détacher accidentellement. Elles devraient dépasser de 3 mm (¹/₈ po) la marque du bouton, vers le bord du vêtement. Assurez-vous que la distance entre le centre de la boutonnière et le bord du vêtement est égale au moins aux trois quarts du diamètre du bouton, afin que le bouton ne dépasse pas le bord lorsque le vêtement est fermé.

Les boutonnières verticales sont utilisées sur les pattes et les bandes de chemises. On les utilise surtout lorsqu'il y a plusieurs petits boutons, afin de rendre la fermeture plus sécuritaire. On les place directement sur le milieu du devant ou du dos.

Lorsqu'un vêtement est boutonné, il faut que la rangée de boutons arrive exactement au centre du vêtement. Si la largeur de la croisure ne correspond pas à celle sur le patron, que ce soit en plus ou en moins, le vêtement risque d'être mal ajusté.

En général, les boutonnières sont placées à intervalles réguliers. Si vous changez la longueur du vêtement ou que vous altérez le patron du corsage, vous devrez peut-être rectifier l'intervalle des boutonnières. Il en sera de même si vous choisissez des boutons plus petits ou plus gros que la taille recommandée sur le patron. Les boutonnières devront être placées aux endroits où il y a le plus de tension. Lorsque les boutons sont incorrectement espacés, le vêtement a tendance à bâiller entre les boutons.

Lorsque l'ouverture est sur le devant, placez des boutonnières à l'encolure et à la partie la plus large de la poitrine. Placez-en une à la ligne de la taille sur les manteaux, les surblouses, les robes princesses et les blousons. Il est préférable de ne pas faire de boutonnière à la ligne de taille sur une blouse nervurée ou une robe cintrée afin de ne pas ajouter d'épaisseur. Les premières boutonnières et boutons doivent se situer à au moins 12,5 à 15 cm (5 à 6 po) au-dessus de l'ourlet d'une robe, d'une jupe ou d'une robe-manteau.

Pour espacer également les boutonnières, marquez l'emplacement des boutons du haut et du bas et mesurez la distance entre les deux. Divisez cette distance par le nombre de boutons à poser, moins un. Le résultat donne l'intervalle entre les boutonnières. Après le marquage, essayez le vêtement, afin de vous assurer que les boutonnières arrivent au bon endroit. Ajustez selon les besoins.

# Comment déterminer la longueur de la boutonnière

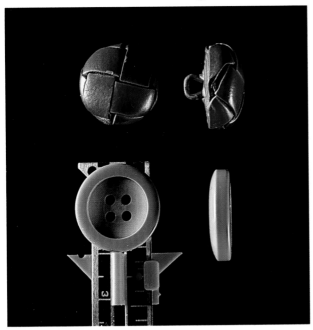

**Mesurer** la hauteur et la largeur du bouton. Pour une boutonnière faite à la machine, la bonne longueur de boutonnière est égale à la somme de ces deux mesures, plus 3 mm ($^1/_8$ po) pour la finition des extrémités. La boutonnière doit être assez longue pour que le bouton s'y insère facilement, mais suffisamment courte pour que le vêtement reste fermé.

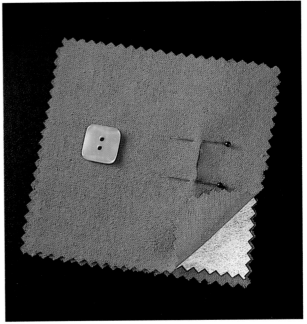

**Tester** la longueur de la boutonnière. Premièrement, faire une entaille de la longueur prévue dans une retaille, moins les 3 mm ($^1/_8$ po) d'extra. Si le bouton passe facilement, la longueur est correcte. Ensuite, refaire un essai sur le tissu, la parementure et l'entoilage. Vérifier la longueur, la largeur du point, la densité de la couture et la fente de la boutonnière.

# Comment marquer les boutonnières

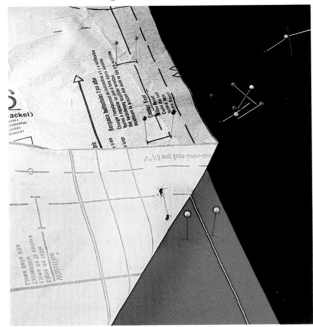

**Placer** le patron sur le vêtement, en alignant la ligne de couture sur le bord de l'ouverture. Piquer les épingles à travers le papier et le tissu à chaque extrémité de la boutonnière. Retirer délicatement le patron.

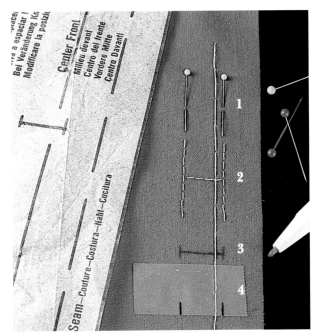

**Marquer** les boutonnières à l'aide de l'une des méthodes suivantes: (**1**) épingler; (**2**) faufiler à la main ou à la machine entre les épingles et à chaque extrémité; (**3**) utiliser un crayon à encre délébile. (**4**) Coller un ruban au-dessus des épingles et marquer la longueur de la boutonnière avec un crayon; s'assurer que le ruban n'endommage pas le tissu.

# Les boutonnières cousues à la machine

Les boutonnières cousues à la machine conviennent à la plupart des vêtements, plus particulièrement les vêtements tailleur et tout-aller. Il existe quatre types de boutonnières : *à point intégré* (habituellement en deux ou quatre étapes), *au point de surjet, en une étape* et avec l'*accessoire à boutonnière universel*. Il faut toujours faire un essai avec l'entoilage approprié avant de coudre la boutonnière, ce qui vous permet de voir à quel endroit tombe le premier point et de placer le tissu au bon endroit.

**1)** La **boutonnière à point intégré** est réalisée grâce à une combinaison de points zigzag et de brides d'arrêt. La plupart des machines à coudre ont un mécanisme intégré qui permet de réaliser cette boutonnière en deux ou quatre étapes. *Les quatre étapes sont* : point zigzag vers l'avant, bride d'arrêt, point zigzag vers l'arrière, bride d'arrêt. Une boutonnière en deux étapes combine le mouvement vers l'avant et vers l'arrière avec la confection de la bride d'arrêt. Consulter votre livret d'instructions, car chaque machine a ses particularités. L'avantage avec cette méthode est que vous pouvez ajuster la densité du point zigzag en fonction du tissu et de la boutonnière. Choisir un point zigzag large pour des tissus duveteux ou lâches et un point plus étroit pour les tissus délicats ou diaphanes.

**2)** La **boutonnière au point de surjet** est une variante de la boutonnière à point intégré ou en une étape. Cette boutonnière est d'abord cousue au point zigzag étroit, ouverte et piquée une deuxième fois au point zigzag de façon à recouvrir l'ouverture. Ce type de boutonnière ressemble à celles qui sont brodées à la main. Ce choix s'impose lorsque la couleur de l'entoilage n'est pas assortie au tissu.

**3)** La **boutonnière en une étape** est réalisée à l'aide d'un pied spécial et d'un point intégré dont certaines machines à coudre sont munies. On peut utiliser un point zigzag ordinaire ou étroit pour les tissus légers. Le bouton est placé dans un chariot à l'arrière de l'accessoire et guide la couture afin que la boutonnière s'adapte parfaitement au bouton. Un levier situé près de l'aiguille descend lorsque la boutonnière atteint la bonne longueur et la marche avant de la machine à coudre s'interrompt. Toutes les boutonnières sont uniformes, aussi, il suffit d'en marquer l'emplacement.

**4)** L'**accessoire à boutonnière universel** s'adapte à toutes les machines, incluant la machine à coudre à point droit. Cet accessoire est muni d'un *gabarit* qui détermine les dimensions de la boutonnière. Cette méthode permet aussi d'obtenir des boutonnières de longueur uniforme et d'ajuster la largeur du point zigzag. Il est possible, avec cet accessoire, d'effectuer des boutonnières à œillet. L'œillet laisse de l'espace pour la tige du bouton.

S'il n'est pas nécessaire de modifier l'emplacement des boutons, faites les boutonnières après avoir posé l'entoilage, mais avant l'assemblage avec une autre section du vêtement afin de faciliter la manipulation pendant la couture.

# Comment faire des boutonnières

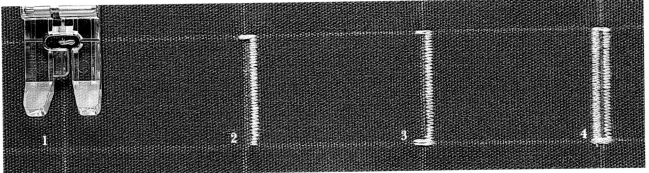

**Boutonnière à point intégré** (quatre étapes). Placer le tissu sous le pied pour boutonnières, au-dessus de la ligne centrale ; aligner le point de départ avec l'aiguille. (Les étapes apparaissent séparément, mais la boutonnière est cousue de façon continue, en plaçant l'aiguille à l'endroit approprié à chaque étape.) **1)** Régler le cadran ou le levier à la première étape. Piquer lentement 3 ou 4 points à l'extrémité afin de former la bride. **2)** Coudre d'un côté. Certaines machines piquent à gauche pour commencer, et d'autres, à droite. **3)** Effectuer 3 ou 4 points à l'extrémité afin de former la deuxième bride. **4)** Coudre l'autre côté afin de terminer la boutonnière. Arrêter la couture au retour à la première bride. Revenir à la position de départ et effectuer un ou deux points d'arrêt.

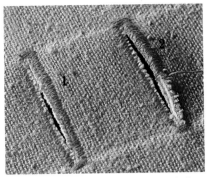

**Boutonnière au point de surjet. 1)** Coudre la boutonnière au point zigzag étroit. Ouvrir et raser les fils. **2)** Revenir exactement à la position de départ. Sélectionner un point plus large. Passer une deuxième fois en prenant soin de couvrir l'ouverture de la boutonnière.

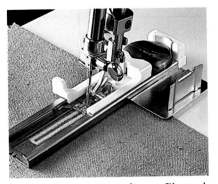

**Boutonnière en une étape.** Placer le bouton dans le chariot de l'accessoire. Consulter le manuel d'instructions pour choisir le point approprié. La boutonnière sera de la bonne longueur et la machine à coudre s'arrêtera automatiquement. Ouvrir la boutonnière et surjeter à nouveau l'ouverture.

**Accessoire à boutonnière universel.** Installer l'accessoire tel qu'indiqué dans le manuel d'instructions. Choisir le gabarit approprié à la taille du bouton. Pour des boutonnières renforcées et plus résistantes, passer un deuxième rang de points.

# Comment ouvrir une boutonnière

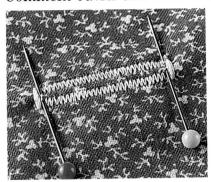

**1) Insérer** des épingles à chaque extrémité de la boutonnière, devant les brides, afin de ne pas les couper.

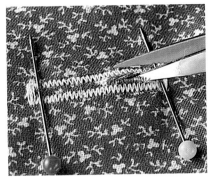

**2) Insérer** la pointe de petits ciseaux ou du découvit au centre de la boutonnière et couper soigneusement jusqu'à la première extrémité, et ensuite, jusqu'à l'autre.

**3)** Pour **renforcer** l'ouverture, appliquer du liquide anti-effilochage. Faire d'abord un essai sur une chute de tissu.

# Les boutons

Les boutons, plus que toute autre fermeture, vous permettent de personnaliser un vêtement. De plus, ils sont décoratifs tout autant que fonctionnels. On classe généralement les boutons en deux catégories : les boutons *à trous* et les boutons *à tige*, mais leurs formes et leurs couleurs varient à l'infini.

Les boutons à trous, habituellement plats et percés de deux ou quatre trous, doivent toujours être cousus avec une tige en fil, à moins d'être exclusivement décoratifs. La *tige* décolle le bouton de la surface du vêtement, offrant l'espace nécessaire à toutes les épaisseurs de tissu et permet au vêtement de bien tomber.

Les boutons à tige sont, comme leur nom l'indique, munis d'une tige en dessous. Choisir ce type de bouton pour les tissus plus lourds, comme pour les brides de fil ou de boutonnage.

Il faut choisir les boutons en tenant compte de leur couleur, de leur style, de leur poids et de leur entretien.

La **couleur**. La couleur des boutons est habituellement assortie au tissu, mais le choix de couleurs coordonnées ou contrastantes contribue parfois à créer un effet original. Si vous n'arrivez pas à trouver la couleur appropriée, n'hésitez pas à recouvrir des boutons de tissu.

Le **style**. Choisissez de petits boutons délicats pour des vêtements gracieux ; des styles classiques pour des vêtements tailleur et des boutons de fantaisie pour les vêtements d'enfants. Les boutons brillants ajoutent de l'éclat à un vêtement de velours. Essayez les boutons de cuir ou de métal avec le velours côtelé et le tweed.

Le **poids**. Assortissez des boutons légers avec des tissus légers. L'utilisation de boutons lourds sur des tissus légers aura tendance à les déformer. Il est préférable d'utiliser de gros boutons sur des tissus lourds.

L'**entretien**. Choisissez des boutons qui exigent les mêmes soins que le vêtement sur lequel ils seront posés : lavage ou nettoyage à sec.

Le verso de la pochette du patron indique le nombre et la grosseur des boutons. Respectez, à 3 mm (¹/₈ po) près, les dimensions recommandées. Des boutons trop petits ou trop gros ne seront pas proportionnés au vêtement. La taille des boutons est donnée en millimètres, en pouces et en *lignes*. Par exemple, un bouton de 13 mm égale ¹/₂ po ou 20 lignes ; un bouton de 20 mm, ³/₄ po ou 30 lignes.

Au moment d'acheter vos boutons, apportez un échantillon de tissu pour faciliter votre choix. Effectuez une entaille dans le tissu afin de pouvoir y passer le bouton, ce qui vous permettra d'en évaluer l'effet sur le vêtement fini.

Cousez les boutons avec du fil tout usage double pour les tissus légers et du fil à boutonnière pour les tissus plus lourds. Lorsque vous posez plusieurs boutons, doublez le fil à coudre et piquez quatre brins à la fois. De cette façon, vous n'avez qu'à effectuer deux points pour fixer le bouton.

## Comment marquer l'emplacement des boutons

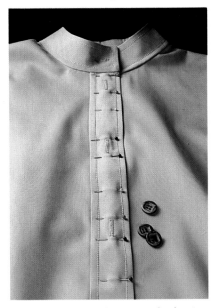

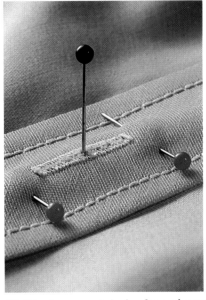

**1)** **Marquer** l'emplacement des boutons en plaçant le côté boutonnières par-dessus le côté boutons. Fermer en posant des épingles en haut et en bas des boutonnières.

**2)** **Planter** une épingle dans chaque boutonnière. Pour les boutonnières verticales, planter l'épingle au centre et pour les boutonnières horizontales, vers le bord du vêtement.

**3)** **Soulever** délicatement la boutonnière et insérer l'aiguille vis-à-vis l'épingle. Marquer et coudre les boutons, un à la fois, en les boutonnant à mesure pour un marquage plus précis.

## Comment coudre un bouton à tige

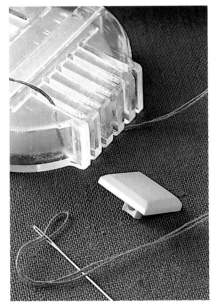

**1)** **Couper** un fil de 76 cm (30 po) et le renforcer avec de la cire d'abeille. Plier le fil en deux. Enfiler une aiguille à bro-der avec le bout plié et faire un nœud à l'autre bout. Placer le bouton vis-à-vis l'épingle, au centre du vêtement, de façon qu'il soit parallèle à la boutonnière.

**2)** **Arrêter** le fil du côté droit avec un point sous le bouton. Passer l'aiguille à travers le trou de la tige. Insérer l'ai-guille dans le tissu et tirer. Effectuer de quatre à six points.

**3)** **Arrêter** le fil avec un nœud ou en fai-sant quelques petits points dans le tissu sous le bouton. Couper le fil. Si le tissu est lourd, il faudra peut-être quand même faire une tige de fil sous la tige du bouton (voir page 142).

## Comment coudre à la main un bouton à trous

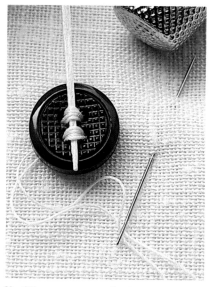

**1) Enfiler** l'aiguille comme pour les boutons à tige (voir page 141) et placer le bouton vis-à-vis l'épingle, les trous parallèles à la boutonnière. Planter l'aiguille à travers le tissu en partant de l'envers et passer dans un des trous. Insérer l'aiguille dans un autre trou et traverser les épaisseurs de tissu.

**2) Glisser** un cure-dent ou une allumette entre le fil et le bouton afin de pouvoir former la tige. Faire trois ou quatre points dans chaque paire de trous. Amener l'aiguille et arrêter le fil sous le bouton, du côté droit. Enlever le cure-dent.

**3) Enrouler** le fil deux ou trois fois autour des points afin de former la tige. Arrêter le fil du côté droit, sous le bouton, en faisant un nœud ou en piquant deux ou trois points au même endroit.

## Comment poser un bouton à trous à la machine

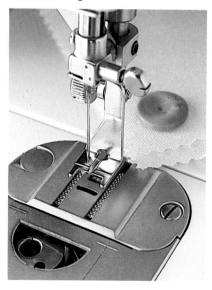

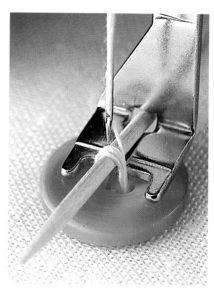

**1) Installer** le pied pour boutons et la plaque spéciale pour couvrir l'entraînement, ou encore, enlever l'entraînement. Pour régler la largeur et la tension du point zigzag, consulter votre livret d'instructions.

**2) Placer** le bouton sous le pied. Descendre l'aiguille au centre d'un des trous en tournant le volant vers vous. Abaisser le pied. Continuer jusqu'à ce que l'aiguille sorte du bouton, juste au-dessus du pied. Insérer une allumette ou un cure-dent entre les trous pour pouvoir former la tige.

**3) Régler** le point zigzag à la largeur de l'espace entre les trous. Procéder lentement, jusqu'à obtenir la bonne largeur. Faire au moins six points zigzag. Bloquer le fil tel qu'indiqué dans votre livret d'instructions.

# Les boutons pression

Il existe plusieurs types de boutons pression : les boutons pression à coudre, à griffes ou en ruban.

Les **boutons pression à coudre** conviennent aux endroits qui subissent peu de tension, comme à l'encolure et à taille. Ils servent alors à garder le bord de l'entoilage plat lorsque les boutonnières sont fermées. On les pose à la ligne de taille sur les corsages ou à l'extrémité pointue d'une ceinture fermée avec une agrafe et porte. Les boutons sont composés de deux parties : un disque à bouton et un disque à trou. Choisissez la bonne grosseur, selon la tension exercée sur le tissu.

Les **boutons pression à griffes** sont fixés à l'aide d'une pince spéciale ou d'un marteau. Ils sont plus solides que les boutons pression à coudre et paraissent sur l'endroit du vêtement. Les boutons pression à griffes peuvent remplacer les boutons et les boutonnières sur les vêtements de sport.

Le **ruban à boutons pression** consiste en une rangée de boutons pression fixés à un ruban. Le ruban est cousu au vêtement avec un pied à semelle étroite. On l'utilise sur les vêtements de sport et d'enfants et pour des projets de décoration intérieure.

## Comment fixer les boutons pression à coudre

**1) Placer** le disque à bouton sur l'envers de la croisure du dessus, à 3 à 6 mm ($^1/_8$ à $^1/_4$ po) du bord, afin qu'il soit invisible sur l'endroit. Piquer dans chaque trou, avec une seule épaisseur de fil. Traverser la parementure et l'entoilage, mais sans toucher l'endroit du vêtement. Arrêter le fil.

**2) Marquer** l'emplacement du disque à trou sur l'envers de la croisure du dessus : s'il y a un trou au centre du disque à bouton, y insérer une épingle à partir de l'endroit, puis traverser le trou, jusqu'à la croisure du dessous. Sinon, frotter le bouton avec de la craie et le presser sur la croisure du dessous.

**3) Placer** le centre du disque à trou sur la marque et le fixer de la même manière que le disque à bouton, mais en traversant, si désiré, toutes les couches de tissu.

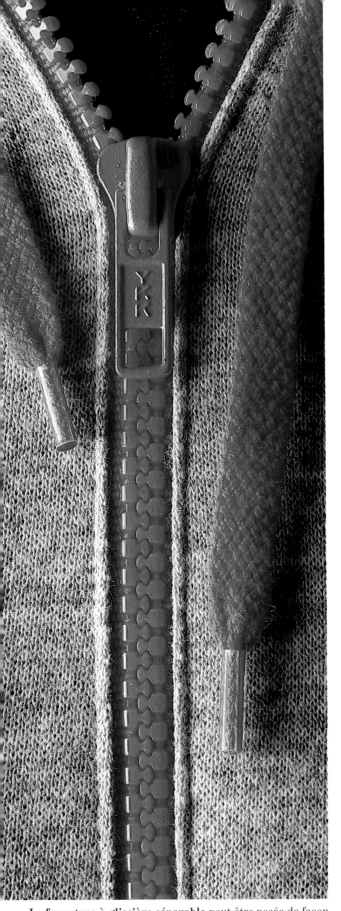

# Les fermetures à glissière

Descendantes ou montantes, les fermetures à glissière peuvent être posées à plusieurs endroits. Le plus souvent, on utilise la fermeture à glissière *conventionnelle* fermée à un bout, que l'on pose à l'intérieur d'une couture. Les fermetures à glissière *invisibles et séparables* servent à des usages particuliers.

Le patron précise le type et la longueur de la fermeture à glissière à acheter. Choisissez une couleur assortie au tissu. Sélectionnez des glissières à rouleau synthétique pour les tissus légers, parce qu'elles sont plus légères et plus souples que celles de métal. Si vous ne trouvez pas de fermeture à glissière de la bonne longueur, achetez-en une plus longue et raccourcissez-la en suivant les directives à la page suivante.

Il existe plusieurs façons de poser une fermeture à glissière. Votre choix dépend du style du vêtement et de l'endroit où elle sera posée. Vous apprendrez à poser les fermetures *sous rabat*, *centrées*, et *sous braguette*, ainsi que deux méthodes pour les fermetures à glissière séparable. Ce ne sont pas les seules techniques, mais rapides et faciles, elles suggèrent des accessoires qui permettent de gagner du temps, tels le bâton de colle et le ruban transparent.

Il faut fermer la glissière et presser les plis avant de l'insérer dans le vêtement. Si une fermeture avec ruban de coton doit être posée sur un vêtement lavable, il faut la prérétrécir à l'eau très chaude. Cela empêchera le vêtement de plisser au lavage. Pour un fini soigné, il faut que la couture finale sur l'endroit du vêtement soit droite et à distance égale du bord. Cousez les deux côtés de la fermeture à glissière du bas vers le haut et retournez la languette vers le haut afin de faciliter le passage au niveau du curseur.

## Les parties de la fermeture à glissière

Le **cran d'arrêt supérieur** est la fixation de métal au sommet qui bloque le curseur lors de la fermeture.

Le **curseur** et la **languette** constituent le mécanisme d'ouverture et de fermeture de la glissière. Le curseur bloque les dents pour fermer la glissière et les débloque pour l'ouvrir.

Le **ruban** est la bande de tissu sur laquelle les dents ou le rouleau sont fixés. Le ruban est cousu au vêtement.

Les **dents** ou le **rouleau** constituent le mécanisme de fermeture et d'ouverture de la glissière, actionné par le glissement du curseur. Il peut être en nylon, en polyester ou en métal.

Le **cran d'arrêt inférieur** est la fixation au bas qui bloque le curseur lors de l'ouverture. Le cran d'arrêt inférieur de la glissière séparable se divise en deux, lui permettant de s'ouvrir complètement.

**La fermeture à glissière séparable** peut être posée de façon à laisser les dents paraître. Une fermeture à glissière décorative avec dents de plastique, légère mais résistante, convient aux vêtements de sport.

# Applications pour les fermetures à glissière conventionnelles

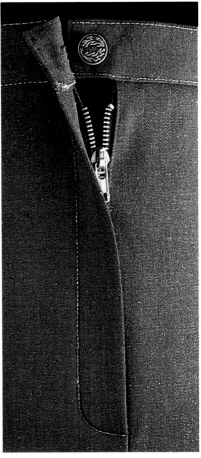

La **fermeture sous rabat** est invisible, ce qui est préférable lorsque la couleur du ruban n'est pas assortie au tissu. On l'utilise le plus souvent sur le côté des jupes et pantalons.

La **fermeture centrée** est habituellement posée au milieu du devant ou du dos. Fixer l'entoilage *avant* de la poser. Les ceintures ne devraient être assemblées qu'*après* l'insertion.

La **fermeture sous braguette** se pose le plus souvent sur le pantalon et la jupe et à l'occasion sur les manteaux et les blousons. Choisir cette fermeture seulement si le patron l'exige, car le rabat et l'entoilage plus larges, inclus dans le patron, sont nécessaires.

# Comment raccourcir une fermeture à glissière

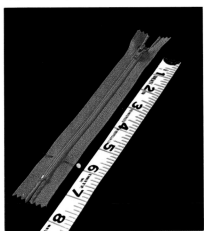

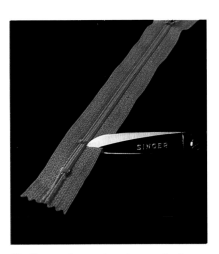

**1)** **Mesurer** la longueur de la glissière à partir du cran d'arrêt supérieur. Marquer avec une épingle.

**2)** **Piquer** au point zigzag par-dessus la glissière, à la marque, afin de former un nouveau cran d'arrêt inférieur.

**3)** **Couper** le surplus et poser la fermeture de la façon habituelle.

# Comment insérer une fermeture sous rabat

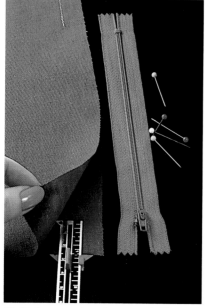

**1) Retourner** le vêtement à l'envers. S'assurer que les bords supérieurs de l'ouverture arrivent à égalité. La longueur de l'ouverture doit égaler la longueur de la *glissière*, plus 2,5 cm (1 po). Épingler du bas vers le haut.

**2) Bâtir à la machine** sur la ligne de couture, de bas en haut, en enlevant les épingles à mesure.

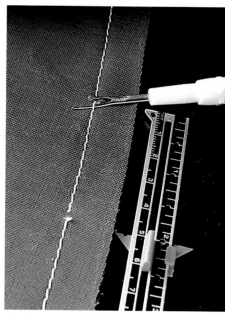

**3) Couper** le fil de bâti à tous les 5 cm (2 po) afin de pouvoir l'enlever plus facilement après l'insertion de la fermeture.

**7) Fermer** la glissière et retourner le vêtement à l'endroit. Lisser le tissu en l'éloignant de la glissière et en formant un rempli étroit entre la glissière et la couture bâtie.

**8) Placer** le pied du côté gauche de l'aiguille. En partant du bas, piquer au bord de la ligne de pliure, à travers la réserve de couture pliée et le ruban.

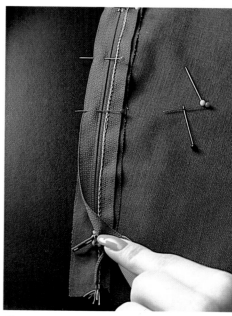

**9) Retourner** la fermeture de façon que l'endroit repose à plat contre la couture. S'assurer que la languette est retournée vers le haut, afin de réduire l'épaisseur durant le piquage. Épingler.

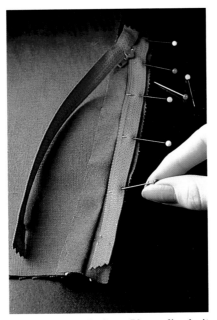

**4) Ouvrir** la couture au fer. Si la fermeture est placée sur le côté d'une jupe ou d'un pantalon, ouvrir la couture à l'aide d'un coussin-moufle ou d'un coussin de tailleur afin de conserver la courbure de la hanche.

**5) Ouvrir** la glissière. Placer l'endroit de la fermeture contre l'envers de la réserve de droite. Placer la glissière sur la ligne de couture, le cran d'arrêt supérieur à 2,5 cm (1 po) du bord vif. Retourner la languette vers le haut. Fixer à l'aide d'épingles, de colle ou de ruban adhésif.

**6) Poser** le pied à semelle étroite et le placer du côté droit de l'aiguille. Bâtir à la machine près de la glissière, de bas en haut en appuyant le pied contre la glissière. Enlever les épingles à mesure.

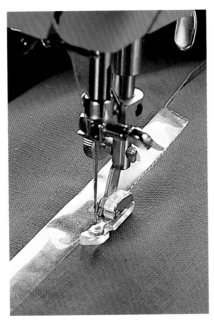

**10) Placer** le pied du côté droit de l'aiguille. En commençant par le haut, bâtir à la machine seulement à travers le ruban et la réserve de couture. Cette opération maintient la réserve de couture en place en vue de l'étape finale.

**11) Surpiquer** à 1,3 cm (½ po) de la couture sur l'endroit du vêtement. Pour faire une couture droite, coller du ruban transparent de 1,3 cm (½ po) et coudre en le longeant. En partant de la couture, traverser le bas de la glissière jusqu'au bord du ruban adhésif, pivoter et coudre jusqu'au bord vif, en haut.

**12) Enlever** le ruban adhésif. Ramener les fils qui se trouvent au bas de la fermeture sur l'envers et les nouer. Enlever le fil de bâti dans la couture. Presser avec une pattemouille afin d'éviter le lustrage. Raser le ruban à égalité avec le bord supérieur du vêtement.

# Comment poser une fermeture à glissière centrée (méthode du bâton de colle)

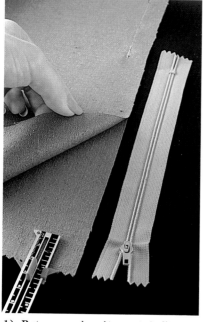

**1) Retourner** le vêtement à l'envers. Vérifier l'ouverture et s'assurer que les bords supérieurs sont à égalité. L'ouverture devrait être aussi longue que la *glissière*, plus 2,5 cm (1 po).

**2) Épingler**, du bas de l'ouverture jusqu'au bord vif du vêtement.

**3) Bâtir à la machine** sur la ligne de couture, de bas en haut. Couper le fil de bâti à tous les 5 cm (2 po).

**7) Étendre** le vêtement à plat, l'endroit vers le haut. Épingler au cran d'arrêt inférieur. Utiliser du ruban transparent ou perforé de 1,3 cm (½ po), de la longueur de la fermeture. Placer le centre du ruban sur la ligne de couture. Ne pas utiliser de ruban adhésif sur les tissus grattés ou fragiles.

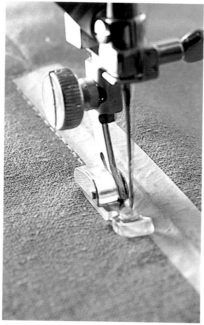

**8) Installer** le pied à semelle étroite à gauche de l'aiguille. Surpiquer du côté droit, en commençant au bas du ruban adhésif. Traverser le bas de la glissière, puis pivoter; piquer du côté gauche vers le haut jusqu'au bord vif en longeant le ruban.

**9) Placer** le pied à semelle étroite du côté droit de l'aiguille. Commencer la piqûre au bas du ruban adhésif et traverser le bas de la glissière. Pivoter et piquer vers le haut du côté droit en longeant le ruban.

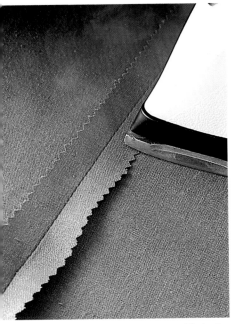

**4) Ouvrir** la couture au fer. Finir les bords vifs si le tissu s'effiloche facilement.

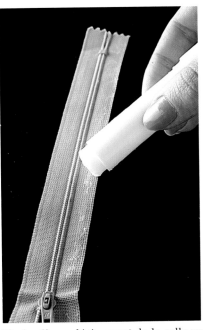

**5) Appliquer** légèrement de la colle en bâton (voir page 30) sur l'endroit de la fermeture.

**6) Placer** la fermeture, l'endroit contre la couture, la glissière sur la ligne de couture et le cran d'arrêt à 2,5 cm (1 po) du bord vif (languette vers le haut). Presser; laisser sécher la colle pendant quelques minutes.

**10) Tirer** les quatre fils du bas sur l'envers et les nouer en utilisant une épingle pour pousser le nœud contre la glissière. Couper les fils.

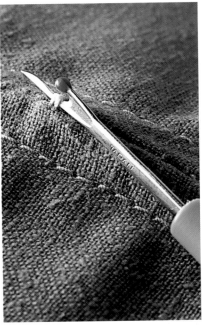

**11) Tourner** le vêtement à l'endroit. Décoller le ruban adhésif et enlever délicatement le fil de bâti dans la ligne de couture.

**12) Presser** à l'aide d'une pattemouille afin d'éviter le lustrage. Raser le ruban de la fermeture à glissière à égalité avec le bord supérieur du vêtement.

# Comment poser une fermeture à glissière sous-braguette

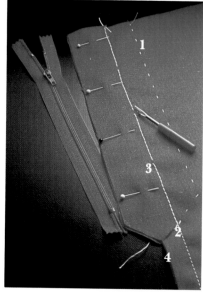

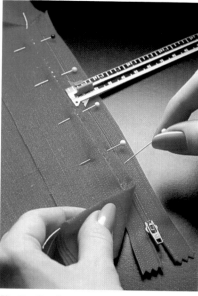

**1) Marquer** la surpiqûre sur l'endroit en faufilant ou avec un crayon **(1)**. Coudre la fourche devant, en faisant un point arrière à la marque de la fin de la glissière **(2)**. Bâtir la couture à la machine **(3)**. Couper les points de bâti tous les 5 cm (2 po) et raser les réserves sous les parementures **(4)**. Ouvrir les coutures au fer.

**2) Replier** la parementure de droite (le haut face à vous) à 6 mm à 1,3 cm (¼ à ½ po) du milieu du devant. Placer le bord plié le long de la glissière, le cran d'arrêt supérieur arrivant à 2,5 cm (1 po) de la ligne de taille. Épingler ou bâtir.

**3) Installer** le pied à semelle étroite du côté gauche de l'aiguille. Surpiquer près de la ligne de pliure, en commençant par le bas de la fermeture.

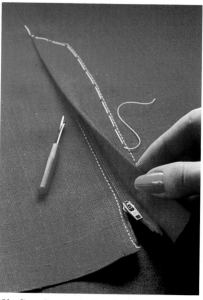

**4) Retourner** la fermeture à l'envers, sur la parementure de *gauche*. Retourner la languette vers le haut et tasser le vêtement. Installer le pied à semelle étroite. En commençant en haut, piquer à travers le ruban et la parementure, à 6 mm (¼ po) de la glissière.

**5) Étendre** le vêtement à plat, l'envers vers le haut. Épingler le bord plié de la braguette à gauche, sur le devant du vêtement. Retourner le vêtement à l'endroit et épingler à nouveau la parementure de la braguette. Enlever les épingles à l'intérieur.

**6) Surpiquer** à l'endroit, le long du tracé, le pied à droite de l'aiguille. Commencer en bas et coudre jusqu'en haut en enlevant les épingles à mesure. Ramener les fils à l'envers et les nouer. Enlever les fils de bâti et les marques. Presser à l'aide d'une pattemouille.

# Comment poser une fermeture séparable invisible

**1) Coller** à l'aide de ruban adhésif, d'épingles ou de colle les parementures de l'ouverture du vêtement à la glissière fermée, de façon qu'elles recouvrent les dents. La languette doit se trouver à 3 mm (1/8 po) sous la couture d'encolure.

**2) Ouvrir** la fermeture. Replier les extrémités du ruban et les épingler au haut de vêtement.

**3) Surpiquer** à 1 cm (3/8 po) de chaque côté de la glissière, en traversant le tissu et le ruban de la glissière. Coudre de bas en haut de chaque côté en plaçant le pied à semelle étroite sur le côté approprié.

# Comment poser une fermeture séparable apparente

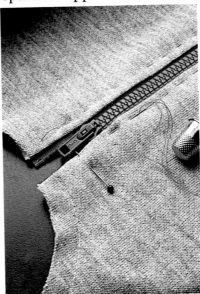

**1) Épingler** les parementures de l'ouverture du vêtement à la glissière fermée de façon qu'elles soient proches des dents, mais sans les recouvrir. La languette doit se trouver à 3 mm (1/8 po) sous la couture d'encolure.

**2) Faufiler** la glissière en laissant dépasser les extrémités du ruban au-delà de la couture d'encolure. Replier les bouts en haut du vêtement si la parementure est déjà fixée. Ouvrir la glissière.

**3) Surpiquer** de chaque côté de la glissière sur l'endroit du vêtement, près des bords de l'ouverture, de bas en haut, avec le pied à semelle étroite. Pour que le ruban reste bien à plat, passer une deuxième piqûre à 6 mm (1/4 po) de la première de chaque côté de la glissière.

# La couture tailleur

La couture tailleur diffère de la confection ordinaire de plusieurs façons. Le terme *couture tailleur* s'applique à des vêtements de style masculin, tels la veste. Elle décrit également certaines méthodes de confection et des types de patron. Par exemple, le col et le dessous de col façon tailleur sont coupés dans deux pièces de patron différentes. Dans la confection ordinaire, ces derniers sont coupés dans la même pièce. Certains détails sont typiques aux styles tailleur: poche passepoilée, col cranté et doublure.

L'entoilage est largement utilisé en couture tailleur, afin de modeler et de soutenir le vêtement. Ce ne sont pas que de petits détails du vêtement qui sont entoilés, mais des sections entières. Deux couches d'entoilage sont appliquées sur les revers de la veste. Il existe divers types d'entoilage pour divers usages et la confection d'une simple veste peut en nécessiter plusieurs.

L'apparition des entoilages thermocollants a permis d'éliminer en grande partie le long et fastidieux travail à la main qui fut, pendant longtemps, la marque distinctive de la façon tailleur. Grâce à eux, vous pouvez devenir experte en couture tailleur avec un minimum de pratique. Si, toutefois, vous optez pour l'entoilage à coudre, il est important de choisir celui qui convient au tissu.

## L'utilisation d'entoilages thermocollants

En couture tailleur, on choisit habituellement entre quatre types d'entoilages thermocollants. Le *tricot thermocollant* ajoute corps et soutien au tissu sans le rendre rigide. Il est idéal pour stabiliser manches, ourlets, parementures devant et col. L'*entoilage tissé en crin thermocollant*, ferme et élastique, est utile sur le devant de la veste et le dessous de col. L'*insertion de trame thermocollante*, un tricot avec des fibres insérées dans la trame, convient pour le devant de la veste et le dessous de col. Celui de poids moyen est plus souple que le crin et il sert à stabiliser des détails tels les fentes au niveau de l'ourlet et les lignes d'enroulement du revers et du dessous de col. De poids légers, c'est une bonne alternative aux tricots thermocollants. Les *entoilages thermocollants fermes non tissés* donnent fermeté et souplesse à de petits détails tels les rabats de poches.

Il faut tester les entoilages sur des chutes de tissu. Vu que des sections entières du vêtement seront entoilées, il est important que la chute de tissu soit suffisamment grande pour faire le tour de la main, mesurant au moins 15 cm² (6 po²) (plus, si possible). La meilleure méthode consiste à coller divers entoilages sur un long morceau de tissu, en laissant un espace entre chacun. Les textures des divers entoilages mettent en évidence les caractéristiques de chacun.

## Choisir les tissus appropriés à la couture tailleur

Pour la couture tailleur avec entoilages thermocollants, il vaut mieux opter pour un tissu de bonne qualité. Les fibres naturelles tels la laine, le coton, la soie et le lin réagissent bien à la fusion. Plusieurs tissus synthétiques et fibres mélangées, tels le polyester et la rayonne, y réagissent également bien. Certains tissus synthétiques et les fibres métalliques sont trop sensibles à la chaleur pour choisir des entoilages thermocollants.

Les tissus texturés, comme le tweed et les armures de lin se façonnent bien ; leur surface permet à l'entoilage de coller fermement. Par contre, certains tissus lisses, par exemple, les fines gabardines de polyester, résistent à la fusion et exigent l'utilisation d'entoilage à coudre.

Décatissez le tissu afin de le préparer à l'exposition à la vapeur lors de la fusion et prévenir le rétrécissement du vêtement. Un bon pressage à la vapeur rétrécit efficacement le tissu, sans lui enlever sa fraîcheur. Effectuez un pressage à la vapeur à la maison ou chez le nettoyeur. Une méthode rapide et facile de rétrécir le tissu consiste à le mettre dans le sèche-linge avec quelques serviettes humides. Faites tourner pendant 7 à 10 minutes à température moyenne. Retirez-le immédiatement et étendez-le à plat pour le séchage. Pressez-le à la vapeur si nécessaire.

## Séquences pour la confection d'une veste façon tailleur

La première étape de confection d'une veste tailleur est l'entoilage des principales sections. Ensuite, passez à l'entoilage des poches, à l'assemblage de la veste et à la confection d'un col cranté ou d'un col châle. Continuez par la finition et la pose des manches, incluant l'ourlet. Formez les épaules avec épaulettes et renforts, faites l'ourlet de la veste et confectionnez la doublure en dernier.

# L'entoilage des sections de la veste

En une session, posez l'entoilage sur le devant, le dos, le col, le dessous de col et les manches. Le regroupement des tâches permet de préparer les principales sections de la veste pour les étapes suivantes. Après la fusion, laissez les sections refroidir et sécher sur une surface plate. Attendez toute une nuit avant de manipuler les lainages de poids moyen à lourd et les tweeds texturés, et une heure ou deux pour les tissus plus légers.

L'entoilage suit la ligne de couture plutôt que la ligne de coupe, sauf à l'emmanchure. Dans ce cas, cousez l'entoilage avec l'emmanchure pour donner du corps à la manche. Pour les tissus légers, taillez à la ligne de coupe plutôt qu'à la ligne d'ourlet.

## Comment poser l'entoilage sur le devant et la parementure de la veste

**1) Tracer** les lignes de couture du devant et du côté sur l'insertion de trame ou l'entoilage en crin. Reporter toutes les marques et symboles du patron sur l'entoilage, incluant la ligne d'enroulement du revers et les lignes de couture des pinces ; il est inutile de marquer le tissu.

**2) Couper** toutes les pinces le long des lignes de couture afin de retirer de l'épaisseur. Les pinces seront cousues dans le tissu le long de l'entoilage.

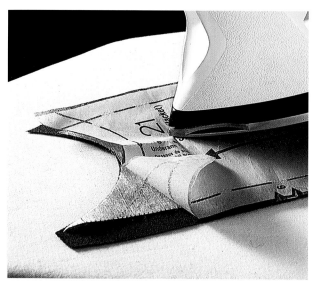

**3) Placer** le côté adhésif de l'entoilage vers le bas, sur l'envers des sections de la veste. Placer le patron par-dessus afin d'aligner les pinces et les bords de l'entoilage sur les lignes de couture. Coller l'entoilage par endroits au fer sec. Mettre le patron de côté.

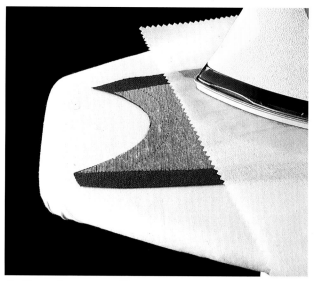

**4) Placer** la pattemouille sur l'entoilage. Coller à partir du centre vers les extrémités. Alterner d'un côté à l'autre afin de ne pas altérer les sections collées. Ne jamais glisser le fer, afin que l'entoilage ne se décale pas.

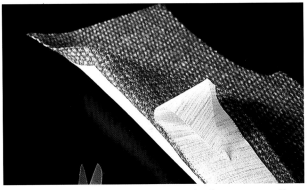

**5) Retourner** la section à l'endroit. Presser à fond au fer à vapeur avec une pattemouille sèche afin de protéger l'endroit du tissu. Étendre à plat et attendre que les pièces soient froides et sèches avant de les manipuler.

**6) Coller** l'entoilage de tricot ou l'entoilage léger non tissé sur les parementures du devant après avoir rasé les réserves de coutures sur le devant des parementures. L'entoilage va jusqu'au bord extérieur de la parementure.

## Comment former les revers

**Épaisseur.** Ajouter une deuxième couche d'entoilage, seulement sur le revers. Couper l'insertion de trame pour qu'elle s'insère entre la ligne de pliure et de couture du revers. La ligne de pliure devrait suivre le droit fil de l'entoilage pour stabiliser la ligne de pliure de la veste coupée sur le biais.

**Articulation.** Avec un entoilage en crin, façonner une ligne de pliure articulée pour obtenir un bord plus net dans un tissu épais ou lourd. Pour créer une articulation, couper l'entoilage le long de la ligne de pliure du revers avant de coller l'entoilage sur le devant de la veste.

**Biais.** Utiliser un biais croisé étroit de 6 mm à 1,3 cm (¼ à ½ po) plus court que la ligne de pliure du revers ; pour une poitrine large, raccourcir le biais de 1,3 cm (½ po). Placer un côté du biais à l'extérieur de la ligne de pliure ; le coudre sur les deux côtés au point zigzag en ajustant l'entoilage.

**Plier** le revers thermocollé sur la ligne de pliure et presser. Ne pas presser le pli plus bas que 5 cm (2 po) sous la ligne de pliure du revers ; plutôt, presser délicatement cette région à la vapeur. Étendre le revers sur un coussin de tailleur pour le pressage et le laisser là jusqu'à ce qu'il soit froid et sec.

# Comment poser un entoilage thermocollant sur le dos d'une veste

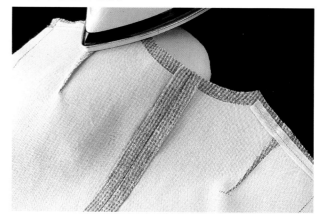

1) **Utiliser** le même entoilage pour le dos que pour le devant, ou choisir un entoilage plus léger. Pour tailler et marquer, voir page 154, étapes 1 et 2.

2) **Coller** l'entoilage sur le dos de la même façon que sur le devant (voir pages 154-155, étapes 3 à 5). Coller les deux sections du dos avant de les assembler.

# Comment poser l'entoilage sur le dos de la veste et l'ourlet

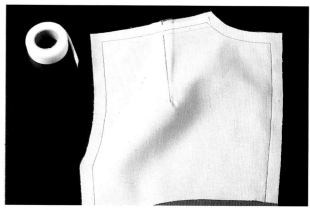

1) **Couper** l'entoilage partiel pour le dos de la veste. Choisir un tissu léger lorsque le vêtement ne requiert pas d'entoilage pour tout le dos. Coudre séparément les pinces de l'entoilage et celles du vêtement. Presser les pinces de l'entoilage vers l'emmanchure et les pinces du vêtement vers le milieu du dos.

2) **Coudre** l'entoilage au dos de la veste, à 1,3 cm (½ po) des bords vifs. Poser un biais croisé étroit aux épaules afin que la couture d'épaule, cousue dans le biais, ne s'étire pas.

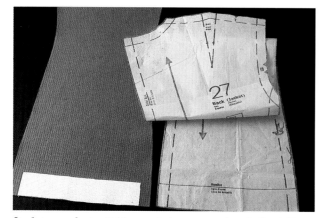

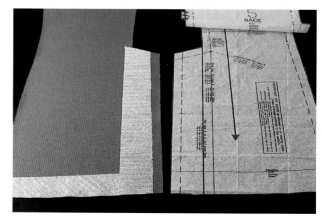

**Ourlet sans fente.** Tailler sur le travers une bande d'entoilage thermocollant non tissé ou de tricot, de la ligne d'ourlet au bord vif; tailler l'insertion de trame sur le biais. Coller comme sur le devant de la veste (voir pages 154-155, étapes 3 à 6).

**Ourlet avec fente.** Couper l'entoilage de façon à stabiliser les croisures. Placer le droit fil de l'entoilage sur les lignes de pliure des croisures.

# Comment poser l'entoilage et former le dessous de col de la veste

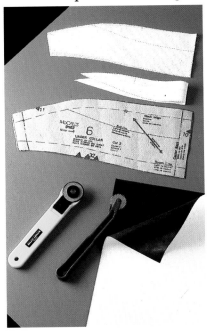

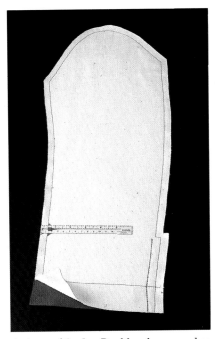

**1)** **Tailler** le dessous de col avec de l'insertion de trame ou de l'entoilage en crin thermocollants coupés sur le biais. Pour l'entoilage du pied de col, utiliser le patron, de la ligne de pliure à la couture de la ligne de col; placer la couture du milieu du dos sur le droit fil.

**2)** **Reporter** tous les symboles sur les deux morceaux d'entoilage. Coller l'entoilage du dessous de col; faire la couture arrière, puis coller l'entoilage du pied de col.

**3)** **Plier** le col à la ligne de pliure et former un pli ferme. Épingler le dessous de col au coussin tailleur, tel que pressé, et passer à la vapeur. Le laisser en place jusqu'à ce qu'il soit complètement froid et sec.

# Comment poser l'entoilage sur les manches

**1)** **Choisir** un entoilage thermocollant léger pour le confort et l'apparence. Tailler l'entoilage le long des lignes de couture du patron de la manche. À l'ourlet, suivre ligne de coupe au lieu de la ligne de couture. Reporter tous les crans et symboles sur l'entoilage.

**2)** **Coller** l'entoilage aux sections des manches avant de faire les coutures.

**Autre méthode.** Doubler les manches avec de la batiste et y reporter tous les crans et symboles. Assembler la batiste et la manche en piquant à 1,3 cm (½ po) des bords vifs. Faufiler à la machine le long de l'ourlet et des lignes de pliure de la fente.

# Le col tailleur

Le col tailleur, ou col cranté, tire son nom de l'angle du col à son point de jonction avec le revers. La rencontre des coutures forme un *cran* ou entaille en « V » de chaque côté de l'encolure. La couture constitue la délimitation entre le col et le revers. Un cran rigide, plat et symétrique constitue la marque d'une facture de qualité. Un col parfait résulte d'une combinaison astucieuse de piquage et de pressage, plus un rasage soigneux des réserves de coutures bordées afin de réduire l'épaisseur.

Il faut plusieurs pièces de patron pour confectionner un col tailleur. Le dessous de col, entoilé et formé, est la première section à être assemblée à la veste. Ensuite, il faut coudre le dessus de col au revers; une portion de cette parementure devient l'extérieur du revers lorsque le col est terminé. Après l'assemblage final, qui relie la section du col/parementure à la veste, pressez et passez une couture en bordure ou surpiquez en suivant la méthode expliquée à la page 161 afin d'obtenir des crans parfaits.

# Comment confectionner un col tailleur

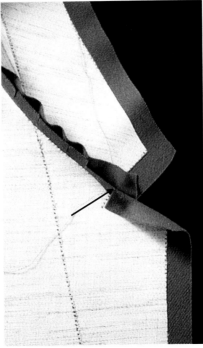

**1)** **Faire une couture de soutien** à 1,3 cm (½ po) du bord vif de l'encolure. Entailler dans la réserve jusqu'à la couture de soutien, afin que l'encolure puisse reposer à plat, facilitant l'assemblage.

**2)** **Raccorder** les marques afin que le dessous de col et le bord de l'encolure soient bien alignés. Assembler le dessous de col et l'encolure entre les marques sur les revers (flèche); entailler aux marques.

**3)** **Ouvrir** les coutures au fer sur le coussin de tailleur. Raser les réserves de couture à 6 mm (¼ po) afin de réduire l'épaisseur.

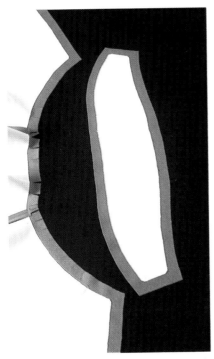

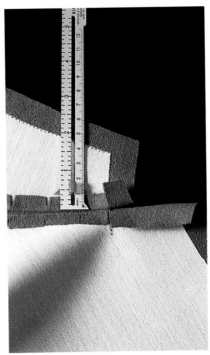

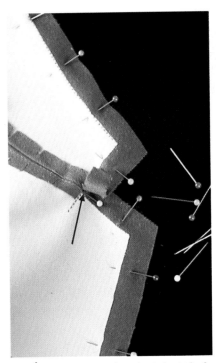

**4)** **Faire une couture de soutien** sur la paramenture à 1,3 cm (½ po) du bord vif de l'encolure. Entailler la réserve jusqu'à la couture de soutien. Assembler le col et la paramenture entre les marques sur les revers (flèche); entailler aux marques.

**5)** **Ouvrir** les coutures au fer sur le coussin de tailleur. Raser les réserves de couture à 1 cm (⅜ po), légèrement plus large que celles du dessous de col, afin de retirer de l'épaisseur.

**6)** **Épingler** la section du col et de la paramenture à la section du dessous de col et de la veste, en traversant les coutures aux marques du col (flèche) afin que les coutures soient bien alignées.

*(Suite à la page suivante)*

# Comment confectionner un col tailleur (suite)

**7) Raser** le surplus à la réserve de couture du col jusqu'à la ligne de couture sur le dessus et le dessous de col.

**8) Piquer** à partir du bord inférieur de la veste. Raccourcir les points à 2,5 cm (1 po) du revers. Effectuer un ou deux points en diagonale à la pointe du revers. (Le revers a été retiré de la machine afin de montrer la couture).

**9) Coudre**, de la pointe du revers jusqu'à la pointe du col, en s'assurant que les points correspondent des deux côtés du col. Finir la couture comme sur l'autre côté.

**10) Ouvrir** la couture au fer sur les revers et les pointes du col à l'aide du passe-carreau. Raser les coins en diagonale. Dégrader la réserve de couture du dessous de col et du revers à 6 mm (¼ po); celles du col et de la parementure, à 1 cm (⅜ po). Dégrader jusqu'à la ligne de pliure du revers.

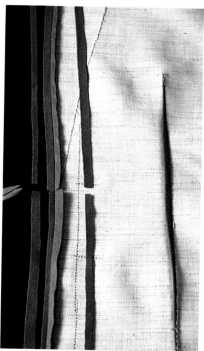

**11) Entailler** la couture aux extrémités de la ligne de pliure du revers. Sous les entailles, dégrader la réserve de couture du devant de la veste à 1 cm (⅜ po) et de la parementure à 6 mm (¼ po). Ouvrir la couture au fer et retourner à l'endroit.

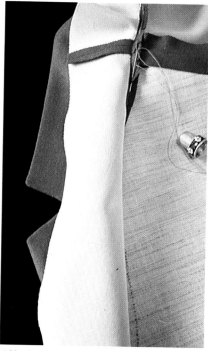

**12) Stabiliser** les coutures du dessus et du dessous de col avec un point devant lâche. Si les coutures ne sont pas parfaitement alignées à cause de l'épaisseur du tissu, fixer les coutures à leur point de rencontre.

## Conseils pour presser un col tailleur

**1) Presser** le col et les revers par-dessous. Rouler la couture vers le dessous du col et des revers en arrêtant à environ 2,5 cm (1 po) de la fin de la ligne de pliure du revers. Presser avec un bloc à marteler pour faire sortir la vapeur et obtenir un pli net.

**2) Presser** la partie qui se trouve à 2,5 cm (1 po) sous la ligne de pliure du revers afin que la couture chevauche le bord. Se placer sur le dessous des revers.

**3) Presser** le devant de la veste de l'intérieur, sous la ligne de pliure, de façon que les coutures roulent du côté de la paramenture.

## Surpiquer un col tailleur

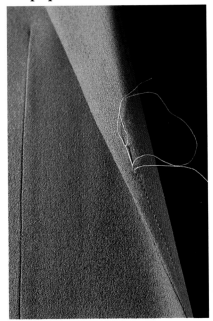

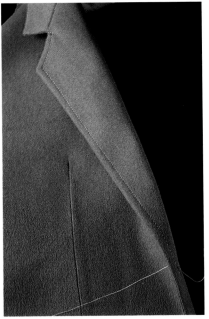

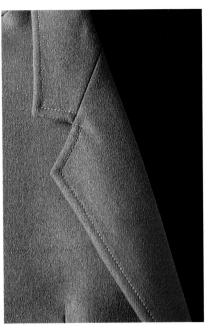

**1) Surpiquer** sur l'endroit de la veste, en commençant au bord inférieur. Si vous cousez à la main avec du fil à matelasser, l'arrêter en dessous de la ligne de pliure du revers. Couper les fils et les tirer du côté de la paramenture; cacher les bouts entre la paramenture et le vêtement.

**2) Continuer** à surpiquer sur l'endroit. Commencer exactement à la fin de la couture précédente ou superposer deux points. Arrivé au cran du col, pivoter et piquer jusqu'au bord du V. (Le vêtement est enlevé de la machine à coudre uniquement pour montrer les détails. Ne pas l'enlever.)

**3) Raccourcir** le point, pivoter et piquer dans le sillon afin d'aller surpiquer la ligne du col. Pivoter et piquer autour du col jusqu'à l'autre cran. Répéter les mêmes étapes pour le deuxième cran. Arrêter la surpiqûre à la fin de la ligne de roulé, en procédant comme à la première étape.

# Former les épaules

La veste nécessite un soutien à l'intérieur pour donner forme et fermeté aux épaules. Dans la façon tailleur, les épaulettes et le rembourrage du haut de la manche jouent un rôle important dans le façonnage des épaules.

Les **épaulettes** peuvent être faites sur mesure à partir des pièces du patron de la veste afin qu'elles s'ajustent parfaitement à l'emmanchure. Jouez avec la taille et l'épaisseur des épaulettes afin que le vêtement épouse votre silhouette ; si vous avez une épaule plus haute que l'autre, ajoutez de l'épaisseur d'un côté afin de compenser ; pour des épaules tombantes, ajoutez de l'épaisseur et pour des épaules carrées, enlevez-en.

Sur les vêtements tailleurs, comme les vestes et les manteaux, le devant de l'épaulette est plus large que l'arrière afin de remplir le creux sous l'épaule, créant ainsi une ligne souple. L'arrière est plus étroit que le devant afin de s'ajuster aux omoplates. Si vous avez une poitrine large, raccourcissez légèrement les épaulettes sur le devant. Lors de l'essayage, placez l'épaulette au bon endroit. La forme et la taille des épaulettes jouent un rôle important pour l'ajustement de l'épaule et de la manche.

Pour obtenir des épaulettes à l'épaisseur souhaitée, taillez des épaisseurs de plus en plus petites dans du tissu de rembourrage mince, par exemple, le fleece de polyester ou la ouatine matelassée de coton et polyester. Ce type de rembourrage donne du volume sans être trop mou. Utilisez un entoilage de crin thermocollant. Les fibres de laine de chèvre présentes dans la toile s'agrippent à la veste, ce qui facilite l'assemblage de l'épaulette au vêtement. De plus, les toiles plutôt rigides rendent l'épaule plus ferme et plus résistante aux faux plis.

Les **renforts** du haut des manches sont des bandes de rembourrage qui soutiennent les têtes de manches en les gonflant. Ces derniers éliminent les plis causés par l'aisance de la manche, lui permettant de mieux tomber. Les renforts peuvent être confectionnés en même tissu de rembourrage que les épaulettes (fleece ou ouatine matelassée), ou encore, avec de l'entoilage à cravate coupé sur le plein biais.

# Comment confectionner des épaulettes sur mesure

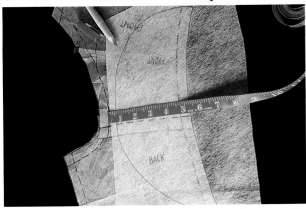

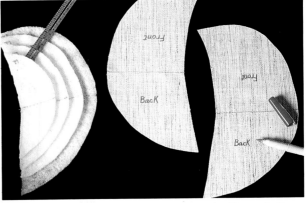

**1) Chevaucher** le patron du devant et du dos à la couture de l'épaule. Faire le tracé de l'emmanchure entre les crans du devant et du dos. Terminer l'épaulette à 1,3 cm (½ po) de la couture de l'épaule et à environ 12,5 cm (5 po) de l'emmanchure. Reporter la ligne de couture de l'épaule sur le patron de l'épaulette. Identifier le devant et le dos de l'emmanchure.

**2) Tailler** l'entoilage thermocollant en crin. Tracer la ligne de couture de l'épaule. Identifier le devant et le dos de l'emmanchure sur l'entoilage. Couper 4 épaisseurs de tissu de rembourrage en réduisant la taille d'environ 2 cm (¾ po) à chaque couche afin d'obtenir une épaulette de 1,3 cm (½ po) d'épaisseur. Ajuster la taille et le nombre de couches selon l'effet désiré.

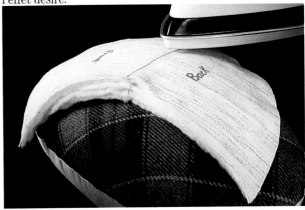

**3) Piquer** l'épaulette à travers la ligne de couture de l'épaule avec des points devant pour assembler les couches. Ajouter des rangs de points en éventail à une distance d'environ 2,5 cm (1 po).

**4) Coller** l'entoilage à la couche de rembourrage la plus grande, en pressant l'épaulette sur un coussin de tailleur afin de lui donner la forme de l'épaule. Fixer l'épaulette à la main sur la veste, en plaçant la couche entoilée directement sur la veste.

# Comment rembourrer le haut de la manche

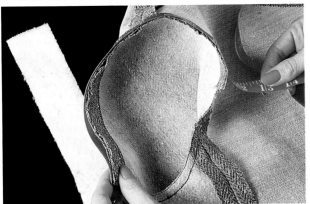

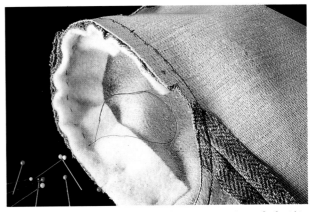

**1) Tailler** une bande de tissu de rembourrage de 4,7 cm (1 ⅞ po) de largeur et de la même longueur que la tête de manche. La tête de manche est la section que l'on fronce entre les crans du patron. Aligner un côté long du renfort sur le bord vif de la couture de l'emmanchure.

**2) Coudre** le renfort à la ligne de couture autour de la tête de manche avec des points devant. Lorsque la manche est retournée à l'endroit, le renfort se plie en deux. La couche du dessus dépasse la couche du dessous afin de prévenir la formation d'une marque à l'extérieur de la veste.

# Les ourlets des vêtements tailleur

Il est préférable de finir l'ourlet de la veste et des manches au point de chausson, c'est-à-dire à petits points horizontaux en zigzag. Avec un point de chausson invisible, les points ne paraissent ni sur l'intérieur ni sur l'extérieur du vêtement, car ils sont faits entre l'intérieur de l'ourlet et l'intérieur de la veste ou de la manche. L'ourlet n'est pas fermement fixé au vêtement; il devrait être cousu à points lâches et laisser un peu de jeu sur le bord vif. L'ourlet ne devrait pas laisser de marque sur l'extérieur de la veste après le pressage, même sur un tissu épais.

Calculez la longueur de l'ourlet avant de couper les pièces du patron. Cette dernière peut varier mais elle est habituellement de 5 cm (2 po) pour une veste et de 3,8 cm (1 ½ po) pour les manches. Ourlez la veste après avoir terminé le col ou avant de coudre la doublure.

**Rasage des coutures.** Raser les réserves de couture à l'intérieur de l'ourlet, du bord vif à la ligne de pliure, afin de retirer de l'épaisseur et prévenir la formation de bosses aux endroits où les coutures traversent la ligne de l'ourlet.

**Finition des bords.** Comme la doublure recouvre le bord de l'ourlet lorsque la veste est terminée, il n'est pas nécessaire de finir les bords, sauf si le tissu s'effiloche. Faire une couture au point zigzag, de surjet ou piquée et crantée afin de ne pas ajouter d'épaisseur à l'ourlet. Si un entoilage thermocollant a été posé sur le bord, il est stabilisé de façon satisfaisante et aucune autre finition n'est nécessaire.

**Pressage.** Presser l'ourlet avant de coudre. Si l'ourlet de la veste est très courbé, passer une couture de soutien le long du bord vif.

## Comment faire un ourlet sur un vêtement tailleur

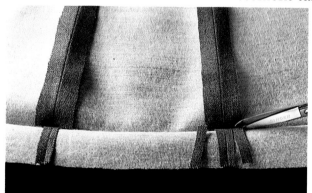

1) **Retourner** l'ourlet et presser la ligne de pliure. Ouvrir l'ourlet et raser les réserves de couture à l'intérieur, du bord vif à la ligne de pliure. Faufiler l'ourlet près de la pliure.

2) **Presser** en laissant la vapeur pénétrer le tissu pour résorber l'ampleur. Afin d'éviter la formation de la marque de l'ourlet sur l'extérieur du vêtement, ne pas presser la ligne d'ourlet.

**Coudre l'ourlet au point de chausson** sur les vêtements doublés. Faire des points lâches par-dessus l'ourlet, de gauche à droite. Piquer dans l'ourlet en prenant une ou deux fibres; faire ensuite un point immédiatement au-dessus de l'ourlet, en ne prenant qu'une fibre du vêtement. Alterner les points en zigzag.

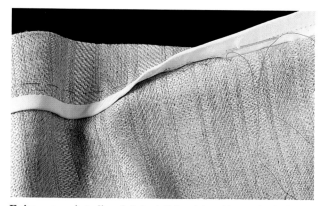

**Faire un point d'ourlet invisible** si le vêtement n'est pas doublé. Finir les bords vifs de façon appropriée. Faufiler près du bord fini. Plier l'ourlet et coudre au point de chausson lâche entre l'intérieur de l'ourlet et du vêtement. L'ourlet est invisible.

# Comment ourler une fente de veste

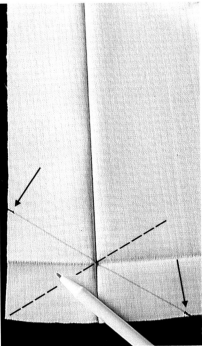

**1) Placer** la fente dans sa position finale. Entailler la couture afin que la croisure du dessous reste à plat. En plaçant l'intérieur de la veste vers le haut, la croisure du dessous se trouve sur le dessus, la réserve de couture pliée ; le rabat se trouve sur le dessous, la parementure à même repliée.

**2) Presser** l'ourlet dans la bonne position, par-dessus le rabat. Presser le pli de l'ourlet et de la fente avec la parementure à même afin de préparer le façonnage du coin en onglet. Entailler la parementure de la fente et la réserve de l'ourlet à leur point de rencontre.

**3) Ouvrir** le coin. Tracer la ligne de couture qui va d'une entaille à l'autre (flèches), en passant par le coin formé par les plis pressés. Replier le coin (ligne pointillée), en plaçant le tissu endroit contre endroit et en faisant correspondre les entailles.

**4) Coudre** sur la ligne. Raser la couture à 6 mm (¼ po). Ouvrir la couture au fer et retourner à l'endroit.

**5) Plier** l'ourlet vers l'extérieur, sur la croisure du dessous, endroit contre endroit. Coudre du pli de l'ourlet jusqu'en haut. Raser à 6 mm (¼ po) et ouvrir au fer ; retourner à l'endroit. Fixer l'ourlet et la fente au point de chausson.

**6) Placer** la fente dans sa position finale. Coudre à travers le haut de la fente, en se plaçant de l'intérieur et en traversant toutes les épaisseurs. Dégrader la couture.

# Doubler une veste

La doublure est taillée et cousue de la même façon que la veste, mais comporte certains détails conçus pour ajouter du confort. Une pince au centre du dos de la doublure permet une plus grande aisance au niveau des épaules et du haut du dos. Il y a également un pli entre la doublure et les ourlets, appelé *pli d'aisance*, qui permet de bouger confortablement sans tirer sur les coutures.

Certains patrons comportent des pièces pour la doublure et d'autres fournissent les lignes de coupe pour la doublure à même le patron. Si le même patron sert pour la veste et la doublure, ajouter 1,3 cm (½ po) sous les bras. Cette précaution permet à la doublure de reposer sur les coutures sous les

bras sans tirer sur les emmanchures. Si le patron comporte des pièces pour la doublure, cette étape aura peut-être été faite pour vous. Vérifiez en plaçant les pièces de la manche et de la doublure une par-dessus l'autre et en faisant correspondre les lignes de couture sous les bras.

Tailler la doublure de la veste et des manches 1,3 cm (½ po) de plus que la longueur de l'ourlet fini. Après avoir assemblé la doublure à la veste, les bords finis de la doublure arriveront à la moitié de l'ourlet des manches et du bas de la veste. Si vous raccourcissez ou allongez le veston ou les manches, n'oubliez pas de reporter ces ajustements sur la doublure.

## Comment doubler une veste

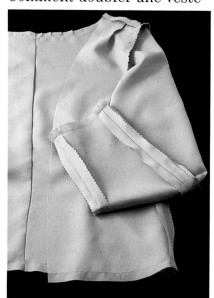

1) **Assembler** la doublure, incluant les manches. Renforcer la couture sous le bras avec un deuxième rang de points. Plier et faufiler à la machine le pli au centre du dos en haut et en bas de la doublure. Effectuer une couture de soutien à 1,3 cm (½ po) du bord de l'encolure, des manches et du bas de la doublure. Faire des entailles jusqu'à la couture de soutien à l'encolure.

2) **Tourner** les parementures vers le haut. Endroit contre endroit, assembler la doublure à la parementure. De chaque côté du devant, laisser un espace non cousu du double de la largeur de l'ourlet. [Laisser 10 cm (4 po) non cousus si l'ourlet a une largeur de 5 cm (2 po).] Raser la réserve de couture aux endroits incurvés. Presser la couture aussitôt qu'elle est faite.

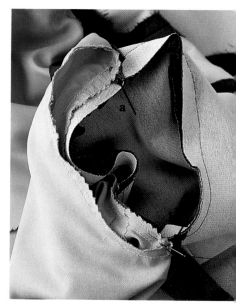

3) **Placer** l'une sur l'autre les réserves de couture de la doublure et de la veste à la couture des épaules (**a**) et sous les bras (**b**); fixer. Retourner la doublure à l'endroit. Placer soigneusement les manches à l'intérieur de la veste. Presser légèrement les réserves de couture de la parementure/doublure vers la doublure à l'aide d'une pattemouille.

# Comment doubler une veste avec une fente

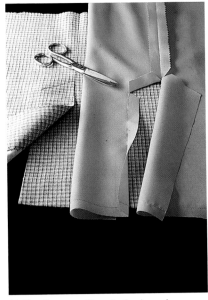

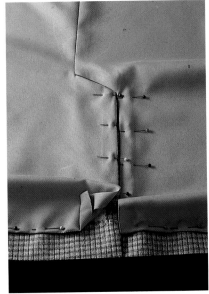

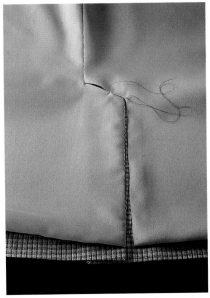

**1) Coudre** au milieu du dos jusqu'aux marques du haut de la fente ; couper la réserve afin que le côté gauche de la fente repose à plat. Faire une couture de soutien du côté droit sur la ligne de couture en traversant le haut et en continuant sur la ligne de pliure. Entailler le coin afin de plier le bord vif le long de la couture de soutien. Fixer la doublure à la parementure de la veste (voir page 166, étapes 1 à 3).

**2) Aligner** les coutures du milieu du dos de la doublure et de la veste à l'ouverture de la fente. Plier la réserve de couture de 1,5 cm (⁵/₈ po) sur le haut de la fente, du côté gauche de la doublure, et plier jusqu'en bas. Épingler la doublure sur les côtés de la fente de la veste ; ne pas épingler le bord supérieur. Aligner le bord vif de la doublure et l'ourlet de la veste, formant un pli au bas de la fente.

**3) Assembler** la doublure et les ourlets en suivant les étapes 4 et 5 ci-dessous. Faire un point coulé sur la doublure, le long de la fente de la veste. Coudre le haut de la fente de la doublure. Les points coulés ne devraient pas traverser le tissu de la veste afin d'éviter une trop grande tension en haut de la fente.

**4) Égaliser** les bords vifs de la parementure, si nécessaire. Assembler les bords vifs de la doublure à l'ourlet au point roulé. Faire un rentré et le fixer sur la ligne de soutien sur le bord inférieur. Épingler de façon que le bord vif de la doublure arrive à égalité avec le haut de l'ourlet de la veste.

**5) Faire** un point coulé afin de fixer le pli de la doublure à l'ourlet de la veste, en piquant seulement à travers la réserve d'ourlet. Sur le devant, plier l'ourlet de la doublure vers le bas de façon à former un pli, et faire un point coulé sur la parementure, de chaque côté.

**6) Coudre** la doublure aux ourlets des manches en suivant les étapes 4 et 5. Coudre le pli d'aisance autour de la manche, même si l'ourlet de la manche a une fente ; les fentes des manches sont décoratives et il n'est pas prévu de les ouvrir ni de les fermer. Presser la doublure de la manche sur le rouleau.

# Doubler une jupe

Peu de patrons de jupes et de pantalons fournissent des pièces pour la confection de la doublure, mais l'ajout d'une doublure permet aux vêtements de mieux tomber et elle est, de plus, facile à réaliser. Vous trouverez ici la méthode pour réaliser une doublure indépendante fixée au tour de taille, mais qui tombe librement. La jupe ou le pantalon et la doublure sont ourlés séparément. L'avantage de ce type de doublure est qu'elle s'enlève complètement, facilitant le pressage du vêtement.

À la différence de la doublure de la veste et du manteau, la doublure de la jupe ou du pantalon est portée directement sur la peau. Dans les climats chauds ou humides, une doublure en rayonne, coton ou fibres mélangées sera plus confortable qu'une doublure en polyester et autres fibres synthétiques.

## Conseils pour doubler jupes et pantalons

**Tailler** la doublure à partir des principales pièces du patron du devant et du dos. Omettre la ceinture, les parementures et les poches. Pour une jupe froncée dans un tissu léger, la jupe et la doublure peuvent être considérés comme une seule épaisseur. Si le tissu est plus lourd, tailler la doublure à partir d'un patron de jupe étroite ou faire de petits plis au lieu de fronces. Ou encore faire des plis directement sur le patron afin d'enlever de l'ampleur, en laissant de l'aisance pour les mouvements. Toutes ces méthodes permettent d'enlever de l'épaisseur à la ligne de taille.

**Omettre** les poches prises dans la couture lorsque vous taillez une doublure. Redresser les lignes de coupe sur les pièces du devant et du dos du patron afin de changer les ouvertures des poches en coutures ordinaires. Si le vêtement a des poches prises dans la découpe, replier les pièces de devant du patron afin de tailler la doublure sans les poches.

**Raccourcir** les pièces du patron afin que la doublure mesure 2,5 cm (1 po) de moins que la jupe ou le pantalon après l'ourletage. Si vous prévoyez faire un ourlet de 2,5 cm (1 po) sur la doublure, couper le bord inférieur de la doublure à égalité avec l'ourlet de la jupe ou du pantalon.

**Reporter** les marques du patron de l'ouverture de la glissière et du tour de taille sur les sections de la doublure après la coupe. Ces repères vous aideront à placer la doublure à l'intérieur de la jupe ou du pantalon.

**Assembler** la jupe ou le pantalon, incluant la fermeture à glissière et les poches, avant de fixer la doublure. Le vêtement devrait être entièrement cousu, à l'exception de la ceinture et de l'ourlet. Ouvrir les coutures au fer. Ne pas finir les coutures à moins que le tissu s'effiloche.

# Comment doubler une jupe

**1) Assembler** la doublure, laissant une ouverture pour la fermeture à glissière; ouvrir les coutures. Glisser la jupe sous la doublure, envers contre envers et aligner les coutures. Faufiler les deux épaisseurs à la machine au tour de taille; plier la doublure le long de la glissière.

**2) Plier** la doublure le long de la fermeture afin de dégager la glissière. Épingler la doublure au ruban de la fermeture à glissière et fermer au point coulé.

**3) Poser** la ceinture. Faire l'ourlet de la doublure à la main ou à la machine de façon qu'il arrive à 2,5 cm (1 po) du bas de la jupe. Faire l'ourlet de la doublure.

## Pinces, aisance ou plis dans les doublures

**Pinces.** Épingler les pinces de la doublure de la jupe ou du pantalon, en faisant correspondre les marques des pinces. Presser les pinces de la jupe ou du pantalon vers le milieu du devant et du dos et celles de la doublure dans la direction opposée afin de réduire l'épaisseur.

**Aisance ou fronces légères.** Glisser la doublure par-dessus la jupe, envers contre envers. Faufiler à la machine à la couture du tour de taille. Froncer la doublure et la jupe en même temps en tirant sur les fils jusqu'à ce qu'elle s'ajuste à la ligne de taille.

**Jupes ou pantalons avec pinces en avant.** Bâtir à la machine les pinces du vêtement et de la doublure séparément. Presser à plat les pinces de la doublure dans la direction opposée de celles de la jupe. Glisser la doublure par-dessus la jupe, envers contre envers. Bâtir à la machine au tour de taille.

# La confection de vêtements de sport

## Les ceintures élastiques

Les ceintures élastiques sont confortables et faciles à réaliser. De plus elles se combinent bien avec des vêtements de tricot extensibles. Certaines ceintures élastiques sont « à même », ce qui signifie que la ceinture est une extension du vêtement à la ligne de taille, et d'autres sont rapportées. Choisissez la technique qui convient au tissu, au style du vêtement et au type d'élastique choisi.

Vous trouverez dans ce livre deux techniques pour la confection des ceintures à même : à coulisse et surpiquée. Les deux techniques conviennent aux tissus de poids léger à moyen. Les ceintures à coulisse (a) donnent un style tout-aller. Cette méthode s'applique aussi bien aux élastiques fermes tressés que tissés. Comme l'élastique n'est pas pris dans la couture du tour de taille, il est facile à ajuster le cas échéant. Les ceintures à même surpiquées (b) s'adaptent à plusieurs styles selon de type de surpiqûre utilisé. Choisissez un élastique avec une bonne extensibilité et une bonne qualité de récupération afin qu'il s'adapte facilement à l'ouverture du vêtement, tout en restant ajusté. Une coulisse élastique (c) peut convenir à cet usage.

Deux techniques supplémentaires sont proposées pour les ceintures rapportées : les ceintures lisses et bouillonnées. Pour les vêtements en tricot de poids léger ou moyen, vous pouvez tailler la ceinture dans le même tissu. Pour les tissus lourds, tels le molleton, choisissez un bord-côte de même couleur que la ceinture ou, pour obtenir un effet décoratif, d'une couleur contrastante.

La ceinture lisse rapportée (d) ressemble à la ceinture traditionnelle lorsque le vêtement est porté. Ce type de ceinture convient bien aux vêtements ajustés en tricot de poids léger à moyen avec une extensibilité moyenne. Utilisez un élastique ferme de 2,5 ou 3,2 cm (1 ou 1 ¼ po).

La ceinture bouillonnée rapportée (e) convient bien à un style de vêtement plus ample, la jupe circulaire, par exemple, et fait particulièrement joli avec des élastiques larges. Les ceintures bouillonnées peuvent être surpiquées ou non, dépendant du style. Il est recommandé d'utiliser des élastiques fermes pour ce type de ceinture.

En général, coupez les élastiques 5 à 7,5 cm (2 à 3 po) de moins que la mesure du tour de taille. Taillez les élastiques légers, comme les élastiques de tricot, de 7,5 à 12,5 cm (3 à 5 po) de moins que le tour de taille. Coupez les élastiques fermes, tels que l'élastique pour ceinture, de la même longueur que le tour de taille ou 2,5 cm (1 po) de moins. Faites une marque sur l'élastique et épinglez-le autour de la taille avant de le couper. Vérifiez s'il est confortable et s'il passe aisément par-dessus les hanches.

Plusieurs rangs de surpiqûres peuvent diminuer la capacité de récupération d'un élastique. Si vous utilisez cette technique, coupez l'élastique jusqu'à 2,5 cm (1 po) de moins que la longueur recommandée pour assurer un ajustement serré.

## Conseils pour la confection de ceintures élastiques

**Prérétrécir** les élastiques coulissés avant de les mesurer. Les élastiques cousus ne nécessitent pas cette opération.

**Sélectionner** un point plus long que la normale, environ 8 à 9 par 2,5 cm (1 po), lorsque vous piquez dans un élastique ; les points sembleront plus courts lorsque l'élastique sera relâché. Un point trop court a pour effet d'affaiblir et d'étirer l'élastique.

**Passer** la ceinture à la vapeur après sa construction, en tenant le fer au-dessus du tissu afin que l'élastique reprenne sa longueur originale.

## Deux façons de joindre les extrémités de l'élastique

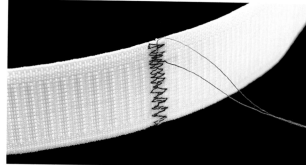

**Aboutage.** Mettre bout à bout les extrémités de l'élastique. Piquer dans un mouvement de va-et-vient, à l'aide d'un point zigzag trois temps ou large en prenant les deux extrémités de l'élastique dans la couture. On recommande cette méthode pour les élastiques fermes.

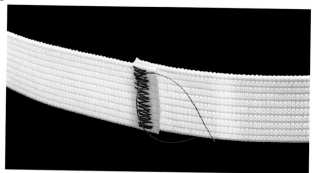

**Chevauchement.** Chevaucher les bouts de l'élastique sur 1,3 cm (½ po). Coudre dans un mouvement de va-et-vient à travers les deux épaisseurs, au point zigzag trois temps ou large. Il convient aux élastiques plus mous, par exemple, les élastiques tricotés.

# Comment confectionner une ceinture à même avec coulisse

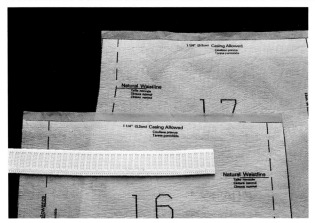

**1) Allonger** le patron du double de la largeur de l'élastique, plus 1,5 cm (⅝ po) au tour de taille. Couper les sections du vêtement et les assembler.

**2) Surjeter** les bords vifs si désiré. Replier le bord du tissu sur l'envers, d'une largeur égale à celle de l'élastique, plus 1,3 cm (½ po). Coudre le long du bord, près de la pliure.

**3) Réunir** les extrémités de l'élastique (voir page 170). Placer l'élastique à l'intérieur de la coulisse (section repliée). Piquer le long de l'élastique au point droit avec un pied ganseur; ne pas prendre l'élastique dans la couture. Faire glisser le tissu sur l'élastique au besoin pendant la couture.

**4) Étirer** la ceinture afin de distribuer le tissu également. Piquer sur l'endroit dans le sillon de la couture du milieu du devant, du dos et des côtés afin de fixer l'élastique.

**Autre méthode. 1)** Suivre les étapes 1 et 2 ci-dessus. Marquer l'élastique à la longueur désirée; ne pas couper. Placer l'élastique dans la coulisse. Coudre au point droit avec un pied ganseur le long de l'élastique, en laissant un espace de 5 cm (2 po) non cousu; ne pas prendre l'élastique dans la couture.

**2) Étirer** l'élastique jusqu'à la marque et l'attacher avec une épingle de sûreté. Faire un essayage et ajuster l'élastique, si nécessaire. Couper et réunir les extrémités de l'élastique (voir page 170); finir la couture. Piquer dans le sillon des coutures du milieu du devant, du dos et des côtés, comme à l'étape 4, ci-dessus.

# Comment confectionner une ceinture à même surpiquée

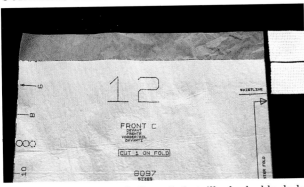

**1) Allonger** le patron à la ligne de la taille du double de la largeur de l'élastique. Tailler les sections du vêtement et les assembler. Réunir les extrémités de l'élastique (voir page 170).

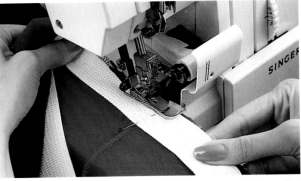

**2) Diviser** le bord du vêtement et l'élastique en quatre et les marquer avec des épingles. Épingler l'élastique sur l'envers du vêtement, les bords à égalité avec les marques qui correspondent; faire un point de surjet ou de zigzag, en étirant l'élastique afin qu'il s'ajuste entre les épingles. Avec une surjeteuse, guider le tissu ou débrayer les couteaux afin de ne pas couper l'élastique.

**3) Plier** l'élastique sur l'envers du vêtement de façon que le tissu recouvre l'élastique. Coudre sur l'endroit, dans le sillon des coutures du milieu du devant, du dos et des côtés à travers toutes les épaisseurs, afin de fixer l'élastique.

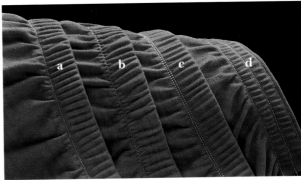

**4) Surpiquer** à travers toutes les épaisseurs, en tirant sur l'élastique. Utiliser un point droit ou un point zigzag long près du bord inférieur (**a**); piquer près du bord inférieur au point zigzag de largeur moyenne à grande (**b**); surpiquer avec une aiguille double près du bord inférieur (**c**); ou piquer trois rangs de points ou plus à intervalles réguliers avec une piqûre simple ou double (**d**).

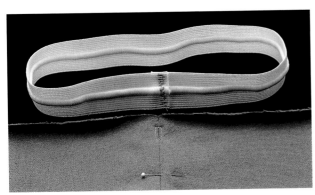

**La coulisse élastique. 1) Allonger** les pièces du patron comme à l'étape 1, ci-dessus. Fixer les extrémités de la coulisse élastique (voir page 170). Assembler les pièces en laissant une ouverture verticale de 1,3 cm (½ po) dans la couture du milieu du devant à la hauteur de la coulisse; surpiquer autour de l'ouverture afin de la fixer solidement.

**2) Suivre** l'étape 2 ci-dessus. Piquer un autre rang de points zigzag sur le bord inférieur de l'élastique. Plier l'élastique sur l'envers du vêtement de façon que le tissu le recouvre. Coudre au point droit à 6 mm (¼ po) des bords inférieur et supérieur de l'élastique à travers toutes les épaisseurs et en tirant sur l'élastique afin qu'il s'ajuste. Tirer la cordelière par l'ouverture au milieu du devant, la couper et faire des nœuds aux extrémités.

# Comment confectionner une ceinture lisse rapportée

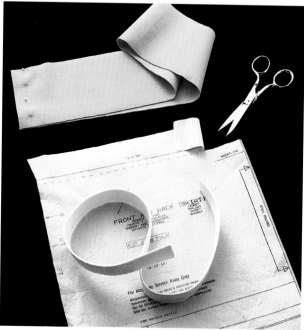

**1) Marquer** la ligne de coupe sur le patron du vêtement à 1,5 cm (⅝ po) au-dessus du tour de taille. Couper la ceinture sur le travers en calculant deux fois la largeur de l'élastique, plus 3,2 cm (1 ¼ po); la longueur de la ceinture égale le tour de taille, plus 8,2 cm (3 ¼ po). Épingler les extrémités de la ceinture en laissant une réserve de 1,5 cm (⅝ po); vérifier l'ajustement aux hanches.

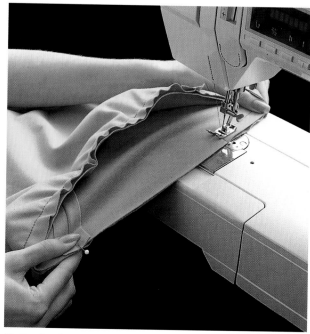

**2) Coudre** les extrémités de la ceinture; ouvrir les coutures. Diviser la ceinture et le vêtement en quatre; épingler aux marques. Épingler la ceinture sur l'endroit du vêtement, les bords à égalité et les marques raccordées. Coudre au point droit ou au point zigzag étroit à 1,5 cm (⅝ po); si vous optez pour le point droit, étirer le tissu pendant que vous cousez.

**3) Réunir** les bouts de l'élastique (voir page 170). Diviser l'élastique et le bord du vêtement en quatre; épingler aux marques. Placer l'élastique sur la réserve de couture; épingler en plaçant le bord inférieur de l'élastique au-dessus de la ligne de couture. Avec l'élastique sur le dessus, piquer à travers les deux réserves de couture au point zigzag large ou multiple; tirer sur l'élastique. Raser les réserves de couture.

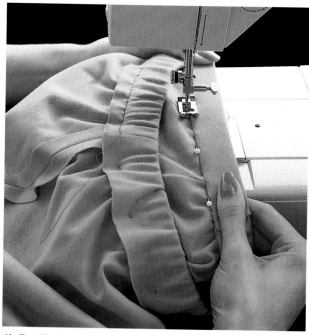

**4) Replier** la ceinture sur l'envers du vêtement tout contre l'élastique; épingler. Coudre dans le sillon de la couture, sur l'endroit du vêtement, en tirant sur l'élastique; prendre la ceinture dans la couture sur l'envers du vêtement, mais sans prendre l'élastique. Raser la réserve de couture de la ceinture à 6 mm (¼ po) de la couture.

# Comment confectionner une ceinture bouillonnée rapportée

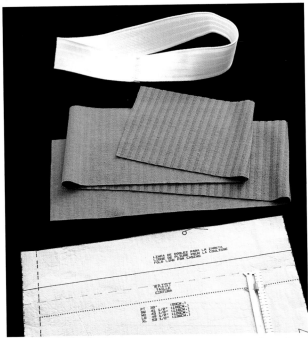

**1) Tracer** la ligne de coupe sur le patron à 1,5 cm (⅝ po) au-dessus du tour de taille. Couper la ceinture sur le travers en calculant le double de la largeur de l'élastique, plus 3,2 cm (1 ¼ po); la longueur de la ceinture égale le tour de taille, plus 8,2 cm (3 ¼ po). Réunir les extrémités de l'élastique (voir page 170).

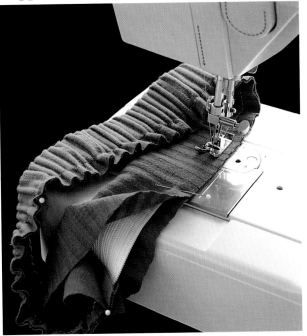

**2) Assembler** les bouts de la ceinture à 1,5 cm (⅝ po) du bord; ouvrir les coutures. Diviser la ceinture et le vêtement en quatre; épingler aux marques. Replier la ceinture en deux dans le sens de la longueur, envers contre envers, en encastrant l'élastique. Bâtir à 1,3 cm (½ po) des bords vifs en évitant les épingles; si nécessaire, glisser le tissu sur l'élastique.

**3) Épingler** à l'endroit en alignant les épingles. Si le vêtement est très large, froncer avant de l'assembler à la ceinture. Piquer à l'intérieur des points de bâti, en tirant sur la ceinture entre les épingles afin qu'elle s'ajuste au vêtement. Raser les réserves de couture à 6 mm (¼ po). Surjeter les bords vifs si désiré.

**4) Étirer** la ceinture afin de distribuer le tissu également. Sur l'endroit, coudre à travers toutes les épaisseurs dans le sillon des coutures du milieu du devant, du dos et des côtés afin de fixer l'élastique. Si désiré, surpiquer à travers toutes les épaisseurs (voir page 173, étape 4).

# Les bords-côtes extensibles

Les bords-côtes ou bordures extensibles servent le plus souvent à finir les bordures des vêtements de sport en tricot. Le bord-côte, qui a une bonne extensibilité et une bonne récupération en largeur, permet aux ouvertures des vêtements de s'étirer pour l'habillage et de reprendre ensuite leur forme. Les bords-côtes sont disponibles au mètre ou en bandes préfinies.

Les bords-côtes, de divers poids, viennent en plusieurs largeurs, de 71 à 152,5 cm (28 à 60 po) ou en tubes de 35,5 à 76 cm (14 à 30 po). Pour les bords-côtes au mètre, coupez une bande de tissu sur le travers, pliez en deux le côté le plus long et posez-le de manière que la pliure devienne le bord fini.

Le bord-côte sert de finition à plusieurs types d'encolures: col roulé, col cheminée, encolure ras du cou ou échancrée. On l'utilise également sur le bas des manches, des T-shirts et des ensembles molletonnés et au tour de taille de pantalons et de jupes. La largeur et la longueur coupées des bords-côtes varient, dépendant de l'endroit où ils seront utilisés et du style recherché.

Dans le cas du bord-côte au mètre, la largeur coupée doit égaler le double de la largeur désirée, plus 1,3 cm (½ po) pour les réserves de couture. Dans le cas des bandes préfinies, la largeur coupée doit égaler la largeur finie plus 6 mm (¼ po) pour la réserve de couture.

Plusieurs patrons pour les tricots indiquent à quelle largeur couper le bord-côte ou fournissent une pièce de patron à utiliser comme guide. La longueur des bandes peut également être déterminée par la mesure de l'ouverture du vêtement sur la ligne de couture, tel qu'illustré ci-dessous.

Pour les bordures droites et ajustées, la longueur du bord-côte peut être déterminée en épinglant la bande directement sur le corps. Pour tous les bords droits qui ne nécessitent pas d'ajustement serré, comme le bas d'une jupe, coupez la bande légèrement plus courte que le bord du vêtement.

Pour l'assemblage des bords-côtes, on peut opter pour la méthode de construction à plat ou en forme. L'assemblage à plat est la plus rapide, mais il se peut que les coutures soient apparentes au niveau des bordures. Pour un fini de meilleure qualité, il est préférable de fixer la bordure en forme. Grâce à cette méthode, les coutures du bord-côte sont bordées.

S'il est impossible de vous procurer des bords-côtes d'une couleur assortie au vêtement, taillez la bordure dans le même tissu que le vêtement, mais sur le travers. Choisissez un tricot qui s'étire au moins de 50 % dans le sens de la largeur; par exemple, un tricot de 25,5 cm (10 po) doit s'étirer au moins jusqu'à 38 cm (15 po).

## Comment déterminer la largeur de la bande extensible

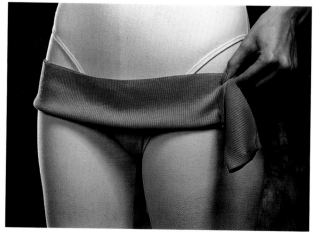

**Mesurer** l'ouverture à la ligne de couture avec un ruban à mesurer. Pour les encolures, couper le bord-côte tel qu'indiqué à la page 177. Pour les autres ouvertures, calculer les deux tiers de la mesure, plus 1,3 cm (½ po). Si la bordure est dans le même tissu que le vêtement, couper aux trois quarts de la mesure de l'encolure, plus 1,3 cm (½ po).

**Entourer** le corps avec le bord-côte ou le tissu et épingler pour obtenir des bordures ajustées, par exemple, aux hanches, aux poignets et aux chevilles. Plier le bord-côte en deux et épingler à plat mais en évitant qu'il bâille; ne pas déformer les côtes. Ajouter 1,3 cm (½ po) pour les réserves de couture.

## Types d'encolures extensibles

Les vêtements à encolure au ras du cou **(a)** ont habituellement un bord-côte de 2,5 à 3,2 cm (1 à 1 ¼ po) ; la couture de l'encolure tombe à 2 cm (³⁄₄ po) sous la ligne naturelle de l'encolure. La bande doit mesurer les deux tiers de l'encolure, plus 1,3 cm (½ po).

Les vêtements à col roulé **(b)** ont un bord-côte de 10 à 15 cm (4 à 6 po). La couture de l'encolure tombe à la ligne naturelle de l'encolure. La bande doit être égale à l'encolure, plus 1,3 cm (½ po).

Les vêtements à col cheminée **(c)** ont un bord-côte de 5 à 6 cm (2 à 2 ¼ po). L'encolure tombe à 1,3 cm (½ po) sous la ligne naturelle de l'encolure. La bande doit mesurer les trois quarts de l'encolure, plus 1,3 cm (½ po).

Les vêtements à encolure échancrée **(d)** ont une encolure arrondie et le bord-côte tombe en dessous de la ligne naturelle de l'encolure du devant et parfois du dos. Taillez le bord-côte aux deux tiers de la mesure de l'encolure, plus 1,3 cm (½ po). La largeur finie du bord-côte varie entre 2 à 2,5 cm (³⁄₄ à 1 po).

L'encolure peut être faite dans le même tissu que le vêtement. Pour les cols roulés, taillez le tissu de la longueur de l'encolure, plus 1,3 cm (½ po) ; pour une encolure au ras du cou, pour un col cheminée et une encolure échancrée, taillez aux trois quarts de la mesure de l'encolure, plus 1,3 cm (½ po).

# Comment confectionner une bordure extensible (à plat)

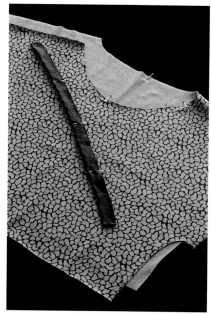  

**1) Tailler** les sections du vêtement, en laissant des réserves de couture de 6 mm (¼ po) aux ouvertures. Laisser une couture ouverte. Plier le bord-côte au mètre en deux dans le sens de la longueur, envers contre envers. Diviser le bord-côte et l'ouverture en quatre; épingler aux marques.

**2) Épingler** le bord-côte sur l'endroit du vêtement, en réunissant les épingles. En plaçant le bord-côte vers le haut, piquer à 6 mm (¼ po) au point zigzag étroit ou de surjet. Tirer sur le bord-côte afin de l'ajuster à l'ouverture du vêtement à mesure que vous piquez. Presser légèrement la couture vers le vêtement.

**3) Assembler** le reste du vêtement, en alignant soigneusement la couture du bord-côte et les extrémités du vêtement. Si désiré, surpiquer tel qu'illustré à l'étape 3, ci-dessous.

# Comment confectionner une bordure extensible (en forme)

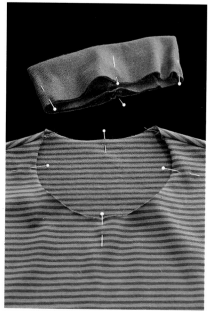  

**1) Assembler** les extrémités de la bordure en laissant une réserve de couture de 6 mm (¼ po). Replier le côté le plus long du bord-côte au mètre en deux, envers contre envers. Diviser le bord-côte et l'ouverture en quatre; épingler aux marques.

**2) Épingler** le bord-côte sur l'endroit du vêtement, en alignant les épingles. Avec le bord-côte vers le haut, piquer au point zigzag étroit ou de surjet à 6 mm (¼ po) du bord; tirer sur le bord-côte afin qu'il s'ajuste à mesure que vous piquez. Presser légèrement la couture vers le vêtement.

**3) Surpiquer** près de la ligne de couture, si désiré, en traversant toutes les épaisseurs, avec une aiguille simple ou double. Si vous utilisez une aiguille simple, étirer légèrement le tissu pendant que vous piquez.

# Comment poser une bordure extensible croisée sur une encolure en V

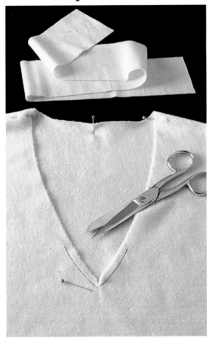

**1) Tailler** le bord-côte légèrement plus long que le bord vif de l'encolure. Faire une couture de soutien sur la ligne de couture 5 cm (2 po) de chaque côté du V avec des points courts. Entailler soigneusement la pointe du V. Plier en deux le côté le plus long du bord-côte.

**2) Épingler** le bord-côte du côté droit de l'encolure à 6 mm (¼ po) du bord ; laisser 2,5 cm (1 po) pour la croisure. Avec l'endroit du vêtement sur le dessus, commencer à coudre au milieu du devant. Tirer légèrement sur le bord-côte pendant que vous piquez.

**3) Arrêter** la piqûre à la couture de l'épaule. Mesurer le dos de l'encolure entre les coutures des épaules. Marquer le bord-côte aux deux tiers de cette longueur. Raccorder les épingles et les coutures d'épaules.

**4) Coudre** le bord-côte au dos de l'encolure et descendre du côté gauche de l'encolure et en tirant légèrement sur la bordure. Arrêter la couture avant d'atteindre la pointe du V, laissant une ouverture égale à la largeur du bord-côte. Retirer le vêtement de la machine à coudre.

**5) Retourner** la couture du bord-côte vers l'intérieur. Étendre le vêtement à plat. Retourner les bouts à l'intérieur de l'ouverture, le côté droit chevauchant le côté gauche. Épingler le bord-côte au milieu du devant, un côté recouvrant l'autre.

**6) Plier** le devant du vêtement afin qu'il ne gêne pas. Sur l'envers, fermer la couture ; pivoter à la pointe du V et piquer l'extrémité libre de la bordure à la réserve de couture du côté droit. Raser les surplus.

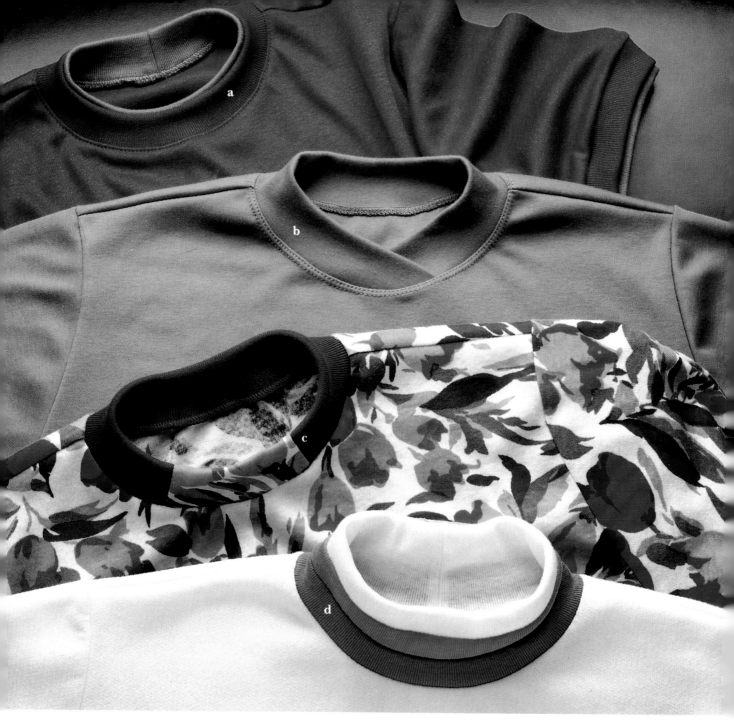

# D'autres styles de bords-côtes

Les bordures extensibles peuvent varier presque à l'infini, ajoutant à l'originalité et à l'intérêt d'un vêtement. Ces techniques changent l'allure du vêtement, mais elles se basent toutes sur le montage de base en forme.

Une bordure double (**a**) à l'encolure et à la base des manches donne l'illusion de deux chemisettes en une. Pour obtenir cet effet, deux pièces de bord-côte sont taillées à différentes largeurs et assemblées à l'ouverture.

La bordure rabattue (**b**) est constituée de bords-côtés qui se croisent au centre. Sur les vêtements de femmes et de fillettes, le côté droit chevauche le côté gauche; pour les hommes et les garçons, à l'inverse, le côté gauche chevauche le côté droit.

L'ajout d'un entre-deux de même tissu que le vêtement (**c**) accentue le devant de l'encolure ou du tour de taille. Ajoutez une petite touche avec une surpiqûre décorative.

Assemblez deux ou trois bords-côtes de couleurs contrastantes et obtenez une bordure extensible rayée (**d**). Ce type de bord-côte est particulièrement approprié pour les cols cheminée et le bas des manches et des T-shirts.

# Comment confectionner une bordure double

**1) Tailler** deux morceaux de bord-côte ajustés à l'ouverture du vêtement (voir page 177). Le premier doit mesurer 7,5 cm (3 po) de largeur pour une largeur finie de 3,2 cm (1 ¼ po) ; couper l'autre pièce à 6,5 cm (2 ½ po) de largeur, pour une largeur finie de 2,5 cm (1 po).

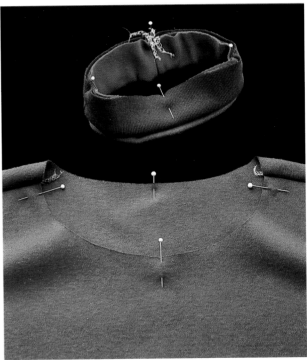

**2) Assembler** les extrémités de chaque bord-côte à 6 mm (¼ po) des bords. Plier chaque pièce en deux dans le sens de la largeur, envers contre envers. Épingler le bord-côte étroit par-dessus le large, les bords vifs et les coutures à égalité. Diviser en quatre les bords-côtes et l'ouverture du vêtement ; marquer avec des épingles.

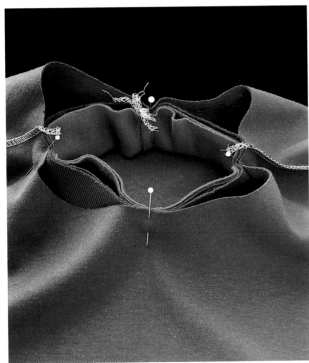

**3) Épingler** le bord-côte double au vêtement, endroit contre endroit, en alignant les épingles et les bords vifs ; placer la couture des bords-côtes vis-à-vis celle du dos de l'encolure ou du dessous du bras. La bordure la plus étroite se trouve contre le vêtement.

**4) Piquer** l'encolure au point zigzag ou de surjet à 6 mm (¼ po) du bord, en plaçant la bordure vers le haut et en l'étirant afin qu'elle s'ajuste à l'ouverture pendant que vous piquez. Utiliser, au choix, une aiguille simple, double ou triple.

# Comment confectionner une bordure rabattue

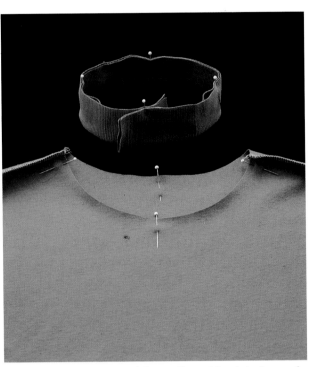

**1) Tailler** la bordure en ajoutant 5 cm (2 po) à la longueur prévue pour l'ouverture du vêtement (voir page 177). Plier en deux dans le sens de la largeur. Laisser 2,5 cm (1 po) à chaque extrémité et marquer avec une épingle.

**2) Chevaucher** les extrémités en alignant les épingles sur le milieu du devant. Diviser le bord-côte en quatre ; répéter pour l'ouverture du vêtement en épinglant sur le milieu du devant.

**3) Épingler** le bord-côte sur l'endroit du vêtement ; aligner les épingles, puis les milieux du devant ; placer les bords vifs à égalité. (Les illustrations montrent un vêtement féminin.)

**4) Courber** les extrémités du bord-côte vers la réserve de couture, de façon que les extrémités se croisent et s'amincissent aux bords vifs.

**5) Enlever** l'aiguille au centre afin que l'encolure reprenne sa forme. Épingler à nouveau au milieu du devant. Raser le surplus de tissu et piquer comme à la page 181, étape 4.

# Comment confectionner une bordure avec un entre-deux de même tissu que le vêtement

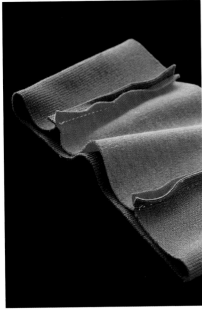

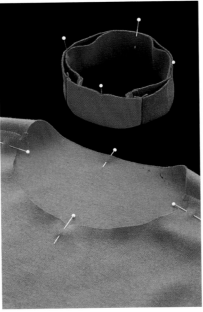

**1) Couper** le bord-côte à la largeur désirée et à la longueur proportionnée à l'ouverture (voir page 177), moins 7,5 cm (3 po). Tailler l'entre-deux de la même largeur que le bord-côte et d'une longueur de 9 cm (3 ½ po). Assembler l'entre-deux au bord-côte à 6 mm (¼ po) des bords, formant ainsi un cercle.

**2) Replier** l'entre-deux et le bord-côte en deux, envers contre envers, sur le sens de la longueur. Diviser en quatre ; épingler aux marques, placer une épingle sur le devant de l'entre-deux. Diviser l'ouverture du vêtement en quatre en épinglant le milieu du devant.

**3) Épingler** le bord-côte et l'entre-deux au vêtement, endroit contre endroit, les bords vifs à égalité ; faire correspondre les milieux du devant et de l'entre-deux et les autres marques. Piquer comme à la page 181, étape 4. Surpiquer, si désiré, à travers toutes les épaisseurs.

# Comment confectionner une bordure rayée

**1) Tailler** les bandes en fonction de l'ouverture du vêtement (voir page 177). La largeur de chaque bande est égale à la largeur désirée, plus 1,3 cm (½ po) pour les réserves de couture ; aussi, pour constituer la doublure, ajouter la largeur du bord-côte fini à la bande du haut. Assembler les longs côtés des bandes, endroit contre endroit, en laissant une réserve de couture de 6 mm (¼ po) ; presser légèrement sur un côté.

**2) Assembler** les extrémités en laissant une réserve de couture de 6 mm (¼ po) ; presser légèrement. Plier en deux, envers contre envers. Diviser la bordure et l'encolure du vêtement en quatre et mettre des épingles. Épingler la bordure au vêtement endroit contre endroit, en faisant correspondre les épingles et en plaçant les bords vifs à égalité ; placer la couture du bord-côte au milieu du dos ou vis-à-vis la couture sous les bras. Piquer comme à la page 181, étape 4.

# Les maillots de bain et les léotards

Les patrons de maillots de bain et léotards sont habituellement très ajustés en vue du confort et de l'aisance de mouvements. Il existe une grande variété de styles. Les styles avec coutures princesse sont amincissants, de même que les patrons avec un panneau central d'une couleur contrastante; pour amincir les hanches, utilisez une couleur foncée sur les côtés. Les échancrures hautes sur les maillots de bain et les léotards allongent les jambes et amincissent le torse. Si vous avez la poitrine large, choisissez un patron avec des pinces ou des coutures qui soulignent la forme du sein. Si vous êtes trop mince, optez pour des patrons avec des bouillonnés, des drapés ou des volants. Ou encore, choisissez un patron simple, mais avec un imprimé voyant.

En confectionnant vos propres maillots de bain et léotards, vous obtiendrez des vêtements qui répondent à vos besoins. Vous pouvez ajouter une doublure sur le devant d'un maillot de bain, surtout si vous utilisez un tissu pâle ou léger, ou doubler uniquement la fourche et ajouter un bandeau à la hauteur de la poitrine. Des bonnets peuvent être posés à l'intérieur du bandeau pour un support plus ferme.

Les tissus avec élasticité dans les deux sens s'étirent et s'ajustent aux contours de plusieurs types de silhouettes. Choisissez le patron en vous basant sur la mesure de la poitrine afin d'éviter d'avoir à y faire des ajustements. S'il vous faut différentes tailles de patron pour que votre maillot soit bien ajusté aux hanches et à la poitrine, choisissez un patron multi-tailles. Sélectionnez les lignes de coupes ajustées à votre taille, et raccordez les lignes à la ligne de taille.

# L'ajustement du patron

## Comparaison entre le tour de poitrine et la longueur de torse

Pour les maillots de bain et léotards une pièce, mesurez la longueur du torse, tel qu'illustré ci-dessous et comparez ces mesures à celles du tableau de droite; ne mesurez pas les pièces du patron pour cette comparaison, parce qu'elles seront moindres que les mesures du corps. Si votre longueur de torse arrive dans l'intervalle correspondant à votre tour de poitrine, il n'est pas nécessaire d'effectuer de modifications au patron.

Si la longueur de votre torse ne correspond pas à la longueur indiquée sur le tableau, il faut commencer par ajuster le devant du patron du quart de la différence et ensuite reporter la même mesure sur le dos du patron. L'ajustement total du patron ne correspond qu'à la moitié de la différence entre votre longueur de torse et celle apparaissant sur le tableau. Le tissu avec élasticité dans les deux sens vous offrira automatiquement le reste de la longueur nécessaire lorsque vous porterez votre maillot. Si chaque pièce de patron comporte deux lignes pour l'ajustement, répartissez l'ajustement total entre les quatre lignes.

Les doublures peuvent limiter l'extensibilité des tissus pour maillots de bain, aussi, si vous prévoyez doubler le devant d'un maillot de bain, ajoutez 1,3 cm (½ po) à la longueur des pièces du patron du devant et du dos.

| Tour de poitrine | Longueur du torse |
|---|---|
| 76 cm (30 po) | 132 à 137 cm (52 à 54 po) |
| 81,5 cm (32 po) | 134,5 à 139,5 cm (53 à 55 po) |
| 86,5 cm (34 po) | 137 à 142 cm (54 à 56 po) |
| 91,5 cm (36 po) | 139,5 à 145 cm (55 à 57 po) |
| 96,5 cm (38 po) | 142 à 147 cm (56 à 58 po) |
| 102 cm (40 po) | 145 à 150 cm (57 à 59 po) |
| 107 cm (42 po) | 147 à 152,5 cm (58 à 60 po) |
| 112 cm (44 po) | 150 à 155 cm (59 à 61 po) |

## Comment ajuster la longueur de torse sur le patron

**1) Mesurer** à partir de l'indentation du sternum; faire passer le ruban à mesurer entre les jambes et le remonter le long du dos jusqu'à l'os proéminent à la base du cou. Garder le ruban bien ajusté au corps afin que le vêtement fini soit, lui aussi, bien ajusté. Il est utile d'obtenir de l'aide pour cette étape.

**2) Déterminer** la différence entre la mesure de votre torse et la longueur de torse indiquée sur le tableau vis-à-vis la mesure de votre tour de poitrine. Le patron doit être ajusté de la moitié de cette différence; distribuer également entre les lignes d'ajustement du patron.

**3) Ajuster** le patron. Pour allonger ou raccourcir, écarter ou chevaucher les pièces du patron sur les lignes d'ajustement. Dans le cas présent, le devant et le dos du patron ont été allongés de 6 mm (¼ po) au niveau de chaque ligne d'ajustement, pour un ajustement total de 2,5 cm (1 po).

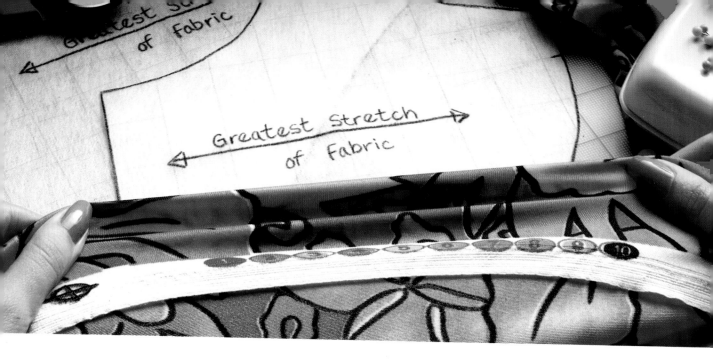

## La confection des maillots de bain et léotards

Avant d'établir le plan de coupe d'un maillot de bain ou d'un léotard, voyez dans quel sens le tissu s'étire le plus. Les tricots en nylon/spandex s'étirent habituellement plus dans le sens de la longueur; le coton/spandex, dans le sens de la largeur. Pour plus de confort, le sens le plus élastique doit entourer le corps.

Les maillots de bain et les léotards sont de confection rapide et facile. La plupart des styles ne comportent que quelques coutures et finitions de bords. Commencez par les coutures des côtés et de la fourche; essayez ensuite le vêtement et effectuez les ajustements nécessaires.

Si un maillot de bain ou un léotard une pièce est trop long au niveau du torse, raccourcissez-le aux épaules. Rasez l'encolure autant que nécessaire. Si l'emmanchure devient trop petite, coinçant le vêtement sous le bras, élargissez-la en rasant les ouvertures. Les ouvertures des jambes devraient bien s'ajuster; si elles sont trop grandes, rétrécissez les coutures sur les côtés, vers le bas, en les amincissant graduellement. Après l'essayage, assemblez aux épaules et posez l'élastique (voir pages 188-189).

## Comment confectionner un maillot de bain ou un léotard une pièce

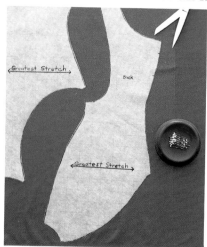

**1) Déterminer** si le tissu s'étire davantage sur le droit fil de chaîne ou de trame. Placer le tissu sur le patron de façon que le côté le plus extensible entoure le corps.

**2) Effectuer** la couture au centre du dos; ensuite celle de la fourche, et poser la doublure. Assembler les côtés. Vérifier l'ajustement (voir page 187).

**3) Poser** la doublure sur le devant, s'il y a lieu. Fermer les coutures d'épaules. Poser les élastiques aux ouvertures (voir pages 188-189).

# Comment confectionner un maillot de bain ou un léotard deux pièces

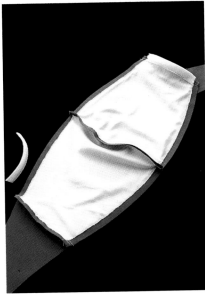

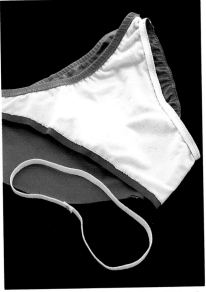

**1) Établir** le plan de coupe comme à l'étape 1, page 186. Assembler le soutien-gorge et poser la doublure sur l'envers en laissant la largeur de l'élastique ; faufiler à la machine ; raser la doublure. Aligner les baleines, s'il y a lieu, sur les coutures latérales et les placer de telle façon qu'elles courbent en s'éloignant du corps. Piquer par-dessus la couture précédente, à l'intérieur, le long de la baleine.

**2) Poser** l'élastique sur les bords du soutien-gorge (voir pages 188-189). Coudre les bretelles et les fixer au maillot au point zigzag étroit. Passer l'extrémité droite de la bretelle dans la fente du crochet, en la repliant de 1,3 cm (½ po) ; coudre au point zigzag. Replier l'autre de 1,3 cm (½ po) sur l'envers ; coudre au point zigzag. Les détails, comme la bande au centre, sont confectionnés selon les indications du patron.

**3) Assembler** l'arrière de la culotte du maillot de bain. Poser la doublure sur le devant, s'il y a lieu. Poser l'élastique aux ouvertures (tour de taille et jambes) (voir pages 188-189).

## L'ajustement parfait

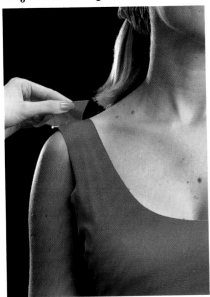

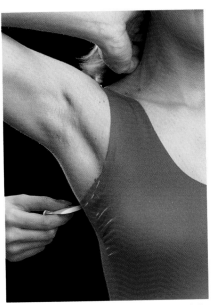

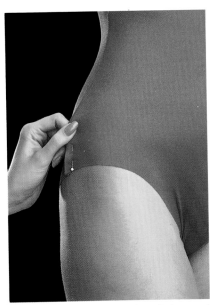

**1) Ajuster** aux coutures d'épaules si le torse du maillot est trop long. Si l'encolure a trop remonté, marquer le bon emplacement à l'aide d'une craie, et ensuite, raser le long de la ligne.

**2) Agrandir** l'ouverture des bras si le vêtement coince sous les bras, en traçant une ligne avec une craie et ensuite raser le surplus de tissu.

**3) Ajuster** les coutures des côtés avant de poser l'élastique afin que l'ouverture des jambes soit bien ajustée.

# Les bordures élastiques

L'utilisation d'élastiques à l'encolure, aux ouvertures des bras et des jambes et au tour de taille permet de stabiliser les bordures et d'ajuster parfaitement les maillots de bain et les léotards. De plus, les bordures élastiques facilitent l'habillage et le déshabillage et s'ajustent à votre silhouette. Il ne faut toutefois pas en dépendre pour régler les problèmes d'ajustement.

Si vous n'avez pas rectifié l'encolure et les ouvertures des bras et des jambes, coupez l'élastique à longueur proposée sur le patron. Si vous avez modifié les ouvertures, suivez les directives indiquées dans le tableau ci-dessous. La plupart des patrons impriment l'information relative à la coupe des élastiques sur le feuillet d'instructions ou fournissent un guide de coupe directement sur le patron. Si vous utilisez un patron multi-modèles, assurez-vous que vous coupez bien l'élastique pour le modèle que vous avez choisi ; par exemple, une ouverture de jambe très échancrée nécessite un élastique plus long qu'une ouverture standard.

Vous pouvez utiliser un élastique de coton tressé ou transparent. Les deux ont une excellente extensibilité et récupération et sont résistants au chlore et au sel. La plupart proposent un élastique de 1 cm ($^3/_8$ po) de largeur pour les maillots de bain d'adulte et de 6 mm ($^1/_4$ po) pour les maillots de bain d'enfants.

## Directives pour la coupe de l'élastique

| Type de bordure | Longueur de l'élastique coupé |
|---|---|
| Ouverture des jambes | Mesure de l'ouverture de la jambe, moins 5 cm (2 po) pour un maillot d'adulte ou moins 2,5 cm (1 po) pour un maillot d'enfant. |
| Bordure supérieure d'une culotte de maillot de bain deux pièces | Mesure du bord supérieur, moins 5 à 7,5 cm (2 à 3 po), dépendant de l'ajustement souhaité. Vérifier s'il s'ajuste confortablement aux hanches. |
| Ouverture des bras | Mesure de l'ouverture des bras. |
| Encolure | Mesure de l'encolure. Ou pour un ajustement serré sur une encolure en pointe, utiliser un élastique de 2,5 à 7,5 cm (1 à 3 po) de moins que l'encolure. |

# Comment appliquer un élastique

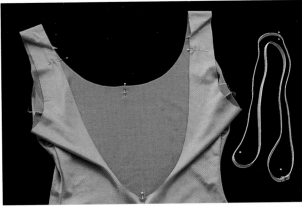

**Encolure ou ouverture à la taille. 1)** Coudre les extrémités de l'élastique (voir page 170). Diviser l'élastique en quatre ; épingler aux marques, en plaçant une épingle à côté des extrémités. Diviser l'ouverture du vêtement en quatre ; épingler. La couture n'arrivera peut-être pas à mi-chemin entre le milieu du devant et du dos.

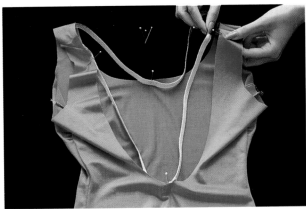

**2) Épingler** l'élastique sur l'envers du tissu, en alignant les bords et les épingles. Placer les bouts qui se chevauchent au milieu au dos de l'encolure ou de la ligne de la taille.

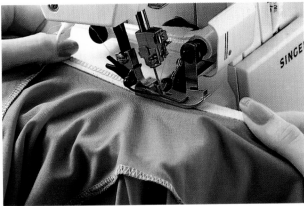

**3) Piquer** le bord extérieur de l'élastique au vêtement au point zigzag ou de surjet ; tirer sur l'élastique pour l'ajuster entre les épingles. Avec une surjeteuse, guider le tissu ou débrancher les couteaux pour ne pas couper l'élastique.

**4) Plier** l'élastique vers l'intérieur du vêtement en le recouvrant de tissu.

**5) Piquer** à travers toutes les épaisseurs à 6 mm (¼ po) du bord replié au point zigzag étroit ou à points droits longs, en étirant le tissu.

**Ouvertures des jambes.** Coudre les extrémités de l'élastique (voir page 170). Épingler l'élastique à l'ouverture de la jambe en plaçant les bouts cousus vis-à-vis les coutures des côtés sans étirer l'élastique sur le devant du vêtement ; le reste de l'élastique sera étiré afin d'épouser l'arrière de l'ouverture de la jambe. Suivre les étapes 3 à 5, en tirant sur l'élastique.

# La confection de vêtements d'enfants

La confection de vêtements d'enfants peut s'avérer très économique sans nécessairement exiger beaucoup de temps. Comme ils nécessitent peu de tissu, leur coût est habituellement minime. Vous pourrez peut-être même utiliser un reste de tissu ou tailler dans un vêtement d'adulte pour confectionner un joli vêtement à un petit enfant.

La plupart des modèles pour enfants ont des lignes simples, comportent peu de pièces et sont faciles à faire. Voilà une bonne occasion de s'initier à la couture ou de mettre à jour ses connaissances.

## La sécurité avant tout

Il faut s'assurer que les vêtements d'enfants ne comportent aucun danger. Évitez les cordons lâches ou les excédents de tissu qui risquent de s'enchevêtrer, surtout pour les bébés. Attention aux jupes ou aux robes de nuit longues susceptibles de faire trébucher l'enfant ou les manches très larges qui risquent de provoquer des accidents. Limitez la longueur des liens ou ceintures à nouer et fixez solidement boutons et garnitures. Utilisez un tissu ignifugé pour les vêtements de nuit.

## Personnaliser les vêtements pour enfants

Une touche de créativité peut rendre un vêtement particulièrement précieux aux yeux d'un enfant. Utilisez un dessin d'enfant pour vous guider dans le choix des couleurs et des formes pour un motif de broderie à la machine. Ou encore laissez l'enfant colorier ou peindre le tissu avant de tailler le vêtement. Certains enfants voudront peut-être dessiner leurs propres vêtements, pour qu'ensuite vous tentiez de les reproduire. Des appliqués simples et originaux peuvent refléter une activité ou un jouet spécial.

Invitez l'enfant à participer à la sélection du patron, du tissu et de la mercerie. Les couleurs primaires, le rouge, le jaune et le bleu, sont populaires auprès des tout-petits qui commencent à reconnaître les couleurs. Basez-vous sur les couleurs que l'enfant choisit le plus souvent pour dessiner ou celles d'un jouet favori. Considérez la couleur des cheveux, des yeux et de la peau de l'enfant et choisissez des couleurs qui soulignent ces attributs.

## Éléments pour encourager l'enfant à s'habiller seul

Pour encourager l'enfant à s'habiller seul, choisissez des vêtements avec de grandes encolures, lâches au niveau du tour de taille et avec des attaches faciles à manipuler. Les fermetures doivent être visibles et faciles à atteindre ; placez-les sur le côté ou le devant du vêtement. Les bandes velcro peuvent être utilisées sur la plupart des vêtements. Les jeunes enfants peuvent facilement détacher des boutons simples, gros et ronds et des boutons pression, mais avoir de la difficulté à les attacher avec leurs petites mains. Ils apprécient également les fermetures à glissière munies de grosses dents et de grosses languettes, faciles à ouvrir. Les pantalons à ceinture élastique sont plus faciles à enfiler et à enlever. Les enfants peuvent éprouver de la frustration à essayer de fixer des agrafes et portes, de petits boutons et à nouer des cordons.

## La planification de vêtements confortables qui laissent place à la croissance

**Ajouter** des bordures extensibles au bas des manches ou du pantalon, que vous pouvez retourner lorsque l'enfant grandit.

**Choisir** des patrons de pantalons qui peuvent être transformés en shorts lorsqu'ils sont devenus trop courts.

**Utiliser** des élastiques au tour de taille de pantalons et de jupes coupés généreusement afin qu'ils soient confortables durant les poussées de croissance.

**Allonger** la fourche sur les vêtements une pièce afin d'assurer le confort durant la croissance de l'enfant.

**Ajouter** des bretelles avec des fermetures réglables.

**Choisir** un patron de robe ou de jumper à taille basse ou sans taille pour un confort et une longévité maximum.

**Utiliser** des tricots parce qu'ils sont plus faciles à coudre et offrent un maximum d'extensibilité pour la croissance et le confort.

**Considérer** l'achat de patrons amples avec des plis et des fronces, qui permettent à l'enfant de grandir.

**Choisir** des patrons avec des manches raglan, chauve-souris ou rallongées à l'épaule, qui permettent la croissance et la liberté de mouvement.

**Choisir** des tailles plus grandes pour plus de confort.

# Les couvertures et les serviettes à capuchon

Les petites couvertures et les serviettes à capuchon doivent être suffisamment grandes pour s'accommoder de la croissance du bébé. Choisissez des tricots ou des tissus doux, chauds et absorbants comme la flanelle, le tricot interlock, le jersey, le tissu en tricot isotherme, le tissu-éponge et la ratine extensible. Il est également possible d'utiliser deux épaisseurs de tissu léger, envers contre envers. Arrondissez tous les coins pour faciliter l'application des bordures. Taillez un carré de 91,5 cm (36 po) de côté dans un tissu de 115 ou 152,5 cm (45 ou 60 po) de largeur. Lorsque vous utilisez un tissu de 115 cm (45 po) de largeur, le faux bordé et le capuchon requièrent l'ajout de 0,25 m (¼ vg). Taillez une bande de 3,8 cm (1 ½ po) de large dans le droit fil de chaîne ou de trame en ajoutant 5 cm (2 po) au périmètre de l'article; assemblez des morceaux si nécessaire. Pliez la bordure en deux, envers contre envers et pressez.

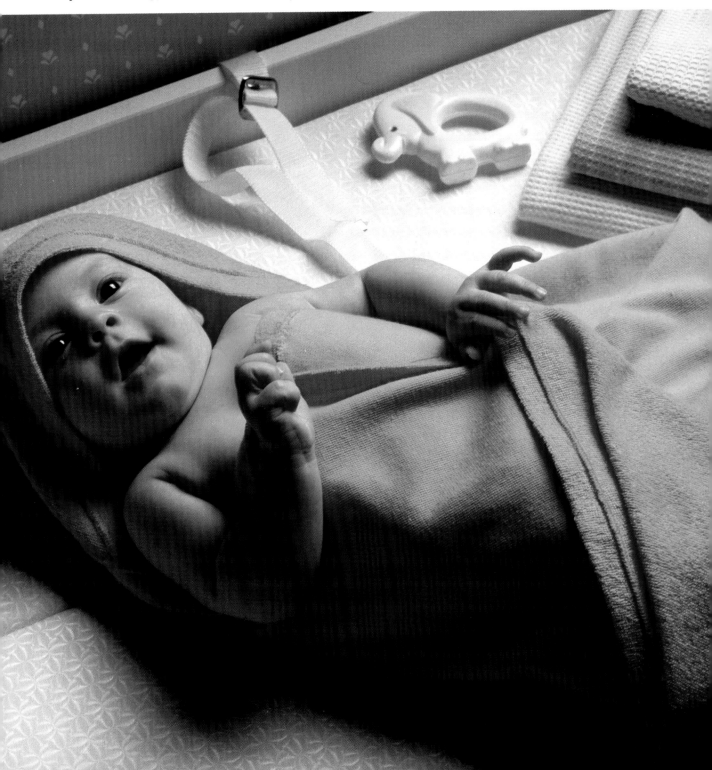

# Comment confectionner un faux bordé

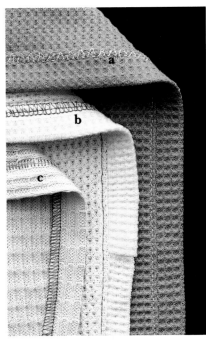

**1) Surjeter** le bordé sur l'endroit de la couverture ou de la serviette, en commençant à 3,8 cm (1 ½ po) de l'extrémité. Piquer jusqu'à 5 cm (2 po) du début, en étirant légèrement le tissu aux coins; ne pas étirer le bordé (avec un point flatlock à la surjeteuse, piquer *envers sur envers*).

**2) Plier** le bordé 2,5 cm (1 po) vers l'intérieur; recouvrir la première extrémité du bordé. Continuer à coudre en passant par-dessus les points précédents sur une distance de 2,5 cm (1 po) afin de fixer les extrémités.

**3) Tourner** la réserve de couture vers la couverture ou la serviette. Surpiquer à travers toutes les épaisseurs au point de surjet (**a**) ou au point de surjet et couture (**b**) afin que les réserves de couture restent à plat. Si le point de couture flatlock (**c**) a été choisi, aplatir la bordure et le tissu.

# Comment confectionner une serviette à capuchon

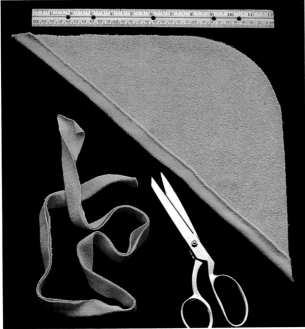

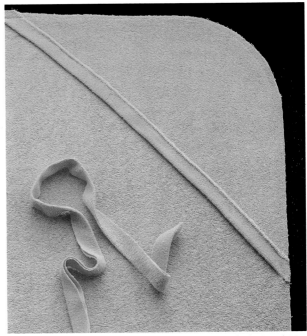

**1) Tailler** un triangle rectangle avec deux côtés de 30,5 cm (12 po), d'une couleur contrastante ou assortie à la serviette. Arrondir l'angle droit et finir le bord en diagonale avec un faux bordé, comme ci-dessus.

**2) Placer** l'envers du capuchon sur l'endroit de la serviette. Coudre le triangle à un coin arrondi de la serviette à 6 mm (¼ po) des bords. Finir les bords extérieurs, comme ci-dessus.

# Les bavoirs

Les bavoirs sont d'exécution facile et rapide. Confectionnez des bavoirs durables en tissu éponge, en tricot ou à partir de serviettes à main et personnalisez-les à l'aide d'appliqués et de rubans. Augmentez leur capacité d'absorption grâce à une double épaisseur de tissu. Doublez un bavoir de tissu avec du plastique souple et doux afin de protéger les vêtements; finissez les bords avec un biais double ou utilisez une serviette à main dont les bords sont déjà finis.

## Bavoirs personnalisés

Attachez un jouet ou une sucette au bavoir à l'aide d'un bouton pression (1). Piquez ensemble les bords d'un ruban à bord de 30,5 cm (12 po) et repliez les extrémités. Fixez la partie mâle d'un fermoir à griffes à un bout du ruban et cousez-le au bavoir. Fixez la partie femelle à l'autre bout du ruban. Glissez le jouet ou la sucette dans le ruban et refermez le bouton pression.

Vous pouvez insérer un sifflet entre l'appliqué et le biberon (2) avant de coudre l'appliqué (voir page 201).

Une serviette à main devient un bavoir absorbant et lavable. Pliez la serviette en deux pour doubler sa capacité d'absorption sous le menton (3), et fixez un ruban à bord autour de l'encolure.

## Comment confectionner un bavoir pull-over

1) **Utiliser** une serviette à main. Tailler un cercle de 12,5 cm (5 po) de diamètre dont le centre se trouve au tiers de la serviette. Tailler un bord-côte de 7,5 cm (3 po) de largeur et d'une longueur égale aux deux tiers de la circonférence. Coudre les extrémités à 6 mm (¼ po) des bords afin de former un cercle.

2) **Plier** la bordure en deux, envers contre envers. Diviser les deux ouvertures en quatre; épingler aux marques. Aligner les épingles et placer la couture au milieu du dos; épingler la bordure à l'encolure; aligner les bords vifs. Piquer à 6 mm (¼ po), en tirant sur le bord-côte pour qu'il s'ajuste à l'encolure.

3) **Plier** la réserve de couture en direction du bavoir. Coudre en bordure à travers toutes les épaisseurs.

## Comment confectionner un bavoir noué

1) **Presser** un biais double large afin qu'il épouse les courbes du bavoir. Coller le biais en le plaçant à cheval sur le bord vif du bavoir ; placer le côté le plus large du biais sur l'envers ; coudre en bordure.

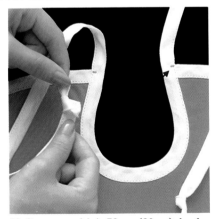

2) **Couper** un biais 76 cm (30 po) de plus que l'encolure. Centrer le biais ; bâtir avec de la colle. Piquer sur les bords d'un bout à l'autre, en passant par l'encolure. Faire une bride d'arrêt (flèche) au zigzag ; faire un nœud à chaque extrémité.

**Autre méthode.** Tailler la serviette à main comme le bavoir pull-over (voir page 194). Plier l'encolure en deux pour former un demi-cercle. Assembler au point zigzag. Appliquer le biais pour former le lien et finir l'encolure comme à l'étape précédente.

# Prolonger la vie des vêtements

Confectionnez des vêtements d'enfants durables. Ce sont les coutures et les genoux qui subissent le plus de tension durant l'habillage et les jeux, mais ces deux régions peuvent être renforcées pendant la confection.

Les coutures sont plus vulnérables à la fourche, aux épaules, à l'encolure et aux emmanchures. Renforcez la fourche et les emmanchures avec une couture double, une fausse couture rabattue piquée ou une surpiqûre en bordure. Renforcez les coutures des épaules et de l'encolure grâce à une couture décorative avec des aiguilles jumelées avant de croiser une autre couture. Finissez les ourlets à la machine.

La région des genoux s'use plus rapidement que toute autre partie d'un vêtement d'enfant et elle est difficile à repriser. Les techniques de construction à plat permettent de renforcer cette partie pendant l'assemblage du vêtement.

## Pièces

Les tissus serrés font les pièces les plus durables. Entoilez, coussinez ou matelassez les pièces pour plus de durabilité et de protection aux genoux, surtout pour les tout-petits qui rampent. Collez la pièce au vêtement pour en faciliter l'application et la renforcer.

Les pièces décoratives doubles aux genoux sont coupées selon de la taille de l'enfant. Pour les bébés, la pièce doit mesurer 9 x 10 cm (3 $\frac{1}{2}$ x 4 po) ; pour les tout-petits, 9,5 x 12,5 cm (3 $\frac{3}{4}$ x 5 po) ; pour les enfants, 11,5 x 15 cm (4 $\frac{1}{2}$ x 6 po).

Arrondissez les coins des pièces décoratives afin d'en simplifier l'application et éliminez les coins qui accrochent et se déchirent.

# Comment ajouter des pièces décoratives aux genoux

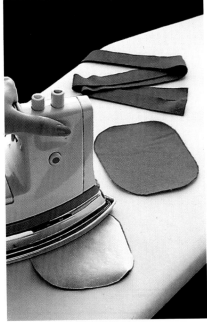

**1) Tailler** deux pièces de la bonne dimension (voir page 196); arrondir les coins. Presser l'entoilage avec l'envers de papier sur l'envers des pièces. Tailler deux bandes de 2,5 x 61 cm (1 x 24 po) pour un passepoil; tailler les tissus sur le biais et les tricots sur le droit fil de trame.

**2) Presser** les bandes pliées en deux, envers contre envers. Coudre sur l'endroit, en égalisant les bords et en laissant une réserve de couture de 6 mm ($\frac{1}{4}$ po).

**3) Recourber** les extrémités du passepoil dans la réserve de couture afin que les bouts repliés se chevauchent et s'amincissent aux bords vifs. Raser le passepoil à égalité avec le bord vif de la pièce.

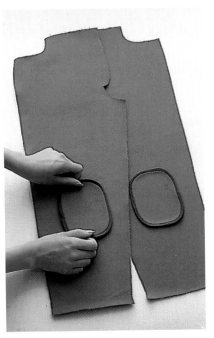

**4) Raser** la réserve de couture à 3 mm ($\frac{1}{8}$ po). Presser l'envers de la pièce en tirant le passepoil vers l'extérieur. Retirer le papier à l'endos de l'entoilage thermocollant.

**5) Coller** une pièce sur le devant de la jambe de pantalon parallèlement à l'ourlet. Le centre de la pièce doit arriver un peu plus bas que le centre du genou. Aligner la deuxième pièce sur la première.

**6) Assembler** la pièce au vêtement en piquant dans le sillon entre le passepoil et la pièce. Finir le pantalon selon les directives sur le patron.

# Des vêtements qui grandissent avec eux

Il faut intégrer de l'espace supplémentaire lors de la confection de vêtements d'enfants, sans quoi l'enfant sujet à une poussée de croissance ne pourra plus porter un vêtement qu'il affectionne et qui est encore en bonne condition. Le plus facile est de prévoir de l'espace à la base du vêtement ou en bordures des manches. Des poignets doublés et retournés peuvent être graduellement dépliés à mesure que l'enfant grandit. Vous pouvez assortir la doublure à la chemise ou à une autre partie d'un ensemble. Taillez la doublure sur le droit fil ou sur le biais ; ajoutez de l'intérêt en choisissant un tissu à carreaux ou avec des rayures. Si vous confectionnez un vêtement avec des bretelles, allongez-les et mettez-y des boucles pour pouvoir en ajuster facilement la longueur.

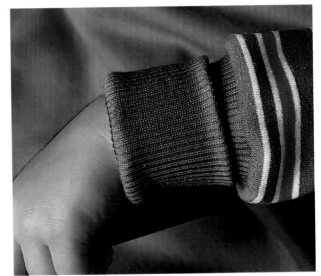

**Bord-côte.** Confectionner un bord-côte du double de la largeur recommandée. Commencer par le porter plié, puis le déplier graduellement à mesure que l'enfant grandit. Ajouter des bordures extensibles aux manches ou aux bas de pantalons trop petits en décousant l'ourlet et en se servant de la ligne de l'ourlet comme ligne de couture.

**Entre-deux et bordures.** En planifiant soigneusement pour obtenir des proportions harmonieuses, couper la base du vêtement. Tailler une bande de tissu assorti, de dentelle ou de dentelle ajourée en ajoutant 2,5 cm (1 po) à la longueur désirée, afin de laisser une réserve de couture de 6 mm (¼ po) sur l'entre-deux et sur le vêtement. Commencer par assembler le bord supérieur de la bande au vêtement et ensuite le bord inférieur. Poser des bordures avec des bords finis, au choix, sur l'endroit ou l'envers du vêtement à la ligne d'ourlet pour l'allonger.

# Comment ajouter des revers doublés

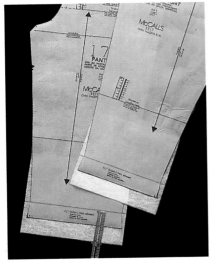

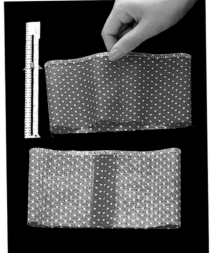

**1) Ajuster** le patron aux ourlets; allonger la valeur de l'ourlet de 6,5 cm (2 ½ po). Redresser les coutures des côtés 10 cm (4 po) au-dessus de la ligne d'ourlet originale afin d'éliminer la courbe. Tailler le vêtement et l'assembler selon les directives du patron, sauf à l'ourlet.

**2) Tailler** deux revers de 9 cm (3 ½ po) de largeur et ajouter 2,5 cm (1 po) à la circonférence de la manche ou des jambes de pantalon finies. Coudre les extrémités courtes du revers, endroit contre endroit, à 1,3 cm (½ po) du bord; ouvrir au fer. Surjeter le bord supérieur ou le replier de 6 mm (¼ po) et presser.

**3) Assembler** le revers au vêtement, endroit contre endroit, les bords vifs à égalité, à 6 mm (¼ po) du bord; aligner la couture du revers à la couture intérieure. Retourner le revers à la ligne de couture et presser vers l'envers. Surpiquer les bords supérieur et inférieur. Replier le revers à l'endroit.

# Les appliqués

Les appliqués constituent une façon traditionnelle d'orner les vêtements d'enfants. Choisissez parmi les trois types d'appliqués de base; achetez des appliqués à coller ou à coudre ou concevez vos propres modèles. Pour un résultat facile et rapide, choisissez des appliqués thermocollants et posez-les en suivant les directives. Les appliqués à coudre peuvent être collés au vêtement grâce à un voile thermocollant double-face. Vous pouvez surpiquer afin qu'il résiste à de nombreux lavages.

Vous préférerez peut-être concevoir vos propres appliqués. Feuilletez les magazines, les catalogues de vêtements ou les livres à colorier pour trouver des idées. Les fruits, les animaux, les chiffres, les jouets, les cœurs et les arcs-en-ciel connaissent une grande popularité. Vous pouvez également découper des motifs dans un tissu imprimé.

Avant d'assembler un appliqué, il faut planifier la séquence du travail. Les petits morceaux devront peut-être être placés et posés sur les grands, avant l'application sur le vêtement, et certaines pièces devront peut-être en chevaucher d'autres.

Embellissez les appliqués avec des anneaux, des boutons, des rubans, des pompons, de la peinture à tissu ou des cordons. L'extrémité coupée du cordon peut être glissée sous les pièces de l'appliqué avant la fusion. Les garnitures peuvent être cousues ou collées avec une colle à tissu permanente.

## Conseils pour poser des appliqués

**Faire un essai** sur un échantillon de tissu avant de poser l'appliqué sur le vêtement.

**Choisir** un tissu bon teint pour l'appliqué, de même poids que le tissu du vêtement et qui s'entretient de la même façon; prérétrécir.

**Ne pas oublier** qu'il est plus facile de poser de grandes formes simples avec le moins de coins possible.

**Laisser** une marge de tissu autour d'une forme géométrique aux motifs compliqués taillée dans un tissu imprimé.

**Appliquer** un voile thermocollant avec envers de papier sur l'envers de l'appliqué avant de tailler la forme désirée.

**Prolonger** la vie d'un vêtement en ajoutant un appliqué de voile thermocollant aux coudes et aux genoux.

**Ajouter** 1,3 cm (½ po) aux bords d'un appliqué qui va sous une autre pièce; raser seulement lorsque l'endroit où il sera posé est déterminé.

**Ne pas oublier** que les formes dessinées sur la doublure de papier du voile thermocollant seront posées en miroir; inverser les formes des lettres et des chiffres.

**Appliquer** un stabilisateur détachable sur l'envers du vêtement pour faire un point de bourdon régulier sur les bords de l'appliqué.

**Utiliser** un pied presseur spécial avec rainure afin d'éviter l'accumulation des points de bourdon.

**Poser** l'appliqué sur le vêtement avant l'assemblage, car il est plus facile à poser lorsque le tissu est à plat.

# Comment confectionner et poser un appliqué

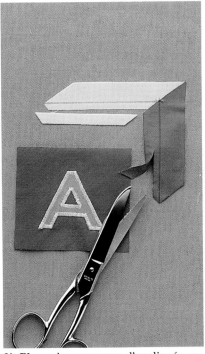

**1) Coller** un voile thermocollant doublé de papier sur l'envers de l'appliqué en suivant les directives. Laisser le tissu se refroidir.

**2) Tracer** le dessin sur le tissu ou la doublure de papier ; ajouter 1,3 cm (½ po) autour des morceaux qui vont en dessous d'un autre. Découper le motif et enlever la doublure de papier.

**3) Placer** les morceaux d'appliqués sur le vêtement. Raser les morceaux placés en dessous afin de réduire l'épaisseur ; laisser 6 mm (¼ po). Coller l'appliqué au vêtement.

**4) Tailler** le stabilisateur détachable 2,5 cm (1 po) plus large que l'appliqué. Bâtir à la colle sur l'envers du tissu, sous l'appliqué. Piquer au point zigzag court et étroit autour de l'appliqué.

**5) Relâcher** la tension du fil supérieur et ajuster le point pour obtenir un point zigzag court et large ; faire un point de bourdon sur les bords de l'appliqué afin de couvrir tous les bords vifs. Enlever le stabilisateur détachable.

**Appliqué avec sifflet.** Poser de l'entoilage thermocollant sur l'envers de l'appliqué. Placer le sifflet sous l'appliqué et le coller. Finir l'appliqué en suivant les étapes 4 et 5, à gauche.

# Les projets de décoration intérieure

# Le choix du tissu

Il est avantageux d'utiliser des tissus de bonne qualité pour vos projets de décoration intérieure. Un tissu de bonne qualité dure plus longtemps et crée un plus bel aspect. Certains des tissus les plus populaires sont illustrés aux pages suivantes pour vous guider dans votre choix.

En règle générale, plus le tissage est serré ou plus le compte en fils est élevé (nombre de fils par cm), plus le tissu est résistant. La plupart des tissus de décoration ont un compte en fils plus élevé que les tissus pour vêtements.

De nombreux tissus de décoration ont un apprêt antitache. Pour vous en assurer, laissez tomber un peu d'eau sur l'échantillon. Si l'eau perle au lieu de s'imprégner, le tissu est apprêté. Cet aspect importe davantage pour les coussins de fauteuil ou décoratifs, les housses et les tissus d'ameublement que pour les parures de fenêtre. Assurez-vous aussi que la teinture ne déteint pas, en manipulant le tissu ou en le frottant entre vos doigts.

Pensez à l'usage prévu et assurez-vous que le tissu convient. Par exemple, une parure au-dessus d'un rideau ne s'usera pas vite. Si le style est simple, vous pouvez facilement le changer pour l'actualiser. Le tissu pour un tel projet ne subira pas autant d'usure que celui d'un coussin de fauteuil et ne servira habituellement pas aussi longtemps que celui d'une draperie qui, en général, peut rester suspendue entre 8 et 15 ans.

Lorsque vous comparez les coûts des tissus, n'oubliez pas que les imprimés peuvent revenir plus chers que les tissus unis, car il vous en faudra davantage pour raccorder les motifs. Plus le rapport d'armure est grand, plus vous risquez de gaspiller du tissu lors du raccord.

Les tissus légers ajourés servent souvent pour les parures de fenêtre, car ils laissent entrer la lumière tout en procurant plus d'intimité qu'une fenêtre nue. La toile pour rideaux (1) est tissée lâchement et comporte des fils inégaux et des parties ajourées. Les irrégularités du tissage créent un motif dans le tissu. Il peut s'agir de fibres de polyester, de coton ou de lin. Les dentelles et broderies anglaises (2) peuvent sembler fragiles et délicates, mais se cousent facilement et produisent un effet léger et aéré. Les bordures larges et les bords finis éliminent les ourlets. Les tissus diaphanes (3) ont un contenu en fibres qui varie, mais il s'agit généralement de polyester pour créer un effet de transparence. Ces tissus importés peuvent avoir une largeur allant jusqu'à 295 cm (118 po) et comporter des ourlets brodés ou décoratifs.

## Le contenu en fibres

Le coton est une fibre de base, résistante et polyvalente pour les tissus d'ameublement. Il prend bien la teinture, donne des couleurs vives et résiste bien à l'usure. Il peut se mélanger à de nombreuses autres fibres.

Le lin est résistant mais froisse facilement. Si cela constitue un problème, pressez une poignée de tissu dans votre main, puis relâchez-le pour voir s'il y a des plis. En général, les tissus de décoration n'ont pas d'apprêt antifroissable.

La rayonne et l'acétate sont souvent mélangés ensemble ou à d'autres fibres pour créer une apparence riche et soyeuse. L'acétate utilisé pour une draperie peut s'étirer et l'eau laisse des marques sur ce tissu.

Le polyester est utilisé seul ou avec d'autres fibres pour ajouter de la stabilité. Avec tous les tissus synthétiques, repassez à basse température.

## Les tissus de décoration et les tissus pour vêtements

Les tissus de décoration peuvent coûter plus cher que les tissus pour vêtements. Toutefois, ces derniers ne possèdent peut-être pas toutes les caractéristiques que vous recherchez. En général, ils n'ont pas d'apprêt antitache et ont un compte en fils inférieur. Ils sont donc moins durables. Vous pouvez utiliser du tissu pour vêtements lorsque l'article ne sera pas soumis à une grande usure et que vous désirez uniquement créer un certain effet. Certains ne sont pas assez lourds pour les draperies mais peuvent s'avérer acceptables pour des rideaux, une cantonnière ou un volant de lit.

Si vous vous servez d'un tissu pour vêtements, prérétrécissez-le. S'il sera nécessaire de laver souvent un article, ne le confectionnez pas dans un tissu non lavable comme le bougran ou les tissus à doublure.

Les tissus de base de grammage moyen sont polyvalents et s'utilisent pour les parures de fenêtre, les coussins, les boîtes à rideaux et les paravents. Le chintz (1) est un coton lustré à armure unie ou un mélange avec coton. Ce tissu serré est offert uni ou imprimé, souvent de grands motifs floraux. La satinette à effet de chaîne (2) est un coton ou mélange avec coton au toucher plus doux que le chintz mais qui semble plus lourd. Les fils flottent en surface et créent un fini doux. Ce tissu est apprécié pour les draperies, les couvre-lits, les coussins et les housses. Le contenu en fibres du satin antique (3) varie, tout comme sa qualité. Il s'agit d'un tissu uni qui se drape bien; il a des fils floches et un reflet lustré.

# Les bordures, les rayures et les tissus larges

Les tissus avec des bordures ou de larges rayures offrent plusieurs possibilités d'agencements de couleurs ou de design dans une pièce. Vous pouvez créer un tout nouveau tissu en enlevant une bordure d'un tissu pour en garnir un autre ou en la posant d'une façon inhabituelle. Il vous est aussi possible de changer l'apparence d'un tissu à rayures en l'utilisant en diagonale et en faisant se rejoindre les coins au centre, ou en coupant une pièce qui servira à border un tissu assorti.

Estimez la quantité de bordure nécessaire pour réaliser votre projet. Il est possible d'obtenir plusieurs mètres de bordure à partir de quelques mètres de tissu rayé coupé en bandes. Cela est habituellement plus économique que d'acheter un tissu bordé. Lorsque vous coupez ce tissu, allouez une réserve de couture de 1,3 cm (1/2 po) de chaque côté en vue de la pose.

## Disposer les tissus larges à contresens

Pour éliminer les coutures, *disposer* le tissu *à contresens*. Pour ce faire, tournez-le de façon que la largeur devienne la longueur. Cette technique s'utilise fréquemment pour les cantonnières, les boîtes de rideaux et les volants de lit et s'avère particulièrement utile pour les rideaux courts et les draperies diaphanes sans coutures lorsque le tissu est très large.

La confection de draperies sans coutures élimine les irrégularités ou les plis dans les raccords de tissu. Dans le cas des tissus diaphanes, cela permet d'éviter les ombres qui apparaîtraient aux coutures. La disposition à contresens peut demander moins de tissu et fait gagner du temps puisqu'il n'y a pas de coutures.

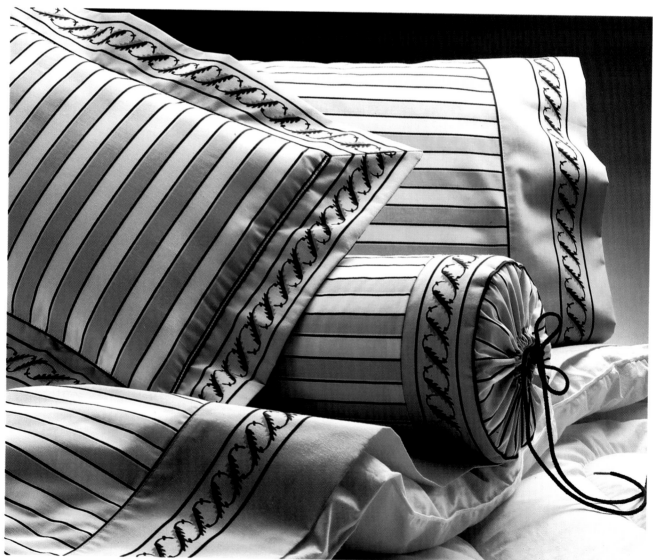

**Agencer** les accessoires de la chambre à coucher avec des draps et des taies d'oreiller bordés. Joindre en onglets la bordure d'un drap pour border un couvre-oreiller. Utiliser aussi la même bordure pour garnir un traversin.

Prendre une bordure ou un tissu rayé en guise de plate-bande ou d'insertion sur des coussins de Turquie.

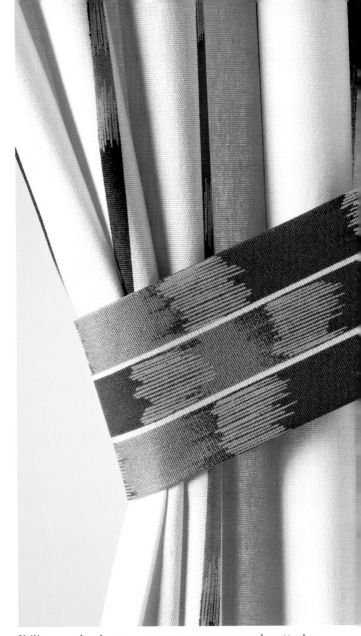

Joindre les rayures en onglets au centre d'un coussin.

Utiliser une bordure ou une rayure pour agencer les attaches et les draperies.

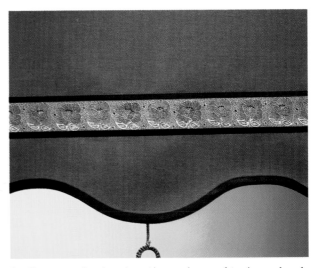

Appliquer une bordure à un tissu uni pour obtenir une bande en bordure des stores.

# Les fenêtres

Les parures de fenêtre sont les rideaux, les draperies, les cantonnières et les stores. Il existe de nombreuses variantes de ces parures. Choisissez un style qui se marie au décor de la pièce et à votre mode de vie.

## La mesure des fenêtres

Une fois que vous aurez fait votre choix, installez le matériel requis et prenez les mesures pour calculer *la longueur et la largeur finales*. Pour déterminer *la longueur et la largeur de coupe*, ajoutez la quantité de tissu nécessaire pour les ourlets, les coulisses, les coutures, les répétitions de motifs et l'ampleur. Servez-vous du tableau à droite pour estimer la quantité de tissu dont vous aurez besoin. Des valeurs d'ourlet sont suggérées dans les instructions pour chacun des projets de cette rubrique. Pour les draperies à plis pincés, vous devez considérer certains éléments spéciaux lors de la prise des mesures et de l'estimation du tissu (voir page 227).

Utilisez une règle pliante ou un ruban à mesurer en métal ; les rubans en tissu peuvent s'étirer ou se détendre. Même si plusieurs fenêtres semblent de même dimension, mesurez chacune et notez les mesures.

### Éléments spéciaux à considérer

Lorsque vous prenez les mesures pour des draperies pleine longueur, allouez 1,3 cm (½ po) d'espace entre le bord inférieur et le plancher pour l'aspirateur et les fils électriques. Si jamais les draperies s'étirent ou si le plancher est inégal, elles ne traîneront pas par terre.

Pour les tissus tissés lâches, allouez 2,5 cm (1 po) d'espace. Si jamais les draperies s'étirent, elles ne traîneront pas par terre.

Lorsque les draperies sont fixées à une porte coulissante, allouez 1,3 cm (½ po) ; un espace plus grand pourrait laisser entrer la lumière par le bas.

Pour plus de sûreté, allouez 10 à 15 cm (4 à 6 po) d'espace au-dessus des plinthes électriques.

Si la moquette n'est pas encore posée, allouez 6,5 cm (2 ½ po) d'espace. Une fois la moquette en place, il restera environ 1,3 cm (½ po).

Les doublures doivent être plus courtes de 1,3 cm (½ po) en haut et en bas pour ne pas être visibles.

Si vos fenêtres sont à différentes hauteurs, la plus haute doit servir de norme. Installez toutes les draperies d'une même pièce à la même hauteur à partir du sol.

## Estimation du métrage

| Longueur à couper | cm (po) |
|---|---|
| **Tissus ne nécessitant pas de raccords de motifs** | |
| 1) Longueur finale | |
| 2) Ourlet inférieur (double pour la plupart des tissus) | + |
| 3) Coulisse/tête | + |
| 4) Longueur de coupe pour chaque largeur ou partie de largeur | = |
| **Tissus nécessitant des raccords de motifs** | |
| 1) Longueur à couper (telle que ci-dessus) | |
| 2) Dimension du rapport d'armure (distance entre les motifs) | ÷ |
| 3) Nombre de rapports d'armure nécessaire* | = |
| 4) Longueur à couper pour chaque largeur ou partie de largeur : dimension du rapport d'armure multipliée par le nombre de rapports d'armure requis | |
| **Largeur à couper** | |
| 1) Largeur finale | |
| 2) Ampleur (combien de fois la largeur finale) | x |
| 3) Largeur multipliée par l'ampleur | = |
| 4) Ourlets latéraux | + |
| 5) Largeur totale requise | = |
| 6) Largeur du tissu | |
| 7) Nombre de largeurs de tissu : largeur totale requise divisée par la largeur du tissu* | |
| **Quantité totale de tissu** | |
| 1) Longueur à couper (telle que ci-dessus) | |
| 2) Nombre de largeurs de tissu (tel que ci-dessus) | x |
| 3) Longueur totale du tissu | = |
| 4) Nombre de mètres (verges) requis : longueur totale du tissu divisée par 100 cm (36 po) | m (vg) |
| **Tissus diaphanes larges pouvant être disposés à contresens** | |
| 1) Largeur finale multipliée par 3 (ampleur) | x |
| 2) Nombre de mètres (verges) requis : largeur totale requise divisée par 100 cm (36 po) | m (vg) |

\* Arrondir au nombre entier le plus près.

NOTE : Ajoutez du tissu pour égaliser les extrémités.

NOTE : La moitié de chaque largeur sera utilisée pour chaque pan de draperie. Pour assembler les pans, ajustez la mesure de largeur pour tenir compte de chaque couture (2,5 cm [1 po]).

## Longueur à couper

Prenez la mesure du haut de la tringle jusqu'à la longueur désirée. À cette mesure, ajoutez la quantité de tissu nécessaire pour l'ourlet inférieur, la coulisse, la tête et le rapport d'armure.

**Ourlet inférieur.** À la longueur finale, ajoutez deux fois l'ourlet désiré. Pour des draperies ou rideaux pleine longueur dans un tissu de poids moyen, faites un ourlet double de 10 cm (4 po); vous devez donc ajouter 20,5 cm (8 po). Pour les tissus diaphanes et légers, faites un ourlet double de 12,5 à 15 cm (5 à 6 po). Pour les rideaux courts et les cantonnières, un ourlet double de 2,5 à 7,5 cm (1 à 3 po) fera l'affaire.

**Coulisse et tête.** Pour des coulisses sans tête, ajoutez le nombre équivalent au diamètre de la tringle plus 1,3 cm ($\frac{1}{2}$ po) pour le rentré et 6 mm à 2,5 cm ($\frac{1}{4}$ à 1 po) d'aisance. L'aisance dépend de l'épaisseur du tissu et de la grosseur de la tringle. Les tissus légers en nécessitent moins; les tissus pour grosses tringles, davantage. Pour les coulisses avec tête, utilisez la formule pour les coulisses en ajoutant deux fois la longueur de la tête.

**Répétition de motifs.** Les motifs doivent se raccorder d'un panneau à un autre. Mesurez la distance entre les motifs et ajoutez ce nombre à la longueur de coupe de chaque panneau.

## Largeur à couper

À la largeur finale, ajoutez la quantité de tissu nécessaire pour les coutures, les ourlets latéraux et l'ampleur.

**Coutures.** Pour les pans de largeurs variables, ajoutez 2,5 cm (1 po) à chaque couture. Les pans qui ne sont pas plus larges que le tissu n'ont pas besoin de ce surplus.

**Ourlets latéraux.** Ajoutez 10 cm (4 po) par pan pour un ourlet double de 2,5 cm (1 po) de chaque côté du pan.

**Ampleur.** Le poids du tissu détermine l'ampleur. Pour la dentelle et les tissus de poids moyen et lourd, ajoutez deux ou deux fois et demie la largeur finale du rideau. Avec des tissus diaphanes et légers, ajoutez jusqu'à trois fois la largeur finale.

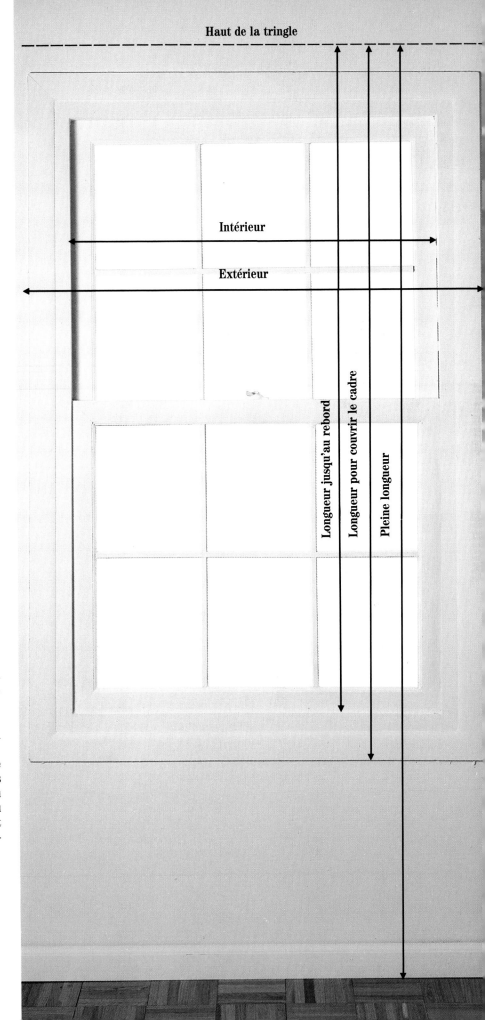

# Le matériel pour rideaux et draperies

Le choix de la quincaillerie pour la parure de fenêtre est une étape aussi importante que le choix de la parure elle-même. Lorsque vous choisissez la parure, considérez l'effet de la quincaillerie.

**1)** Les **tringles Continental**<sup>md</sup>, plus profondes, mettent l'accent sur le haut du rideau. Elles sont offertes en deux largeurs, soit 6,5 cm (2 ½ po) et 11,5 cm (4 ½ po).

**2)** Les **tringles à châssis** ont un jeu de 6 mm (¼ po) aux extrémités et servent pour les rideaux bouillonnés sur les fenêtres et portes. Pour un rideau sablier sur une porte, utilisez une tringle à châssis au haut et au bas.

**3)** Les **tringles en plastique transparent** pour les rideaux en tissu diaphane ou dentelle restent invisibles.

**4)** Les **tringles simples** servent pour les rideaux à coulisse et les parures fixes. Elles ont un dégagement variant entre 5 à 12,5 cm (2 à 5 po). Celles pour châssis-auvent ont un dégagement de 19,3 cm (7 ½ po).

**5)** Les **tringles doubles** comportent deux tringles avec une différence de dégagement de 2,5 cm (1 po) pour permettre de suspendre à la fois une cantonnière et un rideau.

**6)** Les **tringles décoratives** sans anneaux pour draperies à plis pincés ont des coulisseaux intégrés pour créer un effet contemporain. Le haut de la draperie effleure le bord inférieur de la tringle.

**7)** Les **tringles avec anneaux en bois**, unies ou cannelées, peuvent être peintes pour s'agencer au tissu du rideau.

**8)** Avec les **tringles décoratives**, les draperies sont fixées aux anneaux qui glissent sur un rail dissimulé lorsqu'on tire sur un cordon pour les ouvrir ou les fermer. Ces tringles servent aussi pour les parures comportant draperies avec rideaux ou stores. Les parures de tête ne sont pas nécessaires, puisque le fini en bois ou en cuivre est décoratif.

**9)** Les **tringles de café** s'utilisent avec des anneaux clipables ou cousus ou pour de simples rideaux à passants. Plusieurs finis sont disponibles: cuivre, émail et bois. Ces tringles et celles en bois avec anneaux servent pour les parures qui s'ouvrent à la main et non avec un cordon de tirage.

**10)** Les **tringles à ressort** s'installent à l'intérieur du cadre. Des bouts souples en plastique ou en caoutchouc maintiennent la tringle en place, sans vis ni trous. Prenez une tringle ronde pour des rideaux de douche et ceux de style café, et une tringle plate pour un dormant de fenêtre intérieur et des cantonnières de douche.

**11)** Les **tringles conventionnelles** servent avec les draperies tirées avec cordon s'ouvrant par le milieu ou des deux côtés. Lorsque les panneaux sont fermés, la tringle est dissimulée et elle demeure invisible en tout temps lorsqu'il y a une cantonnière ou une boîte à rideaux. Il existe des modèles conçus pour les parures à plusieurs épaisseurs.

**12)** Les **ferrures de soutien** doivent être fixées à intervalles de 30,5 à 51 cm (12 à 20 po), selon le poids des draperies. Si la fenêtre a plusieurs panneaux, alignez-les sur le cadre entre ceux-ci.

**13)** Les **supports d'embrasses** se logent derrière le dernier pli des draperies pour maintenir les plis en lignes nettes et gracieuses. La saillie s'ajuste de 12,5 à 20,5 cm (5 à 8 po).

**14)** Les **supports de retenue** ont des tiges en saillie qui éloignent les draperies de la fenêtre.

## Le vocabulaire de base

**a)** Le **retour** est la mesure à partir du dernier pli du panneau de draperie jusqu'au mur.

**b)** Le **dégagement** est la mesure à partir du mur jusqu'à l'arrière de la pièce coulissante principale.

**c)** La **longueur** des tringles conventionnelles équivaut à la distance entre les ferrures de soutien des extrémités. Pour les tringles décoratives, c'est la distance entre les anneaux des extrémités.

**d)** La **pièce coulissante** principale est fixée au cordon de tirage pour pousser ou tirer le bord entraîné de chaque panneau de draperie.

Le **chevauchement** est l'endroit où les panneaux se recouvrent au milieu d'une tringle bidirectionnelle. Le chevauchement standard est d'environ 9 cm (3 ½ po) par panneau.

L'**espace de rangement**, l'espace occupé par les draperies ouvertes, dépend de la largeur du panneau, de l'espacement des plis et du volume du tissu, mais équivaut habituellement au tiers de la longueur de la tringle. Allouez la moitié de la mesure de chaque côté de la fenêtre.

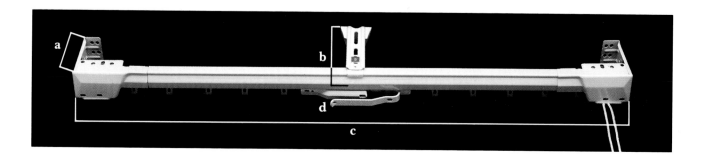

# Le raccord des tissus imprimés

Les tissus imprimés exigent une bonne planification. Pour éviter le gaspillage de tissu ou des erreurs dispendieuses, coupez, raccordez et cousez avec grand soin. Les motifs doivent être disposés de façon agréable et se joindre à chaque couture. Commencez à raccorder à la hauteur des yeux; ainsi, si le raccord devient imparfait, ce sera au haut et au bas du panneau, aux endroits les moins visibles.

Placez un motif complet au bas d'un panneau ou du rideau. Sur un panneau qui tombe derrière un meuble, placez le motif au-dessus de ce dernier. Raccordez les motifs sur la largeur des panneaux. S'il y a plusieurs fenêtres dans une pièce, assurez-vous de raccorder à la hauteur des yeux les motifs de tous les panneaux.

Puisque la plupart des tissus de décoration ont un apprêt stabilisant en surface, il n'est pas avantageux de tirer un fil pour rectifier le droit fil de la trame. Coupez ces tissus à angle droit jusqu'aux lisières ou suivez un motif imprimé.

## Deux façons de couper les bouts de trame

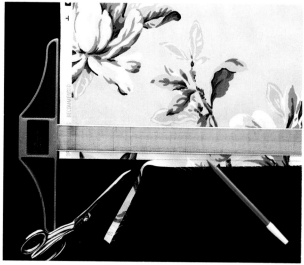

**Utiliser** un té ou un angle droit pour rectifier le droit fil de la trame. Placer l'instrument parallèle à la lisière. Marquer une ligne de coupe. Couper sur la ligne avec des ciseaux ou une coupeuse rotative.

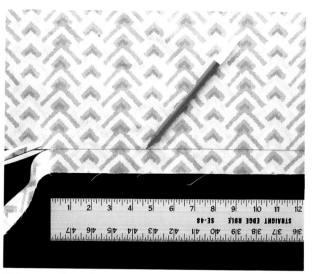

**Suivre** une ligne du motif sur le droit fil de trame. Couper le long du motif avec des ciseaux ou une coupeuse rotative.

## Comment raccorder des motifs de manière conventionnelle

**1) Raccorder** les motifs à partir de l'envers en les épinglant à intervalles rapprochés pour éviter que le tissu ne bouge.

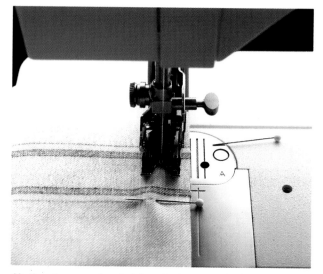

**2) Coudre** avec le pied à entraînement égal pour que les motifs restent alignés. Enlever les épingles au fur et à mesure.

# Comment raccorder des motifs tout en cousant

1) **Placer** les panneaux endroit contre endroit, les lisières à égalité.

2) **Plier** la lisière dans le haut d'un panneau jusqu'à ce que les motifs des deux panneaux se complètent.

3) **Épingler** le début de la ligne de pliure à l'endroit où les motifs correspondent. Vérifiez les raccords sur l'endroit. Aucune autre épingle n'est nécessaire.

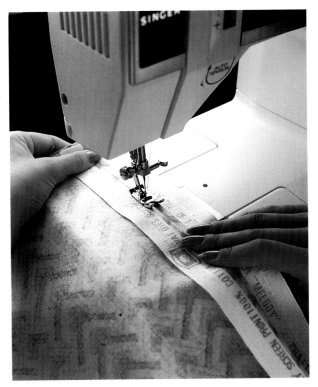

4) **Coudre** sur l'endroit, le plus près possible du pli. Maintenir le tissu tendu en alignant les motifs. Continuer à coudre, en faisant correspondre les motifs au fur et à mesure. Raser les lisières.

# Les coutures
# et les ourlets

## Comment faire une couture anglaise

En décoration intérieure, toutes les coutures se trouvent à 1,3 cm (½ po) du bord vif, sauf indication contraire. Quand vous coupez le tissu, n'oubliez pas d'ajouter les réserves de couture aux mesures de l'article que vous cousez. Utilisez une couture appropriée au tissu si aucune n'est spécifiée.

Évitez de placer une couture au milieu de grands articles tels les couvre-lits, les cantonnières et les nappes rondes. Placez un panneau pleine largeur au milieu, ainsi, les coutures tomberont sur les côtés. Cachez les coutures des cantonnières bouillonnées, autrichiennes et plissées avec un feston ou un pli.

Les **coutures simples** conviennent lorsque l'article doit être doublé. Cousez endroit contre endroit et pressez les coutures d'un côté. Si l'article n'est pas doublé, finissez les bords vifs avec un zigzag simple ou double. Vous pouvez aussi surjeter les réserves de couture ensemble.

Les **coutures anglaises** conviennent pour les rideaux, draperies, nappes et volants de lit non doublés en tissu diaphane. En raison de ses bords vifs enfermés, ce type de couture convient pour les articles lavables.

Les **coutures surjetées** sont pratiques en décoration, car elles font gagner du temps, les bords étant finis à mesure que la couture s'effectue. La surjeteuse complète la machine conventionnelle.

Presque toutes les parures de fenêtre sont pourvues d'**ourlets doubles** dans le bas et sur les côtés. Plus le panneau est long et le tissu, léger, plus long doit être l'ourlet. Faites des ourlets doubles de 10 cm (4 po) aux rideaux plus longs que la fenêtre. Ne placez pas d'ourlet devant la fenêtre ; la lumière rendrait l'ourlet ou les bords des doublures apparents. En général, les ourlets latéraux doubles mesurent de 2,5 à 3,8 cm (1 à 1½ po).

**1) Épingler** le tissu envers contre envers. Coudre à 6 mm (¼ po) et presser les réserves de couture d'un côté.

**2) Retourner** les panneaux endroit contre endroit, de façon qu'ils enferment la réserve de couture rasée. Piquer à 1 cm (⅜ po) du bord plié pour enfermer la première couture. Presser la couture sur un côté.

## Les ourlets surjetés

Le **bord roulotté** exécuté sur une surjeteuse à 3 fils est net et résistant sur les tissus légers. Il convient pour les nappes, les serviettes de table et les volants, des articles qui requièrent un ourlet étroit. Utiliser du fil contrastant pour créer un effet décoratif.

Le **bord satin** consiste en un point de surjet à 2 ou 3 fils, court et étroit. Cette méthode convient pour les tissus texturés, car la couture a moins de volume que le bord roulotté. Utiliser du fil de nylon laineux pour plus d'efficacité.

## Les coutures surjetées

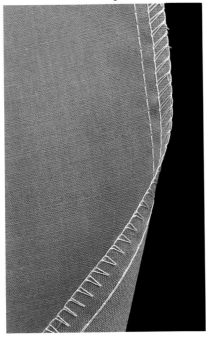

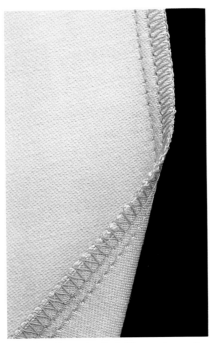

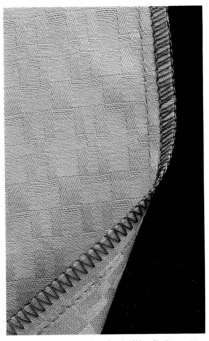

Le **point de surjet à 4 fils**, résistant et non extensible, s'utilise pour les longues coutures droites. La couture et la finition sont combinées.

Le **point de surjet à 3 fils** peut remplacer celui à 4 fils. Il renforce les points droits conventionnels et empêche l'étirement.

Le **point de surjet à 2 fils** finit nettement et rapidement les coutures simples ou les bords vifs des tissus qui s'effilochent. Les bords peuvent être surjetés avant ou après la couture.

## Comment faire un ourlet double

**1) Plier la réserve d'ourlet**. Presser le pli. Replier une autre fois la réserve d'ourlet et presser de nouveau.

**2) Faire une couture droite** de 8 à 10 points par 2,5 cm (1 po) sur le bord de l'ourlet plié. Si plusieurs épaisseurs d'un tissu volumineux sont cousues ensemble, diminuer la pression et procéder lentement.

**3) Autre méthode.** Une fois l'ourlet pressé, le plier sur l'endroit du tissu, en laissant un pli à environ 3 mm (1/8 po) du bord de l'ourlet. Régler la machine pour obtenir un point invisible. Ajuster le zigzag pour qu'il ne soit pas trop large.

# Les coulisses et les têtes

La coulisse, ou *passe-tringle*, est l'ourlet situé au bord supérieur d'un rideau ou d'une cantonnière. La tringle s'insère dans la coulisse de façon que l'ampleur du rideau tombe en plis souples.

Avant de couper le tissu, déterminez le style de la coulisse. La tringle d'une coulisse simple passe complètement au bord du rideau.

Pour ce type de coulisse, ajoutez à la longueur de coupe une quantité de tissu correspondant au diamètre de la tringle en incluant 1,3 cm (½ po) pour le rentré et 6 mm à 2,5 cm (¼ à 1 po) d'aisance. L'aisance varie selon la grosseur de la tringle et l'épaisseur du tissu.

La tête est un bord froncé qui se trouve au-dessus de la coulisse, en guise d'ornement. Les rideaux avec tête n'ont pas besoin de cantonnière ni de boîte à rideaux.

Pour les coulisses avec tête, utilisez la même formule que pour la coulisse simple et ajoutez deux fois la hauteur de la tête. La tête peut mesurer de 2,5 à 12,5 cm (1 à 5 po) de haut.

Sa hauteur est fonction de la longueur du rideau et doit être calculée avant la coupe de ce dernier. En général, plus le rideau est long, plus la tête est haute.

Vous pouvez *recouvrir d'un tissu bouillonné* les tringles en bois, en cuivre ou en plastique. La partie de la tringle qui se trouve entre les panneaux de rideau est recouverte d'une coulisse bouillonnée, faite dans un tissu assorti (ci-dessus). Cette coulisse peut être simple ou ornée d'une tête de même hauteur que celle du rideau. Les tringles et coulisses larges sont plus que décoratives; elles servent souvent à dissimuler la tête d'un store, la tête simple d'un rideau bouillonné ou la tringle d'un rideau en tissu diaphane ou léger.

Les coulisses larges sont utilisées avec les tringles *Continental*[md] plates mesurant 11,5 cm (4 ½ po) de large. Ces tringles sont munies d'articulations réglables. Vous devez finir les ourlets du bas et latéraux avant de coudre les coulisses et les têtes.

# Comment coudre une coulisse simple

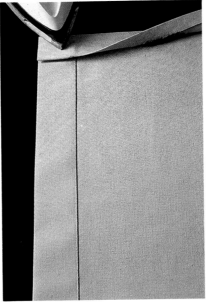

**1) Calculer** la profondeur de la coulisse en épinglant une bande de tissu du rideau autour de la tringle. Enlever la tringle et mesurer la distance à partir du haut de la bande jusqu'à l'épingle. Ajouter 1,3 cm (½ po) pour le rentré.

**2) Presser un rentré** de 1,3 cm (½ po) le long du bord supérieur du panneau de rideau. Plier de nouveau au fer pour former un ourlet correspondant à la mesure prise à l'étape précédente.

**3) Coudre** près du bord de l'ourlet plié pour former une coulisse ; faire des points arrière à chaque extrémité. On peut aussi coudre près du bord supérieur pour créer une cassure pour les tringles plates ou ovales.

# Comment coudre une coulisse avec tête

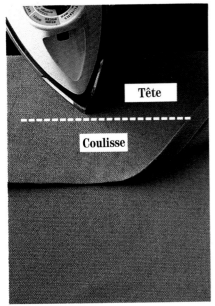

**1) Calculer** la profondeur de la coulisse (étape 1, ci-dessus). Déterminer la hauteur de la tête (voir page 216). Presser un rentré de 1,3 cm (½ po) le long du bord supérieur du panneau de rideau. Plier de nouveau au fer pour former un ourlet correspondant à la profondeur de la coulisse et à la hauteur de la tête.

**2) Coudre** près du bord de l'ourlet plié ; faire des points arrière. Marquer la hauteur de la tête avec une épingle à chaque bout du panneau. Coudre de nouveau, à la marque. Pour coudre bien droit, coller une bande de ruban-cache sur le plateau de la machine, à la hauteur de la tête, ou utiliser le guide-bord.

**3) Insérer** la tringle dans la coulisse et froncer le rideau. Ajuster la tête en tirant le bord plié vers le haut pour que la couture arrive juste sur le bord inférieur de la tringle. Donner du volume ou un aspect arrondi à une tête large en tirant le tissu à l'avant et à l'arrière de la tringle.

# Comment doubler les rideaux

La doublure donne du corps et du poids aux rideaux et leur permet de mieux tomber. Elle les rend aussi plus opaques, prévient la décoloration et l'usure par le soleil et fournit une forme d'isolation.

Vous pouvez doubler les rideaux de façon conventionnelle ou en entier avec du tissu coordonné.

Choisissez la doublure en fonction du poids du tissu choisi. La satinette blanche ou blanc cassé est la doublure la plus fréquemment utilisée. Il existe aussi des doublures traitées pour empêcher les taches ou bloquer la lumière.

## ✂ La coupe

Pour un rideau doublé comportant une coulisse, couper le rideau tel qu'indiqué aux pages 208 et 209. Pour une doublure avec ourlet double de 5 cm (2 po), couper la doublure de la longueur finale du rideau plus 6,5 cm (2 ½ po) et 15 cm (6 po) moins large que le rideau. Coudre et presser les panneaux et aligner si possible les coutures de la doublure et du rideau.

Pour les rideaux entièrement doublés, couper doublure et rideau de la même longueur en tenant compte de l'ourlet double et en ajoutant 1,3 cm (½ po) pour une couture au bord supérieur. Couper les panneaux selon la largeur finale, en allouant 2,5 cm (1 po) pour les coutures latérales.

## Comment doubler un rideau

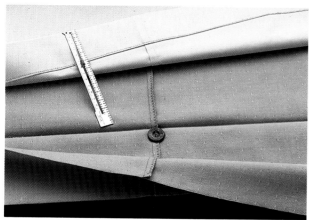

**1) Plier**, presser et coudre un ourlet double de 5 cm (2 po) dans la doublure. Plier et presser un ourlet double dans le rideau. Fixer des poids dans le rentré de l'ourlet vis-à-vis des coutures et coudre l'ourlet du rideau.

**2) Placer** la doublure sur le rideau endroit contre endroit de façon qu'elle arrive à 3,8 cm (1 ½ po) au-dessus de l'ourlet du rideau. Épingler et coudre à 1,3 cm (½ po) sur les côtés.

**3) Tourner** le rideau à l'endroit. Centrer la doublure de façon que les ourlets latéraux soient de même largeur. Plier la réserve de couture de l'ourlet latéral vers le centre et presser jusqu'au bord supérieur du rideau.

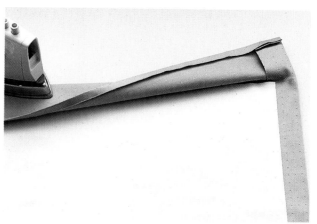

**4) Presser** une réserve de couture de 1,3 cm (½ po) dans le bord supérieur du rideau. Faire un pli dans ce bord, d'une longueur correspondant à la coulisse et à la tête. La doublure arrive à la pliure.

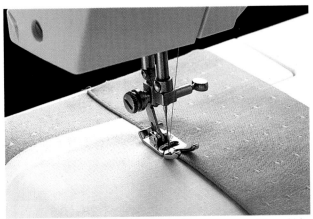

**5) Coudre** près du bord plié pour former une coulisse. Si le rideau comporte une tête, la coudre de la hauteur désirée.

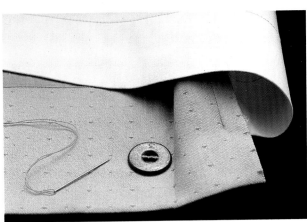

**6) Coudre** à la main des poids le long du bord inférieur du rideau, à l'intérieur des ourlets latéraux.

**7) Plier** les ourlets latéraux en diagonale, sous la doublure, de façon à former un onglet. Fixer l'onglet à points coulés.

**8) Faire** des brides à environ 30,5 cm (12 po) les unes des autres, entre l'ourlet et la doublure ; utiliser du fil double. Faire deux points sur le bord supérieur de l'ourlet et directement vis-à-vis dans la doublure, en laissant un jeu de 2,5 cm (1 po) dans le fil. Faire un point de bourdon par-dessus le fil. Consolider avec un nœud dans la doublure.

## Comment doubler un rideau en entier

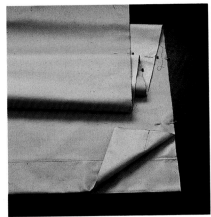

**1) Couper** le rideau et la doublure de la même longueur. Faire des ourlets inférieurs de même valeur dans les deux tissus. Placer la doublure et le rideau endroit contre endroit, en alignant les ourlets inférieurs. Épingler les côtés et le bord supérieur.

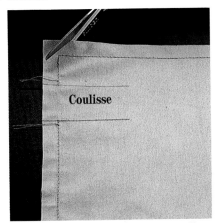

**2) Marquer** la longueur de la coulisse et de la tête sur la doublure. Assembler la doublure et le rideau : coudre à 1,3 cm (½ po) des côtés et du bord supérieur et laisser des ouvertures pour la coulisse. Raser les coins en diagonale. Ouvrir la couture supérieure au fer.

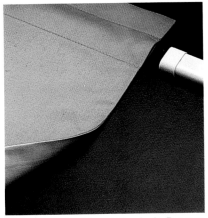

**3) Tourner** le rideau à l'endroit. Presser les coutures d'un côté. Coudre la coulisse et la tête. Insérer la tringle dans la coulisse. Suspendre le rideau et plier le bord inférieur pour que la doublure paraisse et crée un effet de bordure. Maintenir le rideau ouvert avec une embrasse.

219

# Les rideaux à passants

Les passants en tissu remplacent joliment les coulisses ou les anneaux plus traditionnels. Les rideaux à passants agencés à une tringle décorative créent une ambiance rustique, contemporaine ou donnent une allure de bistrot à votre intérieur. Ils sont aussi idéaux comme panneaux latéraux fixes. Les passants ajoutent une touche intéressante aux rideaux et peuvent être confectionnés dans du tissu contrastant ou avec de la garniture ou du ruban décoratifs.

Les rideaux à passants nécessitent une ampleur égale à seulement une fois et demie à deux fois la largeur finale. Allouez une réserve de couture de 1,3 cm (½ po) au bord supérieur au lieu de la réserve habituelle pour la coulisse. Sachant que le bord supérieur du rideau arrive à une distance de 3,8 à 5 cm (1 ½ à 2 po) sous la tringle, vous obtenez ainsi la longueur des passants. Calculez le nombre de passants dont vous avez besoin; placez-en un à chaque extrémité du rideau et espacez les autres à intervalles de 15 à 20,5 cm (6 à 8 po).

## Comment confectionner des rideaux à passants

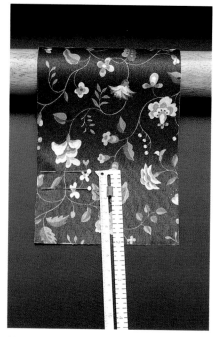

**1) Couper** une parementure de 7,5 cm (3 po) de longueur égale à la largeur du panneau de rideau. Plier 1,3 cm (½ po) aux deux extrémités et le long d'un bord. Presser les ourlets doubles inférieur et latéraux du rideau. Ne coudre que l'ourlet inférieur.

**2) Mesurer** la longueur des passants en épinglant une bande de tissu sur la tringle. Épingler à la longueur voulue, en tenant compte de la réserve de couture de 1,3 cm (½ po). Couper les passants selon cette mesure. Doubler la largeur voulue et ajouter 2,5 cm (1 po).

**3) Plier** chaque passant en deux en longueur, endroit contre endroit. Coudre en continu à 1,3 cm (½ po) du bord coupé. Tourner les passants à l'endroit. Centrer la couture au dos de chaque passant et presser.

**4) Plier** chaque passant en deux et aligner les bords vifs. Les épingler ou les faufiler sur l'endroit du rideau, en alignant les bords vifs au bord supérieur du rideau. Placer un passant à chaque extrémité, à égalité des bords latéraux finis.

**5) Épingler** la parementure au bord supérieur du rideau, endroit contre endroit, en alignant les bords vifs, les passants pris entre la parementure et le rideau. Coudre à 1,3 cm (½ po).

**6) Presser** la parementure sur l'envers du rideau, les passants vers le haut. Plier les ourlets latéraux du rideau sous la parementure, en couvrant la réserve de couture; étager les coutures. Coudre les ourlets latéraux. Coudre la parementure au rideau à points coulés. Insérer la tringle dans les passants.

# Les embrasses

Les embrasses maintiennent les rideaux ouverts de façon décorative. Confectionnez-les droites ou profilées, froncées ou lisses. Utilisez un tissu uni assorti ou contrastant, un imprimé coordonné ou un tissu bordé. Entoilez les embrasses pour leur donner de la stabilité.

Suspendez le rideau avant de confectionner les embrasses ; il vous sera ainsi plus facile de calculer leur longueur. Coupez une bande de tissu d'une largeur de 5 à 10 cm (2 à 4 po) ; épinglez-la autour du rideau afin de trouver la longueur idéale ; faites-la glisser vers le haut et vers le bas pour découvrir le meilleur emplacement. Marquer sur le mur l'emplacement des clous à crochet qui serviront à fixer les embrasses. Enlevez la bande de tissu et mesurez-la pour obtenir la longueur finale.

## ✂ La coupe

Pour des embrasses droites, couper une bande d'entoilage thermocollant lourd de la longueur finale et de deux fois la largeur finale. Ajouter 1,3 cm ($\frac{1}{2}$ po) sur tous les côtés du tissu pour les coutures.

Pour des embrasses profilées, couper une bande de papier en guise de patron, d'une largeur de 10 à 15 cm (4 à 6 po) et un peu plus longue que l'embrasse. Épingler le papier autour du rideau et tracer une courbe le long du bord. Faire des essais en épinglant et en coupant le papier jusqu'à obtention du résultat désiré. Couper deux morceaux de tissu et d'entoilage thermocollant lourd pour chaque embrasse. Couper ce dernier au format du patron. Ajouter 1,3 cm ($\frac{1}{2}$ po) sur tous les côtés du tissu pour les coutures.

## MATÉRIEL REQUIS

Tissu de décoration pour les embrasses

Entoilage thermocollant lourd

Papier brun pour le patron

Bandes de voile thermocollant, d'une longueur égale à la largeur des embrasses finies

Deux anneaux en cuivre ou en plastique de 1,5 cm ($\frac{5}{8}$ po) pour chaque embrasse

Deux clous à crochet

# Comment confectionner des embrasses droites

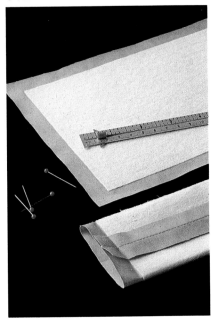

**1) Centrer** l'entoilage thermocollant sur l'envers de l'embrasse; coller. Plier les extrémités courtes de 1,3 cm (½ po); presser. Plier l'embrasse en deux en longueur, endroit contre endroit. Coudre à 1,3 cm (½ po) en laissant les extrémités ouvertes. Ouvrir les coutures au fer.

**2) Tourner** l'embrasse à l'endroit. Centrer la couture à l'arrière et presser. Replier les extrémités pressées à l'intérieur. Insérer du voile thermocollant à chaque extrémité et coller ou coudre à points coulés.

**3) Coudre** à la main un anneau à chaque extrémité de la ligne de couture arrière de l'embrasse, à 6 mm (¼ po) du bord (**a**). Ou, presser les coins vers l'intérieur en diagonale pour former une pointe; coudre les coins à points coulés ou les coller (**b**). Fixer un anneau.

# Comment confectionner des embrasses profilées

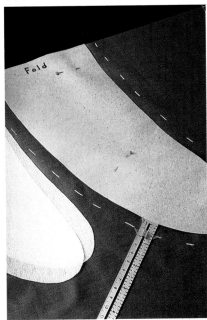

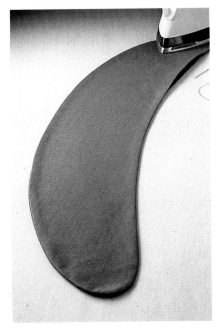

**1) Placer** le patron sur le pli pour couper le tissu et l'entoilage. Centrer l'entoilage sur l'envers de chaque pièce d'embrasse et coller.

**2) Épingler** les pièces d'embrasse, endroit contre endroit. Coudre à 1,3 cm (½ po) en laissant une ouverture de 10 cm (4 po) sur un long côté pour retourner à l'endroit. Étager les réserves de couture; cranter les courbes à intervalles réguliers.

**3) Tourner** l'embrasse à l'endroit; presser. Insérer du voile thermocollant à l'ouverture et coller ou coudre à points coulés. Coudre à la main un anneau à chaque extrémité de l'embrasse, à 6 mm (¼ po) du bord.

# Les embrasses bordées

Les bordures mettent l'accent sur la ligne gracieuse d'une embrasse profilée et vous permettent de réutiliser une couleur dominante de la décoration ou du tissu du rideau. Les embrasses profilées se bordent plus facilement que les droites, car le biais s'ajuste aux courbes.

## ✄ La coupe

Couper deux pièces de tissu et deux pièces d'entoilage thermocollant à l'aide du patron; ne pas ajouter de réserve de couture à l'embrasse. Faire le biais comme à la page 270 et le couper 2,5 cm (1 po) plus long que la distance autour de l'embrasse.

## Comment border des embrasses profilées

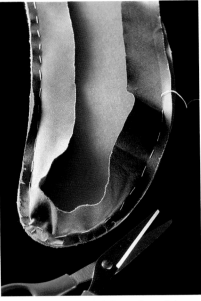

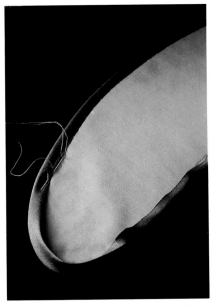

**1) Placer** le patron sur le pli pour couper le tissu et l'entoilage. Coller l'entoilage sur l'envers de l'embrasse. Épingler les pièces d'embrasse, envers contre envers.

**2) Plier et presser** 1,3 cm (½ po) à une extrémité du biais. En commençant avec le bout pressé, faufiler le biais à l'embrasse, endroit contre endroit, en crantant les courbes pour donner du jeu. Coudre le biais à 1,3 cm (½ po) du bord.

**3) Presser** le biais sur le bord de l'embrasse. Replier le bord vif du biais à égalité de la ligne de couture et coudre à points coulés. Coudre à la main des anneaux aux extrémités de l'embrasse.

# Les embrasses volantées

L'ajout d'embrasses volantées change l'aspect des rideaux et d'une fenêtre. Faites le volant dans un tissu identique ou coordonné, d'une largeur appropriée à la longueur du rideau. Pour réduire le temps de couture, achetez de la dentelle froncée ou des volants en broderie anglaise.

## ✂ La coupe

Couper le volant de la largeur désirée plus 2,5 cm (1 po) pour les coutures et deux fois et demie la longueur finale. Couper une embrasse droite et un entoilage (voir page 222). La largeur de l'embrasse doit être proportionnée à celle du volant, habituellement moins de la moitié.

## Comment confectionner des embrasses volantées

**1)** **Coller** l'entoilage sur l'envers de l'embrasse. Plier et presser 1,3 cm (½ po) aux deux extrémités et le long d'un bord de l'embrasse. Coudre un ourlet de 6 mm (¼ po) aux deux extrémités et le long d'un bord du volant. Plier le volant et l'embrasse en quatre; marquer les plis avec des entailles.

**2)** **Faire** un zigzag sur un cordon (voir page 243). Épingler l'envers du volant sur l'endroit de l'embrasse, entailles et bords vifs à égalité. Tirer sur le cordon jusqu'à ce que le volant s'ajuste à l'embrasse. Répartir les fronces uniformément et épingler. Coudre le volant à 1,3 cm (½ po) du bord.

**3)** **Plier** l'embrasse en deux en longueur, envers contre envers. Épingler le bord plié sur la couture du volant. Surpiquer en bordure des extrémités et le long de la couture froncée. Coudre à la main les anneaux aux extrémités de l'embrasse.

# Les draperies à plis pincés

Les draperies à plis pincés sont très prisées comme parure de fenêtre, car elles s'ouvrent pour laisser entrer la lumière et se ferment pour préserver l'intimité. Les plis, répartis à intervalles réguliers, donnent de l'ampleur à la draperie ; plus il y en a, plus l'ampleur est grande.

Les rubans fronceurs peuvent vous faire gagner du temps. Cependant, l'ampleur, l'espacement et la profondeur des plis sont limités. Le seul moyen de contrôler totalement l'ampleur et l'emplacement des plis consiste à utiliser la bande de bougran que l'on retrouve habituellement dans les rideaux.

Avant de déterminer le format des panneaux, vous devez établir le type de montage et le matériel requis. Pour une tringle conventionnelle, mesurez à partir du haut de la tringle jusqu'à la longueur désirée, puis ajoutez 1,3 cm (½ po). Si vous installez la draperie sur une tringle décorative, mesurez à partir des trous de crochets dans la tringle jusqu'à la longueur désirée.

N'oubliez pas d'inclure l'espace de rangement lorsque vous installez les tringles. Il s'agit de l'espace nécessaire à côté de la fenêtre qui permet à la draperie de dégager complètement cette dernière. Cet espace varie selon le poids du tissu, l'ampleur et la présence ou non d'une doublure. Mais vous pouvez l'estimer à un tiers de la largeur de la fenêtre. Pour les draperies à tirage central, répartissez l'espace de rangement de part et d'autre de la fenêtre.

## ✄ La coupe

Mesurer la fenêtre et suivre les directives pour rideaux et draperies (voir pages 208-209). Tenir compte de deux mesures de base : la largeur et la longueur de la draperie finie. Estimer le métrage et couper les longueurs pour la draperie et la doublure en vous reportant au tableau de la page suivante. Ces mesures sont données pour une paire de draperies.

## MATÉRIEL REQUIS

Tissu de décoration pour les draperies

Tissu de doublure pour les draperies doublées

Tringle conventionnelle, tringle décorative sans anneaux ou tringle et anneaux en bois

Bougran de 10 cm (4 po) de large ; d'une longueur égale à la largeur des panneaux avant le plissage

# Estimation du métrage

| Longueur de la draperie* | |
|---|---|
| 1) Longueur telle que mesurée avec tringle | |
| 2) 20,5 cm (8 po) pour la tête | + |
| 3) 20,5 cm (8 po) pour l'ourlet double | + |
| 4) Longueur de coupe | = |
| **Largeur de la draperie** | |
| 1) Largeur de la tringle (d'un support à l'autre pour une tringle conventionnelle ; du premier au dernier anneau pour une tringle décorative) | |
| 2) Retours | + |
| 3) Chevauchement, habituellement 9 cm (3 ½ po) | + |
| 4) Largeur de coupe finale | = |
| **Nombre de largeurs par panneau** | |
| 1) Largeur finale multipliée par 2, 2 ½ ou 3 (ampleur) | |
| 2) Divisée par la largeur du tissu | ÷ |
| 3) Nombre de largeurs requises (arrondi au nombre entier le plus près) | = |
| 4) Largeurs divisées par 2 | ÷ |
| 5) Nombre de largeurs par panneau | = |
| **Quantité totale de tissu requise** | |
| 1) Longueur de coupe (ci-dessus) | |
| 2) Largeurs de tissu (ci-dessus) | x |
| 3) Longueur totale de tissu | = |
| 4) Nombre de m (vg) requis : longueur totale du tissu divisée par 100 cm (36 po) | m (vg) |

| Longueur de la doublure | |
|---|---|
| 1) Longueur finale de la draperie (du haut de la tête à l'ourlet) | |
| 2) 10 cm (4 po) pour les ourlets doubles | + |
| 3) Longueur de coupe de la doublure | = |
| **Largeur de la doublure** | |
| 1) Nombre de largeurs par panneau (ci-dessus) | |
| 2) Largeurs multipliées par 2 | x |
| 3) Largeur totale de tissu | = |
| **Quantité totale de doublure requise** | |
| 1) Longueur de coupe (ci-dessus) | |
| 2) Largeurs de tissu (ci-dessus) | x |
| 3) Longueur totale de tissu | = |
| 4) Nombre de m (vg) requis : longueur totale du tissu divisée par 100 cm (36 po) | m (vg) |

* Voir page 212 pour les tissus nécessitant des raccords de motifs.

# Les plis de la draperie

Une fois les panneaux cousus ensemble et ourlés, utilisez le tableau de calcul ci-dessous pour déterminer le nombre de plis par panneau, ainsi que leur taille et l'espacement entre chacun. La quantité de tissu recommandé pour chaque pli est de 10 à 15 cm (4 à 6 po). L'espace recommandé entre les plis est de 9 à 10 cm (3 ½ à 4 po), à peu près la même quantité que pour le chevauchement central. Si votre résultat pour la taille des plis et l'espace entre eux est supérieur à la quantité recommandée, ajoutez un pli et un espace. S'il est inférieur, enlevez un pli et un espace.

# Tableau de calcul pour les plis de draperie

| Largeur finale du panneau | |
|---|---|
| 1) Largeur finale de la draperie (à gauche) | |
| 2) Divisée par 2 | ÷ |
| 3) Largeur finale du panneau | = |
| **Espace entre les plis** | |
| 1) Nombre de largeurs par panneau (à gauche) | |
| 2) Multiplié par le nombre de plis par largeur* | x |
| 3) Nombre de plis par panneau | = |
| 4) Nombre d'espaces par panneau (un de moins que les plis) | |
| 5) Largeur finale du panneau (ci-dessus) | |
| 6) Chevauchement et retours | − |
| 7) Largeur à plisser | = |
| 8) Nombre d'espaces par panneau | ÷ |
| 9) Espace entre les plis | = |
| **Fond de pli** | |
| 1) Largeur à plat du panneau ourlet | |
| 2) Largeur finale du panneau (ci-dessus) | − |
| 3) Fond de pli | = |
| **Taille des plis** | |
| 1) Fond de pli (ci-dessus) | |
| 2) Nombre de plis par panneau | ÷ |
| 3) Taille des plis | = |

* Compter 5 plis par largeur de tissu de 122 cm (48 po), 6 plis par largeur de 140 cm (54 po). Si vous avez une demi-largeur de tissu, compter 2 ou 3 plis. Par exemple, pour du tissu de 122 cm (48 po), il y aura 2 ½ largeurs par panneau, donc 12 plis.

# Comment confectionner des draperies à plis pincés non doublés

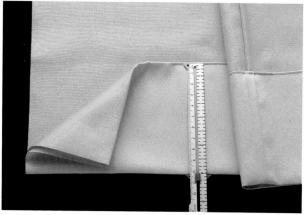

1) **Assembler** des largeurs de tissu, au besoin. (Enlever les lisières pour empêcher le tissu de goder.) Faire une couture anglaise ou surjetée. Coudre au point invisible ou au point droit un ourlet inférieur double de 10 cm (4 po).

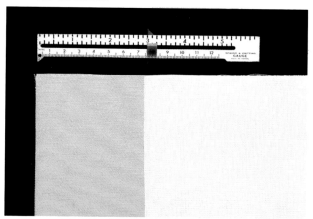

2) **Couper** du bougran de 10 cm (4 po) de large, 15 cm (6 po) plus court que la largeur du panneau. Sur l'envers du panneau, placer le bougran à égalité du bord supérieur et à 7,5 cm (3 po) des côtés.

3) **Plier** la tête deux fois pour enfermer le bougran dans le tissu. Presser et épingler ou faufiler.

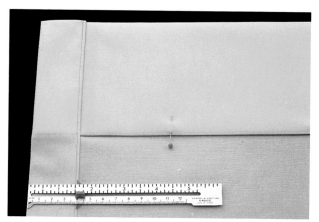

4) **Coudre** au point invisible ou au point droit des ourlets latéraux doubles de 3,8 cm (1 ½ po). Déterminer la taille des plis et l'espace entre eux (voir le tableau de calcul à la page 227).

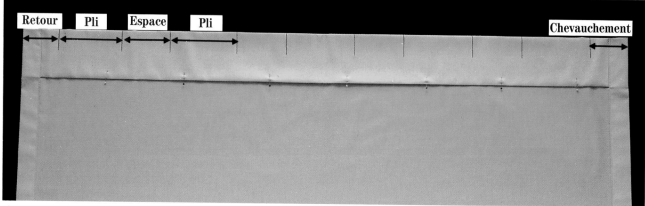

5) **Marquer** le retour et le chevauchement sur chaque panneau, puis marquer les plis et les espaces. S'assurer qu'il y a un pli juste avant le retour et après le chevauchement. La taille des plis peut varier quelque peu pour accommoder un surplus de largeur, et les plis peuvent être ajustés au besoin pour cacher les coutures. Les espaces doivent être uniformes.

**6)** **Former** chaque pli en unissant deux lignes de pli. Épingler. Plier le bougran sur la cassure.

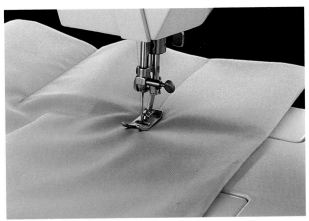

**7)** **Coudre** sur la ligne de pli, à partir de la tête jusqu'à une distance de 1,3 cm (½ po) au-dessous de la tête; faire des points arrière pour bloquer la couture.

**8)** **Diviser** chaque pli en trois plis égaux. Marquer la cassure du pli d'une main et ouvrir le pli de l'autre main, au haut de la tête.

**9)** **Amener** le pli central à la ligne de couture. Deux plis se formeront aux côtés.

**10)** **Pincer** les plis avec le pli central. Avec les doigts, presser les trois plis ensemble et s'assurer qu'ils sont bien égaux.

**11)** **Fixer** les plis à la machine en faisant une bride simple au centre du pli, à 1,3 cm (½ po) du bas du bougran. Régler la machine au point le plus large et coudre 4 ou 5 fois.

**12)** **Insérer les crochets.** Sur une tringle conventionnelle (**a**), le haut des crochets se trouve à 4,5 cm (1 ¾ po) du bord supérieur de la draperie. Sur une tringle décorative (**b**), il est à 2 ou 2,5 cm (¾ ou 1 po) du bord supérieur. Sur une tringle en bois (**c**), il arrive à 1,3 cm (½ po) de celui-ci.

# Comment confectionner des draperies doublées à plis pincés

**1) Coudre** le tissu de la draperie, selon l'étape 1 de la page 228. Assembler des largeurs de doublure au besoin, en faisant une couture simple ou surjetée. (Enlever les lisières pour empêcher les coutures de goder.) Faire un ourlet double inférieur de 5 cm (2 po).

**2) Déposer** la draperie sur une grande surface plane. Placer la doublure sur la draperie, *envers contre envers,* l'ourlet de la draperie 2 cm (³/4 po) au-dessus de celui de la draperie.

**3) Raser** 7,5 cm (3 po) sur chaque côté de la doublure. Raser la doublure pour qu'elle arrive à 20,5 cm (8 po) du bord supérieur de la draperie.

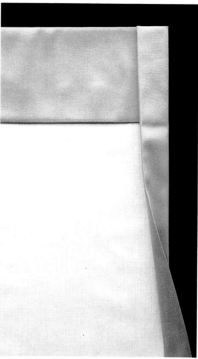

**4) Suivre** l'étape 2 de la page 228. Plier la tête *deux fois*, repliant le bougran sur la doublure au bord supérieur. Presser; épingler ou faufiler.

**5) Plier** des ourlets latéraux doubles de 3,8 cm (1 ½ po).

**6) Coudre** les ourlets latéraux au point invisible (voir page 215). Finir la draperie en suivant les étapes 5 à 12 des pages 228 et 229.

# Dresser les draperies

Les parures de fenêtre doivent être dressées ou formées pour paraître à leur meilleur. Avant de suspendre les draperies, pressez-les au fer tiède et sec pour enlever les faux plis. S'il en reste une fois les draperies suspendues, pressez au fer tiède et sec par-dessus un rouleau de serviettes en papier que vous tenez de l'autre main.

Si le tissu est particulièrement difficile à former en plis, pressez avec vos doigts. Placez le bord antérieur du pli entre le pouce et l'index et descendez jusqu'à la ligne d'ourlet. Cette méthode aide à former et à structurer la draperie en plis souples.

Il se peut que vous ayez à remonter et à attacher le store romain pendant quelques jours afin de fixer les plis. Par la suite, chaque fois que vous le remonterez, les plis se formeront naturellement dans la bonne position.

## Comment dresser des draperies

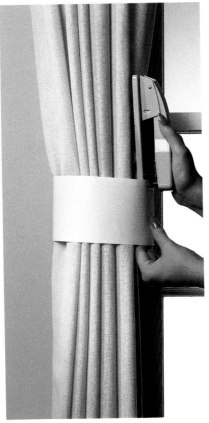

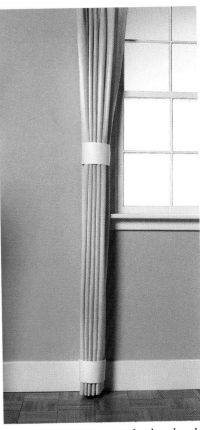

**1) Ouvrir** les draperies au maximum. En partant du haut, former le tissu et la doublure en plis souples. S'assurer que la profondeur des plis est partout égale. Le droit fil du tissu sert de guide pour aligner les plis perpendiculairement au plancher.

**2) Agrafer** une bande de papier ou attacher une pièce de mousseline autour des plis, à mi-chemin entre le haut et l'ourlet, afin de les maintenir en place. Attacher lâchement pour éviter les faux plis.

**3) Agrafer** une seconde bande de papier à la ligne d'ourlet. Les draperies doivent tomber bien droites de la tringle. Laisser attachées de 5 à 7 jours. L'humidité favorise la formation des plis.

# Le store romain

Le store romain convient à de nombreux styles de décor. Utilisez-le seul, ou avec une tête de rideau, des rideaux ou des draperies.

Tout comme le store sur rouleau, le store romain est lisse et plat une fois abaissé. Remonté, il prend plus de place au haut, car il forme des plis nets au lieu de s'enrouler. Si vous voulez qu'il dégage complètement la fenêtre lorsqu'il est remonté, installez-le au plafond; cela fera paraître la fenêtre plus haute. Un système de cordes et d'anneaux disposés à intervalles réguliers au dos du store le fait plier quand vous le remontez. Fixez une barre près du bord inférieur pour stabiliser le store et favoriser un bon alignement.

Le tissu compte pour beaucoup dans l'apparence du store. Un tissu résistant et ferme est tout indiqué en raison des plis de ce type de store. Vous pouvez utiliser des tissus plus souples et plus légers, mais il tombera moins bien. En général, les stores romains sont doublés, ce qui leur donne plus de corps, les empêche de pâlir et crée un aspect uniforme de l'extérieur.

Vous devrez peut-être assembler des panneaux de tissu ou de doublure pour obtenir la largeur nécessaire. Tenez compte de ces coutures dans vos mesures. Vous pourriez aussi avoir besoin d'un surplus de tissu pour raccorder des imprimés, des carreaux ou d'autres motifs.

Une planche de coupe pliante disposée sur votre surface de travail facilitera l'étape des mesures et de l'assemblage tout en assurant la précision.

## ✂ La coupe

Déterminer le format du store fini. Couper le tissu de décoration 7,5 cm (3 po) plus large et 7,5 cm (3 po) plus long que le store fini.

Couper la doublure de la même largeur que le store fini; ajouter 7,5 cm (3 po) à la longueur finie.

Couper une bande de parementure dans la doublure, d'une largeur de 12,5 cm (5 po); la longueur doit correspondre à la largeur finale du store, plus 5 cm (2 po).

## MATÉRIEL REQUIS

Tissu de décoration pour le store

Tissu de doublure pour la doublure et la bande de parementure

Panneau de soutien de 2,5 x 5 cm (1 x 2 po), coupé au format en vue d'une installation intérieure ou extérieure. Peindre les bouts ou couvrir de tissu assorti.

Pitons à vis ou poulies, assez gros pour maintenir toutes les cordes de tirage. La quantité doit correspondre au nombre de rangées verticales.

Cordon de tirage pour chaque rangée verticale d'anneaux; chaque cordon doit être suffisamment long pour remonter le long du store, suivre le haut et redescendre à mi-chemin sur le côté.

Anneaux de plastique de 1,3 cm (½ po); la quantité doit correspondre au nombre de rangées verticales multiplié par le nombre de rangées horizontales; le galon à anneaux espacés de 15 cm (6 po), coupé selon la longueur du store multiplié par le nombre de rangées verticales plus 15 cm (6 po) à chaque rangée peut aussi être utilisé.

Barre servant de poids au bas du store, soit une tringle en laiton de 1 cm (⅜ po) de diamètre ou une barre plate antirouille de 1,3 cm (½ po) mesurant 1,3 cm (½ po) de moins que la largeur du store fini.

Colle blanche ou liquide pour empêcher l'effilochage.

Taquet

Agrafeuse ou petits clous

Tirette (facultatif)

# Comment confectionner un store romain

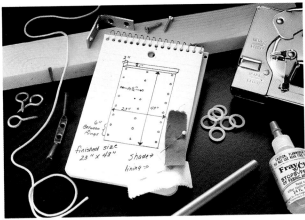

1) **Faire** un schéma du store qui servira de guide pour l'emplacement des anneaux (voir page suivante, étape 7). Couper le tissu de décoration; assembler des panneaux au besoin. Si le tissu s'effile, finir les bords latéraux au point zigzag ou appliquer du liquide pour empêcher l'effilochage.

2) **Placer** le tissu envers vers le haut sur la surface de travail. Marquer la largeur finale. Plier et presser des ourlets latéraux de 3,8 cm (1 ½ po).

3) **Placer** la doublure sur le tissu, envers contre envers. Glisser la doublure sous les ourlets latéraux. Lisser et presser la doublure. Épingler et coudre à points coulés, si désiré.

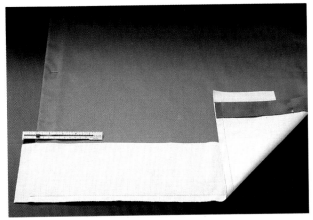

4) **Centrer** et épingler une bande de parementure sur l'endroit du store, à égalité du bord inférieur et se prolongeant sur 2,5 cm (1 po) de chaque côté. Coudre à 1,3 cm (½ po) du bord inférieur. Plier et presser vers l'envers du store.

5) **Plier** et presser les prolongements de la parementure sur l'envers du store, afin qu'ils ne paraissent pas sur l'endroit. Coller ou coudre.

6) **Replier** 3,8 cm (1 ½ po) du bord vif de la parementure; replier de nouveau, cette fois 7,5 cm (3 po). Coudre le long du bord plié. Coudre de nouveau à 2,5 cm (1 po) de la première couture afin de former une coulisse pour la barre.

*(Suite à la page suivante)*

# Comment confectionner un store romain (suite)

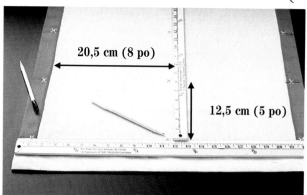

7) **Marquer** l'emplacement des anneaux en traçant des rangées verticales et horizontales de X. Marquer d'abord les rangées verticales extérieures à 2,5 cm (1 po) des bords latéraux du store, pour que les anneaux maintiennent les ourlets latéraux. Laisser de 20,5 à 30,5 cm (8 à 12 po) entre chaque rangée verticale. Placer la rangée du bas juste au-dessus de la coulisse ; laisser de 12,5 à 20,5 cm (5 à 8 po) entre les rangées horizontales.

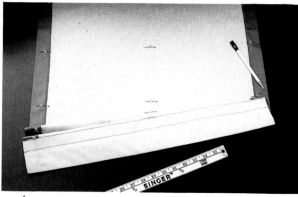

8) **Épingler** les deux épaisseurs de tissu au centre des X ; les épingles doivent être parallèles au bord inférieur. Plier le store en accordéon aux épingles, pour le disposer en vue de la pose des anneaux, à la main ou à la machine. Avec le galon à anneaux, suivre les étapes 9a et 9b.

9a) **Fixer** les anneaux en plaçant le pli (épingle au milieu) sous le pied presseur. L'anneau doit se trouver à côté du pli. Régler la longueur du point à 0 et faire un zigzag le plus large possible. Effectuer 8 à 10 points, en piquant un peu du pli chaque fois. Bloquer en ajustant l'aiguille pour qu'elle effectue 2 ou 3 points à un endroit du tissu (largeur à 0).

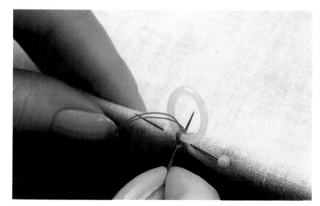

9b) **Coudre** les anneaux à la main si votre machine n'a pas le point zigzag. Doubler le fil. Faire 4 ou 5 points au même endroit, à travers les deux épaisseurs de tissu. Renforcer tous les anneaux de la rangée inférieure avec quelques points en surplus, car ils maintiennent tout le poids du tissu.

9c) **Utiliser** du galon à anneaux au lieu des anneaux, si désiré. Replier 1,3 cm (½ po) au bas du galon et le placer au-dessus de la coulisse. Épingler le galon au store en rangées verticales, en alignant les anneaux horizontalement. Coudre les bords verticaux et le bas du galon avec le pied à semelle étroite. Coudre tous les galons dans le même sens.

10) **Agrafer** ou clouer le store au haut du panneau de soutien. Si le store doit être installé à l'extérieur du cadre de fenêtre, peindre le panneau ou l'envelopper dans une doublure au préalable pour lui donner un aspect fini.

**11) Insérer** les pitons à vis sur le panneau de soutien; les aligner au-dessus de chaque rangée verticale. Si le store est lourd ou très large, utiliser des poulies au lieu des pitons à vis.

**12) Faire** un nœud à l'anneau du bas. Appliquer de la colle blanche au nœud et aux bouts de la corde pour empêcher le nœud de glisser. Enfiler la corde dans la rangée verticale d'anneaux.

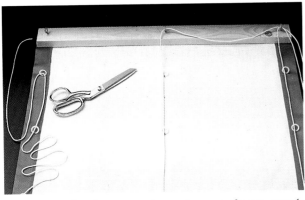

**13) Couper** des longueurs de corde pour chaque rangée d'anneaux. Chacune sera d'une longueur différente. Les cordes partent du bas du store, montent au bord supérieur et redescendent à mi-chemin sur un côté. Les enfiler dans les anneaux et les pitons à vis, en laissant un surplus d'un côté.

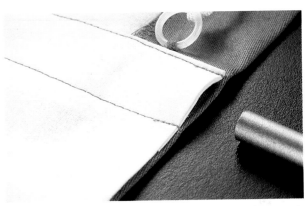

**14) Limer** les bouts de la barre ou la recouvrir avec du ruban. L'insérer dans la coulisse et fermer les extrémités à point coulés. Il est possible d'utiliser une barre en fer galvanisée antirouille au lieu d'une tringle de laiton.

**15) Installer** le store. L'abaisser pour ajuster les cordes de manière que la tension soit égale sur chacune. Attacher les cordes en faisant un nœud juste au-dessous du piton à vis. Tresser les cordes et les fixer au bas en faisant un nœud ou en posant une tirette.

**16) Centrer** le taquet sur le bord du cadre de fenêtre ou sur le mur. Y enrouler le cordon pour maintenir le store remonté.

# Le store à plis

Des plis piqués étroits disposés le long de chaque ligne de pliure accentuent cette version structurée du store romain. Avant d'entreprendre ce projet, lisez les informations qui se rapportent au store romain (voir pages 232 à 235).

Pour calculer le nombre de plis, soustrayez 7,5 cm (3 po) de la longueur finale du store, pour l'ourlet. Divisez ce nombre par 7,5 cm (3 po), la distance approximative entre les plis. Arrondissez le résultat au nombre entier le plus près. Pour déterminer l'espace entre les plis, divisez la longueur finale du store par le nombre de plis (tel que déterminé plus haut). Placez les anneaux à tous les deux plis, en partant du pli inférieur.

## ✂ La coupe

Couper le tissu et la doublure comme pour le store romain (voir page 232), en ajoutant 1,3 cm (½ po) pour chaque pli à la longueur des deux tissus. Couper aussi une bande de parementure de 12,5 cm (5 po) de large dans la doublure, dont la longueur correspond à la largeur finale du store, plus 5 cm (2 po).

## MATÉRIEL REQUIS

Tissu de décoration pour le store

Tissu de doublure pour la doublure et la bande de parementure

Mercerie : panneau de soutien, anneaux en plastique, pitons à vis ou poulies, cordon de tirage, barre servant de poids, taquet et agrafeuse, comme pour le store romain

## Comment confectionner les stores à plis

1) **Suivre** les étapes 1 à 7 pour le store romain (voir pages 233-234), mais distancer les rangées horizontales telles que déterminées ci-dessus. Tracer des lignes horizontales sur l'envers du store aux anneaux. Faufiler le tissu et la doublure ensemble sur chaque ligne.

2) **Enlever** les marques de crayon à l'eau. Presser un pli net exactement sur chaque ligne faufilée, endroit contre endroit. Amener les plis opposés ensemble, en accordéon, et presser. Faufiler à la machine comme à l'étape 1.

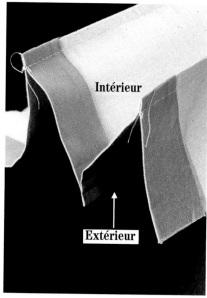

Intérieur

Extérieur

3) **Coudre** les plis à 6 mm (¼ po) des bords pliés sur les deux côtés du store. Finir le store selon les étapes 9a à 16 (voir pages 234-235) pour le store romain. Ne pas utiliser de galon à anneaux.

# Le store à entraves

Le store à entraves tombe en plis souples horizontaux, maintenus en place avec du ruban sergé. Avant d'entreprendre ce projet, lisez les informations qui se rapportent au store romain (voir pages 232 à 235).

Pour calculer le nombre de plis, soustrayez 7,5 cm (3 po) de la longueur finale double du store. Divisez ce nombre par 18 cm (7 po), la distance approximative entre les plis. Arrondissez le résultat au nombre entier le plus près. Pour calculer l'espace entre les plis, divisez la longueur finale double du store moins 7,5 cm (3 po) par le nombre de plis.

## ✂ La coupe

Couper le tissu et la doublure comme pour le store romain (voir page 232), en doublant la longueur des deux tissus. Couper aussi une bande de parementure de 12,5 cm (5 po) de large dans la doublure, dont la longueur correspond à la largeur finale du store, plus 5 cm (2 po). Couper du ruban sergé de la longueur du store fini, plus 7,5 cm (3 po).

## MATÉRIEL REQUIS

Tissu de décoration pour le store

Tissu de doublure pour la doublure et la parementure

Ruban sergé de 1,3 cm (½ po) de large

Mercerie : panneau de soutien, anneaux en plastique, pitons à vis ou poulies, cordon de tirage, barre servant de poids, taquet et agrafeuse, comme pour le store romain

## Comment confectionner un store à entraves

**1) Suivre** les étapes 1 à 7 pour le store romain (voir pages 233-234), mais distancer les rangées horizontales telles que déterminées ci-dessus. Marquer le ruban à mi-chemin entre les anneaux, en partant du haut de la coulisse.

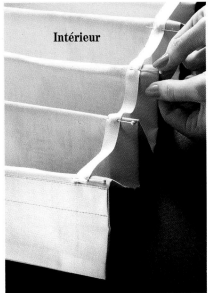

**2) Épingler** les rubans au store, en raccordant les marques. Le surplus de tissu entre les marques forme les plis à l'extérieur du store.

**3) Fixer** les anneaux en piquant le ruban et les deux épaisseurs de tissu. Finir le store selon les étapes 10 à 16 (voir pages 234-235) pour le store romain.

# Le store s'enroulant par le bas

Ce type de store très pratique à l'aspect net couvre le cadre de la fenêtre; il est suspendu à une tringle se trouvant à l'intérieur d'une boîte à rideau recouverte de tissu. La doublure contrastante qui s'enroule vers l'extérieur est collée au tissu du store.

Choisissez deux tissus de poids moyen au tissage ferme et offrant une bonne adhérence. N'utilisez pas de tissus imperméables ou antitaches; la silicone avec lequel ils sont traités les empêche de coller. Faites un test avec des retailles pour vous assurer que la doublure collera bien. Pour éviter des motifs de doublure apparents sous les rayons du soleil, optez pour une couleur unie. De plus, l'effet de décoloration par le soleil sera moins visible sur des couleurs plus pâles.

Le store qui s'enroule par le bas arrive au rebord de la fenêtre. Puisque la doublure est décorative, une partie du store est toujours enroulée sur l'endroit, même lorsque celui-ci est abaissé.

Faites la boîte à rideau et couvrez-la en suivant les directives des pages 263 à 265.

## ✂ La coupe

Couper le tissu du store et le voile thermocollant 2,5 cm (1 po) plus étroits que la mesure intérieure de la boîte à rideau et 30,5 cm (12 po) plus longs que la longueur allant des supports de tringle de la boîte à rideau au rebord de la fenêtre. Couper la doublure 5 cm (2 po) plus large et 9 cm (3 ½ po) plus longue que le tissu du store. Couper deux cordons de tirage mesurant trois fois la longueur du store, incluant la largeur.

## MATÉRIEL REQUIS

Tissu du store, doublure contrastante unie et voile thermocollant tel que mesurés à droite.

Boîte à rideau recouverte de tissu dont les mesures intérieures sont les suivantes: 12,5 cm (5 po) de profondeur et 10 cm (4 po) plus large que le cadre de fenêtre (voir page 264).

Quatre pitons à vis de 1,3 cm (½ po).

Tringle avec supports, du même format que la largeur intérieure de la boîte à rideau.

Un goujon de 1,3 cm (½ po) de la largeur du store fini; cordon; taquet; tirette.

Remarque: Si la largeur du store excède 91,5 cm (36 po), ajouter une autre cornière, un autre cordon et deux pitons à vis au milieu du store.

# Comment confectionner un store s'enroulant par le bas

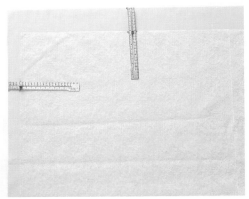

**1) Placer** la doublure, envers vers le haut, sur une grande surface rembourrée. Centrer le voile thermocollant entre les côtés verticaux, puis le placer à 5 cm (2 po) du bord supérieur et à 3,8 cm (1 ½ po) du bord inférieur.

**2) Placer** le tissu du store sur la doublure, endroit vers le haut ; aligner les bords au voile thermocollant. Coller le tissu du store à la doublure, selon les directives du fabricant.

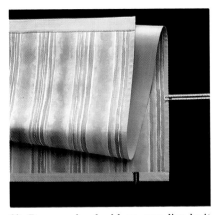

**3) Presser** la doublure sur l'endroit pour faire des ourlets latéraux doubles de 1,3 cm (½ po) ; coudre. Pour les coulisses, plier et presser 1,3 cm (½ po), puis 3,8 cm (1 ½ po), sur l'endroit, au bord supérieur ; plier et presser 1,3 cm (½ po), puis 2,5 cm (1 po), sur l'endroit, au bord inférieur.

**4) Insérer** le goujon dans la coulisse inférieure ; insérer la tringle dans la coulisse supérieure.

**5) Marquer** une ligne centrale sur la longueur de la partie supérieure de la boîte à rideau ; insérer des pitons à vis à 5 cm (2 po) de part et d'autre de la ligne centrale et à 15 cm (6 po) des extrémités. Fixer les supports de tringle au centre des extrémités de la boîte.

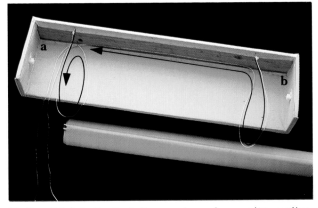

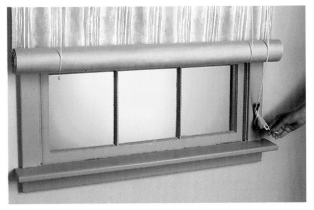

**6) Du** côté de la tirette (**a**), nouer le cordon au piton arrière et l'enfiler dans le piton avant. Faire la même chose de l'autre côté (**b**), en passant le cordon dans le haut de la boîte et en l'enfilant dans le piton avant, du côté de la tirette.

**7) Poser** le taquet sur le cadre de fenêtre. Insérer le store dans les supports. Enrouler les cordons autour du store et les ajuster pour que celui-ci soit équilibré. Insérer les bouts de cordon dans la tirette et les nouer.

# Les têtes de fenêtre

Les têtes de fenêtre apportent une certaine originalité aux rideaux, aux draperies ou aux stores. Mentionnons, entre autres, les cantonnières, de style bouffant ou non, les festons et les jabots, ainsi que les bandeaux et les cantonnières-lambrequins. Elles s'utilisent seules, pour encadrer une vue splendide et pour laisser entrer le plus de lumière possible, avec tout genre de rideaux ou draperies, pour camoufler une tringle ou simplement comme touche décorative.

Les têtes de fenêtre s'agencent également aux rideaux de douche, aux stores à mini-lamelles, aux stores à plis, aux stores verticaux et aux persiennes. Elles confèrent une note de douceur à l'apparence générale ou se coordonnent à du tissu ou à une couleur du décor de la pièce.

Les têtes de fenêtre servent souvent à camoufler quelque chose. Selon leur style et leur emplacement, elles peuvent donner l'illusion qu'une fenêtre est plus haute ou plus basse qu'en réalité. Des cantonnières ou des bandeaux peuvent donner un aspect uniforme à des fenêtres se trouvant à différents niveaux. Lorsque le mur n'offre pas assez d'espace pour les rideaux, la tête de fenêtre apporte une touche finale qui ne nécessite pas beaucoup d'effort.

Le tissu compte pour beaucoup dans le résultat. Le même style peut être réalisé en moiré ou en lin. L'élégance du moiré convient pour un aspect structuré et le lin créera une atmosphère rustique plus décontractée. Les cantonnières ou les bandeaux droits produisent un décor plus traditionnel qu'une cantonnière froncée. Toutefois, dans un tissu classique, un style froncé peut se révéler tout aussi élégant.

Les **cantonnières** sont simplement de courts rideaux, draperies ou stores souples installés dans le haut d'une fenêtre. La cantonnière peut être montée sur une tringle séparée ou sur un panneau de soutien posé à l'intérieur ou à l'extérieur du cadre de fenêtre. Les panneaux de soutien sont coupés à partir de pièces de bois de 2,5 cm (1 po) ; la largeur peut varier de 5 à 12,5 cm (2 à 5 po) ou plus, selon le retour de la draperie, du rideau ou du store qui se trouve en dessous. Généralement, les cantonnières sont « souples » par opposition à un bandeau « rigide », en contre-plaqué.

Les **drapés** sont faits de plis souples de tissu déployés dans le haut d'une fenêtre. En général, ils sont posés sur un panneau de soutien, quoique vous puissiez aussi les suspendre à partir d'une tringle décorative ou en bois pour créer un look plus décontracté. La plupart du temps, un drapé de tissu, appelé *jabot* ou *cascade*, tombe également de part et d'autre. Les jabots peuvent être plissés, froncés ou tomber négligemment.

Les **boîtes à rideaux** (ou panneaux de soutien) sont construites sur mesure ; dépourvues de fond, elles servent à recouvrir le haut d'une fenêtre. Vous pouvez les teindre, les peindre ou les couvrir de tissu pour qu'elles s'harmonisent à la parure de fenêtre. Le bord inférieur peut être droit ou coupé selon une forme décorative.

## Mesurer les têtes de fenêtre

Il existe peu de règles strictes concernant les têtes de fenêtre. Vous pouvez donc laisser libre cours à votre créativité. De façon générale, la longueur de la cantonnière doit être proportionnelle à la longueur totale de la fenêtre ou de la parure de fenêtre ; habituellement, il s'agit d'environ un cinquième. Pour agrandir une pièce, vous pouvez monter une parure de fenêtre directement au plafond ou plusieurs centimètres (pouces) au-dessus de la fenêtre.

Pour une parure festonnée, par exemple la cantonnière marquise, le point le plus court du feston doit arriver à 10 cm (4 po) sous le haut de la vitre et recouvrir 15 à 20, 5 cm (6 à 8 po) de la tête de rideau qui se trouve en dessous.

Lorsque la cantonnière ou la boîte à rideau n'est pas montée directement au plafond, allouez au moins 10 cm (4 po) de dégagement entre le haut de la draperie et la cantonnière pour pouvoir poser les cornières.

Pour monter une tête de fenêtre par-dessus des draperies, ajoutez 10 cm (4 po) en largeur et 5 à 7,5 cm (2 à 3 po) en profondeur de chaque côté, pour permettre le dégagement du retour. Par exemple, si vous utilisez une cantonnière avec une draperie en dessous, prévoyez un retour de 14 cm (5 ½ po) par-dessus le retour standard de 9 cm (3 ½ po) de la draperie.

# Les bandeaux

Des têtes de fenêtre semblables à des boîtes à rideaux peuvent être confectionnées sans avoir recours à des techniques de menuiserie ou de rembourrage. Les bandeaux sont montés sur des tringles à rideaux plates de 11,5 cm (4 ½ po) de largeur. De la ouatine thermocollante appliquée à l'intérieur de la coulisse donne à la tête de fenêtre un aspect rembourré. Le haut et le bas de la coulisse sont soulignés d'un passepoil torsadé ou de même tissu. Pour plus d'élégance, ajoutez une jupe plissée ou froncée sous la coulisse.

Ces têtes polyvalentes peuvent parer des fenêtres déjà garnies de stores verticaux, horizontaux, plissés ou de rideaux. Dans certains cas, elles affichent une apparence radicalement différente, même en utilisant les tringles plates qui sont déjà là.

Un tissu léger disposé, si possible, à contresens, permet d'obtenir les meilleurs résultats possibles (voir page 206), et d'éliminer la nécessité de faire des coutures dans la coulisse. Si le volant est cousu au centre, on pourra cacher la couture dans un pli ou dans des fronces. On peut obtenir deux longueurs de jupe et les deux pièces de la coulisse dans un tissu de décoration de 137 cm (54 po) de largeur, à condition que la longueur de la jupe ne dépasse pas 40,5 cm (16 po).

## ✂ La coupe

Déterminer la largeur finale de la cantonnière, la profondeur des retours et la longueur finale du volant. Prérétrécir le tissu de décoration et la doublure en les pressant à la vapeur.

Tailler une bande de tissu de 15 cm (6 po) de largeur pour le devant de la coulisse, la longueur égalant la largeur finale de la cantonnière, incluant les retours, plus 2,5 cm (1 po) pour les coutures des extrémités, et 1,3 cm (½ po) pour l'aisance. Tailler une bande de tissu de 15 cm (6 po) de largeur pour le dos de la coulisse, de la même longueur que celle du devant, plus 2,5 cm (1 po). Tailler une bande de tissu à doublure pour le revers, de même dimension que le devant de la coulisse.

Tailler le tissu de décoration pour le volant, d'une longueur égale à la longueur finale, plus 11,5 cm (4 ½ po). Pour un volant froncé, la largeur est égale au double de la largeur finie, incluant les retours, plus 2,5 cm (1 po). Pour un volant à plis, déterminer la largeur en dessinant un patron comme à la page 252, étapes 1 à 3. Tailler la doublure du volant de rideau de la même longueur que le volant fini, plus 1,3 cm (½ po) et de la même largeur que le tissu de décoration.

Couper des bandes dans le biais du tissu si vous confectionnez un cordonnet recouvert de tissu, comme à la page 270.

Couper une bande de ouatine thermocollante de 12,5 cm (5 po) de largeur et d'une longueur égale à la largeur finie de la cantonnière, incluant les retours, plus 1,3 cm (½ po) pour l'aisance.

## MATÉRIEL REQUIS

Tissu de décoration

Tissu à doublure

Passepoil de même tissu, passepoil torsadé, ou 3,8 mm (5/32 po) de cordonnet et tissu pour la confection d'un passepoil de même tissu

Tringle à rideau plate de 11,5 cm (4 ½ po) de largeur, avec supports de montage réglables afin d'obtenir l'avancée nécessaire

Ruban autoadhésif à agrafes et boucles

Un **bandeau à jupe** à plis plats et passepoil torsadé rehausse l'atmosphère d'une pièce.

# Comment confectionner un bandeau à volant froncé

1) **Centrer** la ouatine thermocollante sur l'envers de la bande du devant de la coulisse ; coller en suivant les directives.

2) **Confectionner** un passepoil de même tissu (voir pages 270-271, étapes 1 à 3) et le fixer sur le haut et le bas de la coulisse du devant ; commencer et finir le passepoil à 1,3 cm (½ po) des bouts. Ou fixer le passepoil que vous avez acheté.

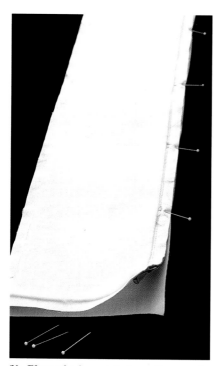

3) **Placer** le devant de la coulisse sur le devant du revers, endroit contre endroit ; aligner les bords ; épingler le long du bord inférieur et des extrémités.

4) **Piquer** à 1,3 cm (½ po) le long du bord inférieur et des extrémités avec le pied à semelle étroite, le revers vers le bas. Serrer le passepoil en piquant juste à l'intérieur de la couture précédente.

5) **Couper** les coins inférieurs ; tourner le devant de la coulisse à l'endroit et presser. Baguer les bords supérieurs à 1,3 cm (½ po) à l'intérieur de la réserve de couture.

6) **Presser**, si nécessaire, le tissu du volant et de la doublure. Épingler le volant et la doublure, endroit contre endroit, le long du bord inférieur. Piquer à 5 cm (2 po) des bords vifs.

7) **Presser** une réserve d'ourlet de 5 cm (2 po) en sens inverse de la doublure. Épingler le volant à la doublure, endroit contre endroit, le long des côtés, en alignant les bords supérieurs ; le volant formera un pli égal au bord inférieur de la réserve d'ourlet. Piquer les côtés à 1,3 cm (½ po) du bord.

8) **Couper** les coins du bas en diagonale. Presser les réserves d'ourlet de la doublure vers la doublure. En plaçant le volant vers le haut, aligner les bords supérieurs ; presser. Baguer les bords supérieurs.

9) **Recouvrir** un cordonnet de points zigzag sur l'endroit du volant, 1,3 cm (½ po) à l'intérieur de la réserve de couture du bord supérieur.

*(Suite à la page suivante)*

# Comment confectionner un bandeau à volant froncé (suite)

**10)** **Diviser** le volant en huit ; épingler aux marques. Diviser le bord inférieur du dos de la coulisse en huit, en commençant et en finissant à 2,5 cm (1 po) des bouts. Épingler l'envers du volant sur l'endroit du dos de la coulisse, le long du bord inférieur ; aligner les épingles et les bords vifs.

**11)** **Tirer** sur le cordonnet pour froncer le volant jusqu'à ce qu'il s'ajuste au dos de la coulisse ; épingler. Piquer à 1,3 cm (½ po) des bords vifs. Presser les réserves de couture vers le dos de la coulisse.

**12)** **Épingler** le dos de la coulisse sur le devant, le long des bords supérieurs, endroit contre endroit ; les extrémités du dos de la coulisse dépassent de 2,5 cm (1 po) celles du devant. En plaçant le devant de la coulisse vers le haut, piquer à 1,3 cm (½ po) des bords, avec un pied à semelle étroite ; serrer le passepoil.

**13)** **Presser** les réserves de couture vers le dos de la coulisse. Plier deux fois les extrémités du dos de la coulisse de 1,3 cm (½ po), en encastrant les extrémités des réserves de couture ; coudre.

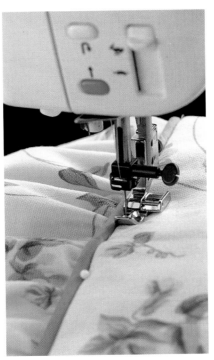

**14) Rabattre** le volant et le dos de la coulisse vers le bas. Épingler le volant sur l'endroit au bord inférieur, le long de la ligne de couture, juste au-dessus du passepoil.

**15) Piquer** sur l'endroit dans le sillon formé par la couture au-dessus du passepoil, à l'aide d'un pied à semelle étroite.

**16) Insérer** la tringle du rideau dans la coulisse. Fixer la tringle aux cornières. Tirer pour tendre entre les retours ; fixer les retours aux côtés des cornières à l'aide d'une bande velcro autocollante.

## Comment confectionner un bandeau avec volant à plis plats

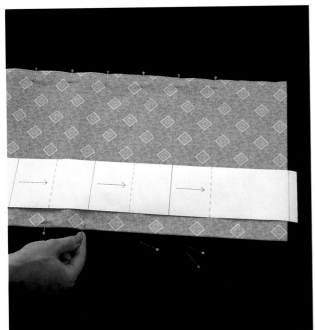

**1) Tracer** le patron du volant à plis (voir page 252, étapes 1 à 3). Suivre les étapes 1 à 8 aux pages 242 et 243. Étendre le volant à l'endroit sur une surface plane ; étendre le patron par-dessus le bord supérieur du volant ; aligner les marques des coutures avec les bords extérieurs cousus. Reporter les marques du patron sur le volant. Répéter sur le bas.

**2) Épingler** les plis le long des bords supérieur et inférieur du volant ; presser. Bâtir le long du bord supérieur. Épingler l'envers du volant sur l'endroit, au dos de la coulisse, le long du bord inférieur ; piquer. Presser la réserve de couture vers la coulisse. Compléter le bandeau en suivant les étapes 12 à 16, ci-contre et ci-dessus.

# La cantonnière constituée de deux triangles se chevauchant

La cantonnière constituée de deux triangles se chevauchant est une simple parure de fenêtre faite de deux pans fixés à une planche de soutien. Des passepoils accentuent les bords en diagonale des pans.

Montez la cantonnière sur une planche 1 x 3, d'une longueur maximale de 128,3 cm (50 ½ po) ou une planche 1 x 4 d'une longueur maximale de 126,3 cm (49 ½ po). Les planches standard mesurent environ 2 x 6,5 cm (¾ x 2 ½ po) et 2 x 9 cm (¾ x 3 ½ po) respectivement. Les longueurs proposées pour la planche de soutien constituent un maximum pour un tissu d'une largeur de 137 cm (54 po).

La planche de soutien peut être fixée en haut du cadre de la fenêtre ou sur le mur au-dessus de la fenêtre. La largeur finale de la cantonnière devrait dépasser d'au moins 5 cm (2 po) l'extérieur du cadre de la fenêtre ou la parure du dessous. La longueur finale sur les côtés et l'avancée de la planche de soutien déterminent l'angle des panneaux et l'avancée du chevauchement.

**Fixer** une corde aux coins supérieurs de la fenêtre et essayer différentes longueurs sur les côtés afin de déterminer la longueur de la cantonnière.

## ✂ La coupe

Tailler deux rectangles de tissu de décoration et de doublure. La largeur des rectangles est égale à la longueur de la planche de soutien, plus l'avancée d'un retour, plus 2,5 cm (1 po) pour les réserves de couture. La longueur des rectangles est égale à la longueur finale de la cantonnière, plus l'avancée de la planche de soutien, plus 1,3 cm (½ po) pour la réserve de couture. Les rectangles doivent être coupés selon les étapes 1 à 3, page 248.

## MATÉRIEL REQUIS

| | |
|---|---|
| Tissu de décoration: deux tissus coordonnés peuvent être utilisés | Planche de soutien |
| | Agrafeuse; agrafes |
| | Équerres; vis à tête tronconique ou boulon |
| Tissu à doublure | |
| Passepoil | |

# Comment confectionner une cantonnière constituée de deux triangles se chevauchant

**1) Placer** chaque pièce de tissu avec sa doublure envers contre envers. Sur l'endroit du tissu, à 1,3 cm (½ po) du côté, mesurer la largeur de la planche de soutien plus 1,3 cm (½ po) à partir du bord supérieur ; marquer.

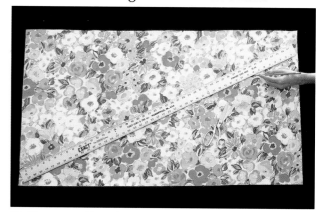

**2) Tracer** une ligne à partir du coin inférieur gauche jusqu'à la marque du haut, à droite, pour marquer le côté en diagonale du pan de gauche (tissu et doublure). Couper ; mettre le surplus de tissu de côté.

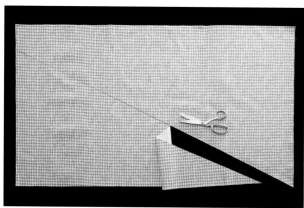

**3) Répéter** les deux premières étapes pour tailler le côté droit de la cantonnière et de la doublure ; marquer et tailler le bord inférieur en diagonale dans un angle opposé à celui du côté gauche. Mettre les pièces de la doublure de côté jusqu'à l'étape 7.

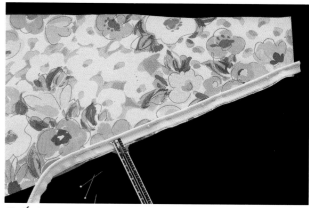

**4) Épingler** le passepoil sur l'endroit du tissu de décoration, le long du bord en diagonale ; piquer à 1,3 cm (½ po) du bord vif. Raser les extrémités du passepoil à égalité avec les bords du tissu.

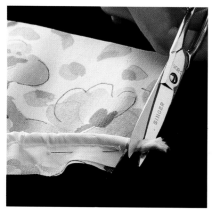

**5) Tirer** sur le passepoil aux deux bouts et en couper environ 1,5 cm (⅝ po) afin de réduire l'épaisseur dans la réserve de couture. Fixer le passepoil.

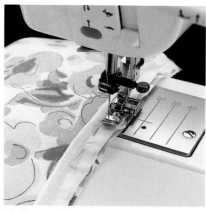

**6) Baguer** le passepoil à la cantonnière avec un pied à semelle étroite en laissant une réserve de couture de 1,3 cm (½ po).

**7) Épingler** la doublure au tissu de décoration, endroit contre endroit, les bords à égalité. En plaçant le tissu vers le haut, piquer sur les côtés et le bord inférieur à 1,3 cm (½ po) du bord ; sur le côté en diagonale, piquer juste à l'intérieur de la couture précédente.

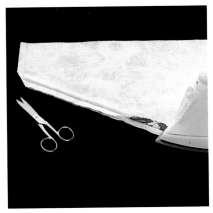  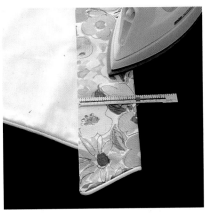

**8)** **Tailler** les coins en diagonale ; raser les réserves de couture à la marque inférieure. Ouvrir les coutures au fer.

**9)** **Retourner** la cantonnière à l'endroit ; presser. Lisser les épaisseurs ; épingler les bords supérieurs. Finir le bord supérieur au point de surjet ou zig-zag.

**10)** **Mesurer,** sur les côtés de la cantonnière, l'avancée de la planche de soutien ; la plier contre la doublure. Presser légèrement afin de marquer le retour. Répéter sur l'autre panneau.

 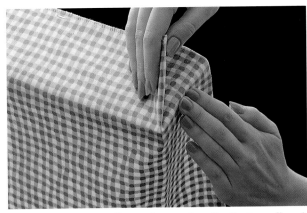

**11)** **Aligner** le haut du panneau de droite au fond de la planche et placer le pli du retour au bord de la planche ; agrafer à 15 cm (6 po) du bord, du côté droit.

**12)** **Faire** un pli en diagonale au coin, afin d'enlever l'excédent ; agrafer.

**13)** **Répéter** les étapes 11 et 12 pour agrafer le panneau de gauche à la planche de soutien.

**14)** **Visser** les coins de fer au fond de la planche de soutien, près des extrémités et au sommet du cadre de la fenêtre ou dans un poteau mural ; sur une cloison sèche ou du plâtre, utiliser des chevilles de plastique.

# La cantonnière à plis

La cantonnière à plis offre un large éventail de possibilités, du pli tailleur fermement pressé aux plis souples et élégants. Le pli plat et le pli rond sont les deux styles de base, le pli rond inversé constituant une troisième possibilité. Les variations infinies de dimensions et de disposition rendent possible la création d'un design unique adapté à tous les projets de décoration.

Les plis plats forment une série de plis couchés égaux, placés à intervalles réguliers, habituellement de 2,5 à 5 cm (1 à 2 po), tous orientés dans le même sens. Pour la symétrie, les cantonnières à plis plats sont habituellement divisées au centre, les plis tournés vers l'extérieur. Les plis peuvent être couchés vers l'extérieur depuis le centre, ou être rassemblés en groupes de trois ou quatre et séparés par des espaces.

Un pli rond est formé par deux plis couchés en sens contraires. Les plis ronds sont en général plus profonds que les plis plats et séparés par des espaces plus larges. Une cantonnière peut être constituée de plis ronds continus et égaux, placés à intervalles réguliers, un pli centré à chaque coin avant. Pour varier, il est possible de placer quelques plis ronds espacés, pouvant faire ressortir les divisions de la fenêtre derrière la cantonnière.

Dans le cas des plis ronds inversés, le surplus de tissu est replié vers l'extérieur. Ce style est particulièrement attrayant lorsqu'on opte pour des plis non repassés. Une bordure décorative peut être cousue au bas de la cantonnière.

Accordez une attention particulière au choix du tissu pour les cantonnières à plis. Puisque les plis déformeront le motif du tissu, choisissez de petits motifs qui couvrent toute la surface plutôt que de grands motifs. Les tissus à rayures et à carreaux peuvent convenir parfaitement à condition que les dimensions et la disposition des plis coïncident avec le motif du tissu.

La préparation d'un diagramme servira à calculer la largeur et la longueur finies de la cantonnière. Si nécessaire, tracez un patron en suivant les étapes 1 à 3, page 252. Le patron vous aidera à établir la dimension des plis, l'espacement et l'emplacement des coutures, et vous permettra d'apporter des ajustements avant la coupe. Toutes les coutures doivent être dissimulées dans les plis. Si possible, disposez le tissu sur la largeur (voir page 206), éliminant ainsi la nécessité de faire des coutures.

Pour réduire l'épaisseur à l'ourlet, choisissez la doublure de la cantonnière du même tissu ou d'un tissu léger de couleur assortie. Si vous préférez une doublure blanche ou blanc cassé, vous pouvez la border d'un biais plat de 1,3 cm (½ po) de largeur, en vous assurant qu'elle ne dépasse pas. Vous pouvez aussi entredoubler les cantonnières doublées du même tissu avec un tissu léger afin que le motif à l'arrière ne transparaisse pas sur l'endroit.

La cantonnière du haut, à plis plats, joue avec le motif du tissu à carreaux. Les plis ronds inversés et non pressés sont bordés avec une frange à glands.

# Comment faire un patron de cantonnière

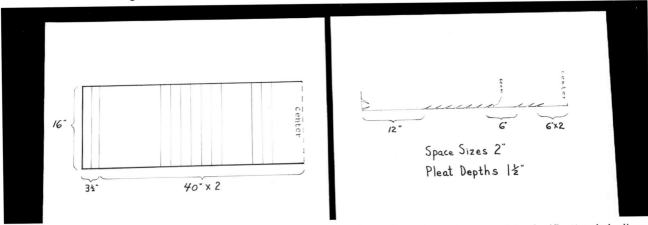

**1) Tracer un diagramme** de la cantonnière à l'échelle sur du papier quadrillé, indiquant la longueur finale, la largeur, l'avancée des retours et l'emplacement des plis. Des retours de 9 cm (3 ½ po) ou plus peuvent compter pour deux plis plats ou plus ou pour la moitié d'un pli rond. Éviter de faire des plis sur les retours plus petits. Tracer une vue de haut de la cantonnière en indiquant la profondeur des plis, les inter-valles et les coutures. Au cours de la planification de la dispo-sition des plis et de la longueur des intervalles, faire attention au volume occasionné par les chevauchements. Pour les can-tonnières à carreaux ou à rayures, s'inspirer des motifs pour planifier la disposition des plis et la longueur des intervalles. Vérifier si ces mesures ajoutent à la largeur finie.

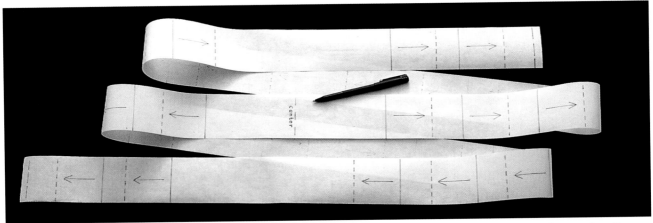

**2) Dérouler** du papier pour machine à calculer sur une sur-face plate. Laisser une réserve de couture de 1,3 cm (½ po) aux bouts. Mesurer et marquer tous les intervalles et les plis comme à l'étape 1. Tracer la ligne de pliure avec un trait plein et la ligne d'appui en pointillé. Indiquer le sens des plis avec des flèches. Marquer le patron sur la largeur entière de la cantonnière en laissant une réserve de couture de 1,3 cm (½ po) aux bouts; couper le papier.

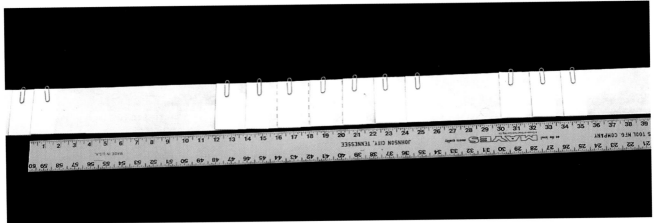

**3) Confectionner** les plis tel qu'indiqué. Mesurer le patron plié pour s'assurer qu'il est égal à la largeur finie, incluant les retours; ajuster quelques plis, si nécessaire.

# MATÉRIEL REQUIS

Papier quadrillé

Rouleau de papier, par exemple, le papier pour machine à calculer

Tissu de décoration

Tissu léger d'une couleur assortie pour la doublure; ou de la doublure pour tenture si la cantonnière n'est pas doublée du même tissu.

Tissu léger ou biais plat pour la doublure

Tissu léger pour entredoublure (optionnel)

Papier épais pour le pressage des plis

Bordure décorative pour la cantonnière à plis non repassés (optionnel)

Planche de soutien taillée à la longueur requise

Équerres avec vis à tête plate; leur longueur devrait être de plus de la moitié de celle de l'avancée de la planche.

Huit vis à tête plate de 6,5 cm (2 ½ po) pour l'installation de la cantonnière dans les poteaux muraux; chevilles ou boulons à ailettes pour installation dans une cloison sèche ou du plâtre

Agrafeuse et agrafes

## ✂ La coupe

Pour une cantonnière doublée du même tissu, tailler le tissu deux fois la largeur finie, plus 7,5 cm (3 po).

Pour une cantonnière doublée, tailler la doublure de la même largeur que la cantonnière finie, plus 5 cm (2 po).

Déterminer la largeur approximative en mesurant la largeur totale du patron, comme à la page 252; laisser un surplus afin de placer les coutures à l'intérieur des plis. Tailler le tissu à la largeur nécessaire comme à l'étape 1, ci-dessous.

Pour une cantonnière entoilée, tailler l'entoilage de la même longueur que la longueur finale, plus 3,8 cm (1 ½ po), et de la même largeur que la largeur finale.

Pour une cantonnière doublée, tailler la doublure aux mêmes dimensions que la cantonnière.

Tailler des bandes de tissu de 5 cm (2 po) dans le biais s'il s'agit d'une cantonnière doublée bordée avec un biais plat.

## Comment confectionner une cantonnière à plis doublée du même tissu

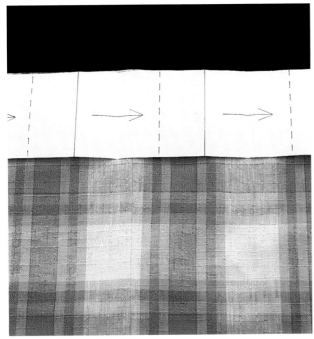

1) **Assembler** les largeurs de tissu nécessaires. Raser la réserve de couture à 6 mm (¼ po); ouvrir au fer. Placer le patron de la cantonnière sur le tissu assemblé; aligner les coutures de façon qu'elles soient dissimulées dans les plis; tailler le tissu selon le patron.

2) **Épingler** le revers sur l'envers de la cantonnière; aligner le bord supérieur et les extrémités. Plier l'extrémité en deux sur la longueur, endroit contre endroit. Coudre à 1,3 cm (½ po) sur le bord extérieur du retour. Répéter sur l'autre côté.

*(Suite à la page suivante)*

# Comment confectionner une cantonnière à plis doublée du même tissu (suite)

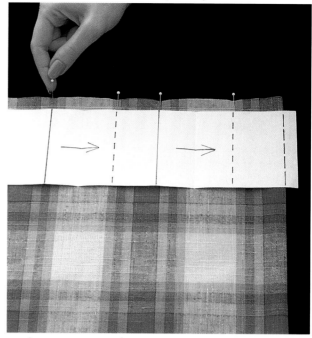

**3) Retourner** la cantonnière à l'endroit; presser. Aligner les bords vifs du haut. Le revers descend jusqu'au pli au bas de la cantonnière. Baguer des bords vifs supérieurs à 1,3 cm (½ po). Pour les cantonnières à plis non repassés, poser la garniture sur le bord inférieur.

**4) Étendre** la cantonnière à l'endroit sur une surface plane; placer le patron sur le haut de la cantonnière et aligner les coutures des côtés. Reporter les marques sur la cantonnière. Répéter sur le bord inférieur.

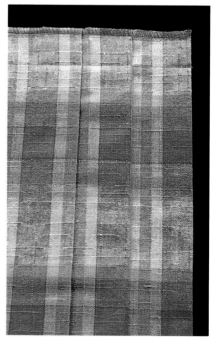

**5) Épingler** les plis le long des bords supérieur et inférieur et au centre de la cantonnière et en mesurer la largeur. Ajuster si nécessaire en distribuant le tissu sur plusieurs plis. Pour les cantonnières à plis non repassés, omettre l'étape 6.

**6) Presser** les plis, un à la fois, sur l'endroit de la cantonnière, en enlevant les épingles à mesure; insérer du papier épais sous chaque pli pendant le pressage, afin d'éviter les marques. Replacer les épingles sur le bord supérieur.

**7) Fixer** les plis en piquant à travers la cantonnière à 3,8 cm (1 ½ po) du bord supérieur; enlever les épingles. Finir le bord supérieur au point de surjet ou de zigzag.

8) **Couvrir** la planche de soutien avec le tissu. Y placer le bord supérieur de la cantonnière en se guidant sur la couture, à 3,8 cm (1 ½ po) du bord ; placer les derniers plis aux coins avant de la planche. Agrafer la cantonnière aux retours. Inci-

ser le tissu au coin des plis, près de la couture, afin de contrôler le surplus de volume. Agrafer la cantonnière ; si nécessaire, l'ajuster en donnant de l'aisance ou en tendant légèrement le tissu. La poser.

## Comment confectionner une cantonnière doublée

1) **Commencer** par l'étape 1 de la page 253. Tailler la doublure de la même largeur que la cantonnière. Faire le biais et le fixer au bord inférieur de la cantonnière ; commencer et finir la bordure à 1,3 cm (½ po) des bords.

2) **Placer** le tissu et la doublure endroit contre endroit, en alignant les bords vifs ; épingler sur les côtés et le long du bord inférieur. Piquer à 1,3 cm (½ po) sur les côtés et sur le bord inférieur. Compléter en suivant les étapes 3 à 8, ci-dessus.

# La cantonnière évasée

La courbe gracieuse d'une cantonnière évasée encadre la fenêtre de plis souples. Cette cantonnière est souvent utilisée pour habiller des stores à mini-lamelles ou plissés afin d'en adoucir les lignes austères, ou avec des brise-bise de café courts pour donner une allure décontractée.

Les cantonnières évasées coupées dans un tissu à motif sont habituellement doublées du fait que l'envers est visible. Si le bord inférieur se termine par un volant, vous n'avez pas à poser une doublure étant donné que le volant cache l'envers du tissu. Les tissus légers ou diaphanes se prêtent bien à cet usage et ne nécessitent pas l'ajout d'une doublure.

La chute de la cantonnière peut s'arrêter à l'appui de fenêtre ou de l'allège, mais ne devrait pas descendre à moins d'un tiers de la fenêtre. Pour déterminer la longueur finie au centre, consulter la section Mesurer les têtes de fenêtre, à la page 240. Pour vérifier la courbe, tracez un patron de papier ou faites un test avec de vieux draps ou du tissu à doublure.

## ✄ La coupe

Tailler le tissu et la doublure deux fois la largeur de la tringle. Pour évaluer la longueur, mesurer à l'endroit le plus long et ajouter la quantité nécessaire pour la coulisse et la tête, plus 2,5 cm (1 po) pour la réserve de couture et le rentré. Pour déterminer la longueur au centre de la cantonnière, ajouter à la longueur finale la valeur de la coulisse et de la tête, plus 1,3 cm (½ po) pour le rentré.

Le tissu, pour une cantonnière non doublée avec volant, doit mesurer deux fois et demie la largeur de la cantonnière. Soustraire la largeur du volant de la longueur finale. Tailler le volant deux fois la longueur de la courbe et de la largeur finie, plus 2,5 cm (1 po); assembler tel que requis. Mesurer la courbe après la coupe; ou faire un essai avec mousseline, puis mesurer.

## MATÉRIEL REQUIS

Tissu pour la cantonnière
Doublure
Tringles plates ou tringle Continental[md]

# Comment confectionner une cantonnière évasée

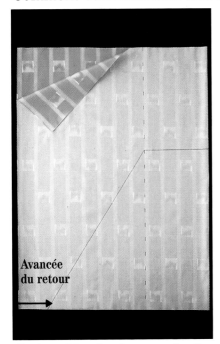

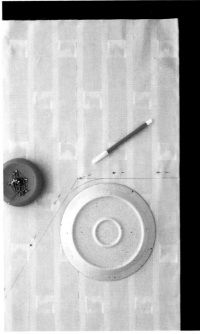

**1)** **Assembler** les largeurs de tissu nécessaires. Diviser le tissu en trois à l'aide de lignes verticales. Plier en deux. Au centre, marquer la longueur à couper. Sur le côté, marquer l'avancée du retour. Tracer une ligne droite, du retour jusqu'au premier tiers.

**2)** **Arrondir** le coin supérieur à l'aide d'une soucoupe; répéter pour le coin inférieur, au niveau du retour. Épingler les deux épaisseurs et les tailler. Le tiers situé au centre est horizontal. Tailler la doublure en utilisant la cantonnière comme patron.

**3)** **Placer** la doublure et le tissu de la cantonnière endroit contre endroit. Piquer à 1,3 cm (½ po) autour de la cantonnière, en laissant le bord supérieur ouvert.

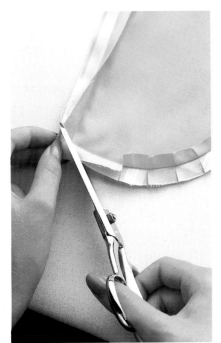

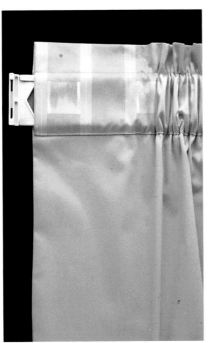

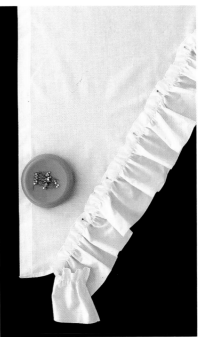

**4)** **Presser** la réserve de couture de la doublure vers la doublure. Inciser dans la courbe. Raser les coins en diagonale.

**5)** **Retourner** à l'endroit. Faire un rentré et piquer la coulisse et la tête. Insérer la tringle à rideau dans la coulisse.

**Cantonnière non doublée avec volant.** Faire un ourlet double de 2,5 cm (1 po). Faire un rentré et coudre la coulisse et la tête. Façonner et fixer le volant.

## Comment évaluer les dimensions d'un drapé

**Suspendre** un ruban à mesurer ou une corde de la forme du drapé. Pour des drapés doubles, utiliser deux rubans à mesurer.

# La cantonnière à drapés et à jabots

Cette cantonnière classique, formée d'un drapé aux plis souples et utilisée comme tête de fenêtre, est accompagnée, sur les côtés, de pans à plis ou froncés. Les pans latéraux se nomment **chutes** ou **jabots**.

La largeur de la fenêtre et les goûts personnels déterminent le nombre de drapés de la cantonnière. Chacun ne devrait pas, en général, dépasser 102 cm (40 po) de largeur. On peut adapter cette dimension pratiquement à toutes les fenêtres en augmentant ou en diminuant le chevauchement des drapés. La longueur d'un drapé est habituellement de 38 à 51 cm (15 à 20 po) à l'endroit le plus long, au centre. Les drapés peu profonds peuvent servir à parer des fenêtres plus étroites.

Les jabots devraient arriver à environ un tiers de la tenture, faire la longueur de la fenêtre ou atteindre un point d'intérêt, par exemple, l'appui de fenêtre ou le sol. Leur point le plus court devrait descendre plus bas que le centre du drapé. Les jabots mesurent en général de 23 à 28 cm (9 à 11 po) de largeur. Les jabots à plis sont plus formels que les jabots froncés. Les directives données ici valent pour la confection des jabots à plis, mais les techniques de coupe et de couture sont essentiellement les mêmes pour les jabots froncés. Pour froncer le jabot, couvrir une cordelette d'un point zigzag et tirer ensuite sur la cordelette jusqu'à la largeur souhaitée.

Pour le montage extérieur, fixez le drapé et les jabots sur une boîte à rideaux ou une planche de soutien et placez-la à 10 cm (4 po) au-dessus de la moulure s'ils habillent seuls la fenêtre, ou à 10 cm (4 po) de la tringle, s'ils sont posés au-dessus de tentures. L'avancée de la boîte doit être suffisamment profonde pour dégager les tentures. L'avancée des jabots est de la même largeur que celle de la boîte ou de la planche de soutien. Si les moulures valent le coup d'œil, montez le drapé sur une planche ajustée à l'intérieur du cadre de la fenêtre et omettez les retours.

Confectionnez un drapé d'essai et utilisez-le comme patron pour tailler le tissu de décoration. Utilisez une mousseline ou un vieux drap qui tombent bien. Le drapé d'essai vous permet de faire des expériences pour en arriver à ce qui vous plaît vraiment. N'hésitez pas à draper la mousseline et à l'épingler dans diverses positions, jusqu'à ce que vous trouviez le style recherché.

Pour chaque jabot, le tissu de décoration et la doublure devront être de la même longueur que le jabot, plus 2,5 cm (1 po). Pour chaque drapé, il faudra 0,95 m (1 vg) de tissu de décoration et de doublure si la mesure du drapé, comme sur l'illustration de gauche, est moindre que la largeur du tissu; 1,85 m (2 vg) seront nécessaires si cette mesure dépasse la largeur du tissu.

## MATÉRIEL REQUIS

Mousseline ou vieux drap pour un essai

Tissu de décoration et doublure pour les drapés et les jabots

Ruban sergé large, de la largeur de la planche de soutien, plus deux fois le retour

Planche de soutien ou boîte à rideaux; agrafeuse

# Comment tailler les drapés et les jabots

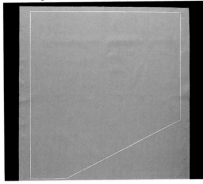

**Jabots.** Tailler le jabot trois fois la largeur finale, plus le retour, plus 2,5 cm (1 po) pour la réserve de couture. Sur un côté, faire une marque au point le plus court, plus 2,5 cm (1 po). De l'autre côté, faire une marque au point le plus long, plus 2,5 cm (1 po). À partir du point le plus long, mesurer la largeur du retour, plus 1,3 cm (½ po). Tracer une ligne entre les marques.

**Drapé.** Tailler la mousseline à 91,5 cm (36 po) de longueur. Pour la largeur, prendre la mesure du ruban à mesurer suspendu (illustration en bas, à gauche), plus 5 cm (2 po) de chaque côté pour les derniers ajustements. Reporter la largeur de la fenêtre sur une extrémité du tissu, en centrant les marques. Sur l'autre, reporter la largeur du ruban à mesurer; tracer des lignes entre les marques. Diviser chaque ligne également en comptant un espace de plus que le nombre de pliures et marquer. Par exemple, pour cinq plis, diviser en six.

# Comment confectionner un drapé d'essai comme patron

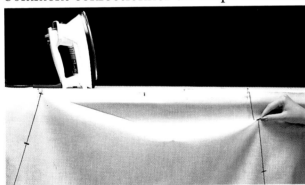

1) **Plier** la mousseline à la première marque sur la ligne diagonale, placer le pli contre la première marque, sur le coin supérieur; épingler à la planche à repasser. Continuer à épingler les plis sur les coins en alternant les côtés et en maintenant le bord supérieur droit.

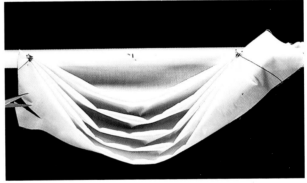

2) **S'assurer** que le drapé tombe bien; ajuster au besoin les épingles et les plis. Lorsque l'ajustement est satisfaisant, raser le surplus de tissu à 2,5 cm (1 po) des bords extérieurs et le long du bord inférieur arrondi à environ 7,5 cm (3 po) du dernier pli.

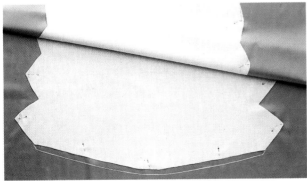

3) **Enlever** les épingles. Plier la mousseline en deux afin de s'assurer que les plis sont équilibrés et égaux; ajuster. Utiliser la toile comme patron pour le drapé et la doublure. Ajouter 1,3 cm (½ po) pour la réserve de couture en haut et en bas. Ce drapé n'est pas fini aux extrémités et est installé sous les jabots.

**Autre style.** Plier la toile aux premières marques et placer le drapé sur la planche de soutien à environ 12,5 cm (5 po) des extrémités. Former un drapé souple et continuer à plier, en amenant chaque pli légèrement vers le haut et l'extérieur, vers le bout de la planche. Le drapé est fini aux extrémités et peut être installé sur ou sous les jabots.

# Comment confectionner un drapé

1) **Épingler** la doublure au drapé, endroit contre endroit, le long du bord vif arrondi, au bas. Coudre le bord arrondi à 1,3 cm (½ po). Presser la réserve de couture de la doublure vers la doublure. Retourner à l'endroit; presser le bord cousu.

2) **Épingler** ensemble le devant du drapé et la doublure sur les trois autres côtés. Coudre les bords vifs au point de surjet ou de zigzag.

3) **Fixer** les plis avec des épingles. Le bord extérieur de chaque pointe constitue la pliure.

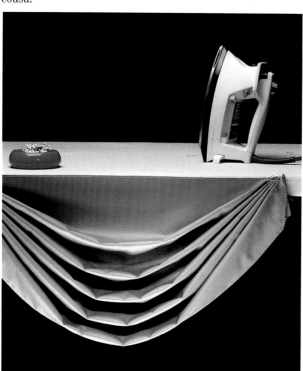

4) **Vérifier** à nouveau le drapé en l'épinglant sur le côté de la planche à repasser ou de la planche de soutien. Effectuer, si nécessaire, des ajustements mineurs.

5) **Coudre** à travers tous les plis afin de les fixer.

# Comment confectionner un jabot

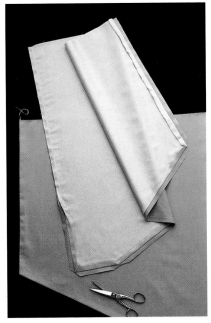

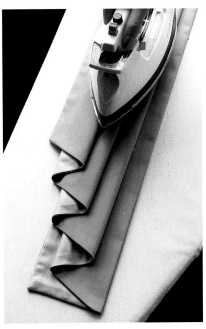

**1) Assembler** le jabot et la doublure, endroit contre endroit ; piquer à 1,3 cm (¹/₂ po) du bord sur les côtés et le bas. Presser la réserve de couture de la doublure vers la doublure. Entailler les coins et retourner à l'endroit. Presser les bords cousus. Coudre le haut à 1,3 cm (¹/₂ po) du bord. Coudre les bords vifs au point de surjet ou zigzag.

**2) Placer** le jabot sur une surface plane, l'envers vers le haut. Plier le côté le plus long de la largeur du retour et presser. Retourner le jabot l'endroit vers le haut.

**3) Faire** des plis égaux en commençant sur le bord extérieur ; presser à la vapeur. Plier l'autre jabot dans la direction opposée. S'assurer que les plis tombent bien en laissant pendre le jabot au-dessus de la planche à repasser. Coudre à 1 cm (³/₈ po) du bord supérieur afin de maintenir les plis en place.

# Comment fixer les drapés et les jabots à la cantonnière

**1) Centrer** le drapé sur la planche de soutien ou la boîte à rideaux en le plaçant à 1,3 cm (¹/₂ po) du bord de la planche. Agrafer le drapé à la planche tous les 15 cm (6 po).

**2) Placer** le haut d'un jabot à un bout de la planche de soutien, le pli pressé contre le coin. Agrafer le retour. Placer les plis sur la planche en chevauchant le drapé. Replier le surplus de tissu au coin et agrafer.

**3) Couvrir** les bords du tissu avec un ruban sergé large. Agrafer le ruban le long des deux côtés et assembler les coins en onglet.

# Les boîtes à rideaux rembourrées

Une boîte à rideaux est une tête de fenêtre sur mesure constituée d'un cadre de bois peint ou recouvert de tissu. Recouvert de tissu, le cadre de bois est rembourré avec de la mousse plastique et du polyester lié pour arrondir les coins et donner une allure lisse et rembourrée.

Une boîte à rideaux, en plus d'encadrer la fenêtre et de cacher les ferrures, constitue un bon isolant, parce qu'elle recouvre la tête de fenêtre, empêchant l'air froid de pénétrer dans la pièce.

Les boîtes à rideaux, habituellement faites sur mesure, s'ajustent à la fenêtre. Elles sont faites en contreplaqué ou en pin et on peut les fabriquer avec un minimum d'habileté. De plus, les imperfections seront dissimulées sous le rembourrage et le tissu.

Mesurez le cadre extérieur de la fenêtre une fois les ferrures posées. La boîte à rideaux doit dépasser la tête de la tenture de 5 à 7,5 cm (2 à 3 po) et dépasser les côtés d'au moins 5 cm (2 po). Ces mesures sont celles de l'*intérieur* de la boîte. Tenez compte de l'épaisseur du bois lors de la coupe.

La boîte doit recouvrir complètement le haut des tentures et les ferrures et mesurer environ le cinquième de la parure de fenêtre, comme toutes les autres têtes de fenêtres.

Si la boîte à rideaux est recouverte du même tissu que les tentures, posez un passepoil de couleur contrastante autour des bords supérieur et inférieur afin de la mettre en évidence.

À l'évaluation du métrage requis, disposez le tissu dans le sens de la largeur sur la boîte afin d'éviter les coutures sur un tissu uni. Si c'est impossible parce que le tissu est à motif directionnel, placez les coutures le moins en évidence possible (jamais au centre). Les motifs doivent être centrés ou équilibrés.

## ✂ La coupe

Pour la façade, tailler le tissu de décoration 15 cm (6 po) plus large que le devant et les côtés et calculer la hauteur de la boîte, plus 7,5 cm (3 po). Tailler la doublure intérieure dans une bande de tissu de décoration de la même largeur que la pièce du devant. Tailler une doublure de la même largeur que le devant et de la même hauteur que la boîte.

Tailler une bande de nappe ou de mousse pour couvrir le devant et les côtés de la boîte à rideaux.

Couvrir le passepoil en suivant les indications des pages 270 et 271, étapes 1 à 3, de façon qu'il soit légèrement plus long que le tour de la bordure inférieure.

## MATÉRIEL REQUIS

Tissu de décoration et doublure pour couvrir la boîte à rideaux; facultatif: tissu assorti ou contrastant pour le passepoil

Pour la construction de la boîte, contreplaqué de 1,3 cm (½ po) pour le devant, le dessus et les côtés; colle à bois, clous à finir de 2,5 cm (1 po)

Pour rembourrer la boîte, nappe de polyester lié ou mousse de 1,3 cm (½ po). Si ces articles ne sont pas sur les tablettes du commerçant local, essayez chez un rembourreur.

Passepoil de 0,39 cm (5/32 po), légèrement plus long que la longueur à couvrir

Bandes de carton de rembourreur pour couvrir le bord inférieur et les côtés; agrafeuses et agrafes de 6 mm (¼ po); colle à mousse en aérosol; équerres pour le montage

## Comment fabriquer une boîte à rideaux

**1) Mesurer** et couper le dessus aux dimensions intérieures pour le dégagement. Couper le devant de la même largeur que le dessus et de la hauteur désirée. Couper les côtés de la même hauteur que le devant et de la même profondeur que le dessus, plus l'épaisseur du contreplaqué.

**2) Coller** d'abord le dessus au devant en se rappelant quels côtés s'aboutent. Clouer pour stabiliser. Assembler ensuite les côtés, en commençant par les coller, puis les clouer.

# Comment rembourrer et recouvrir une boîte à rideaux

1) **Coudre** le passepoil sur l'endroit du devant dans la couture à 1,3 cm (½ po); aligner les bords vifs. Piquer le bord passepoilé à la bande intérieure; assembler le bord libre de la bande intérieure à la doublure. Replier le devant en deux pour marquer le milieu du haut et du bas.

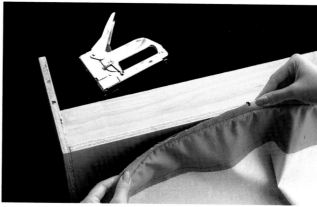

2) **Marquer** le centre de la boîte en haut et en bas. Placer l'*envers* du devant sur l'extérieur de la boîte et la couture du passepoil sur le devant de la boîte, au bord; faire correspondre les marques centrales. Agrafer.

5) **Replier** la doublure à l'intérieur. Plier sous le bord vif et agrafer à l'intérieur au point de rencontre du dessus et du devant; aux coins inférieurs, faire un onglet et agrafer près du coin. Replier l'excès de tissu et agrafer aux coins supérieurs.

6) **Replier** le surplus de couture du passepoil en arrière de la boîte; raser le passepoil à 2,5 cm (1 po). Couper la corde à égalité avec le bord de la boîte. Agrafer la doublure à l'arrière de la boîte; raser l'excédent de doublure. Agrafer le passepoil sur l'extrémité qui va au mur.

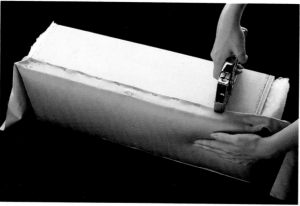

9) **Agrafer** au centre et aux extrémités et tendre le tissu sans trop l'étirer. En partant du centre vers les extrémités, replier le bord vif et agrafer tous les 3,8 cm (1 ½ po). Lisser le tissu au fur et à mesure.

10) **Tendre** le tissu du coin vers l'arrière et le haut; agrafer. Replier le tissu du côté sur l'arrière; agrafer. Raser le surplus de tissu à l'arrière.

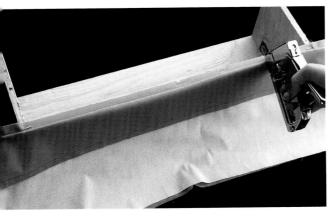

**3) Tendre** la couture aux coins et agrafer. Agrafer tous les 10 cm (4 po) du centre vers les extrémités. Retourner la doublure pour s'assurer que le passepoil est droit.

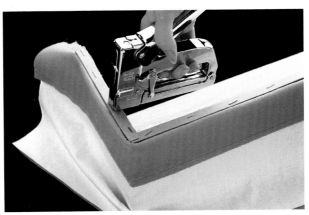

**4) Placer** les bandes de carton contre la couture du passepoil. Agrafer tous les 2,5 à 3,8 cm (1 à 1½ po). Couper et superposer les bandes aux coins.

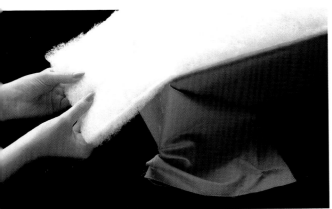

**7) Retourner** la boîte face vers le haut. Appliquer la colle sur le devant et les côtés. Placer le rembourrage par-dessus et l'étirer légèrement vers chaque bout. Laisser la colle sécher.

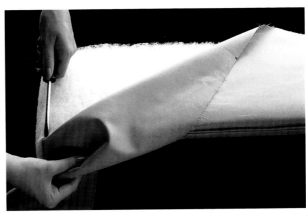

**8) Replier** le tissu sur le devant de la boîte. Utiliser un tournevis pour maintenir le rembourrage dans les coins. Lisser doucement le tissu vers le haut de la boîte.

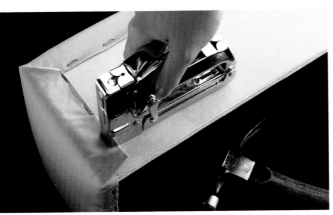

**11) Former** des onglets aux coins. Agrafer du coin à l'extrémité. Si le tissu est épais, enfoncer l'agrafe avec un marteau. Répéter sur l'autre coin.

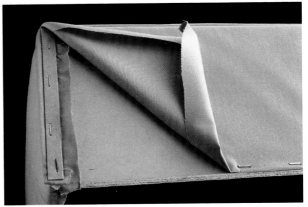

**Passepoil sur le bord supérieur.** Agrafer le passepoil sur les côtés et le devant en plaçant la couture sur le bord. Sur le devant de la boîte, placer le tissu sur le passepoil, endroit contre endroit, les bords vifs à égalité. Agrafer des bandes de carton au bord, sur le devant et les côtés comme à l'étape 4, ci-dessus. Tirer le tissu sur le sommet de la boîte et le replier sur les côtés et à l'arrière; agrafer près des plis.

# Les coussins

Les modèles de coussins varient de rudimentaires à élaborés. Le temps requis pour réaliser votre projet dépend donc de la technique choisie. Selon votre disponibilité, confectionnez un coussin simple ou un coussin à plate-bande avec passepoil et fermeture à glissière.

**1)** Le **traversin** est un petit coussin en forme de rouleau, souvent garni de dentelle ou de fronces. Le traversin genre « sac de couchage », le plus facile à fabriquer, consiste en un tube fermé par un cordon de serrage à chaque extrémité.

**2)** Le **coussin à passepoil bouillonné** a un passepoil dans la couture qui l'entoure. La bande de tissu recouvrant le passepoil — assortie ou contrastante — est ensuite froncée.

**3)** Le **coussin à plate-bande bouillonnée**, avec une bande de tissu froncée sur les deux bords, a un aspect moins austère que le coussin à plate-bande traditionnel.

**4)** Le **coussin à grande bordure droite** est un coussin orné d'une bordure droite, simple ou double, faite du même tissu, qui mesure en général 5 cm (2 po).

**5)** Le **coussin à angle froncé** est une variante du coussin simple ; ses coins sont façonnés pour donner de la profondeur. Les coins froncés sont attachés à l'intérieur du coussin.

**6)** Le **coussin à volant** comporte une bordure froncée, composée de une ou deux épaisseurs de dentelle ou de tissu assorti ou contrastant. Le dessus de ce type de coussin peut servir à mettre en valeur les travaux à l'aiguille, le matelassage, la broderie et les motifs en chenille.

**7)** Le **coussin à plate-bande** a l'épaisseur de la bande de tissu droite ou froncée qui l'entoure. Il peut être souple et servir de coussin de décoration ou plus ferme et être placé sur une chaise ou par terre.

**8)** Le **coussin à coins réunis en onglets** crée l'effet d'un coussin à plate-bande.

**9)** Le **coussin simple**, le plus facile à confectionner, est fait de deux pièces de tissu cousues ensemble, retournées ensuite sur l'endroit et rembourrées.

**10)** Le **coussin à passepoil** épais (aussi appelé coussin passepoilé) est un coussin simple muni d'un passepoil assorti ou contrastant cousu dans les coutures. Vous pouvez acheter le passepoil ou le fabriquer vous-même. Vous pouvez également finir le coussin avec une cordelière.

Votre choix du tissu pour le coussin doit tenir compte de l'usage que vous en ferez et de son emplacement dans la maison. Par exemple, pour un coussin à la fois utilitaire et décoratif, optez pour un tissu serré qui conserve sa forme.

La forme du coussin dépend du rembourrage utilisé, qu'il s'agisse de formes en mousse ou de bourre déchiquetée. Cette dernière peut être placée directement entre les pièces du coussin si elle est lavable, ou dans une doublure séparée qui se retire facilement. La doublure peut être en mousseline légère ou en n'importe quel tissu à doublure. Les formes disponibles dans le commerce facilitent le lavage ou le nettoyage et constituent une autre solution. Faites la doublure en procédant comme pour un coussin simple (voir pages 268-269); rembourrez-la, puis refermez-la à la machine. Vous avez le choix entre diverses formes et matières de rembourrage.

Les **formes standard en polyester**, rondes, carrées ou rectangulaires, servent à confectionner des coussins simples dans des formats allant de 25,5 à 76 cm (10 à 30 po). Elles ne causent pas d'allergies, sont lavables, gardent leur forme et peuvent être recouvertes d'un tissu en mousseline ou en polyester. Les formes recouvertes de mousseline conviennent pour les coussins fermés par une bande de velcro, les fibres de ce tissu ne se prenant pas sur le côté rugueux du ruban.

La **mousse de polyuréthane**, offerte en épaisseurs de 1,3 à 12,5 cm (½ à 5 po), permet d'obtenir des coussins ou des oreillers bien fermes. Pour plus de fermeté, il existe de la mousse très dense de 10 cm (4 po) d'épaisseur. Puisque la mousse se taille difficilement, faites-en couper une pièce du format désiré par la personne en charge au magasin. Si vous devez la couper vous-même, utilisez un couteau électrique ou denté sur la lame duquel vous aurez vaporisé au préalable un lubrifiant de silicone. La mousse de polyuréthane est aussi offerte déchiquetée.

Le **rembourrage en polyester**, lavable et non allergène, se vend sous forme déchiquetée ou en nappes pour ouatinage de densités variées. Pour un coussin plus souple, faites une doublure avec une nappe pour ouatinage, puis remplissez-la de bourre déchiquetée. Ces nappes pour ouatinage peuvent également servir à adoucir les coins des feuilles de mousse de polyuréthane.

Le **kapok** est une fibre de rembourrage végétale, prisée dans le monde de la décoration à cause de sa souplesse. Toutefois, il est salissant quand on le manipule et devient feutré avec le temps.

Le **duvet** provient de plumes d'oies et de canards, lavées et dépourvues de tuyau. On en fait les plus luxueux coussins, mais il est assez cher et difficile à trouver.

# Le coussin simple ou doublure

Le coussin simple est rebondi au milieu et plat le long des bords. Vous pouvez confectionner ce coussin rudimentaire en une demi-heure.

Suivez les mêmes directives pour réaliser des doublures de coussin enlevables. Utilisez de la mousseline, de la toile pour draps, de la satinette ou d'autres tissus similaires.

## ✂ La coupe

Couper le devant et le dos 2,5 cm (1 po) plus grands que le coussin ou la doublure finis. Pour la bande velcro ou à glissière, ajouter 3,8 cm (1 ½ po) à la largeur du dos; pour une fermeture en croisure, ajouter 14 cm (5 ½ po).

## MATÉRIEL REQUIS

Tissu de décoration pour le devant et le dos du coussin

Tissu à doublure pour le devant et le dos de la doublure du coussin

Forme de coussin ou fibres de rembourrage de polyester. Utiliser 227 à 360 g (8 à 12 oz) de fibres pour un coussin de 35,5 cm (14 po), selon la fermeté désirée. Fermeture à glissière ou autre (facultatif) (voir pages 282 à 285)

## Comment confectionner un coussin simple ou une doublure

**1) Plier** le devant en quatre. Marquer un point à mi-chemin entre le coin et le pli sur les côtés ouverts. Au coin, marquer un point à 1,3 cm (½ po) de chaque bord vif.

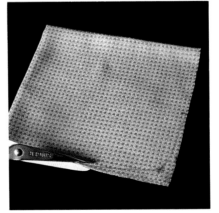

**2) Raser** à partir de la marque centrale jusqu'à la marque à 1,3 cm (½ po) du coin, puis jusqu'à l'autre marque centrale.

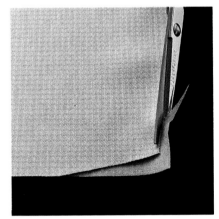

**3) Déplier** le devant et l'utiliser comme patron pour tailler le dos de façon que tous les coins soient légèrement arrondis. Cela évitera les coins en cornes sur le coussin fini.

**4) Épingler** le devant au dos, endroit contre endroit. Faire une couture de 1,3 cm ($\frac{1}{2}$ po) en laissant une ouverture sur un côté pour tourner à l'endroit et rembourrer. Faire des points arrière au début et à la fin de la couture.

**5) Raser** les coins en diagonale, à 3 mm ($\frac{1}{8}$ po) de la couture. Sur les coussins à côtés ou à coins arrondis, cranter la réserve de couture à intervalles réguliers, le long des courbes.

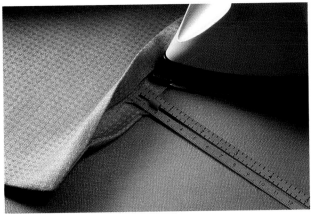

**6) Tourner** à l'endroit, en faisant bien ressortir les coins. Presser les coutures. Plier et presser les réserves de couture de l'ouverture.

**7a) Insérer** une forme dans le coussin ou le rembourrer avec des fibres de polyester, comme à l'étape 7b) ci-dessous. Utiliser une forme enlevable ou une doublure, en prévision du nettoyage ou du lavage.

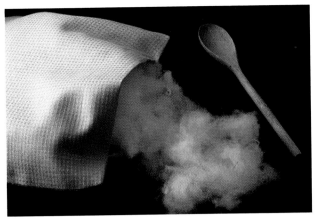

**7b) Rembourrer** le coussin ou la doublure avec des fibres de polyester en les ouvrant pour bien les faire bouffer. Pour bourrer les coins, utiliser un instrument à long bout arrondi, comme le manche d'une cuiller.

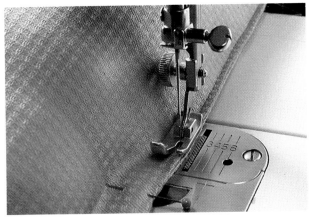

**8) Épingler** l'ouverture et surpiquer près du bord plié; faire des points arrière au début et à la fin de la couture. Ou encore, coudre l'ouverture à points coulés.

# Le coussin simple à passepoil

Le passepoil confère de la stabilité aux coussins. Fabriquez-le en recouvrant un cordon avec des bandes de biais.

## ✂ La coupe

Couper le devant et le dos du coussin 2,5 cm (1 po) plus grands que le coussin fini. Pour une fermeture velcro ou à glissière, ajouter 3,8 cm (1 ½ po) à la largeur du dos; pour une fermeture en croisure, ajouter 14 cm (5 ½ po). Couper les bandes de biais comme à l'étape 1, ci-dessous.

## MATÉRIEL REQUIS

Tissu de décoration pour le devant et le dos du coussin et le passepoil

Cordon (fil câblé en coton ou en polyester blanc), 7,5 cm (3 po) plus long que le périmètre du coussin

Forme ou doublure de coussin simple

Fermeture à glissière ou autre (facultatif) (voir pages 282 à 285)

## Comment confectionner un coussin simple à passepoil

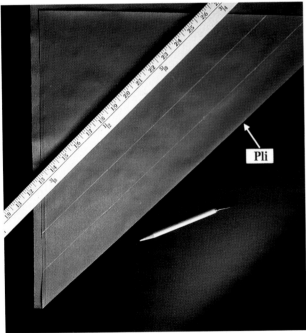

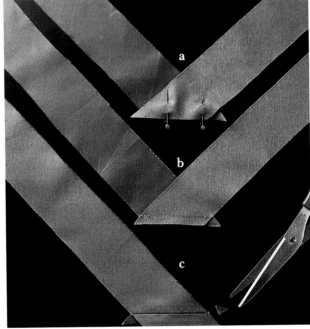

1) **Couper** des bandes de biais. Le sens du biais est déterminé en pliant le tissu diagonalement, de façon que la lisière soit alignée aux fils de trame. Pour un passepoil de 6 mm (¼ po), marquer et couper des bandes de 4,2 cm (1 ⅝ po) parallèlement au sens du biais. Les bandes plus larges font un passepoil plus épais.

2) **Épingler** les bandes à angle droit, endroit contre endroit, en décalant légèrement (**a**). Coudre à 6 mm (¼ po) (**b**) et ouvrir les coutures au fer, de façon à obtenir une bande continue de la longueur du périmètre du coussin, plus 7,5 cm (3 po). Raser les réserves de couture à égalité des bords (**c**).

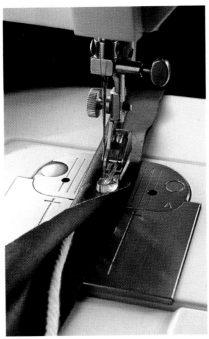

**3) Centrer** le cordon sur l'envers du biais. Plier la bande sur le cordon en alignant les bords vifs. À l'aide du pied à semelle étroite du côté droit de l'aiguille, coudre près du cordon en étirant un peu le biais pour que le passepoil s'ajuste bien autour du coussin.

**4) Épingler** le passepoil sur l'endroit du devant du coussin, les bords vifs à égalité. Pour l'aisance aux coins, cranter les réserves de couture jusqu'à la couture.

**5) Coudre** pour tasser le cordon; arrêter à 5 cm (2 po) de l'endroit où se joindront les extrémités du passepoil. Laisser l'aiguille piquée dans le tissu. Couper une extrémité de passepoil de façon qu'il dépasse l'autre de 2,5 cm (1 po).

**6) Défaire** la couture sur 2,5 cm (1 po) aux deux extrémités de passepoil. Raser les extrémités de façon qu'elles se joignent.

**7) Replier** 1,3 cm (½ po) du biais qui dépasse. En recouvrir l'autre extrémité et finir la couture. Épingler le devant au dos du coussin, endroit contre endroit.

**8) Coudre** à l'intérieur de la ligne de couture à l'aide du pied à semelle étroite, de façon à bien tasser le cordon. Laisser une ouverture. Finir comme un coussin simple (voir page 269, étapes 5 à 7b). Fermer l'ouverture à points coulés.

271

# Le coussin à fausse plate-bande

Le coussin à fausse plate-bande, une variante du coussin simple, se réalise en trois versions. Les coins du coussin à angles froncés sont attachés à l'intérieur. Le coussin à coins réunis en onglets a une courte couture entre chaque coin pour créer l'effet structuré d'un coussin à plate-bande. Le modèle à plis comporte des plis nets à chaque coin. Les coussins à fronces ou à plis sont parfois appelés coussins de Turquie.

## MATÉRIEL REQUIS

Forme de coussin simple ou suivre les directives ci-dessous pour fabriquer une doublure de coussin à plate-bande.

Tissu de décoration pour le devant et le dos du coussin

Fermeture à glissière ou autre (facultatif) (voir page 282 à 285)

## Comment confectionner un coussin à fausse plate-bande à coins réunis en onglets

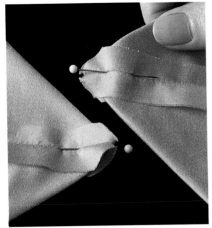

**1) Coudre** comme à l'étape 4 (voir page 269). Ouvrir les coutures au fer. Séparer le devant et le dos aux coins. Centrer les coutures de chaque côté du coin, l'une sur l'autre. Épingler à travers la couture.

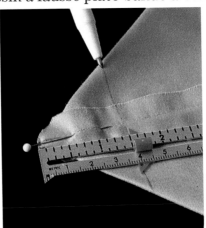

**2) Mesurer** la couture latérale à partir du coin jusqu'à la moitié de la profondeur du coussin fini; par exemple, pour un coussin de 7,5 cm (3 po) de profondeur, mesurer 3,8 cm (1 ½ po) à partir du coin. Tracer une ligne perpendiculaire à la couture.

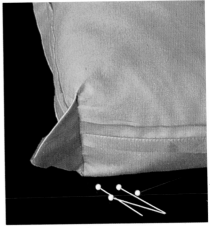

**3) Coudre** en travers du coin du coussin, sur la marque; faire des points arrière au début et à la fin de la couture. Ne pas raser. Finir en suivant les étapes 6 à 7b pour le coussin simple (voir page 269). Fermer l'ouverture à points coulés.

# Comment confectionner un coussin à fausse plate-bande à angles froncés

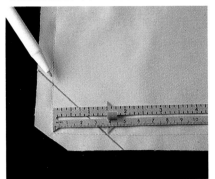

**1) Assembler** le devant et le dos en suivant les étapes 4 et 5 pour le coussin simple (voir page 269). Sur chaque ligne de couture, mesurer à partir du coin jusqu'à la profondeur du coussin fini. Tracer une ligne diagonale en travers du coin.

**2) Faufiler** sur la ligne diagonale avec du fil retors simple ou du fil double. Tirer sur le fil pour froncer.

**3) Enrouler** le fil plusieurs fois autour du coin, puis faire un nœud. Ne pas raser le coin. Répéter pour chaque coin. Finir en suivant les étapes 6 à 7b pour le coussin simple (voir page 269). Fermer l'ouverture à points coulés.

# Comment confectionner un coussin à fausse plate-bande avec coins pliés

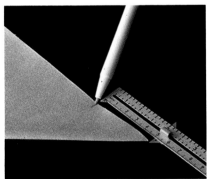

**1) Plier** le coin en deux diagonalement. Sur le bord vif, mesurer à partir du coin jusqu'à la moitié de la profondeur du coussin fini, plus 1,3 cm (½ po); par exemple, pour un coussin de 7,5 cm (3 po) de profondeur, mesurer 5 cm (2 po) à partir du coin.

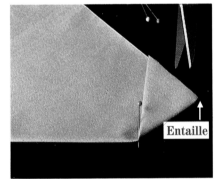

Entaille

**2) Marquer** la mesure en faisant des entailles de 6 mm (¼ po) à travers les deux réserves de couture. Replier le coin jusqu'aux entailles de façon à former un triangle. Marquer le pli avec des épingles. Presser le triangle.

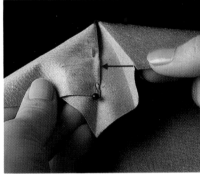

**3) Ouvrir** le coin, endroit vers le haut. Plier le tissu, de l'entaille à l'épingle; amener le pli à la marque centrale pressée de façon à former un pli. Épingler le pli. Répéter pour l'autre côté.

**4) Faufiler** sur le pli, à 1,3 cm (½ po) du bord vif, en enlevant les épingles à mesure. Raser le triangle à partir du coin. Répéter pour chaque coin du devant et du dos.

**5) Épingler** le devant au dos, endroit contre endroit, le devant enfoncé dans le dos de façon à former un « panier ». Bien faire correspondre les plis des coins.

**6) Coudre** à 1,3 cm (½ po), en laissant une ouverture sur un côté. Finir en suivant les étapes 6 à 7b pour le coussin simple (voir page 269). Fermer l'ouverture à points coulés.

# Le coussin à faux passepoil

Le faux passepoil est ajouté *après* l'assemblage.

## ✂ La coupe

Couper le devant et le dos 2,5 cm (1 po) plus grands que le coussin fini. Pour une fermeture velcro ou à glissière, ajouter 3,8 cm (1 ½ po) à la largeur du dos; pour une fermeture en croisure, ajouter 14 cm (5 ½ po).

## MATÉRIEL REQUIS

Tissu de décoration pour le devant et le dos du coussin

Bande velcro ou fermeture à glissière, 5 cm (2 po) plus courte que la longueur du coussin

Cordon de 1,3 à 2,5 cm (½ à 1 po), d'une longueur égale à la distance autour du coussin

Forme ou doublure de coussin simple

## Comment confectionner un coussin à faux passepoil

1) **Raser** en courbe les coins du devant et du dos. Insérer la bande velcro (ou une autre fermeture) au milieu du dos du coussin (voir pages 282 à 285).

2) **Épingler** le devant au dos, endroit contre endroit. Coudre à 6 mm (¼ po) autour du coussin. Tourner le coussin à l'endroit.

3) **Épingler** le cordon à l'intérieur du coussin, aussi près que possible de la couture. Les extrémités du cordon doivent se rejoindre.

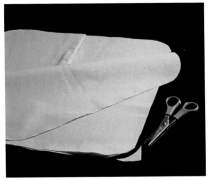

4) **Coudre** sur l'endroit à l'aide du pied à semelle étroite, le plus près possible du cordon. Laisser une ouverture de 7,5 cm (3 po) là où les extrémités se joignent.

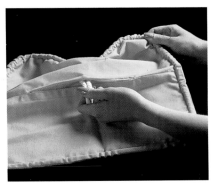

5) **Ressortir** les deux extrémités d'environ 10 cm (4 po) pour froncer. Ajuster les fronces. Couper le cordon pour que les extrémités se rencontrent; les joindre.

6) **Fermer** l'ouverture en surpiquant à l'aide du pied à semelle étroite. Commencer et finir la couture sur les lignes de couture précédentes. Insérer la forme ou la doublure.

# Le coussin à plate-bande

Le coussin à plate-bande peut servir de siège sur un meuble ou comme coussin de décoration. Il est ferme à cause de la bande cousue entre le devant et le dos.

## ✂ La coupe

Couper le devant et le dos 2,5 cm (1 po) plus grands que le coussin fini. Couper la bande d'une longueur égale au périmètre du coussin, plus 2,5 cm (1 po) pour les coutures ; la largeur égale la profondeur du coussin, plus 2,5 cm (1 po).

## MATÉRIEL REQUIS

Tissu de décoration pour le devant, le dos et la plate-bande du coussin

Forme en ouate de polyester ou doublure pour coussin à plate-bande (ci-dessous)

## Comment confectionner un coussin à plate-bande

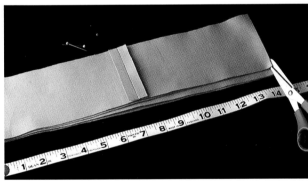

**1) Coudre** les bouts de plate-bande de façon à former une bande continue. Plier la bande en quatre et marquer chaque pli avec une entaille de 1 cm (³/₈ po) sur les deux bords.

**2) Épingler** la plate-bande au devant du coussin, endroit contre endroit, bords vifs à égalité. Les entailles de la bande doivent arriver aux coins du coussin.

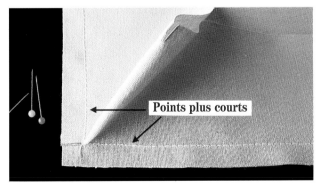

**Points plus courts**

**3) Coudre** à 1,3 cm (½ po) en raccourcissant les points sur une distance de 2,5 cm (1 po) de part et d'autre du coin. Faire un ou deux points en diagonale à chaque coin au lieu de tourner à angle droit.

**4) Épingler** la plate-bande au dos du coussin, endroit contre endroit, les entailles aux coins du coussin. Coudre comme à l'étape 3, en laissant un côté ouvert. Presser les coutures en repliant les réserves de couture à l'ouverture. Insérer la forme ou la doublure ; fermer à points coulés.

# Le coussin à volant

Le volant donne du style aux coussins ou rehausse les travaux d'aiguille. Faites-le dans du tissu assorti ou contrastant, en dentelle ou en broderie anglaise.

## ✂ La coupe

Couper le devant et le dos 2,5 cm (1 po) plus grands que le coussin fini. Couper les bandes de volant de la largeur désirée, plus 2,5 cm (1 po) pour la couture, et d'une longueur égale à 2 ou 3 fois le périmètre du coussin. Les volants mesurent en général 7,5 cm (3 po) de large.

## MATÉRIEL REQUIS

Tissu de décoration pour le devant et le dos du coussin et un volant double

Volant du commerce (facultatif), d'une longueur égale au périmètre du coussin, plus 2,5 cm (1 po)

Cordon (ficelle, coton à crocheter ou fil dentaire) pour froncer

Forme ou doublure de coussin simple

## Comment confectionner un coussin à volant

**1) Coudre** les extrémités courtes des bandes de volant à 1,3 cm (½ po), endroit contre endroit, pour former une bande continue. Plier la bande en deux dans le sens de la longueur, envers contre envers, puis en quatre parties égales. Marquer chaque pli avec une entaille de 1 cm (³⁄₈ po).

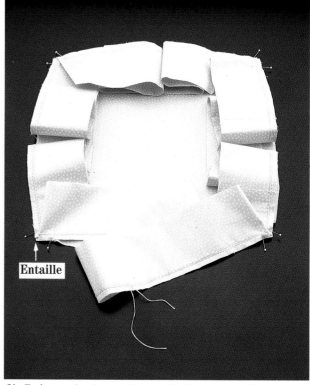

Entaille

**2) Préparer** les bords vifs pour les fronces en effectuant un zigzag par-dessus un cordon (voir page 296). Coussins carrés: aligner les entailles des volants avec les coins du devant du coussin, endroit contre endroit, bords vifs à égalité. Coussins rectangulaires: faire correspondre les entailles au milieu des côtés, endroit contre endroit, bords vifs à égalité. Épingler.

**3) Tirer** sur le cordon de fronçage jusqu'à ce que le volant s'ajuste à chaque côté du devant du coussin. Bien répartir les fronces, en allouant plus d'ampleur aux coins pour que le volant repose à plat une fois le coussin fini. Épingler le volant.

**4) Faufiler** à la machine le volant au devant du coussin, en cousant juste à l'intérieur de la ligne de fronces.

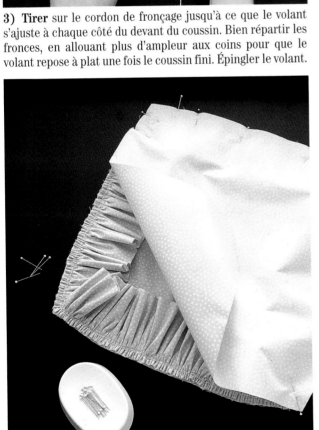

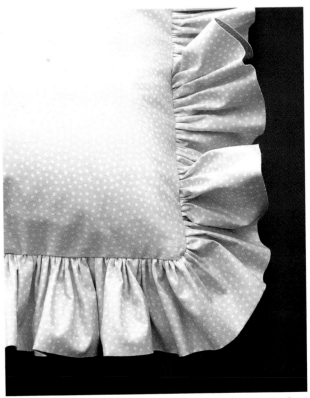

**5) Épingler** le dos au devant du coussin, endroit contre endroit, le volant entre les pièces. Coudre à 1,3 cm (½ po) en laissant une ouverture de 20,5 cm (8 po) sur un côté pour tourner à l'endroit.

**6) Tourner** le coussin à l'endroit. Insérer la forme ou la doublure pour coussin simple. Fermer à points coulés.

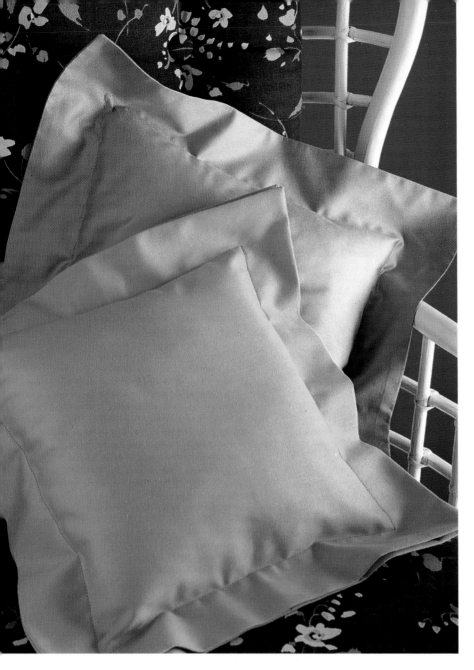

# Le coussin à grande bordure droite

Un coussin simple peut être bordé d'une bordure plate, simple ou double, généralement d'une largeur de 5 cm (2 po).

## ✂ La coupe

Avec une bordure simple : couper le devant et le dos du coussin 12,5 cm (5 po) plus grands que la partie intérieure rembourrée, pour une bordure de 5 cm (2 po) et une couture de 1,3 cm ($\frac{1}{2}$ po) de chaque côté.

Avec une bordure double : couper le devant du coussin 23 cm (9 po) plus grand que la forme du coussin, pour une bordure de 5 cm (2 po) et une couture de 1,3 cm ($\frac{1}{2}$ po) de chaque côté. Pour une fermeture velcro ou à glissière, ajouter 3,8 cm (1 $\frac{1}{2}$ po) à la largeur du dos ; pour une fermeture en croisure, ajouter 14 cm (5 $\frac{1}{2}$ po).

## MATÉRIEL REQUIS

Tissu de décoration pour le devant et le dos du coussin

Fibres de rembourrage de polyester pour le coussin à bordure simple ; environ 170 g (6 oz) pour un coussin de 30,5 cm (12 po)

Forme ou doublure de coussin simple s'ajustant à la partie intérieure, pour le coussin à bordure double

Fermeture à glissière ou autre pour le coussin à bordure double mesurant 5 cm (2 po) de moins que la partie intérieure rembourrée (voir pages 282 à 285)

## Comment confectionner un coussin à grande bordure droite simple

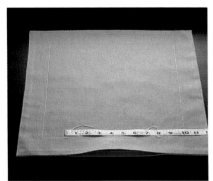

**1) Épingler** le devant et le dos, endroit contre endroit. Coudre à 1,3 cm ($\frac{1}{2}$ po) et laisser une ouverture de 20,5 cm (8 po). Tourner à l'endroit et presser. Surpiquer à 5 cm (2 po) du bord, en commençant et en terminant à l'ouverture.

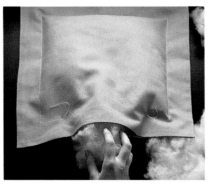

**2) Remplir** l'intérieur de fibres de rembourrage de polyester. Bien bourrer les coins avec un instrument à long bout arrondi, comme le manche d'une cuiller. Ne pas bourrer la bordure.

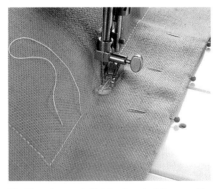

**3) Surpiquer** à l'aide du pied à semelle étroite, pour fermer la partie intérieure en commençant et en terminant à la première ligne de couture. Coudre l'ouverture de la bordure à points coulés ou surpiquer autour du coussin.

# Comment confectionner un coussin à grande bordure droite double avec coins en onglets

**1) Poser** la fermeture à glissière (voir page 284), la bande velcro ou la bande de boutons pression (voir page 283) au dos du coussin.

**2) Plier** 6,3 cm (2 ½ po) de chaque côté du devant et du dos et presser. Placer le devant et le dos l'un par-dessus l'autre pour s'assurer que les coins correspondent; ajuster les plis pressés au besoin.

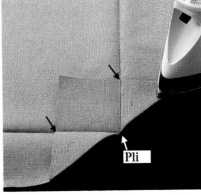

**3) Ouvrir** le coin. Le replier en diagonale de façon que les lignes du pli pressé correspondent (flèches). Presser le pli diagonal.

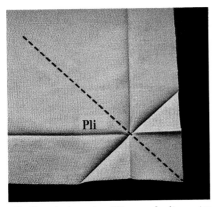

**4) Ouvrir** le coin. Plier endroit contre endroit en partant du centre du coin (ligne pointillée).

**5) Épingler** sur la ligne de pliure diagonale, les bords vifs à égalité. Coudre sur la ligne de pliure, à angle droit par rapport au pli du coin.

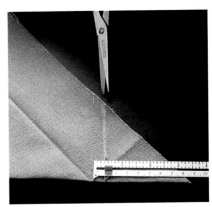

**6) Raser** la couture à 1 cm (³/8 po). Ouvrir la couture au fer.

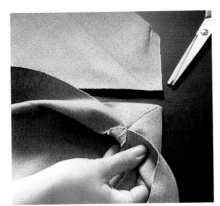

**7) Tourner** le coin à l'endroit. Utiliser le bout arrondi d'une paire de ciseaux pour former le coin. Presser les bords. Procéder de même avec les autres coins du devant et du dos.

**8) Épingler** le devant au dos, envers contre envers, en faisant bien correspondre les coins.

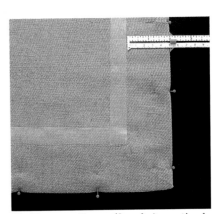

**9) Mesurer** 5 cm (2 po) à partir du bord, pour la bordure; marquer la ligne de couture avec du ruban adhésif transparent. Insérer la forme ou la doublure et surpiquer à travers toutes les épaisseurs le long du ruban.

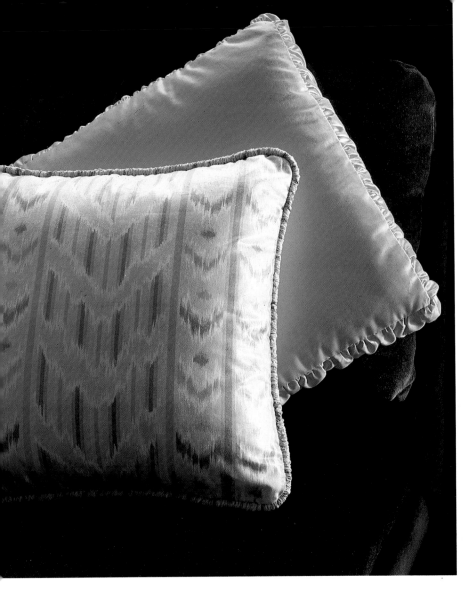

# Le coussin bouillonné

Le coussin bouillonné a un aspect classique.

## ✂ La coupe

Plate-bande bouillonnée: couper le devant et le dos à 2,5 cm (1 po) de plus que la mesure finale. Couper la plate-bande 2,5 cm (1 po) plus large que l'épaisseur de la forme et 2 ou 3 fois plus longue que le périmètre de celle-ci.

Passepoil bouillonné: couper le devant et le dos à 2,5 cm (1 po) de plus que la mesure finale. Pour le passepoil, couper des bandes de tissu dans le sens de la trame, assez larges pour recouvrir le cordon et incluant 2,5 cm (1 po) pour la couture. Les bandes combinées doivent être 2 ou 3 fois plus longues que le périmètre du coussin.

## MATÉRIEL REQUIS

Tissu de décoration pour le devant et le dos du coussin ainsi que pour le passepoil ou les plates-bandes

Cordon (fil câblé en coton ou en polyester blanc, pour le passepoil bouillonné) 7,5 cm (3 po) plus long que le périmètre du coussin

Fil à froncer (ficelle, coton à crocheter ou fil dentaire)

Forme de coussin en ouate de polyester ou recouverte d'une doublure

## Comment confectionner un coussin à plate-bande bouillonnée

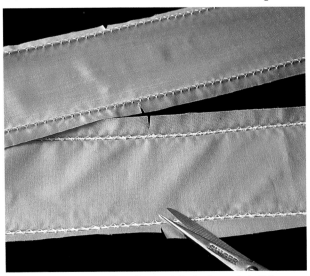

**1)** **Coudre** à 1,3 cm (½ po) pour joindre les extrémités courtes de la plate-bande. Préparer les bords vifs pour les fronces en faisant un zigzag par-dessus le fil à froncer ou en effectuant deux rangées de points de faufil. Plier la bande en quatre et marquer les plis sur les deux bords avec de petites entailles de 1 cm (⅜ po).

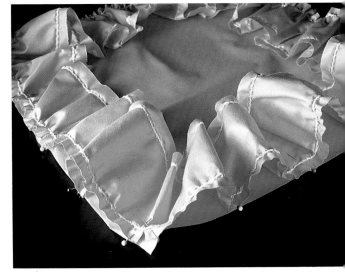

**2)** **Épingler** la plate-bande au devant du coussin, endroit contre endroit, les bords vifs à égalité, en faisant correspondre les entailles de la plate-bande aux coins du coussin. Tirer sur le fil à froncer de façon que la plate-bande s'ajuste à chaque côté du coussin.

# Comment confectionner un passepoil bouillonné

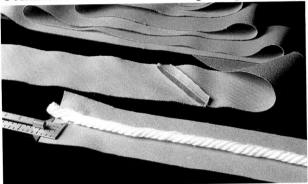

**1) Réunir** les extrémités des bandes avec des coutures de 6 mm (¼ po). Ouvrir les coutures au fer. Coudre une extrémité du cordon sur l'envers de la bande, à 1 cm (⅜ po) de l'extrémité de celle-ci.

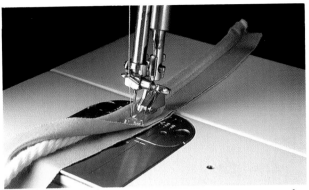

**2) Plier** la bande autour du cordon, envers contre envers, les bords vifs à égalité. Avec le pied à semelle étroite, faufiler près du cordon sur une distance de 15 cm (6 po). Arrêter en laissant l'aiguille piquée dans le tissu.

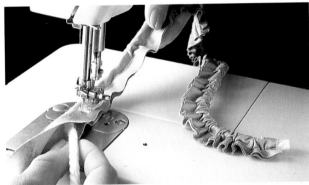

**3) Lever** le pied presseur. Tout en tirant doucement sur le cordon, plisser le tissu sur celui-ci, derrière l'aiguille, jusqu'à ce qu'il soit bien bouillonné. Continuer à faufiler par intervalles de 15 cm (6 po) et à plisser le tissu.

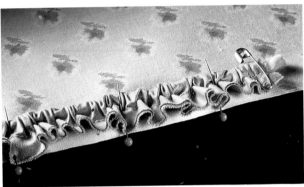

**4) Piquer** une épingle de sûreté aux extrémités du passepoil pour fixer le cordon. Répartir les fronces uniformément. Attacher le passepoil bouillonné au devant du coussin et coudre les extrémités ensemble (voir page 271, étapes 4 à 8).

**3) Répartir** les fronces uniformément, en les épinglant au besoin. Coudre les quatre côtés à l'intérieur du fil de fronces, en faisant les coins comme à la page 275, étape 3.

**4) Épingler** le bord inférieur de la plate-bande au dos du coussin. Reprendre les étapes 2 et 3, en laissant un côté ouvert pour insérer la forme du coussin.

**5) Finir** comme le coussin simple (voir page 269, étapes 6 et 7a), en insérant une forme en ouate de polyester. Fermer le côté ouvert à points coulés.

# Les fermetures de coussin

Une simple fermeture en croisure convient pour les couvre-oreillers. C'est aussi une fermeture simple et peu coûteuse pour tout genre de coussin.

Il est facile de travailler avec une bande à boutons pression ou velcro. La bande à boutons pression laisse un peu de jeu et convient aux coussins très souples. Utilisez une bande de 1,5 cm (⅝ po) pour accommoder les réserves de couture de la fermeture.

Les croisures sont placées au milieu du dos du coussin. Les fermetures Éclair, les bandes velcro ou à boutons pression se situent au milieu du dos ou à la couture latérale. Sauf pour les coussins avec fermeture en croisure, coupez le coussin en allouant des réserves de 2 cm (¾ po) pour les coutures de la fermeture.

## Comment confectionner une fermeture en croisure

**1) Couper** le dos du coussin 14 cm (5 ½ po) de plus que le devant pour le chevauchement de 7,5 cm (3 po). Couper le dos en deux, en travers de la dimension plus large.

**2) Plier et presser** 6 mm (¼ po), puis 2,5 cm (1 po) pour un ourlet double sur chaque bord central du dos du coussin. Coudre l'ourlet.

**3) Épingler** le devant et le dos, bords vifs à égalité et bords ourlés se chevauchant. Coudre à 1,3 cm (½ po). Tourner à l'endroit et insérer la forme ou la doublure.

# Comment faire une fermeture dans une couture latérale avec bande velcro ou à boutons pression

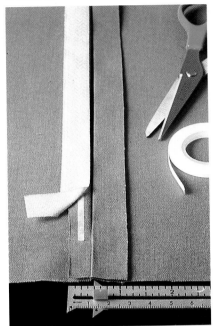

**1) Préparer** la couture (voir page 285, étapes 1 et 2). Couper la bande 2,5 cm (1 po) de plus que l'ouverture. Raser une réserve de couture à 1,3 cm (½ po). Placer le côté crochet de la bande le long de la réserve rasée, les bouts dépassant de 1,3 cm (½ po). Fixer avec du ruban à bâti ou des épingles.

**2) Coudre** le côté crochet de la bande près des bords sur les quatre côtés, à travers le dos du coussin et la réserve de couture. Les points paraissent sur le côté extérieur du coussin.

**3) Coudre** le côté boucle de la bande sur l'envers de l'autre réserve de couture, en chevauchant la bande sur 3 mm (⅛ po) le long de celle-ci. Laisser dépasser la bande de 1,3 cm (½ po) à chaque bout.

**4) Tourner** le côté boucle de la bande sur l'endroit de la réserve de couture et fixer à celle-ci en cousant les trois autres côtés.

**5) Placer le côté** crochet sur le côté boucle. Épingler le devant au dos, sur les trois côtés, endroit contre endroit. Coudre à 1,3 cm (½ po). Retourner le coussin et insérer la forme ou la doublure.

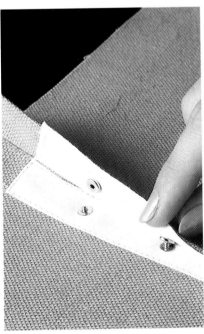

**6) Boutons pression.** Poser en suivant les étapes 1 à 5, en s'assurant que les parties convexes et concaves sont bien alignées afin d'obtenir une fermeture lisse. Fixer la bande à l'aide du pied à semelle étroite.

# Comment insérer une fermeture à glissière centrale au dos d'un coussin

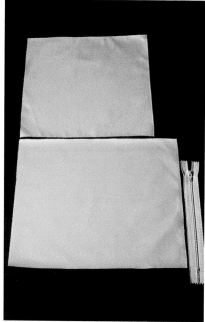

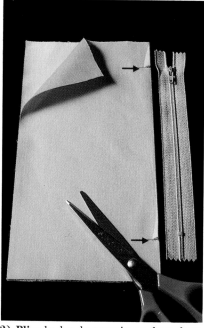

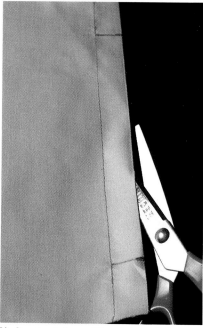

**1) Couper** le dos du coussin 3,8 cm (1 ½ po) plus large que le devant pour accommoder une réserve de couture de 2 cm (¾ po) au milieu du dos. Utiliser une fermeture 5 cm (2 po) plus courte que la longueur du dos fini.

**2) Plier** le dos du coussin en deux dans le sens de la longueur, endroit contre endroit. Presser. Centrer la glissière le long du pli. Entailler le pli pour marquer les extrémités de la glissière (flèches).

**3) Coudre** à 2 cm (¾ po) jusqu'à la première entaille; bloquer le point. Bâtir à la machine 1,3 cm (½ po) au-delà de la seconde entaille. Raccourcir le point et le bloquer. Coudre jusqu'au bord. Couper le long du pli; ouvrir la couture.

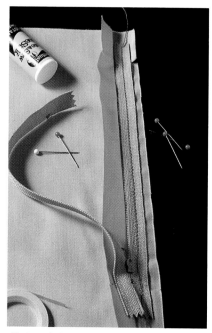

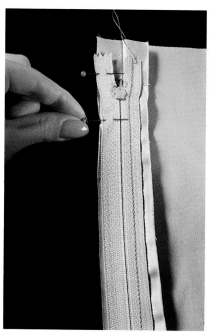

**4) Ouvrir** la glissière et la centrer entre les entailles, l'endroit du métal face à la ligne de couture. Fixer le côté droit de la bande sur la réserve de couture de droite. Faufiler à la machine.

**5) Fermer** la glissière et fixer le côté gauche de la bande sur la réserve de couture de gauche avec des épingles, de la colle ou du ruban à bâti. Faufiler à la machine.

**6) Disposer** le coussin à plat, endroit sur le dessus. Épingler le haut et le bas de la glissière. Centrer du ruban transparent de 1,3 cm (½ po) sur la couture et surpiquer le long des bords du ruban. Nouer les fils sur l'envers du coussin. Enlever le faufilage.

# Comment insérer une fermeture à glissière sous rabat dans une couture de coussin

**1) Utiliser** une fermeture 5 cm (2 po) plus courte que la longueur du coussin fini. Épingler le devant au dos du coussin, endroit contre endroit, en suivant une ligne. Placer la fermeture le long de la couture épinglée, en laissant une distance égale de chaque bord. Marquer ses extrémités sur la couture.

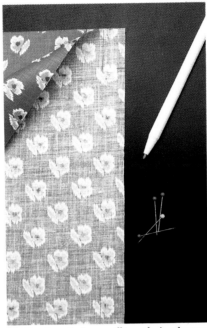

**2) Coudre** à 2 cm (³/₄ po) à chaque extrémité de la fermeture; bloquer le point aux marques. Presser des réserves de couture de 2 cm (³/₄ po).

**3) Ouvrir** la glissière. Placer un côté face contre la réserve de couture du devant du coussin, la glissière sur la ligne de couture. Fixer avec des épingles, de la colle ou du ruban à bâti. À l'aide du pied à semelle étroite, coudre la bande uniquement à la réserve de couture.

**4) Fermer** la glissière. Disposer le coussin à plat, endroit vers le haut. Épingler la fermeture sur l'endroit, en piquant la bande en dessous.

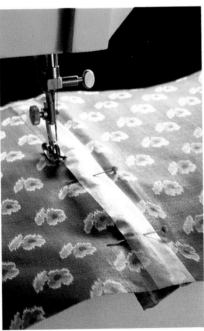

**5) Centrer** du ruban transparent de 1,3 cm (¹/₂ po) sur la couture en guise de guide. En commençant à la ligne de couture, coudre le bas de la bande. Faire pivoter et poursuivre la couture. Au haut de la bande, faire pivoter et coudre jusqu'à la ligne de couture. Tirer les fils sur l'envers et nouer.

**6) Ouvrir** la glissière. Tourner le coussin à l'envers et épingler le devant au dos sur les trois autres côtés. Coudre à 1,3 cm (¹/₂ po). Tourner le coussin à l'endroit et insérer la forme ou la doublure.

# Le coussin
# pour fauteuil

Ce coussin est formé de façon à s'ajuster à un fauteuil ou à un banc. Il est ferme et se fixe au meuble à l'aide d'une attache. Pour le confectionner, suivez les directives pour n'importe quel type de coussin simple ou à plate-bande.

Puisque ce coussin doit avoir du volume, pour la base, utilisez un morceau de polyuréthane de 2,5 cm (1 po) d'épaisseur, enveloppé de ouate de polyester pour adoucir les coins.

## ✄ La coupe

Pour un coussin simple, couper le devant et le dos au format de la partie à couvrir, en ajoutant à chaque mesure la moitié de la profondeur du coussin et 1,3 cm (½ po) pour les coutures.

Pour un coussin à plate-bande, couper la plate-bande de la largeur désirée, plus 2,5 cm (1 po); couper le devant et le dos au format de la partie à couvrir, en ajoutant 2,5 cm (1 po) pour l'ampleur et 1,3 cm (½ po) pour les coutures.

## Comment couper le tissu pour le coussin de fauteuil

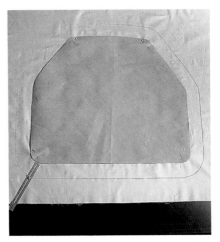

**1) Mesurer** la longueur et la largeur de la partie à couvrir. Pour un coussin carré ou rectangulaire, utiliser ces mesures pour couper le tissu. Pour un coussin de forme spéciale, préparer un patron en papier.

**2) Couper** le patron en papier de la forme de la partie à couvrir. Marquer sur le patron les endroits où seront fixées les attaches.

**3) Utiliser** le patron pour couper le tissu, en ajoutant la profondeur et les coutures selon le style du coussin. Reporter les marques pour les attaches sur le bord de l'endroit du tissu.

# Le coussin capitonné

Le capitonnage avec des boutons sur un coussin de fauteuil ou de banc empêche les fibres de rembourrage de se déplacer à l'intérieur de la housse. Le capitonnage s'effectue une fois le coussin fini. Habituellement, les housses de coussins capitonnés ne s'enlèvent pas; ainsi, les fermetures à glissière ou autres ne sont pas nécessaires.

Utilisez des boutons plats recouverts de tissu et munis d'une tige. Les boutons à recouvrir sont disponibles en kits comprenant un dessus et un dessous ainsi que les instruments simplifiant le recouvrement. Mouillez le tissu du bouton juste avant d'entreprendre le travail de recouvrement. À mesure que le tissu séchera sur le bouton, il rétrécira et s'ajustera uniformément.

## MATÉRIEL REQUIS

Longue aiguille à grand chas

Fil résistant, par exemple du fil de tapissier ou du fil retors simple

Boutons plats de couturière munis d'une tige, deux par capiton

## Comment capitonner un coussin

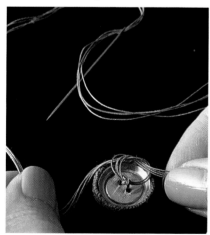

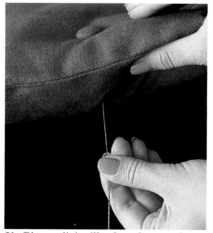

**1) Enfiler** une longue aiguille avec du fil de tapissier extrarésistant ou plusieurs brins de fil retors simple. Passer les brins dans la tige; y attacher les bouts avec un nœud double.

**2) Piquer** l'aiguille dans le coussin en tirant bien le bouton contre ce dernier de façon à créer une dépression. Couper le fil près de l'aiguille.

**3) Enfiler** un second bouton avec un brin de fil. Faire un nœud simple avec les deux brins et tirer jusqu'à ce que le bouton soit serré contre le coussin. Enrouler le fil deux ou trois fois autour de la tige. Faire un nœud double et raser les fils.

# Les attaches de coussin

Fixez les coussins aux fauteuils avec des attaches conventionnelles en tissu. Les attaches empêchent les coussins de glisser et confèrent une touche décorative.

Confectionnez des attaches qui se marient bien au style du fauteuil et du coussin. Faites des essais en nouant des bandes de tissu de formats différents aux barreaux du fauteuil, afin de calculer la longueur et la largeur appropriées des attaches. Coupez une bande de tissu au format désiré en guise de patron.

## ✂ La coupe

Couper chaque attache 3,8 cm (1 ½ po) plus longue et 2,5 cm (1 po) plus large que le patron en tissu pour accommoder une couture de 1,3 cm (½ po) et 2,5 cm (1 po) pour nouer le bout fini. Couper deux attaches par barreau servant à fixer le coussin.

## Comment confectionner des attaches de coussin

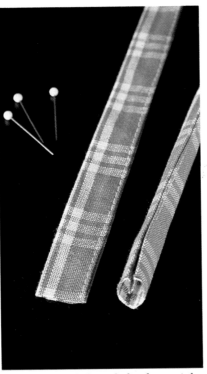

**1) Faire** deux attaches par barreau servant à fixer le coussin. Presser 6 mm (¼ po) sur les bords longs de chaque attache. Presser l'attache pliée en deux en longueur, envers contre envers, bords pressés à égalité; épingler.

**2) Surpiquer** le long du bord ouvert des attaches. Laisser les deux extrémités ouvertes. Faire un nœud simple à une extrémité, en y enfermant les bords vifs.

**3) Épingler** les extrémités non finies des attaches aux marques sur l'endroit du devant du coussin. Épingler le devant au dos du coussin, endroit contre endroit. Coudre, en faisant des points arrière sur les attaches. Finir le coussin et le fixer aux barreaux.

# Les attaches à bande velcro

Avec les attaches à bande velcro, il devient très facile de fixer le coussin au fauteuil et de l'enlever. Petites et peu visibles, elles s'harmonisent bien au meuble.

La longueur de l'attache dépend du format du barreau autour duquel elle sera fixée. Mesurez avec précision, car les attaches doivent être bien ajustées. Vous pouvez coudre ces attaches sur des coussins déjà faits, car elles n'ont pas besoin d'être prises dans une couture.

## ✄ La coupe

Couper les attaches juste assez longues pour qu'elles s'ajustent autour du barreau et se chevauchent sur 2,5 à 3,8 cm (1 à 1 ½ po), plus 1,3 cm (½ po) pour la couture; allouer deux fois la largeur finie, plus 1,3 cm (½ po).

Pour chaque attache, couper une bande velcro de 2,5 à 3,8 cm (1 à 1 ½ po) de long.

## Comment confectionner des attaches de coussin avec une bande velcro

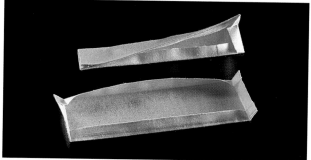

1) **Faire** une attache pour chaque coin. Presser 6 mm (¼ po) sur chaque bord de l'attache. Presser l'attache pliée en deux en longueur, envers contre envers. Surpiquer les quatre côtés de l'attache.

2) **Couper** une bande velcro pour chaque attache. Séparer les côtés crochet et boucle de la bande et fixer chacun aux côtés opposés de l'attache. Coudre autour des quatre côtés de la bande velcro.

3) **Coudre** le devant au dos du coussin. Avant de le rembourrer, épingler le milieu des attaches à la couture, aux coins du coussin. Placer toutes les attaches dans le même sens; coudre et faire des points arrière.

4) **Finir** le coussin. Fixer le coussin au fauteuil ou au banc en nouant les attaches à bande velcro autour des barreaux et en reliant leurs bouts.

# Le couvre-lit

La confection d'articles pour la chambre à coucher constitue une bonne façon de s'initier à la couture, car ces projets font appel à des tissus qui se manipulent bien et se résument à des coutures et à des ourlets. Mesurez le lit avec les draps et les couvertures qui s'y trouvent normalement. Les édredons, dessus-de-lit et couettes tombent à une distance de 7,5 à 10 cm (3 à 4 po) sous le matelas de chaque côté et au pied du lit. Pour la longueur du volant de lit, mesurez à partir du haut du sommier jusqu'au sol. Ces mesures vous fournissent la longueur finie.

## La housse de couette

Utilisez la bordure décorative d'un drap pour dissimuler la fermeture à glissière sur l'endroit de la housse. Vous pouvez aussi ajouter une bordure décorative à un drap uni avec de la garniture en dentelle ou du ruban.

### ✂ La coupe

Mesurer la couette. Pour une housse très ajustée, calculer 5 cm (2 po) de moins en longueur et en largeur que les dimensions de la couette.

Pour le dos de la housse, couper un drap mesurant 2,5 cm (1 po) de plus long et de plus large que le format fini.

Pour le devant, couper un drap à bordure de 2,5 cm (1 po) de plus large que le format fini ; pour une patte de fermeture à glissière lisérée (à droite), plier le drap en deux dans le sens de la longueur et marquer une ligne à 51 cm (20 po) du bord du drap ; pour la bande de la glissière, marquer une seconde ligne à 7,5 cm (3 po) de la première. Couper sur les deux lignes. Pour connaître la longueur de la section du devant, consulter le tableau ci-dessous. Aligner la section de drap au bord d'une table ; égaliser le bord inférieur avec un té.

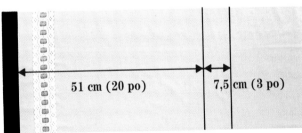

| Longueur de coupe du devant de la housse de couette | cm (po) |
|---|---|
| 1) Longueur de la housse finie | |
| 2) Patte de fermeture à glissière lisérée | − |
| 3) Largeur de la bordure | + |
| 4) Réserve de couture de 2,5 cm (1 po) | + |
| 5) Longueur de coupe du devant | = |

## MATÉRIEL REQUIS

Draps plats avec bordure décorative
Deux fermetures à glissière de 56 cm (22 po)

# Comment coudre une housse de couette avec des draps

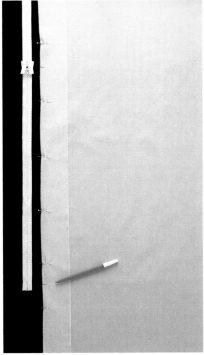

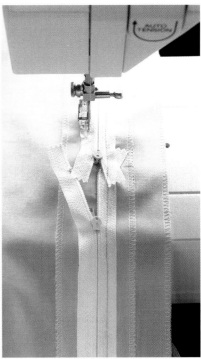

**1) Faire** un zigzag ou un point de surjet aux bords vifs de la bande de la glissière et au bord supérieur du devant. Épingler celle-là à celui-ci, endroit contre endroit. Marquer l'ouverture de la glissière à 56 cm (22 po) dans les deux sens à partir du milieu.

**2) Coudre**, avec le pied à semelle étroite, à 2,5 cm (1 po) en commençant d'un côté. À la marque, bloquer la couture, puis faufiler l'ouverture de la glissière à la machine ; bloquer la couture et continuer jusqu'à l'autre bord. Ouvrir au fer.

**3) Centrer** les glissières ouvertes, faces contre la réserve de couture, dents sur le faufil et tirettes se joignant au milieu. Avec le pied à semelle étroite, coudre d'un côté des dents. Fermer la glissière et coudre l'autre côté. Enlever le faufil.

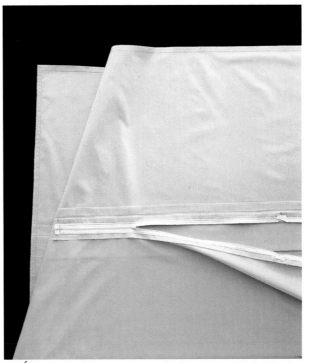

**4) Épingler** la section de bordure décorative sur la glissière, endroit vers le haut, la couture de la glissière à 2,5 cm (1 po) du bord intérieur de la bordure. Coudre sur le bord de la bordure à travers toutes les épaisseurs. Ouvrir les glissières.

**5) Épingler** le devant au dos, endroit contre endroit et le dos sur le dessus. Coudre à 1,3 cm (½ po) du bord vif. Pour finir, coudre les bords vifs au point de surjet ou au zigzag. Tourner à l'endroit ; insérer la couette.

# Le couvre-oreiller

Le couvre-oreiller peut être simple, volanté ou encore garni d'une grande bordure droite avec passementerie. Il comporte une fermeture en croisure ou à rabat au dos pour faciliter l'insertion d'un oreiller. Le modèle le plus facile à réaliser est coupé en une seule pièce ; les extrémités sont pliées et ourlées de façon que la croisure fasse partie du pli.

Pour ajouter un volant ou une bordure coordonnée, coupez le devant, le dos et la croisure séparément pour qu'il y ait une couture tout autour de l'oreiller. Les coutures des couvre-oreillers doivent être finies. Faites des coutures anglaises pour le couvre-oreiller en une seule pièce et les taies d'oreiller ; recourez au zig-zag pour le couvre-oreiller volanté. Le couvre-oreiller à grande bordure droite a des coutures enfermées.

## ✂ La coupe

Pour un couvre-oreiller en une seule pièce, couper le tissu de la même largeur que l'oreiller, plus 2,5 cm (1 po) ; la longueur équivaut à deux fois la longueur de l'oreiller, plus 28 cm (11 po).

Pour un couvre-oreiller volanté, couper le devant et le dos 2,5 cm (1 po) plus grands que l'oreiller. Couper une croisure d'une largeur de 25,5 cm (10 po) ; la longueur équivaut à la largeur de l'oreiller, plus 2,5 cm (1 po). Allouer au volant deux fois la largeur voulue, plus 2,5 cm (1 po) ; la longueur équivaut à deux fois la longueur de l'oreiller, plus 2,5 cm (1 po).

Pour un couvre-oreiller à grande bordure droite, couper le devant 12,5 cm (5 po) plus large et plus long que l'oreiller. Couper le dos 12,5 cm (5 po) plus large et 5 cm (2 po) plus long que l'oreiller. Couper la croisure 12,5 cm (5 po) plus large et 33 cm (13 po) plus longue que l'oreiller. Ces mesures permettent des coutures de 1,3 cm (½ po) et une bordure de 5 cm (2 po). Couper la passementerie de la largeur voulue et assez longue pour couvrir le tour de l'oreiller.

Pour une taie d'oreiller volantée, couper le tissu de la largeur de l'oreiller, plus 2,5 cm (1 po) ; la longueur équivaut à deux fois la longueur de l'oreiller, plus 2,5 cm (1 po). Allouer au volant deux fois la largeur voulue, plus 2,5 cm (1 po) ; la longueur équivaut à quatre fois la largeur de l'oreiller. Couper une bande d'entoilage de 7,5 cm (3 po) de large ; la longueur équivaut à deux fois la largeur de l'oreiller, plus 2,5 cm (1 po).

# Comment confectionner un couvre-oreiller en une seule pièce

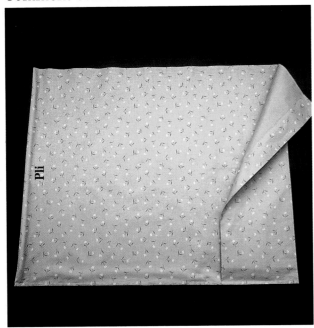

**1) Coudre** un ourlet double de 1,3 cm (½ po) le long d'un côté court du dos du couvre-oreiller. Plier un ourlet de 1,3 cm (½ po), puis de 5 cm (2 po) sur un côté de la croisure; coudre. Préparer et fixer un volant sur l'endroit du devant en suivant les étapes 1 à 4 du coussin à volant (voir pages 276-277).

**2) Coudre** à 6 mm (¼ po) sur les deux côtés longs; raser à 3 mm (⅛ po). Tourner le couvre-oreiller à l'envers. Presser les bords cousus. Coudre à 6 mm (¼ po) des bords pour faire des coutures anglaises. Tourner à l'endroit et insérer l'oreiller.

# Comment confectionner un couvre-oreiller volanté

**1) Coudre** un ourlet double de 1,3 cm (½ po) le long d'un côté court du dos du couvre-oreiller. Plier un ourlet de 1,3 cm (½ po), puis de 5 cm (2 po) sur un côté de la croisure; coudre. Préparer et fixer un volant sur l'endroit du devant en suivant les étapes 1 à 4 du coussin à volant (voir pages 276-277).

**2) Épingler** le bord non fini de la croisure à un côté du devant, endroit contre endroit, le volant entre les deux épaisseurs. Épingler le devant au dos, en plaçant celui-ci et la croisure comme sur la photo. Coudre à 1,3 cm (½ po) autour du couvre-oreiller; raser les coins et finir les réserves de couture. Tourner à l'endroit et insérer l'oreiller.

# Comment confectionner un couvre-oreiller à grande bordure droite

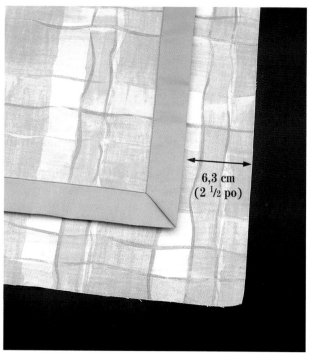

**6,3 cm**
**(2 ½ po)**

**1) Placer** la passementerie à 6,3 cm (2 ½ po) des bords du devant du couvre-oreiller. Faire des coins en onglet en suivant les directives de la page 313. Ne coudre que le bord *intérieur* de la passementerie.

**2) Faire** le couvre-oreiller en suivant les étapes pour le modèle volanté (voir page 293). Omettre le volant. Finir les coutures. Tourner à l'endroit et surpiquer le long du bord extérieur de la passementerie. Insérer l'oreiller.

# Comment confectionner une taie d'oreiller volantée

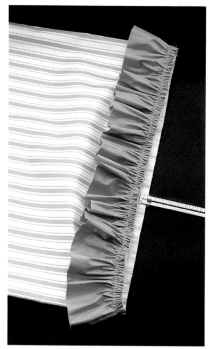

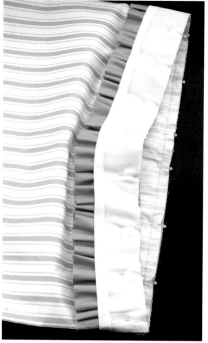

**1) Plier** la taie sur la largeur, envers contre envers; faire des coutures anglaises (voir page 214). Préparer et fixer le volant sur l'endroit de l'extrémité ouverte de la taie (en suivant les étapes 1 à 4, pages 276-277).

**2) Plier** et presser 1,3 cm (½ po) sur un côté long de l'entoilage; joindre les extrémités courtes. Épingler l'endroit de l'entoilage sur l'endroit de la taie, le volant entre les deux épaisseurs. Coudre à 1,3 cm (½ po).

**3) Presser** la couture vers la taie. Surpiquer ou coudre à points coulés le long du pli pressé de l'entoilage. (L'entoilage est d'une couleur contrastante pour le rendre plus visible.)

# Les volants de lit et les juponnages

Les volants de lit et les juponnages, conçus pour dissimuler le sommier et les pieds du lit, peuvent être coordonnés à la douillette ou à l'édredon. Les volants de lits froncés donnent une allure gracieuse; les juponnages à plis sont plus classiques. On les pose sur trois côtés du lit seulement.

Les **volants de lit froncés** sont constitués d'une ou deux épaisseurs de tissus froncés. Pour la confection de volants à deux épaisseurs, il faut les froncer en une seule étape. Le type de tissu détermine la largeur du volant. Allouez trois fois la largeur pour un tissu léger et de deux à trois fois la largeur pour un tissu de poids moyen.

Les directives qui suivent s'appliquent à un volant de lit à coins séparés, assemblé à un drap-housse. Ce type de volant, en trois sections, convient à un lit avec panneau de pied. Les volants de lit peuvent également être confectionnés en une seule pièce, pour les lits sans panneau de pied.

Les **juponnages à plis** sont coupés dans des tissus de poids moyens à lourds pour des lits sans panneau de pied. Les directives suivantes s'appliquent à un juponnage à plis profonds de 15 cm (6 po) à chaque coin et au centre de chaque côté. Un ourlet double de 2,5 cm (1 po) garnit le bord inférieur et les côtés du juponnage; le juponnage est cousu à une base en mousseline, en *broadcloth* ou encore à un drap plat de couleur assortie au juponnage.

## ✂ La coupe

Pour un volant de lit froncé, couper deux pièces, chacune mesurant un certain nombre de fois la longueur du sommier selon l'ampleur désirée, plus 10 cm (4 po) pour obtenir un ourlet double de 2,5 cm (1 po) sur les côtés; couper une pièce mesurant un certain nombre de fois la largeur du sommier selon l'ampleur désirée, plus 10 cm (4 po) pour obtenir un ourlet double de 2,5 cm (1 po) sur les côtés. La hauteur du volant est égale à la distance entre le dessus du sommier et le plancher, plus 10 cm (4 po).

Pour un juponnage à plis, couper une base de 2,5 cm (1 po) plus large et plus longue que le sommier. Couper le juponnage sur le droit fil. Couper deux pièces de la longueur du sommier, plus 46 cm (18 po); couper une pièce de la largeur du sommier, plus 46 cm (18 po). La hauteur égale la distance entre le haut du sommier et le plancher, moins 6 mm ($^1$/$_4$ po) pour le dégagement, et plus 6,5 cm (2 $^1$/$_2$ po) pour la couture et l'ourlet.

## MATÉRIEL REQUIS

Tissu de décoration pour le volant de lit ou le juponnage

Drap-housse pour la base du volant de lit froncé

*Broadcloth*, drap plat ou mousseline pour le juponnage à plis

# Comment confectionner un juponnage froncé à coins ouverts

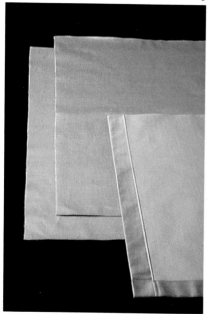

**1) Faire** un ourlet double à 2,5 cm (1 po) du bord au bas des trois pièces et plier et coudre un ourlet double aux deux extrémités de chacune des pièces.

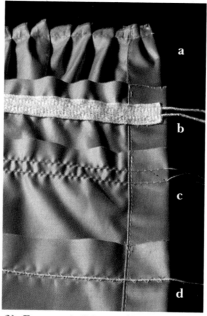

**2) Froncer** à 2,5 cm (1 po) du bord supérieur avec l'accessoire pour bouillonnés (**a**), un ruban à froncer à deux cordes (**b**), deux rangs de points de bâti (**c**), ou un cordonnet recouvert d'un point zigzag (**d**).

**3) Installer** le drap-housse sur le sommier. Tracer la ligne du bord supérieur du sommier sur le drap et faire une marque tous les 30,5 cm (12 po). Faire une marque sur le juponnage tous les 61 cm (24 po) pour une ampleur double et tous les 91,5 cm (36 po) pour une ampleur triple.

# Comment confectionner un juponnage à plis

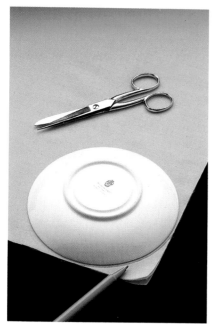

**1) Plier** la base en deux dans le sens de la longueur, puis en deux dans le sens de la largeur, afin que les coins se chevauchent. En vous guidant avec une soucoupe, tailler les coins en rond.

**2) Plier** les coins en deux afin d'en déterminer le centre ; faire une incision de 6 mm (¼ po). Inciser également au milieu de chaque côté.

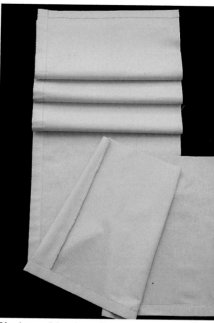

**3) Assembler** les pièces du juponnage, endroit contre endroit, aux extrémités étroites, en plaçant la pièce la plus courte au milieu. Faire un ourlet double de 2,5 cm (1 po) au bord inférieur et aux bords latéraux.

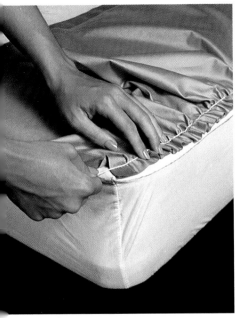

**4) Épingler** l'endroit du juponnage le long des trois côtés du drap, le bord vif sur la ligne, les ourlets se chevauchant aux coins. Aligner les marques du juponnage et celles du drap. Froncer.

**5) Retirer** le drap en gardant le volant épinglé. Coudre sur la ligne des fronces à 2,5 cm (1 po) du bord vif du juponnage.

**6) Retourner** le juponnage vers le bas, par-dessus le bord du drap. Si désiré, surpiquer à 1,3 cm (½ po) de la couture, au travers du volant et du drap.

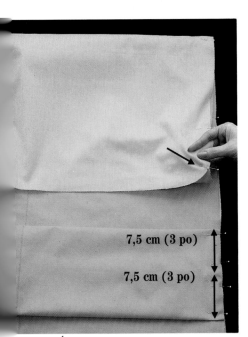

7,5 cm (3 po)

7,5 cm (3 po)

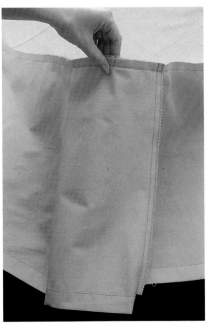

**4) Épingler** le juponnage à la base, endroit contre endroit, en plaçant un ourlet latéral contre l'entaille à une extrémité (flèche). Faire des plis de 15 cm (6 po) aux entailles latérales et aux coins. La couture arrivera à l'intérieur du pli.

**5) Enlever** le juponnage et bâtir les plis à la machine. Replacer la jupe sur la base. Épingler, endroit contre endroit. Entailler le milieu des plis aux coins. Piquer à 1,3 cm (½ po).

**6) Presser** la réserve de couture vers la base. Presser l'ourlet double à 6 mm (¼ po) à l'extrémité ouverte de la base. Finir l'ourlet. Surpiquer la réserve de couture du juponnage à la base. Presser les plis.

# Le volant de lit circulaire

Le volant de lit circulaire a un drapé souple. Son style simple convient à un décor sobre, mais se marie également bien à une chambre au décor élaboré, étant donné son allure discrète.

Le volant de lit circulaire, de confection facile, exige moins de temps que la plupart des autres types de volants de lits, parce qu'il ne comporte ni pli ni fronces. Le bord supérieur du volant est fixé à un drap-housse pour l'empêcher de glisser. Si le lit n'a pas de panneau de pied, le volant ne comporte qu'une seule section. Dans le cas contraire, un volant de lit à coins ouverts peut être fixé à la base en trois sections.

## ✂ La coupe

Calculer le nombre de morceaux circulaires nécessaires, tel qu'indiqué sur le tableau de la page suivante. Afin de faciliter la coupe des cercles, tailler le tissu en carrés de la dimension du diamètre du cercle ; tailler ensuite les morceaux tel qu'indiqué à la page suivante.

Les calculs du tableau sont fonction d'une longueur de 39,3 cm (15 ½ po), ce qui donne la bonne quantité de volants pour toute longueur coupée, jusqu'à au moins 39,3 cm (15 ½ po) ; l'excédent peut facilement être enlevé au moment de l'assemblage. La longueur réelle de volant par cercle est égale à la circonférence du cercle interne, moins 2,5 cm (1 po) pour les coutures et les ourlets latéraux.

## MATÉRIEL REQUIS

Tissu dont le métrage est indiqué au tableau de la page suivante

Drap-housse

# Comment tailler les cercles

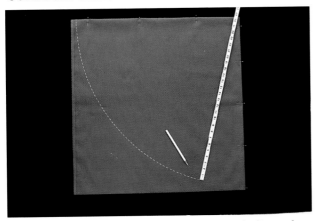

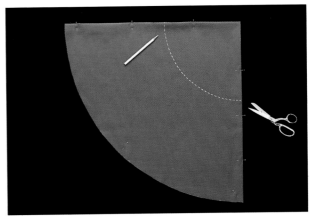

**1) Plier** le carré de tissu, endroit contre endroit, en deux dans le sens de la longueur, puis dans le sens de la largeur. À l'aide d'une règle et d'un crayon, tracer un arc sur le tissu, en mesurant à partir du pli du centre, à une distance égale au rayon. Couper toutes les épaisseurs le long de la ligne.

**2) Ajouter** 2,5 cm (1 po) à la longueur de la chute du volant; mesurer et marquer cette distance à partir de l'arc. Tracer un deuxième arc à cette distance. Couper toutes les épaisseurs le long de la ligne. La circonférence du cercle intérieur, moins 2,5 cm (1 po), détermine la longueur de volant par cercle.

# Comment tailler des demi-cercles

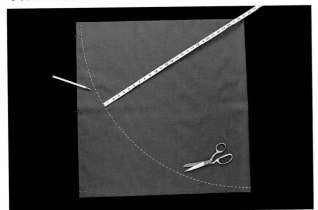

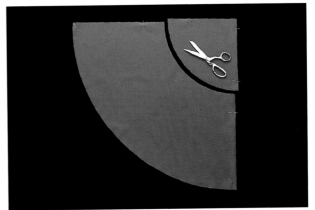

**1) Tailler** un rectangle sur la largeur du tissu, les côtés courts égalant la moitié de la largeur du tissu. Plier en deux, en réunissant les côtés courts. Tracer, à l'aide d'une règle et d'un crayon, un arc d'une longueur égale au rayon, à partir de la pliure. Couper les deux épaisseurs le long du tracé.

**2) Ajouter** 2,5 cm (1 po) à la longueur de la chute du volant; mesurer et marquer cette distance à partir de l'arc. Tracer un deuxième arc à cette distance. Couper toutes les épaisseurs le long de la ligne.

# Comment calculer le nombre de pièces circulaires requises

| Diamètre des cercles | Longueur du volant par cercle | 1 place | | 2 places | | Grand lit 2 places | | Très grand lit 2 places | |
|---|---|---|---|---|---|---|---|---|---|
| | | Nombre de cercles | Métrage requis | Nombre de cercles | Métrage requis | Nombre de cercles | Métrage requis | Nombre de cercles | Métrage requis |
| **115 cm** (45 po) | 120 cm (47 po) | 4 | 4,6 m (5 vg) | 4 ½ | 5,15 m (5 ⅝ vg) | 5 | 5,75 m (6 ¼ vg) | 5 ½ | 6,3 m (6 ⅞ vg) |
| **122 cm** (48 po) | 147 cm (58 po) | 3 ½ | 4,33 m (4 ⅔ vg) | 3 ½ | 4,33 m (4 ⅔ vg) | 4 | 4,92 m (5 ⅓ vg) | 4 ½ | 5,5 m (6 vg) |
| **137 cm** (54 po) | 193 cm (76 po) | 2 ½ | 3,45 m (3 ¾ vg) | 3 | 4,15 m (4 ½ vg) | 3 | 4,15 m (4 ½ vg) | 3 ½ | 4,8 m (5 ¼ vg) |
| **153 cm** (60 po) | 242 cm (95 po) | 2 | 3,07 m (3 ⅓ vg) | 2 ½ | 3,9 m (4 ¼ vg) | 2 ½ | 3,9 m (4 ¼ vg) | 3 | 4,6 m (5 vg) |

# Comment confectionner un volant de lit circulaire

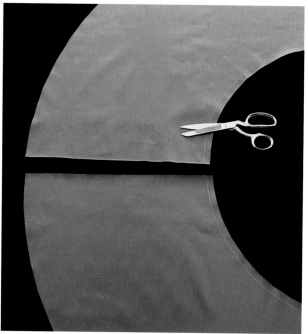

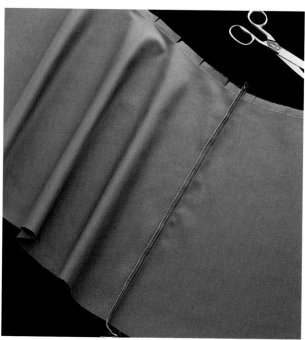

1) **Tailler** des cercles pour le volant de lit (voir pages 298-299). Couper chaque morceau de l'extérieur vers l'intérieur, sur le travers du tissu. Faire une couture de soutien à 1,3 cm (½ po) du bord intérieur.

2) **Assembler** les cercles en une longue bande, endroit contre endroit ; finir la réserve de couture. Entailler régulièrement jusqu'à la couture de soutien, tous les 5 cm (2 po), afin que les plis soient égaux.

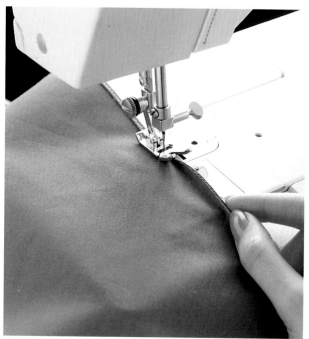

3) **Coudre l'ourlet** à la machine à 6 mm (¼ po) du bord. Retourner le bord vers l'envers sur la ligne de couture ; presser le pli. Piquer près de la pliure. Raser le surplus de tissu près de la couture. Tourner de 6 mm (¼ po) l'ourlet sur l'envers, recouvrant le bord vif. Surpiquer.

4) **Mettre** le drap-housse sur le sommier ; tracer une ligne le long du bord supérieur du sommier à l'aide d'un crayon délébile ou d'une craie.

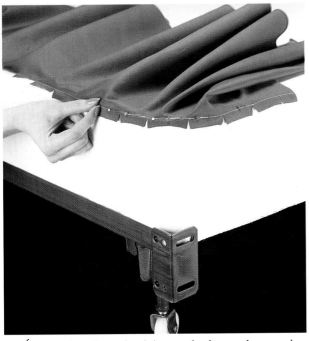

**5) Étendre** le volant circulaire sur le dessus du sommier; l'épingler au drap-housse, endroit contre endroit, en plaçant la couture de soutien sur la ligne. Le volant peut dépasser les coins à la tête du lit, si désiré; faire dépasser le bord vif de 1,3 cm (½ po) à l'extrémité afin de pouvoir ourler les côtés.

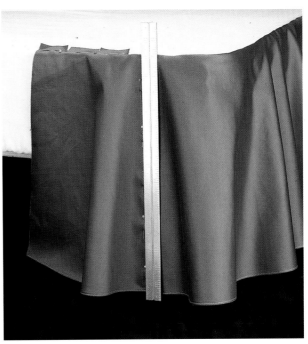

**6) Marquer** les ourlets latéraux à la tête du lit perpendiculairement au plancher; allouer 1,3 cm (½ po) pour l'ourlet double de 6 mm (¼ po).

**7) Enlever** le drap-housse et le volant. Couper le surplus de tissu sur les côtés; faire les ourlets latéraux. Assembler le volant au drap-housse en piquant juste à l'extérieur de la piqûre de soutien.

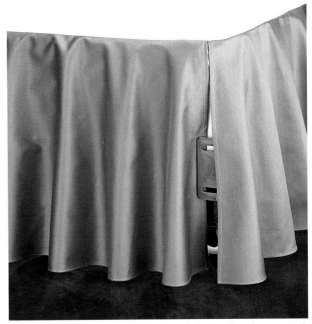

**Coins séparés.** Suivre les étapes 1 à 4. Tailler le volant en trois sections, chaque section étant assez longue pour s'ajuster à un côté du lit, plus 2,5 cm (1 po) pour les ourlets latéraux. Étendre la section du pied du lit sur le dessus du sommier et l'épingler au drap-housse, endroit contre endroit, en plaçant la couture de soutien sur la ligne. Marquer les ourlets latéraux aux coins, comme à l'étape 6. Épingler les sections latérales au drap en superposant les réserves de couture aux coins. Compléter le volant de lit en suivant les étapes 6 et 7.

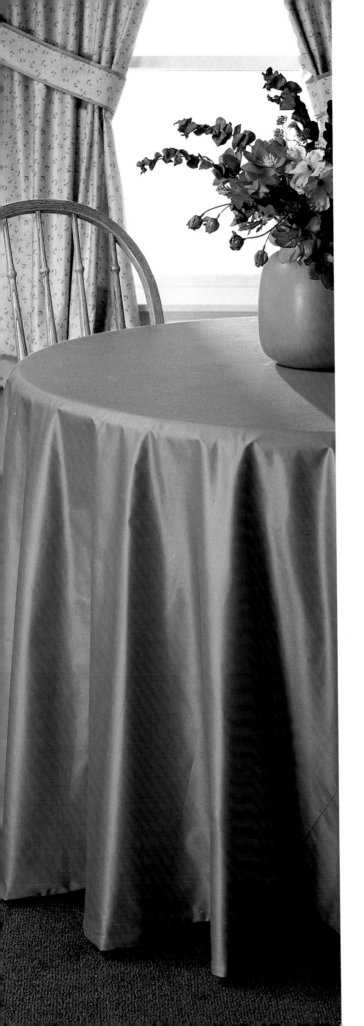

# Les parures de table

Les parures de tables personnalisées constituent une façon simple de changer l'allure d'une pièce tout en économisant temps et argent. Ces projets, faciles à réaliser, rendent la couture judicieuse pour plusieurs raisons.

Dans le commerce, le choix de nappes est restreint et il se limite aux formats standard. Il peut donc être avantageux de concevoir et de confectionner vos propres nappes et de les adapter à la forme exacte de votre table. De plus, vous pouvez choisir parmi toute une gamme de tissus aux couleurs, motifs et textures variés pour compléter le décor de la pièce.

Comme la plupart des nappes sont plus larges qu'une largeur de tissu, il faut assembler les lisières afin d'obtenir la grandeur désirée. Évitez de faire une couture au centre en plaçant le tissu au centre de la table et en y adjoignant des pans plus étroits sur les côtés.

Cousez les lisières pour éviter de finir les coutures. Si la lisière a tendance à onduler, entaillez-la à intervalles de 2,5 à 15 cm (1 à 6 po). Sinon, finissez avec une couture anglaise ou surjetée. Faites des coutures ordinaires pour les nappes réversibles.

Les napperons, les serviettes de table et les chemins de table vous permettent d'expérimenter des techniques de finition que vous seriez réticente à essayer sur des projets plus élaborés.

## Le choix du tissu

Lorsque vous planifiez la réalisation de votre nappe, recherchez un tissu durable, résistant aux taches et à l'eau. Les tissus infroissables sont faciles d'entretien. Drapez le tissu autour de votre main pour en évaluer le tombé.

Le coton léger convient pour un usage quotidien; utilisez une nappe légère avec une sous-nappe afin de protéger les tables de bois. Pour une allure élégante, choisissez une dentelle ajourée ou une broderie anglaise par-dessus un tissu plus lourd.

De petits motifs non directionnels sont plus faciles à assembler que ceux qui doivent correspondre. Évitez les tissus très duveteux ou les tissus aux motifs difficiles à assembler, tels les tissus à carreaux ou à rayures, en diagonale ou unidirectionnels.

# Les mesures de la table

La longueur de la nappe, du bord de la table jusqu'au bas, s'appelle la *chute*. Incluez toujours la longueur de la chute dans les mesures de votre nappe.

La chute est habituellement de trois longueurs : courte, de 25,5 à 30,5 cm (10 à 12 po) ; moyenne, de 40,5 à 61 cm (16 à 24 po) et longue, de 71 à 73,5 cm (28 à 29 po). Les chutes courtes tombent environ à la hauteur du siège et conviennent à un usage quotidien. Les moyennes sont plus formelles et les élégantes chutes longues, qui tombent jusqu'au plancher, sont utilisées pour les buffets et pour les nappes décoratives.

**Nappe ronde.** Mesurer le diamètre de la table et calculer ensuite la longueur de la chute. Le format de la nappe égale le diamètre de la table, plus le double de la longueur de chute, plus 2,5 cm (1 po) pour un ourlet étroit (la meilleure façon de border une nappe ronde).

**Nappe carrée.** Mesurer la largeur du plateau de la table ; calculer ensuite la longueur de chute. Ajouter le double de la longueur de chute, plus 2,5 cm (1 po) pour un ourlet étroit et 6,5 cm (2 ½ po) pour un ourlet large.

**Nappe rectangulaire.** Mesurer la longueur et la largeur du plateau de la table, puis calculer la longueur de chute. Le format de la nappe finie égale la largeur du plateau, plus le double de la chute, et la longueur du plateau plus le double de la longueur de chute. Ajouter 2,5 cm (1 po) pour un ourlet étroit et 6,5 cm (2 ½ po) pour un ourlet large.

**Nappe ovale.** Mesurer la longueur et la largeur du plateau de la table et calculer ensuite la longueur de chute. Assembler si nécessaire les largeurs du tissu pour arriver à une laize rectangulaire de la longueur du plateau, plus le double de la longueur de chute, et de la largeur du plateau, plus le double de la longueur de chute ; ajouter 2,5 cm (1 po) à chaque mesure pour un ourlet étroit. Il faut faire un ourlet étroit sur une nappe ovale, parce que c'est la façon la plus simple de finir un bord arrondi. Comme la forme des tables ovales varie, établir la dimension finale en plaçant le tissu sur la table, sous des poids, afin de l'empêcher de glisser, et utiliser un marqueur d'ourlet ou un gabarit en carton pour marquer la longueur de chute.

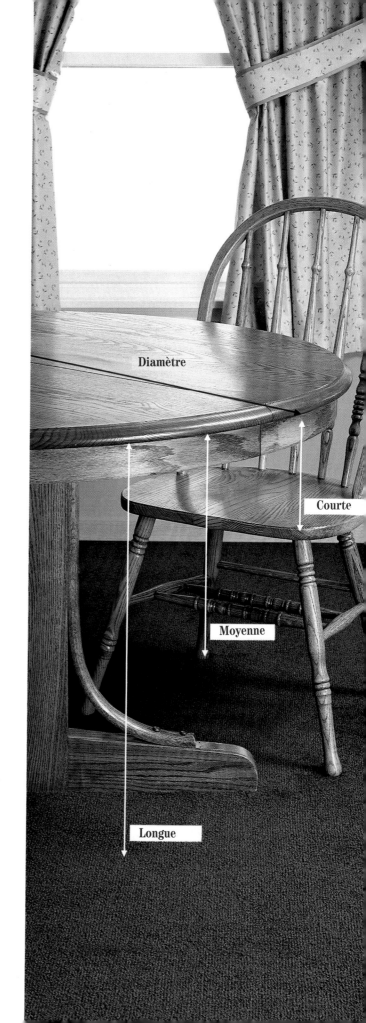

Diamètre

Courte

Moyenne

Longue

# La nappe ronde

Pour calculer le métrage nécessaire pour une nappe ronde sans volant, divisez le diamètre de la nappe par la largeur du tissu, moins 2,5 cm (1 po). Calculez les fractions comme une largeur. Vous obtenez ainsi le nombre de largeurs. Multipliez ensuite le nombre de largeurs par le diamètre et divisez par 100 cm (36 po) afin de trouver le nombre de mètres (verges) nécessaire.

Pour trouver le centre d'une nappe à volant, soustrayez le double de la hauteur finale du volant de la longueur totale de la nappe. Calculez le métrage pour le centre de la nappe comme précédemment.

Calculez la longueur du volant en multipliant par 3,5 le diamètre du centre; doublez ce chiffre. Pour le nombre de bandes, divisez la longueur du volant par la largeur du tissu. Multipliez ensuite le nombre de bandes par la profondeur du volant, et divisez par 36 pour obtenir le métrage total.

## ✂ La coupe

Pour une nappe sans volant, couper le pan central de la longueur égale au diamètre de la partie du centre, plus les ourlets. Ajouter les pans partiels pour former un carré.

Pour une nappe à volant, couper le pan central de la longueur égale au diamètre de la partie du centre, plus les réserves de couture. Ajouter les pans partiels pour former un carré. Tailler des bandes pour le volant de la profondeur du volant, plus l'ourlet et les réserves de coutures, et de la longueur calculée précédemment.

# Comment tailler une nappe ronde

**1) Réunir** les pans de tissu, endroit contre endroit, en laissant 1,3 cm (½ po) pour les coutures afin de former un carré. Plier le carré en quatre. Épingler les épaisseurs afin qu'elles ne glissent pas.

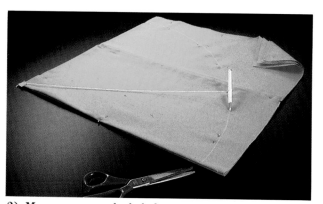

**2) Mesurer** une corde de la longueur du rayon de la nappe. Attacher un crayon marqueur à une extrémité de la corde; épingler l'autre au centre du coin plié. Tracer un cercle en utilisant la corde et le crayon comme un compas. Couper sur la ligne; enlever les épingles.

# Comment confectionner un volant avec un ourlet étroit

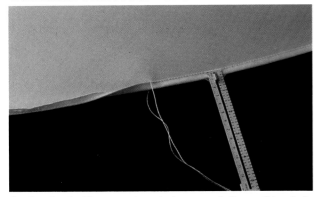

**Ourlet étroit.** Piquer autour de la nappe à 6 mm (¹/₄ po) du bord. Faire un rentré et presser sur la couture. Faire à nouveau un rentré et presser à 6 mm (¹/₄ po), en répartissant l'ampleur autour des courbes. Piquer sur le bord, près de la pliure, ou utiliser un ourleur étroit.

**Bord volanté.** Assembler le volant, endroit contre endroit, afin de former une boucle. Ourler le bord inférieur. Effectuer un point zigzag par-dessus un cordon afin de froncer (voir page 296). Fixer le volant à la nappe.

# Comment confectionner une bordure passepoilée

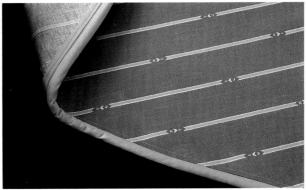

**1) Multiplier** par 3,5 le diamètre de la nappe pour déterminer la longueur du passepoil. Tailler et assembler les bandes de biais, endroit contre endroit, afin de couvrir la corde (voir page 270).

**2) Couvrir** le passepoil et le fixer sur l'endroit (voir page 271, étapes 3 à 7). Faire un zigzag en pressant contre l'envers de la nappe. Surpiquer à 6 mm (¹/₄ po) de la couture du passepoil.

# Comment confectionner une nappe réversible

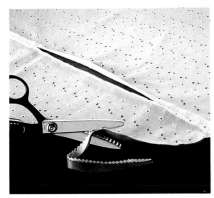

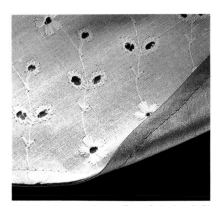

**1) Réunir** les pans, en laissant une ouverture de 30,5 cm (12 po) dans une couture afin de pouvoir retourner l'ouvrage à l'endroit. Assembler la doublure à la nappe, endroit contre endroit, à 1,3 cm (¹/₂ po) du bord. Raser les coutures ou inciser dans les courbes.

**2) Retourner** la nappe à l'endroit en tirant le tissu par l'ouverture pratiquée dans la doublure. Fermer l'ouverture avec un point coulé.

**3) Surpiquer** à 6 mm (¹/₄ po) du bord. Si la doublure est de couleur contrastante, choisir le fil supérieur de même couleur que le tissu et le fil de canette de même couleur que la doublure.

# La nappe bouffante

Pour donner aux nappes rondes une allure originale, on peut les superposer. Laissez tomber celle du dessous jusqu'au plancher et écourtez celle du dessus. Bien que la longueur de la nappe du dessus importe peu, si vous la taillez à un tiers ou à deux tiers de la hauteur, à partir du plancher, vous obtiendrez des proportions harmonieuses. Pour une table standard de 76 cm (30 po) de hauteur, la nappe du dessus devrait descendre à 25,5 cm (10 po) ou 51 cm (20 po) du plancher.

Bouillonnez la nappe du dessus en drapés gracieux pour lui donner du bouffant. Pour évaluer le nombre et la hauteur des drapés, placez les deux tissus l'un par-dessus l'autre sur la table et créez quelques drapés.

Pour une finition rapide des ourlets, effectuez un point couvrant ou roulotté à la surjeteuse. Sur une machine à coudre ordinaire, appliquez un biais ou utilisez un pied ourleur pour faire un ourlet étroit.

## MATÉRIEL REQUIS

Tissu décoratif pour la nappe bouffante

Bandes de biais de tricot ou de biais simple, selon le nombre de drapés et la longueur à bouillonner.

Cordons étroits comme du galon à soutache, coupés deux fois la longueur du plissé, plus 2,5 cm (1 po). Le nombre doit égaler celui des drapés.

## Comment confectionner une nappe bouffante

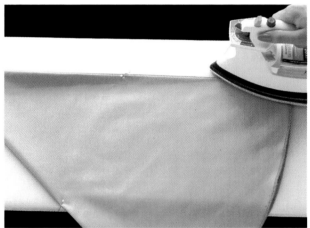

1) **Plier** le tissu rond déjà ourlé en quatre, six ou huit, selon le nombre de drapés. Presser à chaque pliure à la longueur prévue pour le bouillonné.

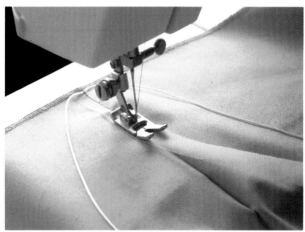

2) À chaque pli, **épingler** un cordon double sur l'ourlet. Centrer le biais de tricot ou le biais simple sur le pli et épingler. Piquer au milieu du ruban en emprisonnant la corde dans la couture de l'ourlet.

3) **Placer** le cordon de chaque côté de la couture au centre du ruban. À l'aide du pied à semelle étroite, piquer le long des bords extérieurs du ruban afin d'encastrer le cordon.

4) **Tirer** sur les cordons pour créer les drapés. Ajuster les fronces et nouer les extrémités des cordons; replier les cordons dans le feston; ne pas couper. Les festons peuvent être relâchés pour le lavage ou l'entreposage.

# Les nappes carrées et rectangulaires

Pour confectionner des nappes carrées et rectangulaires de la longueur désirée, assemblez autant de laizes de tissu que nécessaire, en utilisant chaque laize dans le sens de la longueur. Redressez le tissu pour équarrir les coins (voir page 212). Utilisez la couture anglaise ou le point de surfil, ou servez-vous de la lisière pour éviter d'avoir à finir les coutures.

Choisissez la largeur et la finition de l'ourlet en fonction du poids et de la texture du tissu. La meilleure façon de finir les coins est de les réunir en onglet, ce qui permet de cacher les bords vifs et de réduire le volume.

Pour calculer la quantité de tissu nécessaire, divisez la largeur totale de la nappe par la largeur du tissu, moins 2,5 cm (1 po). Multipliez ce nombre, qui constitue le nombre de pans requis, par la longueur totale de la nappe. Divisez ce nombre par 100 cm (36 po) pour obtenir le métrage requis.

## Les ourlets larges et étroits

**1) Ourlet large.** Presser à 6 mm (¹/₄ po) du bord ; faire un rentré de 2,5 à 5 cm (1 à 2 po) sur tous les côtés et presser.

**2) Ouvrir** les coins en laissant intact le premier pli. Réunir les coins en onglet comme à la page 279, étapes 3 à 7. Ourler avec un point droit ou invisible.

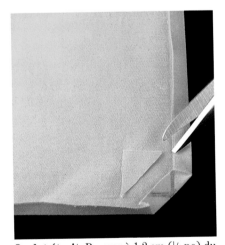

**Ourlet étroit.** Presser à 1,3 cm (¹/₂ po) du bord de chaque côté. Ouvrir les coins ; plier en diagonale pour que les bords pressés soient alignés. Presser ; raser les coins. Plier le bord vif de 6 mm (¹/₄ po). Replier ; presser. Ourler.

# Le tapis de table matelassé

Le matelassage donne du corps aux dessus de table et offre une protection additionnelle à la table. L'épaisseur et le léger gonflement des accessoires matelassés sont également agréables à l'œil. Utilisez des tissus matelassés pour les napperons et les chemins et dessus de table. Finissez les bords avec un biais.

Il existe sur le marché des tissus matelassés, mais celui que vous fabriquez vous permet de coordonner couleurs et motifs et d'économiser en préparant seulement la quantité requise pour la réalisation d'un projet. Les pied et guide ouateurs permettent de réaliser des modèles très précis. Pour un matelassage régulier, allongez le point et diminuez la pression. Commencez par la rangée du centre et dirigez-vous vers les côtés.

Le polyester ouatiné ou la nappe pour ouatinage aiguilletée permettent d'obtenir des dessus de table qui gardent leur forme et leur corps après maints lavages.

## Comment matelasser à la machine à l'aide d'un guide ouateur

1) **Tailler** le tissu, la ouatine et la doublure légèrement plus larges que le format final de l'article. Insérer la ouatine entre l'envers du tissu et la doublure. Épingler ou faufiler les trois couches ensemble.

2) **Tracer** la première ligne de matelassage au centre du tissu avec un mètre et une craie de tailleur. (Sans guide ouateur, tracer les rangs à distance égale.)

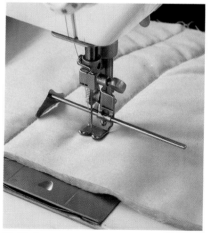

3) **Faire** une couture au centre. Déterminer à quelle distance placer le rang suivant. Ajuster le guide ouateur sur le premier rang pour faire le deuxième.

# Les napperons, les chemins et tapis de table

Les napperons, les chemins de table et les dessus de table protègent la surface de la table et confèrent couleur et style aux couverts. Utilisés par-dessus la nappe ou seuls, ils mettent en valeur la beauté des tables de bois et de verre. Les techniques de couture des napperons, des chemins de table et des dessus de table sont très semblables.

Pour choisir les tissus des napperons et des chemins de table, suivez les directives générales concernant le choix des tissus de nappes. Vous pouvez matelasser le tissu à la machine (voir page 309).

Finissez les bords des napperons en posant une large bande (voir pages 312-313) ou une bordure en biais. Pour confectionner une bordure en biais, taillez et assemblez des bandes de tissu coupées sur le biais (voir page 270). Pliez les bandes en deux dans le sens de la longueur, envers contre envers, et pressez. Ouvrez la bordure, pliez et pressez les bords coupés vers le centre.

## Conseils pour border les napperons

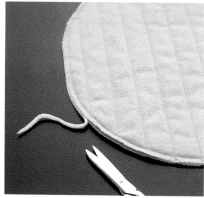

**Tissus matelassés.** Avant de poser la bordure, piquer le napperon à 6 mm (¼ po) du bord. Raser la nappe à l'ourlet afin d'éliminer de l'épaisseur sur la bordure.

**Bords au point coulé.** Ouvrir le biais double. Épingler l'endroit du biais sur l'endroit du napperon, les bords vifs à égalité. Piquer sur le pli. Retourner le biais sur l'envers et finir au point coulé.

**Bords surpiqués.** Ouvrir le biais double. Épingler l'endroit du biais sur l'envers du napperon, les bords vifs à égalité. Coudre sur le pli. Retourner le napperon à l'endroit et surpiquer.

Les **napperons** peuvent être doublés, entredoublés d'un entoilage thermocollant, faits de tissu matelassé, ou cousus en double pour plus de rigidité. Les deux formats standard pour les napperons sont 46 x 30,5 cm (18 x 12 po) et 40,5 x 35,5 cm (16 x 14 po). Choisissez le format qui convient à votre table et à vos couverts.

Les **chemins** de table mesurent habituellement de 30,5 à 46 cm (12 à 18 po) de largeur ; s'ils doivent servir de nappe-rons, taillez-les plus larges. La longueur de chute varie de 20,5 à 30,5 cm (8 à 12 po). Les chemins de table peuvent être coupés sur la longueur ou la largeur du tissu ; si vous coupez dans le sens de la largeur, vous aurez besoin de moins de morceaux.

Les **tapis de table** protègent la surface de la table sans cacher les pieds ou la base. Taillez et cousez le dessus de table du format exact du plateau et finissez les bords.

**Coins**. Placer le tissu entre les deux épaisseurs du biais en commençant au centre sur un côté. Faufiler la bordure et surpiquer jusqu'au coin, à travers toutes les épaisseurs. Au coin, plier en diago-nale ; faufiler et surpiquer l'autre côté. Finir les extrémités comme à droite.

**Napperons ovales.** Former les coins en vous servant d'une assiette à dîner comme guide. Avant de coudre le biais, le presser à la vapeur afin qu'il s'ajuste à la courbe.

**Finition aux extrémités.** Couper le biais en le faisant dépasser de 2,5 cm (1 po) l'autre extrémité. Faire un rentré de 1,3 cm (½ po) ; continuer à coudre jus-qu'au bout. Finir au point coulé.

# Le napperon entouré d'une bande de tissu

Une large bande double crée un napperon réversible.

### ✂ La coupe

Calculer le format du napperon (voir page 310) et la largeur de la bande finie. Tailler le centre du napperon du même format que le napperon fini, moins deux fois la largeur de la bande finie, plus 1,3 cm (½ po). Tailler deux centres pour chaque napperon. Assembler les centres, envers contre envers, à 6 mm (¼ po) à peine du bord vif.

Tailler la bande le double de la largeur finie, plus 1,3 cm (½ po); la longueur égale le périmètre extérieur du napperon fini, plus 1,3 cm (½ po). Faire des coutures de 6 mm (¼ po) de largeur. Plier en deux dans le sens de la longueur et presser, envers contre envers. Presser un rentré de 6 mm (¼ po) vers le centre.

## Comment confectionner un napperon avec bande et coins en onglets

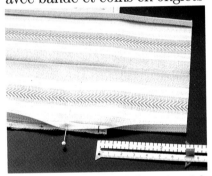

**1) Marquer** le début de la couture à la largeur de la bande finie, plus 6 mm (¼ po). Placer la marque à 6 mm (¼ po) du coin du napperon, endroit contre endroit, les bords vifs à égalité.

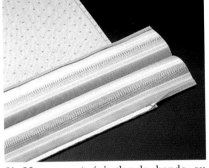

**2) Marquer** et épingler la bande au coin adjacent à 6 mm (¼ po) du bord. Épingler entre les coins. Coudre sur la ligne de pliure, d'une marque à l'autre; bloquer le point.

**3) Plier** la bande en diagonale à partir du napperon. Marquer, à partir du coin de la couture, la largeur de la bande finie. Plier à la marque, endroit contre endroit. Marquer à 6 mm (¼ po) du coin.

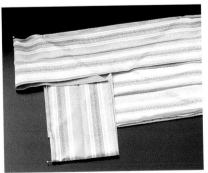

**4) Répéter** les étapes 2 et 3 ci-dessus pour les deux autres coins.

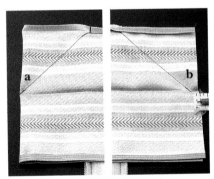

**5) Marquer** les lignes des onglets à partir des coutures précédentes sur la ligne de pliure; finir les lignes au bord plié (**a**) ou à 6 mm (¼ po) du bord vif (**b**); piquer. Raser le surplus de tissu. Ouvrir les coutures au fer.

**6) Retourner** la bande dans sa position finale. Replier les onglets en dessous de la bande; épingler le bord plié de la bande à la ligne de couture. Finir les onglets et les bords de la bande au point coulé.

# Les napperons avec garniture

Les napperons avec garniture ont une bande piquée sur un des côtés. Procurez-vous une garniture toute faite ou taillez-en une dans du tissu. La même méthode peut servir à l'application de bandes sur des nappes.

## ✄ La coupe

Tailler le napperon 2,5 cm (1 po) plus large que la largeur finie (voir page 310). Replier et presser une réserve de couture de 1,3 cm (½ po) sur l'endroit du napperon sur tous les bords. Tailler la garniture de la longueur du périmètre extérieur du napperon, plus 2,5 cm (1 po). Il en faut environ 155 cm (61 po) par napperon. Pour confectionner une bande, laisser 6 mm (¼ po) de chaque côté pour la finition. Faire un repli de 6 mm (¼ po) et presser vers le centre.

## Comment confectionner des napperons avec garniture de ruban en onglet

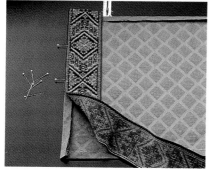

**1)** **Placer** le côté le plus court de la bande contre le napperon en la laissant dépasser de 1,3 cm (½ po); aligner le côté long de la bande avec le bord extérieur plié du napperon; épingler.

**2)** **Replier** la garniture vers l'arrière, au coin. Aligner le bord plié de la garniture sur le bord du napperon. Plier la garniture en diagonale afin de former un angle droit; presser et épingler. Répéter aux deux autres coins.

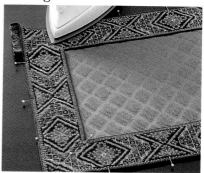

**3)** **Plier** l'extrémité au premier coin en diagonale et former un angle droit; presser. Enlever les épingles. Fixer sur les pliures, en diagonale, avec des épingles ou de la colle.

**4)** **Coudre** chaque coin de la garniture sur la ligne diagonale, à l'envers, à partir du bord intérieur. Bloquer le fil au début et à la fin de la couture.

**5)** **Ajuster** le napperon ou les onglets, si nécessaire. Raser les réserves de couture des onglets à 6 mm (¼ po). Rentrer la réserve de couture qui dépasse à un des coins.

**6)** **Faufiler** la garniture au napperon en plaçant les bords extérieurs à égalité. Coudre le bord extérieur en commençant d'un côté et en pivotant aux coins; bloquer le fil. Coudre le bord intérieur.

## Six façons de confectionner et d'ourler les serviettes de table

**Point de bourdon.** Faire un rentré de 1,3 cm (½ po) de tous les côtés. Façonner des onglets aux coins (voir page 308). Piquer sur les bords avec le bord vif comme guide. Utiliser un point zigzag large et rapproché pour piquer à l'endroit par-dessus la couture précédente.

**Bordure au point zigzag.** Raser les fils qui dépassent aux bords de la serviette. Coudre sur le bord vif avec un point zigzag large et rapproché. Utiliser un pied spécial afin que la largeur du point soit constante.

**Point décoratif.** Faire un rentré de 6 mm (¼ po) et coudre. Faire une piqûre décorative à l'endroit en se guidant sur la couture droite. Le point démontré ici ressemble au point ajouré.

# Les serviettes de table

La confection de serviettes de table coordonnées met la touche finale à votre parure de table. Les serviettes standard sont des carrés de 35,5 ou 43 cm (14 ou 17 po). Avant la coupe, vérifiez à l'aide d'une équerre si les extrémités sont bien à angle droit. Pour obtenir des serviettes à franges, vous devez équarrir les extrémités en tirant un fil.

Les ourlets des serviettes peuvent être décoratifs. Faites l'essai des points décoratifs intégrés à votre machine. Les techniques démontrées ici peuvent également être utilisées pour les nappes et les napperons.

## ✀ La coupe

Tailler les serviettes 2,5 cm (1 po) de plus que le format fini. Un mètre (verge) de tissu de 91,5 cm (36 po) de largeur donne quatre serviettes de 43 cm (17 po). Une pièce de 115 cm (45 po) de largeur donne neuf serviettes de 35,5 cm (14 po).

**Ourlet étroit.** Plier et presser deux fois sur tous les côtés opposés de toutes les serviettes. Piquer sur les bords, d'une serviette à l'autre, en une couture continue. Répéter pour les autres côtés.

**Ourlet double replié.** Plier et presser les bords à 6 mm (¼ po) sur tous les côtés. Faire un autre rentré de 6 mm (¼ po). Finir les coins en onglet tel qu'indiqué pour les ourlets étroits (voir page 308). Piquer près du bord plié.

**Frange.** Tailler la serviette le long d'un fil tiré afin de redresser les bords. Piquer à 1,3 cm (½ po) du bord vif au point droit court ou au point zigzag étroit et rapproché. Tirer les fils et les enlever jusqu'à la couture.

# Index

Cet ouvrage a été achevé d'imprimer
en Malaisie en septembre 2000.